人道之路

——南怀瑾纪念文集

怀师文化编委会 编
赵 强 主编

漓江出版社

图书在版编目（CIP）数据

人道之路：南怀瑾纪念文集 / 赵强主编；怀师文化编委会编 . — 桂林：漓江出版社，2016.5

ISBN 978-7-5407-7827-9

Ⅰ . ①人…　Ⅱ . ①赵…　②怀…　③北…　Ⅲ . ①南怀瑾（1918~2012）—纪念文集　Ⅳ . ① K825.4-53

中国版本图书馆 CIP 数据核字（2016）第 107474 号

人道之路——南怀瑾纪念文集

作　　者　怀师文化编委会
主　　编　赵　强
责任编辑　张　芳　关士礼
装帧设计　高海军　黄　菲
责任监印　周　萍

出 版 人　刘迪才
出版发行　漓江出版社
社　　址　广西桂林市南环路 22 号
邮　　编　541002
发行电话　010-85893190　0773-2583322
传　　真　010-85890870-614　0773-2582200
邮购热线　0773-2583322
电子信箱　ljcbs@163.com
印　　制　北京大运河印刷有限责任公司
开　　本　710mm × 960mm　1/16
印　　张　27.75　　　字　　数　420 千字
版　　次　2016 年 7 月第 1 版
印　　次　2016 年 7 月第 1 次印刷
书　　号　ISBN 978-7-5407-7827-9
定　　价　68.00 元

卷首语

我发现大家有个错误观念，以为南怀瑾是个学佛打坐搞修道的人，想跟他学一点修身养性，如不能成仙成佛，也至少祛病延年。这个观念错了，不是这样一回事。

……

孔子是中国的圣人，在印度讲就是佛菩萨，在西方就叫作先知，在中国道家叫作神仙。可是儒家的传统上，把孔子看作是个人，不必加上乱七八糟的神秘外衣，他就是一个人。

所有仙佛修行之路，都是要从人道做起。

——南怀瑾

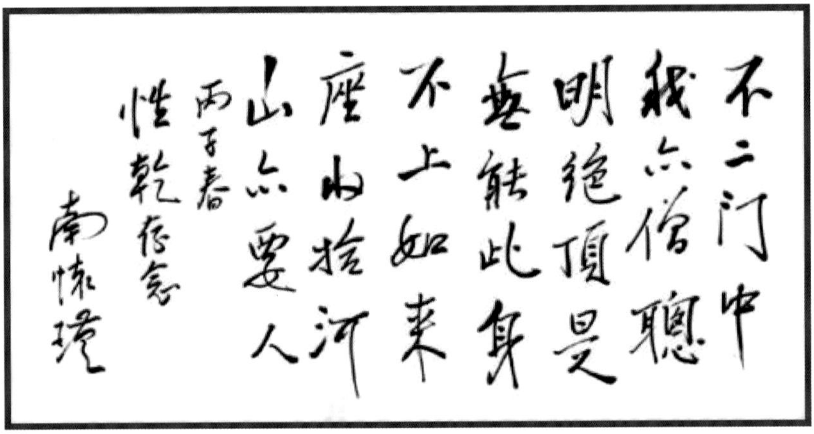
不二门中我亦僧，聪明绝顶是无能。此身不上如来座，收拾河山亦要人。
丙子春
性乾存念
南怀瑾

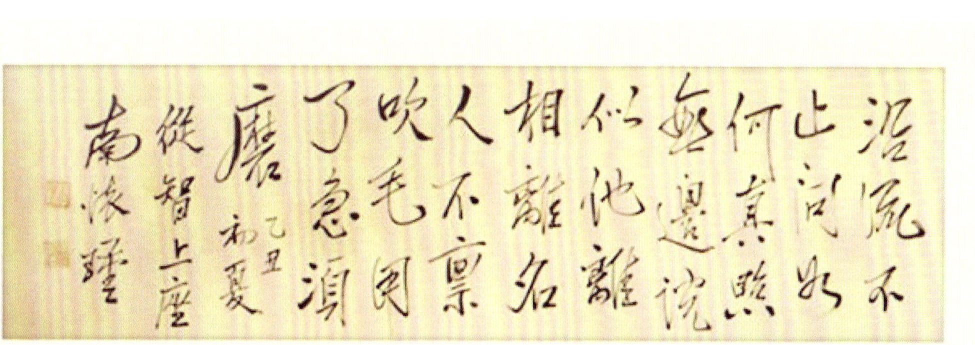
沿流不止問如何
真照無邊說似他
離相離名人不稟
吹毛用了急須磨
乙丑初夏
從智上座
南懷瑾

仗劍須交天下士
黃金多買百城書

丙子冬

阮夏名先生

南懷瑾

應告訴現代青年人

切記伊藤博文的名言，

計利應計天下利

求名當求萬世名

二〇二年秋

南懷瑾

共产主义的理想，
社会主义的福利，
资本主义的管理，
中国文化的精神。

——南怀瑾

目　录

人道之“修行初步”

南怀瑾

《大学》在中国文化中是内圣外用之学，由一个普通人变成圣人、超人，超人就是神仙，就是佛了嘛。但儒家不加宗教的花样，只说如何做一个人。

大家有个错误观念，以为“南怀瑾”是个学佛打坐搞修道的人，跟他学一点修身养性，就算不能成仙成佛，至少可以祛病延年。不过，这个观念错了，不是这样一回事。我知道之后，自己反省，是我太马虎了。大家要学（修身养性），就千万不要认为这一套是长生不老之学，什么健康长寿，成仙成佛，不要存这个动机。我活到九十岁，一辈子都在找，也没有看到过你们想象中的仙佛。现在流行一个名词叫“粉丝”，据说外面有我很多粉丝，其实都是假的，他们自欺欺人，我也自欺欺人，他们连我的《论语别裁》都没有看懂，先读懂了《论语别裁》才知道什么叫修行。《论语》真正讲的是圣贤做人做事的修养之道，也就是大成至圣先师孔子的内圣外王之道。另外一本书是《原本大学微言》，要问打坐修行修养之道，这本书开宗明义都讲到了。

孔子是中国的圣人，在印度讲就是佛菩萨，在西方就叫作先知，在中国道家叫做作神仙。可是儒家的传统上，把孔子看作是个人，不必加上乱七八糟的神秘外衣，他就是一个人。

所有仙佛修行之路，都是要从人道做起。

超凡入圣三纲

大学之道是大人之学。中国古代的传统，周朝以前的教育是六岁入小学，到了十八岁，由童子变成大人了，开始教“大学”，教你如何做一个人。中国几千年来有多少人解释《大学》这本书，它在中国文化中是内圣外用之学，由一个普通人变成圣人，就是超人，超人就是神仙，就是佛了嘛。但儒家不加宗教的花样，只说如何做一个人。第一段，“大学之道，在明明德，在亲民，在止于至善。知止而后有定，定而后能静，静而后能安，安而后能虑，虑而后能得。物有本末，事有终始，知所先后，则近道矣。”

“明德”、“亲民”、“至善”，是《大学》的三个纲要，“大学之道，在明明德，在亲民，在止于至善。”“明明德”就是悟道；“明德”之后去修行，起行，做济世救人的事就是“亲民”；“止于至善”是超凡入圣，变超人，天人合一了。这是一个凡人成为知道生命来源的圣人的三个纲要。

有人说要学佛，请问，什么叫佛？自觉，觉他，觉行圆满，叫做“佛”。自觉，就是自己觉悟了，所谓证得菩提，就是觉悟了，找到了生命的根本；觉他，是度一切众生。这跟《大学》相通的，“明明德”就是自觉，“亲民”就是觉他。自己悟了，证得菩提，行为、功德，做到度一切众生，利益大众，这些都完成了，“止于至善”，这样就叫作觉行圆满，就是佛。换句话说，自利利他，功德智慧圆满。所以，佛学跟《大学》所讲的原则一样。如果没有中国文化这个修养的基础，只想搞打坐成仙成佛，自误误人罢了。不过反过来讲，学打坐也对。既然“大学之道在明明德”，那么德怎么明呢？道怎么得呢？怎么明白生命的根本意义呢？就是“知止而后有定，定而后能静，静而后能安，安而后能虑，虑而后能得”。这不是都讲得明明白白吗？

你看《大学》的方法，也就是打坐的方法。“知、止、定、静、安、虑、得”，一共七步功夫，七证。所以后来佛学说修禅定，这个禅定的翻译就是“知止而后有定”来的，所以禅定，也叫作“静虑”。

一切音声皆是咒语

跟着三纲，还有八目，八个方向。怎样能达到打坐功夫的境界，达到圣人的学问和修养的程度呢？“致知在格物。物格而后知至，知至而后意诚，意诚而后心正，心正而后身修，身修而后家齐，家齐而后国治，国治而后天下平。”这叫八目，“格物、致知、诚意、正心、修身、齐家、治国、平天下”，八个大项目、大方向的外用之学。这一段内容你可以当成咒语来念，是真的哦。

我书上提到过一个故事，讲给大家听。我年轻的时候，跟大家一样，到处求师，求神仙，拜菩萨求佛，要修行，找门路。当时去大后方，经过长江湖南的边缘地带，有一派修道的人，里面有个神仙，徒弟很多，据说有神通，本事很大，很多人生了病找他，他会画符念咒，拿一杯水，嘴里念，手在水上画，喝了病就好了。真厉害，好像小病就喝好了。我心里想，这是什么咒啊？还是出家人都画得大悲咒水啊？所以我非求这个法门不可，磕头花钱，向他求了半天，花多少钱都要学。他说“六耳不同传啊”。什么叫“六耳不同传”？你磕了头，花了钱，过来跪在旁边，只对着你一个人的耳朵讲。先传你五个字的口诀。当时我规规矩矩跪着，听他说五个字的诀是“观世音菩萨”，连“南无”都不要念了。哎呦，我一听，这个我祖母、我妈妈都会念，还等你教我吗？至于咒语，他就念：“大学之道，在明明德……自天子以至于庶人，壹是皆以修身为本。”就是这一套。我一听，整个心都凉了，我八岁就会了，还等你传我这个咒？当时我年轻，学了以后笑一笑，也磕头谢师，但心里不理这一套，拿现在的讲法，这玩意儿骗人的。

不过，我错了，学佛以后明白他没有骗人，为什么？佛法说“一切音声皆是陀罗尼（咒语）”，《大学》也说“意诚而后心正，心正而后身修”，我的意已经不诚恳了，所以不灵。如果意识一旦诚恳，就是精神起了作用，所以《大学》这段话也是咒语，真话！你拿一杯水这样放好，先念观世音菩萨，写中国字，然后念这一段，要很诚恳哦，三次一口气念完，好了，跟大悲咒一样灵。这是我年轻时经历的一段故事。

所以念咒子啊，找这个仁波切，那个活佛，拜那个师父，统统都是形式。只要你诚意、正心、修身、齐家，就可以做到“格物”。大家打坐，这里酸那里痛，心里根本没有诚意在打坐啊！你是在管自己的身体，想练出一个什么功夫来，意不诚呀！我太太九十多岁去世的，她一生到临终，都念我教她的一句“嗡嘛呢叭咪吽”，最后安然放心而去了。致知、诚意，就是学习静坐，乃至健康长寿，成仙成佛，一切修养功夫的基础。

修行，不只是出家学佛才能做到，道家、儒家也能做到。

找我的多半是看佛经的，所以这一本《原本大学微言》出版以后，没有人提出来向我讨论，出书到现在几十年了，没有一个人问过我，你就可想而知了。这是文化的根本啊，很可怜吧！问我的都是怎么样打坐啊，前面看到光啊，下面放个屁啊，都是这一套问题。

修行，不只是出家学佛才能做到，道家、儒家也能做到。最怕是似通不通，尤其现代人受的教育，似是而非，知识很渊博，欲望也很多。儒家怎么做到？就是“知止而后有定，定而后能静，静而后能安，安而后能虑，虑而后能得”。

格物致知方得定

什么叫“致知”呢？“知”就是知性。诸位如果带过婴儿，就明白，我们自己也做过婴儿，只是当时的情况忘记了，但现在应该可以回想得起来。

我们生来就有个知性，做婴儿的时候，肚子饿了、冷了都晓得哭，这个知性本来存在，这个知是思想的来源。这个知，普通话叫天性，没有一个人没有的，当我们入娘胎，变成胎儿的时候已经有了。

那么，怎么叫“格物”呢？不要被外界的物质、境界、感觉引诱牵走叫格物。我们的知性很容易被外界的东西所引诱，譬如我们的身体打起坐来酸痛难受，身体也是个外界的物啊！“物格而后知至”，把一切外物的引诱推开，会发现，我们那个知性本来存在的嘛，所以先把这个知性认清楚了，再讲打坐。

“为什么要打坐呢？知性要打坐，我想打坐；为什么来学这个呢？因为我追求一个东西。”你这样想，已经上当了，被物格了，不是格物，是物把你格起来了。所以“致知在格物，物格而后知至”，把一切的感觉、外境都推开，你那个知性清清楚楚地在这里，姑且可以叫作像一个得定的境界了。

“知止而后有定”，这时候，那个“知道一念清净的”，就是知性，一念清净就是意诚，念念清净，知性随时清清明明，不被身体障碍所困扰，不被外界一切境界所困扰，也不被自己的妄想纷飞所困扰；“意诚而后心正”，一切境界都不沾，这个就是心正；“心正而后身修”，这样我们身体的病痛、障碍、衰老，就会慢慢转变过来。打坐当然有反应，但如果拼命管身体的反应，就没有格物，又被物格了。“意诚而后心正，心正而后身修”，这些都是功夫啊，要修多少时间呢？看个人情况不一定的。

达摩格物之道

“致知在格物”就是《楞严经》上讲，“心能转物，即同如来”，一样的道理。修行上的“致知在格物”，就是达摩祖师告诉我们在禅修的时候，“外息诸缘，内心无喘，心如墙壁，可以入道。”“外息诸缘”，把外面物质世界的一切引诱，一切情绪、思想都潇洒地放下，就是格物。“内心无喘”，不是不喘气的意思，是心念知止而后有定，到诚意就是无喘了，呼吸也跟着自然近乎静止。“心如墙壁”，到此时好像内外分离，外物影响不了内心，就是初步的格物。“可以入道”，如此打坐修行，慢慢深入进步就可以入道了。

但是，即使得了灌顶，也没什么了不起。达摩祖师有一段话很重要：“诸佛无上妙道”，佛法是无上的大法，“旷劫精勤”，不是这一生修的，多生多世累积起来的功德。“旷劫”是很多生很多世。“精勤”精进勤奋的修持，这才跳出了世间法，成佛。达摩祖师这样对二祖说：“诸佛无上妙道，旷劫精勤，难行能行，非忍而忍，岂以小德小智，轻心慢心，欲冀真乘，徒劳勤苦。”他是骂二祖，你说你跪在这里，吃了多少年素，修行了多少年了，做了多少好事，来求大法，你这是小忠小信，轻心慢心，把佛法看成这么容易啊，自己认为了不起，岂能成功？

我劝大家不要搞这些，拜了几天佛，吃了三天素，就想上西天，又想回来买股票，发不了财，又说阿弥陀佛不帮忙，又埋怨，这是干什么呀？慢慢修吧。

内圣外用 天人之道

《大学》讲“修身”、“正心”、“诚意”，后世的儒家称之为天人之道，天人合一。

“古之欲明明德于天下者，先治其国；欲治其国者，先齐其家；欲齐其家者，先修其身；欲修其身者，先正其心；欲正其心者，先诚其意；欲诚其意者，先致其知；致知在格物。物格而后知至，知至而后意诚，意诚而后心正，心正而后身修，身修而后家齐，家齐而后国治，国治而后天下平。自天子以至于庶人，壹是皆以修身为本。”中国传统文化同佛法一样，把上自天子皇帝，下至庶人，普通百姓，都看作是一个人，都要先以这个文化作根本。这就叫内养之学，佛家称之为内明。

下面的一句是："其本乱而末治者，否矣。”没有做到这个根本学养，只求外面的知识，是舍本逐末。换句话说，人们没有内圣的修养，却想齐家治国，达到天下太平，没有可能的。所以这些内容，大家必须仔细参究，它本身就是一个大悲咒。

“此谓知本，此谓知之至也。”知，就是知性，有人问我生死问题，我说世界上有些修行人，未死前，自己预先知道死的时间，这叫做预知时至，这就是知性问题。知性修养好了，打坐功夫有定力了，知性就清明。知性清明诚意，意诚了，一念专一就会有神明而通之。

所以儒家“中庸”也告诉你，“至诚之道可以前知”，达到诚意正心，可以预先知道的。

中国文化讲修身养性，是身和心两个方面。静坐的重点是修心，这个要一定的工夫才能做到，一般做不到的，就必须起来做事了。所以这一次教大家易筋经，什么道理啊？就是修身。

身的方面是合理的运动，不是剧烈的，剧烈的运动有时候伤身体，譬如西洋的运动，跑步、跳高、打球，有时候比较剧烈。中国的这一套运动，少林武当这样内养的功夫，是修身的道理。所以有一句话，“动以修身”，运动是在修身，“静以养心”，打坐是修心。“身心两健”，身体健康，心理也健康；“动静相因”，动是静的因，静也是动的因，动静互为因果。

今天我们反省下来，要回转来走自己文化的旧路，就是我们中国几千年来的传统文化。《大学》是孔子传给学生曾子，曾子总结下来的，是四书五经之一。我们当年受教育，八九岁就读这几部书，《大学》《中庸》《论语》《孟子》，都是讲内圣外用的修养之学。

（2010年1月南怀瑾先生讲话记录）

第一部分

济世宏愿 现身实证
家国情怀 根植于心

南师诗选

自题照影（二首）

前因后果问如何，眼阔心空且放歌；
浮海十年家国事，闲情留取付梨涡。

不二门中有发僧，聪明绝顶是无能；
此身不上如来座，收拾河山亦要人。

基隆旅怀（四首）

三年尘土染衫青，何似空山破衲僧；
检点行藏无一是，辜恩愧煞佛前灯。

狂歌醇酒倍愁浓，不醉花前醉梦中；
无奈梦回人独醒，斜风细雨满基隆。

自是痴憨别有真，柔肠侠骨累闲身；
翻残贝叶思无着，收拾残灯剩一人。

深宵细雨几声钟，梦绕峨嵋绝顶峰；
解缚闲情谁是我，撩人花影一重重。

丙辰冬月午夜定起书二偈

忧患千千结，山河寸寸心；
谋身与谋国，谁解此时情。

忧患千千结，慈悲片片云；
空王观自在，相对不眠人。

【注】1976 年底，南老师掩室谢客，在闹市中闭关了。这两首诗偈是在闭关前所写。

首途赴美

不是乘风归去也，只缘避迹出乡邦。
江山故国情无限，始信尼山输楚狂。

【注】1985 年 7 月，这首诗是南老师刚到美国时写的。

忏　摩

七十年来春梦尘，四恩未报客心惊。
云山家国愁千节，未转金轮愧此身。

【注】1987 年中，南老师在美国已住了两年多，身在异乡，心向故国，写了这首诗。

癸巳母难日

堕地匆匆卅六年，四恩未报事如天；
栖皇遁世谋常拙，离乱苟全难息肩。

道力徒增衰鬓改，情怀犹为世缘颠；
苍茫四顾苍生泪，何日人归浮海船。

丁巳母难日阅报知大陆旱灾

思亲飞梦到家山，手自焚香泪自潸；
化作慈云功德水，春雷普护透重关。

【注】上面两首诗，南老师分别写于 1953 年和 1977 年母难日。

丙午母难日怀双亲

空谈怀想报慈恩，此恨茫茫欲断魂；
历劫几能全骨肉，对人不敢论亡存。

寄情幻梦为真实，仰护平安托世尊；
读礼每惭言孝道，碧天无际泪无痕。

丙午母难日偶成

故山隐隐入云宵，春梦江南上下潮；
依旧东风青草绿，愁多难遣是今朝。

辛亥母难日

此日难忘父母牵，梦回涕泪自流涟；
生当磨羯原多累，身度娑婆未了缘。

幸得菩提随地长，故留苦海作航船；
安心冷庙孤僧境，回首云山天外天。

无题（四首）

坐看江山愁煞人，桃花颜色又新春；

开帘吩咐闲风雨，为洗天衢万丈尘。

又是春回二月天，百花供养住三禅；
云山万里归初地，虚室祥光照大千。

浮生自苦不从容，睡起依然日又红；
贫富不知闲是福，几人肯唱大江东。

又是春回二月天，软红尘里自安禅；
敲空万籁吹清韵，俯首云山供眼帘。

丙寅中秋

江山今古一轮元，海外中秋月在门。
百万龙天齐问讯，何时回首照中原。

春　夜

天下心忧久怆神，人间见说又新春；
空凭道力安魔劫，漫托金仙是化身。

有界江山腾剑气，无端日月困风尘；
深宵起坐菩提树，揽镜灵明一欠伸。

初夏之夜

壮岁举轻天下事，扬鞭谈笑薄皇王；
中年敝屣空桑约，大隐尘嚣醉梦场。
萍梗有情悲浩劫，孤邛无计涉沧浪；

燃灯默尔思前度，惆怅重来奈夜长。

冬夜随笔

层楼极目望天涯，望极天涯不是家；
收拾太虚归掌握，寒灰重拨自烹茶。

辛酉阳春

吹晴风劲撼窗棱，坐拥书城意乍胜；
一念关情天下事，尘心不了滞飞升。

初冬送长女可梦赴美国

三十年来一梦余，无家无国已堪吁；
而今几度思前事，万里云山似画图。

检拾佚诗·无题

吾心何事长忧患，只为苍生感泪多；
若使此心齐放下，更无遗憾看娑婆。

春　梦

春风吹绿梦平芜，云月溪山似有无；
窥阙篝灯夸一统，渡河筹策犹三呼。
长途疲马惊新辔，短鬓催人号老夫；
行遍天涯真倦矣，童心揽镜愧今吾。

遣兴（四首）

家国千秋业，河山万里心；
斜阳思古道，寥落抚鸣琴。

世界微尘里，孤灯有所思；
深宵空寂寂，独听雨丝丝。

吞吐清灵气，心闲玉笈文；
九还丹未熟，空负去来云。

去国九秋外，支离二十年；
风尘双鬓改，心月一轮圆。

辛丑中秋（三首）

人间此夕望团栾，碧海青天月又圆；
塞北江南家万里，几多迁客倚栏干。

西风尘净一天秋，有限江山无限愁；
别样情怀对明月，不为清赏上高楼。

天阶清澈自登临，碧落无垠月色深；
俯仰乾坤闲一画，为谁指点说丹心。

秋思

一年容易又悲秋，独立苍茫无限愁；
看到关河余落日，振衣飞过万山头。

思乡

故园西望泪潸然，海似深情愁似烟；
最是梦回思往事，老来多半忆童年。

春思

故园望断奈何春，篱落墙根百卉新；
云散青山推月上，风高朱阁立闲身。
檀香乍爇初心定，龙井重烹品味陈；
环顾萧条廿五史，有人忧道不忧贫。

丁卯六月初旬深夜，治事方毕，取和朱璋筱戡世兄遥寄七十祝寿诗，不觉旧习复发，立成四律。甚矣，慧业之难除也。

言寿方知奈老何，一生岁月尽蹉跎。
飘蓬原似屠羊说，浮海何须叹凤歌。
人误布衣干国计，自怜带发苦头陀。
深情多谢童年友，万里飞章敢不和。

浪迹生涯不计年，童真玩忽犹依然。
短衣跃马轻如叶，信手批书狂亦颠。
七十年更三大劫，八千里外一留仙。
故人书寿翁呼老，方觉人间世已迁。

山河不改寿无凭，春草池塘故里情。
潮退沙平渔放棹，日斜风暖牧归棚。

寻常旧侣多异代，追忆童年悔此生。
景物已殊人亦老，红尘梦觉倍心惊。

惭愧同门寄寿笺，顿然百感涌心田。
气冲牛斗吞河岳，句入愁肠师味渊。
风定夜阑人不寐，楼高林密月窥帘。
蜀山浙水萦怀抱，况在重洋海外天。

〔筱戡兄乃先师味渊公之长公子，亦其入室之诗弟子也，放翁所谓父兼师者是矣。余不韵，且疏狂成习，一气呵成俚句四律，岂敢言诗，但抒枨触情怀已耳。〕

闲居杂咏（十三首）

芥子须弥风马牛，苍茫天地一浮沤；
鹧鸪啼破空山静，晓月垂杨古渡头。

泠泠天风吹袂单，惺忪手把斗牛寒；
五千年事三千界，尽作南华一梦看。

阑珊书剑座生春，禅榻茶烟劫后身；
几欲乘风归去也，不堪风雨乱红尘。

一袭轻帘草色青，中天月朗照空庭；
晨鸡何事催人旦，出定翻疑梦似醒。

扰攘人间劫火浓，江山如画剑如虹；
宵来隐约星河动，寂寞天心露几重。

斜篱野草点苍苔，一任天花动地催；

柴米残铛聊守拙，春风莫度是非来。

名山养道事难凭，衰世何由续慧灯；
槛外风云天地仄，一龛曲肱梦卢能。

一枝开向百花头，舒展临风总自由；
多少寻春来往客，随人指点说沈浮。

闲来信步一嚬呻，巷尾街头不见人；
门外小溪流尽浊，浪花宛转白如银。

源头不动总清闲，一滴涓涓变湲潺；
万转千回难自惜，奔流终古到人间。

春雨萧疏不解晴，寂寥深巷卖花声；
浊醪小醉人如玉，一室琴书意自轻。

海色天光共湛清，卖花到耳两三声；
垂帘不放春归去，一朵枝头向晚晴。

勘破荒唐是大雄，开怀一任往来风；
多情原是菩提种，人在圆明微笑中。

岁晚（二首）

岁尾年头律急催，荣枯过眼几来回；江山摇落供怀古，世事支离徒话哀。
寒尽劫灰留战火，温存鸿宝住尘埃；冰壶颠倒中天景，日月乾坤任意排。

岁暮阴阳急逝川，悠悠入世意难全；西风吹冷阵云黯，东壁占春劲草鲜。
扪虱谈兵当日事，画龙点眼此时天；荣枯莫问身如寄，倚枕斋心午梦禅。

乙巳岁除

流水华年去不回，冻云如墨偶成堆；
朔风家国愁无尽，怒海波涛意未开。
麟去诗书劳掇拾，龙吟剑气起徘徊；
又闻腊鼓催春闹，万种情怀出定来。

夜吟（二首）

经年忧国更忧民，如许愁多白发生；独醒寂寥贪夜静，迟眠习惯待天明。
出尘弥觉情怀重，入世偏愁羽翼轻；相对一灯燃不尽，洪荒喜听远鸡鸣。

露华徐步望星河，秋气萧森感逝波；诗兴闲从愁里得，才情歇向定中过。
命如可信天难问，世不能全意奈何；四壁琴书消永夜，吹毛有剑不须磨。

有客言余“平常终在淡淡清愁中，不知何故？”戏答其问

淡淡清愁脉脉悠，江山如画梦空浮。多情翻觉无情思，浊世难安为世留。
大地众生谁识我，诸天沉默只低头。繁华似锦春莺闹，恼乱东风吹未休。

壬戌除夕

百忧难遣付悠然，多劫尘劳未了缘；
波静海涛龙奋翥，风轻云净鹤飞田。
三春花月三春梦，万里江山万里天；
珍惜今朝留一瞬，又随腊鼓过新年。

一代宗师的教化

——感念南怀瑾先生

周瑞金

南师怀瑾先生走了

2012年9月30日晚，即壬辰年八月十五中秋月圆之夜，太湖大学堂举行南师祭奠告别仪式。来自全国各地、港澳台，以及美欧等地的亲人、朋友、学生共二百多人，满怀崇敬、痛惜之情为南师送别。仪式上宣读了时任总理温家宝的唁电，中央文明办副主任王世明先生充满深情地发表了告别辞，南师儿子南一鹏代表亲属、周瑞金代表太湖大学堂老学生、李传洪和郭姮妟代表吴江太湖国际实验学校致辞后，由中国佛学院副院长、教务长、成都文殊院住持宗性大和尚庄严行礼，举火，为南师荼毗。是时，明月当空，万里无云，青烟袅袅，全场静默，挥泪拜别南师。

告别仪式后，许多亲友学生铭感南师教化恩泽，心情难以平静，久久不愿离去。南师平日的音容笑貌、教化行止，又清晰地浮现在大家眼前。他在二十世纪八十年代说过的“我们这一代人，是生于忧患，死于忧患”的话，言犹在耳。

生于忧患，死于忧患？

南师1918年3月18日（农历二月初六）生于浙江乐清市翁垟镇地团村。时逢军阀割据、丧权辱国的年代，第二年（即1919年），便爆发了我国现代史上著名的“五四”爱国救亡运动。从鸦片战争到1919年，近八十年的时间里，中国屡遭西方殖民主义者侵略欺凌，从政治、经济到文化深受殖民之害。“五四”后，中国人民终于奋起抗争，在国共两党合作之下，推翻了北洋军阀统治，实现了南北统一。

与此同时，一些留学美日欧归来的学者，以西学的观点批判中国历史文化，提出打倒“孔家店”，有的甚至主张“全盘西化”，发动了一场新文化运动。这场新文化运动对我国引进西方文明，推动思想解放起了重要的历史性作用。但是，由于它彻底否定中国传统文化，甚至主张铲除中国历史文化之载体——汉字，引起了当时很多知识分子，包括学贯中西的文化大家辜鸿铭等人的极力反对，认为那是自毁长城，切断民族文化命脉。然而，中国历史文化最终难免在“愚昧、封建、落后”的标签下被批判扫荡，几近断灭，这是中国历史文化亘古未有之变局。百年来的文风乃至大众思维，也由此一改中国传统文化下的温柔敦厚之风，一变而为尖酸刻薄、偏激极端。由此，整个二十世纪，西方来的各种思想在中国主流舞台上激荡纷呈。同时，困惑与求索，痛苦与不安，争论与争议，也从未停止过。人文文化的荒芜，造成了信仰危机、道德危机、灵魂危机、社会危机……

南师就成长在这个令人窒息、令人悲愤的忧患环境，亲眼目睹了国家和民族命运处在生死存亡的边缘，青年时代的他忧心如焚。抗日战争爆发，南师激于民族大义，投笔从戎，跃马西南，屯垦戍边，在川康云贵边境任大小凉山垦殖公司总经理兼自卫团总指挥，驰骋一方。他有一首诗反映了这段时期的万丈豪情：

东风骄日九州岛忧，一局残棋尚未收。

云散澜沧江岭上，有人跃马拭吴钩！

后来，鉴于国民党中央和地方势力各有图谋，南师审时度势，改变了人生方向，挂印而去。在办了一段时间报纸之后，他重返成都，在中央军校学习并担任武术教官与政治指导员。南师的老学生王启宗先生曾回忆道：“几乎已是半个世纪以前的事了。记得那时正值日本军阀对我发动侵略，全国上下奋起抗战，一般爱国青年无不热血沸腾，纷纷投笔从戎，救亡图存。当时我也投身军旅，于役重庆，一日见报载：有一南姓青年，以甫弱冠之龄，壮志凌云，豪情万丈，不避蛮烟瘴雨之苦，跃马西南边陲，部勒戎卒，殚力垦殖，组训地方，以巩固国防。迄任务达成，遂悄然单骑返蜀，执教于中央军校。”在中央军校期间，南师结识袁焕仙大居士而悟道，遂立志重续中国文化断层，并离开了军校。

历经了艰难困苦的八年抗战，人民迫切期待国家和平安定，想不到又要面对两党两军更大规模的内战，南师忧心忡忡。1947 年，他回到温州乐清老家动员父母妻儿离开大陆，老父亲不为所动，反劝他赶快离开。于是，南师分别到杭州天竺和庐山天池寺清修。后到上海，期间曾奔波于南京与杭州两地，搭救了亲近共产党而被列入国民党特务计划杀害名单的巨赞和尚。

1948 年，南师曾自行到台湾考察。1949 年 2 月底，他终于辞别不肯离乡的双亲和妻儿，断然只身自行赴台。开始，他栖身在基隆海滨一陋巷，看到“二·二八”事件冲击之后的台湾，加之1949年开始的两岸分治，造成社会动荡，人心惶惶。当时谋生困难，南师先与几位朋友办了一家“义利行”公司，从事琉球到舟山的货运，开始赚了一笔钱。但好景不长，总经理因贪多，没有听从他的嘱咐，导致三条机帆船被舟山国民党当局征用，损失价值一万根金条，血本无归。南师一生就此次做了一回生意，不想时局动荡害他一夜之间破产，一段时间仅靠典当过日子。但即使在这样的困难时期，他仍洒脱超然，不为困境所拘，并且不忘接济邻居。在基隆期间，南师曾应詹阿仁先生等人请求，开讲了多次禅修课程。

不久，南师离开基隆迁往台北。鉴于胡适对虚云老和尚的攻讦，以及铃木大拙的禅学流向台湾，南师亲笔著作了《禅海蠡测》，并于1955年出版。二十世纪六十年代初，台湾中国文化学院聘请南师为教授，接着辅仁大学也邀请南师教哲学、易经。南师讲课厚积薄发，通俗生动，大受学生欢迎。“南怀瑾”三个字不胫而走，请他讲课的学校和社会名流也越来越多。

二十世纪七十年代，南师先后创办东西精华协会，创办《人文世界》及《知见》等杂志，成立老古文化事业公司，出版《论语别裁》等著作。

1980年，南师受洗尘法师邀请，主持十方丛林书院教学。南师弘扬中华传统文化，一步步有了更大的平台，传道授业扩大到更广的范围，走出学校，走向社会，桃李满园，影响朝野，进入《周易》所说的“举而措之天下之民”的阶段。南师在台弘扬文化期间，不仅忘我地投入全部精神与财力，且不惜举债办教育，乃至为培养人才，还供养部分出家在家的穷学生学习。

来听南师课的人中，出家在家、三教九流、中外学生，从平民到军政要人，南师一视同仁，有教无类。然而，当南师文化事业顺利展开之际，政治风云突变，因平日来听课的高官重臣众多，南师被视为“新政学系领袖”。

1985年，年近古稀的南师，离开了居住三十六年的宝岛，移址美国，避开了台湾的复杂环境和人事纠纷。南师有诗记之：

不是乘风归去也，只缘避迹出乡邦。

江山故国情无限，始信尼山输楚狂。

在美三年，南师不仅考察了美国，也考察了欧洲，同时加强了与大陆亲朋的联系。他既了解大陆历经“大跃进”和“文化大革命”带来的重大苦难，也了解实施改革开放后大陆百废待兴的困局与新貌。他不计政权交替之际老父亲被判无期徒刑瘐死监狱的宿怨，于1987年特派他的常随弟子宏忍尼法师回国内考察宗教、寺庙、僧尼情况，又派在美国电话电报公司任职的弟子李慈雄博士，先带世界银行项目回大陆帮助经济建设，后留上海投资办企业，以在大陆传播先进经营理念、方式和传统文化。1988年，南师毅然决定回师香港。在香港十五年期间，他讲学不辍，随缘度化的同时，曾受有关方面再三敦请，协调了两岸信使的秘密谈判，应邀投资建设金温铁路，动员了更多弟子学生到大陆投资办企业，传播他提出的“共产主义理想、社会主义福利、资本主义经营、中华文化精神”的理念。1993年，他到厦门南普陀寺举办了著名的“南禅七日”活动。他还推动一批又一批人回内地办学校，尤注重在贫穷落后偏僻地区推广“中英算”儿童经典诵读活动，大量资助内地大学、研究机构、文化部门培养人才等等。2000年，年届八十三岁的南师力排众议，做出回内地弘扬传统文化的果断决定，选址苏州吴江七都庙港，筹建太湖大学堂。

2003年，他到义乌双林律苑举办了禅七。

2004年以后，南师大部分时间停留在上海，指挥太湖大学堂建设，期间仍讲学不辍。2006年，费时六年的太湖大学堂顺利落成启用。八十九岁的南师，从此长期在太湖大学堂弘扬文化，直至仙逝。参加过大学堂建设，后来一直跟随由南师身边的马宏达先生，讲述了自己一段亲身经历说：太湖大学堂由南师一手筹划、推动，从动意、设计、建设到开课、维系，都是他老人家一马当先，勇往直前，大家不过在后面跟着而已。从建筑设计到装潢设计，中外设计师的多个方案都不能令他满意，他就让人买积木来自己动手搭建筑模型，最终由建筑师去画图落实，直到满意为止。

从整体宏观风格，到内装潢，大学堂几乎每一个细节，包括房间桌椅如何摆放，挂什么字画，甚至一草一木、一砖一瓦，无不倾注了南师的心血，无不体现了南师融合东西方精华文化的理念。

马宏达满怀深情地说：大学堂开办六年来，仅每天“人民公社”式的晚饭就挺耗费南师的精力的。晚餐时间，耄耋之年的南师常常要应酬有缘来访的客人，这些客人三教九流都有，并非传言所说的“非富即贵”。南师有教无类，有缘能来见面的，他都慈悲平等相待，谈笑风生，希望人家不空来一回，希望对人家有启发、有帮助。说是吃晚饭，其实南师都在照顾客人，答复客人的问题，寓教育于谈话中。

南师以自己的身教言传，影响着有缘见面的所有人，借以影响群伦，影响社会。晚饭后，南师一般都会上课，期间也常常答复学人报告。送走客人后，南师还要处理内部外部事务，常常工作到凌晨。从午后到凌晨，每天至少十二个小时，南师几乎马不停蹄，应对各种事务，但却宁定空灵，简洁明了，干脆利落。偶尔有空就定一下，很快恢复精神。南师数十年如一日，没有休假，不肯空过一天，没有享清闲。以我们年轻人的体力，还远跟不上他这么大的工作量。他所做的一切，无不围绕着“教化”这条主线。

你说他为名吗？他年轻时即已成名，后来逃名还逃不掉，也从不宣传自己或自己的书。人家给他跪下磕头，他同时跪下磕头还礼。你说他为利吗？他这些年讲课什么时候收过讲课费？都是财与法双手布施。他也极难接受供养，人家供养红包，他把空的红包留下，连说“收到了，收到了”，钱却马上换个红包当场供养回去。他说劝人布施如钝刀割肉，没见过有人布施了以后“三轮体空”的，大家都是以做生意的动机来供养，所求的更多。

你说他为政治资本吗？他的确不是一般的清高，真的没把任何势力放在眼里，当然也包括了官与财，常常见他跟这类客人讲话直言不讳、毫不客气。他对人是应机设教，有教无类，一视同仁。那么大的年纪，那样的只争朝夕，传道解惑，呕心沥血。

南师说“生于忧患”大家比较容易理解，为什么说“死于忧患”呢？对这个问题，四十多年来，为南师整理了二十四种讲记的刘雨虹老师（已九十二岁高龄）回答说：南师是大视野、大境界、大智慧的人。他以综观世界的眼光洞察到，近现代以来，西方从大规模全方位的殖民运动开始，到两次世界大战，到现代多领域的霸权主义行径，其背后有着深远的文化和种族因素，造成深刻的裂隙与冲突，将世界卷入强权胜公理、弱肉强食的丛林法则，将人类引入越来越深的危险境地。南师从 1969 年访问日本回来，就为此深深忧虑，不仅为处于如此世界环境中的中国而深深忧虑，更为包括日本人民在内的全人类的未来深深忧虑。

二十世纪八十年代中期，南师判断此后中华民族有二百年好运。但与此同时，他仍然深怀这种忧患意识。数十年以来，他从成立东西精华协会，到推动东西方精华文化融合，都基于这样的远见，着眼于全人类的福祉，不断为推动东西方精华文化融合共享而呼号、奔波、奉献。可是，环顾当今世界和社会，国际政治道德被强权胜公理所取代，和平民主被霸权威胁所替代，人类的文明与道义被利益至上的价值观所取代。人们为追逐物质财富而奔忙，为积攒金钱而迷失心灵，人的价值观、道德观衰变，各种欲望不断膨胀，人文精神愈发失落，人与人关系疏离，人与自然疏离，人与自我疏离，善良人性被逐渐窒息。在越来越多的欲望中、越来越多的工具依赖和商品依赖中，人们自身的能力越来越脆弱；在越来越多的事务纠缠中、越来越快的变化中，人们越来越无奈，越来越被空虚、焦虑、烦躁、寂寞、孤独和绝望所煎熬，越来越诉诸于怨天尤人。对此，南师的忧患不仅没有减轻，甚至还在一步步加深。他有一首诗正是表明了这种深深的忧患意识："忧患千千结，山河寸寸心。谋身与谋国，谁解此中情；忧患千千结，慈悲片片云。空王观自在，相对不眠人。"另外，南师的《狂言十二辞》结尾两句"书空咄咄悲人我，弭劫无方唤奈何"，也是在表达这种深切的忧患意识。

当代弘扬中华传统文化的人们称颂南师为"国学大师"、"佛法泰斗"、"禅宗大师"、"道家高人"、"密宗上师"、"当代大隐"等等，这都只是南师学问修持、人生行止的不同侧面，不足以概括他的全面素养、品格、地位和贡献。他自己却从不接受这些称号，他常说自己"一无所成，一无是处"，自己永远处于"学人"之位，甚至说"'南怀瑾'三个字与我无关"。自从二十六岁在峨眉山宏深誓愿，南师就把弘扬传统文化，接续中华民族文脉，作为自己毕生努力的方向。"上下五千年，纵横十万里。经纶三大教，出入百家言"，这是国民党四大元老之一的李石曾先生，当年在台湾赠送给南师的话，其中一句原本是"经纶五大教"，南师不受，后改为"三大教"。南师正是以如此宏伟的目标和宽广的胸怀，从事了一辈子的文化传播与人性教化的事业。

南师幼承庭训，天资聪颖，十九岁以前广泛涉猎经史子集，诸子百家，医药武艺，诗文皆精。二十五岁于袁焕仙先生处印证悟道之后，他深感传统文化如果断灭，中华民族将万劫不复，比亡国还危险一万倍。于是，南师二十八岁上峨眉山，为取得寺庙支持他闭关阅藏，在一天夜里，他当着僧众（通永法师在内）发宏誓愿——弘扬儒释道诸子百家，接续中国文化断层，为此请普贤菩萨作证明：自己所证悟对否？刚才所作施食（与降服）方法对否？上峨眉山闭关阅大藏经，将来出来弘扬三教百家，接续中国文化断层，对否？话音刚落，夜空下的山谷突然灿如白昼，并伴随裂空之响，在场僧众无不震撼！无不对南师宏深誓愿赞叹敬佩！当时，南师严嘱在场诸位务守秘密，否则必遭天谴。因为，当时如果传扬出去，南师要么被偶像化，要么被妖魔化，都不利于平实地弘扬文化事业，不利于大家反求诸己，自立自觉自强。今天，南师已逝，此事可公诸于世了。

此后，南师即于峨眉山大坪寺闭关三年，遍阅大藏经三藏十二部，佛法修持进入新的境界。出关下山后，他短期讲学于云南大学、四川大学，接着深入康藏地区参访密宗大师。经白教贡嘎上师及黄教、红教、花教陆续印证为密宗上师。从此，一直到圆寂，首尾七十载，期间筚路蓝缕，但南师独立而不改，矢志而不渝。用他自己的话说，数十年来一直在各种困难与障碍的夹缝中，勉强做一点事。可以说，南师在中国历史文化命若悬丝的关头，不惜牺牲自己、牺牲家庭，苦心孤诣，下了一盘大棋。七十年，一盘棋！每一步，浸透了他多少的心血与艰辛！这盘棋对历史文化的深远影响，必定历久而弥新，历久而为更多人所理解。

二十世纪八十年代后期，南师的著述在内地开始出版，并在此后持续影响着内地各界各阶层人们，越来越多的人开始重新认识中国历史文化，"国学"之风渐起。要知道，在中国，几千年来知识分子一直与大众脱节。知识分子讲的话、写的著作，往往困于学术与文雅，甚至困于教条，要普罗大众听懂很难。因而大众虽生活在传统文化的氛围里，却不知传统文化之宝贵，以至于在清末衰败受侵略凌辱之际，误信少数留学归来学者对中国传统文化的丑化诋毁。孔子说："道不远人，人之为道而远人，不可以为道。"数十年来，南师一直主张道是天下的公道，最好要把道理学问讲得深入浅出，最好连没有文化的人都能听懂。因而，他的著述大多深入浅出，洋溢着"道不远人"的亲和力与说服力，没有酸涩死板的学究气，而且旁征博引，兼摄古今中外，浸透着极为丰富的人生阅历与经验，因而被士农工学商各界各阶层、从十几岁到九十几岁各年龄段读者所广泛喜爱。他的书不做广告，他本人也不接受媒体采访，都是人们有缘读了他的书，受益之后，以口碑自动传扬。

综观南师一生，自觉以弘扬中国传统文化为己任，从大陆到台湾，从台湾到美国，从美国到香港，再从香港回大陆，一直苦心孤诣为接续中华文化奔走呼号。他亲自撰写或由弟子整理他阐释传统文化的著述，回大陆前出版了三十种，在太湖大学堂六年，又整理出版了二十多种，总共出版五十余种。有几种还被翻译成英、法、韩、日、荷兰、西班牙、葡萄牙、意大利、罗马尼亚等多国文字在世界各国出版，影响广泛。《禅海蠡测》、《论语别裁》、《孟子旁通》、《老子他说》、《原本大学微言》、《静坐修道与长生不老》、《金刚经说什么》等等著述在两岸三地一版再版，很多书的发行数都高达几十万册以上。这些著述的共同特点，是以经解经，经史合参，旁征博引，深入浅出，贯通古今，切中时弊。他不受传统经典各家注解的局限，贯通上下原文以求获得清晰义理，还将经典原文和同时代相关史料结合起来，并根据时代变迁，联系当今的人与事，贴近生活实际帮助读者理解原著思想，以达到古为今用、经世致用的目的。

因此，南师的著作填平了古今文化隔阂的沟壑，填平了知识分子与大众之间的鸿沟，成为当代各界各阶层了解传统文化的桥梁，并且，对当代人做人做事也有实实在在的指导意义。对于有些学者的批评、挑剔、指责，南师素来抱“有错则改，有诬不辩，有歧义不争论”的原则，坦然处之。他真诚告诉读者：“读了我的书，希望读者们从此更上一层楼，探索固有文化的精华所在，千万不要把我看作是什么专家权威学者，也不要把我讲的当作标准。我从来把自己归入非正统主流，我只是一个好学而无所成就、一无是处的人。一切是非曲直，均由读者自己去判断。”

在太湖大学堂六年，南师公开授课五十多次，有数千中外学生当面聆听过南师精彩纷呈的演讲。演讲内容涉及中国传统文化与认知科学、生命科学，中国传统文化与经济管理、大众传播、金融监督，东西方文化与认知科学、生命科学，现代工商与人文，大会计，国学与中国文化，国学经典导读，《黄帝内经》与中医科学，当代教育问题，女子德慧修养，中学西学体用问题，新旧文化企业家反思，人性的真相，如何提高身心修养，人生的起点与终站，神通与特异功能问题，答问青壮年参禅者，如何学佛，释读《达摩多罗禅经》、《成唯识论》等佛学经典……真是包罗万象，无所不至，学识涵盖儒释道、禅净密，融汇诸子百家、医卜天文、西方文化，涉足社会各行业，教化男女老少、中西精英、三教九流。南师的每场演讲，智慧通达，幽默风趣，率性真情，慈悲可爱，让不同国籍、种族、党派、职业、年龄、性别的各色人等，都有“一次聆听、终身受用”的亲切感受。

在讲坛上、著作中，以及平日与友朋学生的言谈里，南师多次表达了对民族文化发展命运的深切关怀。更令人敬佩的是，他还身体力行，经常带头或带领学生在智力、财力、人力等多方面，大力支持全国文化教育事业的发展。例如：支持希望工程；支持学生设立光华教育基金会；长期支持内地三十多所大学教育；支持厦门大学培养中医人才；支持复旦大学新闻学院培养新闻人才；支持上海交通大学培养秘书人才；支持中国人民大学建设国学院；支持江西宜丰“东方禅文化园”建设，捐建八十余尊罗汉雕塑；支持上海道生医疗科技公司与上海中医药大学合作开发中医数字化“四诊仪”的研发与应用。派古道法师支持禅宗曹洞宗传承，帮助培养人才，重建洞山祖庭，筹集首期捐款五千万元人民币等。

2010 年，中国国学中心筹备组、国务院参事室陈进玉主任一行，受国务院秘书长马凯先生委托，来请教南师如何筹备中国国学中心。接着，北京市国学中心筹备组、北京市团委副书记邓亚萍一行，也来请教南师如何筹备北京市国学中心。南师都热情接待，坦陈己见，给予指点。

同年，为支持中华吟诵学会抢救中国民间吟诵文化，南师不仅给予指导，个人还捐助两万元人民币。2010年以来，南师又聘请少林武功资深传人来大学堂教学，弘扬《易筋经》文化；为支持“未来中国助学联盟”，南师题词并推荐两名讲师。2011年，大学堂与苏州移动公司合作，开办“中国文化学堂”手机课堂，做公益文化教育。2012年，南师应中国人民大学请求，为该校国学馆题词，鼓励国学院师生“究天人之际，通古今之变”。同时，南师个人支持2011年度“新法家”学术研究及网站运营经费，要求弟子支持2012年度“新法家”学术研究及网站运营经费。对近年来国内出现的优秀文艺作品、作家、艺术家，南师也非常鼓励，例如他对《大秦帝国》作者孙皓晖先生,《济公》主演游本昌先生，古琴家李祥霆先生、龚一先生、陈长林先生等等，曾当面给予精神鼓励或物质奖励。值得一提的是，在南师九十五高龄之际，为了满足地方人民的愿望，并借以弘扬人文文化，敦化民风，他还亲自关心指点吴江七都老太庙文化广场的筹建，亲笔为“老太庙”、“吴泰伯”题名，还捐出十八亩土地用于老太庙文化广场核心区建设，又派出国际知名建筑师登琨艳先生，为老太庙文化广场做义务的建筑设计。南师和太湖大学堂的同学们，还为老太庙建设捐款三百五十余万元人民币，其中一百万元是南师的稿费，他说：这笔钱，是读书人心血换来的干净钱，虽然不多，但也希望为当地人民的福祉与文化建设，尽一份绵薄之力。

南师讲学传道几十年，受教者、受益者无数。他的仙逝，等于上了他一生中最后一堂大课，短时间内牵动了亿万人的心，不只是中国公民，还有国际上的华人朋友和外国朋友。无数人在这堂课中，难过、反思、反省，甚至忏悔、发愿，要改变自己，要做功德的，大有人在。看了《怀师》网页的文章、留言，很感人，很让人佩服。而这些文章、留言，绝大部分竟是没有当面见过南师的人写下的。由此可以看到，无数人受到了南师的学问、道德、人格的教化、熏陶。

这靠的是什么？靠所谓的学术吗？靠推销自己吗？或者靠新闻媒体的宣传吗？都不是。那是他“润物细无声”的教化，滋润了人们的心田，不同程度地启发、感动、改变了人们的内心，大家发自内心真诚地感念他。看了这些留言，这些文章，我们都会体会到，南师毕生弘扬中华传统文化，心血没有白花，正在亿万人心中发酵，不断发挥着改变时代与历史的作用。

这里有必要列举两个人，以窥南师教化的方法与力量。上海斯米克集团董事长李慈雄，在就读台湾大学电机系二年级时，感到现代物理学无法解决他心中对宇宙源起的困惑，就去找南师，愿在他门下学习，从中国文化中寻求答案。南师看了看他说，你到我这里听课要交费的，李说我家境困难，勉强交了大学学费，没有钱来这里听课。南师说，那你可以在我这里打工。

李说我不知能否干得了，南师说就是打扫厕所、擦地及倒茶待客这些杂事。李高兴地说这我干得了。南师问什么时候开始干？李说我现在就干，他当场挽起袖子就做起来。南师微微颔首。

“当时老师很严格，会趴在马桶旁边看里面有没有刷干净。我洗刷的玻璃茶杯，他会拿到太阳光底下看，发现杯沿不净处就要我再去洗。尤其是当我给客人倒茶，不小心洒水到茶杯外，南师当众不客气地说：看，这就是台大电机系的学生，茶都不会倒。我常常羞愧难当，下不了台。”李慈雄今天感慨地对我说。而在几年前，有次南师向我介绍李慈雄时，也说到同样的内容。南师说，我当时就想打掉台大学生自高自大的习气，磨难磨难他，使他动心忍性，增益其所不能。持续半年的测试，未让李慈雄打退堂鼓，南师才开始教他第一篇文章：《史记·货殖列传》。李慈雄说：“我当时想学的是佛学，老师讲《货殖列传》，开始感到迷惑不解，自己又不做生意，学这个干啥？想不到十年后，我在美国斯坦福大学拿了博士学位，到美国电话电报公司工作，1987 年，老师突然叫我离开美国回大陆做生意了。冥冥中，老师似乎在几十年前就规划了我今天的行止。”说起南师的教导，李慈雄永远记得，自己在离开美国前往上海的时候，老师语重心长地说，世界上最厉害、最有效的东西就是诚实、信用，你去大陆就带这个文化理念回去。这也成了斯米克集团在上海大获成功的秘诀。二十世纪九十年代初，上海《解放日报》曾就“向斯米克学习什么”为专题，展开了一场持续一个月的大讨论，实际上是传播了南师的办企业的文化理念。日前，李慈雄说，他遵照南师意见，已在上海浦东新区建造了一座恒南书院，今年八月，南师叮嘱他可以做弘扬东西精华文化的事业了。

提起融合东西精华文化，国外有许多专家学者十分仰慕南师，彼得·圣吉就是其中一个突出代表。他是美国麻省理工学院的教授，其专着《第五项修炼》曾轰动西方管理界，被誉为“现代管理学大师”。中国近年来提倡的“学习型组织”、“学习型社会”的概念，就源自于彼得·圣吉。

十五年前，彼得·圣吉寻找到南师，请教如何进一步提升自己。南师教他坚持每天坐禅一小时，同时介绍《大学》、《中庸》、《管子》三部中国经典让他修习，说其中包含人类最高的管理哲学和政治哲学，也是个人修养、立身处世的宝典。彼得·圣吉深受启发，说真正找到了东方文化的老师。十五年来，他每年都来向南师求教，并多次率团队来聆听南师授课，也获得了扎扎实实的收获与成长。南师辞世后，他特地从美国赶来大学堂，发愿要把南师的学问和著述进一步传到西方去，传到世界去。他说中国文化对西方乃至全世界是很有帮助的，尤其这个时代和未来，世界充满了危机，非常需要借鉴中国传统文化诸多宝贵的思想与经验。就拿管理学来说，如果只是寄托于规则和利益管理，而不是以各自的内心观照和修养为立足之本，就不是真正好的管理。彼得·圣吉在回国前向我表示，他回国后要立即着手组织翻译南师近年来的演讲内容，包括《二十一世纪初的前言后语》上下册、《原本大学微言》中的重要章节、段落，争取尽快出版并送到美、英和欧洲主要国家的精英手中，从高级官员到专家学者，让他们都能了解南师解决当前世界所面临危机的高度的东方智慧，相信这对世界政治、经济、文化都会产生重要的影响。从彼得·圣吉身上我深切感到，南师呕心沥血的教化，已让西方大师级专家学者充满历史责任感，并实际行动起来，努力传承南师关怀世界前景和人类未来的文化福音。这的确令人鼓舞！

南师二十六岁发宏誓愿，到九十五岁圆寂，七十载春秋，七十年心血，毕生从事弘扬中华历史文化事业，不求名，不为利，苦口婆心，循循善诱，始终如一地完成了接续中国文化断层的大愿。

功莫大焉！德何劭矣！南师，不愧是当代弘扬中华传统文化的先驱，不愧是“为天地立心，为生民立命，为往圣继绝学，为万世开太平”的划时代宗匠！

“知君两件关心事，世上苍生架上书”

早在七十多年前，南师才二十岁出头，四川一位患难知交钱吉先生就赠诗南师说：

侠骨柔情天付予，临风玉树立中衢。
知君两件关心事，世上苍生架上书。

能概括南师一生行谊的，就是“关心苍生、关心文化”两件大事，这位知交可谓有眼力，善识人。南师不忘当年恩德，五十多年后在美国多次派人、托人到四川打听、寻找老友下落，后来得知老友在变乱中已故多年，南师不禁泪落，并赋诗感叹：

蜀道初登一饭难，唯君母子护安康。
肯知苏季非张俭，不信曾参是项梁。

徒使王陵有贤母，奈何维诘学空皇。

千金投水淮阴恨，今古酬恩枉断肠！

几十年来，人们评论南师“视苍生如子女，视子女如苍生”，这是南师的真实写照，也是对友人诗吟最好的回应。南师终其一生，弘扬文化，有教无类，以出世的精神从事入世的事业，一切的一切，都是为了苍生。他心中装的，笔下写的，讲坛讲的，禅堂开示的，都是关于苍生的冷暖、安危、觉迷与福祉。

例如从祖国统一大业来说（详见周瑞金《南怀瑾：海峡两岸的信使》），两岸谈判的这桩事，只是南师数十年来随缘所做的无数功德之一。南师在台湾三十六年，在香港加上回到内地共二十四年，在美国三年，期间有机缘能登门拜访求教于他的各界精英无数，其中当然也包括不少政要。南师心无所求，一视同仁，有教无类，应机设教，但终极目标都指向一个——造福国家民族，造福天下苍生。

教育以成功做人为目的

2000 年，八十三岁的南师在考察了杭州、上海、苏州等地以后，来到太湖之滨吴江庙港镇，顿觉眼前豁然开阔，太湖一望无际，水边林下长堤，正是读书修行之地。南师为之动容，遂决定落脚庙港，建设太湖大学堂。历经六年建设，大学堂终于在南师八十九岁那一年正式启用。

十几年前，南师亲力亲为，投资数千万美元合资建设打通浙西南大通道的金温铁路，轰动一时，也开了股份制合资建设国内基础设施的先河。铁路通车时，南师作了一首诗：

铁路已铺成，心忧意未平。

世间须大道，何只羡车行。

铁路修成，南师功成身退，一分利益不沾，把铁路股份全部“还路于民”。可以说，他毕生都在修一条人走的大道。“区区一条人间铁路算什么。现在这个地方，我是为了继续修一条‘人道之路’”，2006 年初夏，就在太湖大学堂启动时，南师如是说。

从台湾到美国，再到香港，南师一路奔波数十载，在弘扬传统文化中深感人才的匮乏。而人才成长靠教育，中国百多年来新旧交替的教育，文化分科越分越细，为求职应试而学习、为知识专业而教学，离培养人的品德、心性越来越远。南师对这一套教育理念、方法很不以为然。

2006年7月，南师以“禅与生命科学认知科学”为题，在太湖大学堂开办了为时一周的首期讲习班，向来自国内外八十多位学生开讲了最新的科学与禅学关系的话题。中国科技大学校长朱清时参加讲习班后，深有体会说：“南师的教导让我找到心的宁静，使我不为个人得失忧虑，一心去追求我所认为的真理。”朱校长认识南师后，开始探索科学与禅学的关系，提出了“发现现代物理的主流学说，正如释迦牟尼佛两千年前所说的”观点。2009年，朱清时又在世界佛学论坛发表题为《物理学步入禅境》的演讲，为此遭到一些人的抨击，但他坚定地说：“一个彻底的科学家，到了一定程度，都会发现人的认识是有局限的，人类只是生物进化的一个阶段。科学家要找办法突破这种极限，首先必须提高大脑的感知和认识能力。而佛法能让人在禅定状态下，安静地思考。这个状态下，大脑成了超导体。”

许多同学听了南师的课，都有类似朱校长这样的启悟。

数年前，王财贵博士在拜访南师的时候，谈起经典读诵教育的实验，南师大加赞赏并进一步做了完善，提倡“中英算一起来”的儿童基础教育，也即对孩子实行东西方文化融合的经典与科技基础教育，其内容包含：中文经典（以宋代以前的经典为主，是中国文化的基础经典）、英文经典（西方文化的基本经典）、珠心算（数学是自然科学的基础）。其方法是寓教于乐，潜移默化，每天只需抽出二十分钟时间（时间多了孩子可能反感，而培养兴趣是关键的），大人带着孩子一起大声诵读东西方经典，这些经典本身有着音韵美，因而诵读时本身就是一种乐趣。不知不觉间，这些诵读的内容，耳濡目染，就烙印般储存在孩子们的心里。这等于给孩子从小储备了无形的财富，面向未来，面向世界，为融合东西方文化、融合人文与自然科学，做了基础教育的铺垫。

南师鼓励李素美、郭姮妟、宏忍尼法师等人，分别到内地推广这种教育。逐渐地，无数孩子与家庭受益。但同时，也发现了一个问题：这些孩子，记诵了很多别人不懂的东西，不少人开始骄傲起来，看不起人。甚至很多人以为只要诵读了经典，就一切都好了，也不需要接受现代教育，孩子会自动懂得做人做事了。也有的每天大段时间给孩子们做这个教育，把孩子们弄得很疲累，产生了反感。

面对儿童经典诵读活动中出现的种种问题，南师在九十一岁高龄，下决心创办了吴江太湖国际实验学校，做小学教育的全面实验。南师亲自指导，李素美、郭姮妟母女具体操持，李传洪借在台北办薇阁学校的经验予以师资等多方面的赞助。教育所涉及的内容，可用三个“合一”来概括：文武合一、古今合一、中外合一。

2008年，吴江太湖国际实验学校第一批招收二十九名学生，吃住学习都在学校。学生们每天6点30分起床，练习武术半小时；早餐后，诵读经典，像唱歌一样，不求理解；午饭后散步，并安排静定课程，那是按《大学》“知止而后有定，定而后能静，静而后能安，安而后能虑，虑而后能得”的原理，所安排的修身养性课程，具体有呼吸练习、静坐、传统养生操等内容。随年级升高，还要学会采集食物、烹饪、野营、采中药、野外自救等生活技能。学校采取“大带小”的学长制，高年级学生做低年级学生的哥哥姐姐，哥哥带弟弟，姐姐带妹妹，同吃同寝，同学间亲如手足。学校还规定孩童不许用手机、电脑，远离互联网世界，一心饱读东西方经典。

根据南师的教育理念，这座国际实验学校在知识教育的同时，更重视生活教育、生存教育，培养孩童生活自理能力、与人相处能力、生存能力、学习能力、团队精神、做人做事能力等。平日学习，还涉猎东西方礼仪、风俗习惯、中医药、生物、传统武功、现代运动、野外求生、食物制作、科学思维、建筑设计、工艺美术、书法、诗词歌赋、戏曲音乐等等。这么多的内容，却编排得法，寓教于乐，几年时间让学生在没有沉重精神负担（也没有考试）的情况下，快乐地学习和成长。很快地，学校学生由开始的几十名发展到现在两百名。教师则有五十余人，由台湾教师、大陆教师、外籍教师组成。这些教师很多是南师著作的爱好者，他们尽责尽力，日夜守护、陪伴、培养着孩子们，做出了很多牺牲。他们不是以职业的心态，而是以事业的心态来做教师的。南师曾多次表示对这些教师的尊敬和感动。南师还经常亲自示范为孩童上课。来拜访南师的各界精英，有的临时就给孩子们上一课，增广了孩子们的阅历见闻，提高了综合素质培养效果，为孩子们的人生打下了全面成长的坚实基础。

有家长担心这些孩子毕业后，不能与外面的体制接轨。事实证明，今年首届二十九名毕业生，绝大多数以优异成绩考入外界的理想初中，许多学生以个人优秀的综合素质，被学校争相录取。南师给学生家长们也讲了很多次课，谈教育的问题与家教的重要。强调教育首重家教，家长是孩子第一个老师，也是一辈子的榜样，家长的身教言传，对孩子的熏陶影响至关重要。时下社会把教育完全寄托于学校的倾向，是严重错误的。

江苏省、苏州市、吴江市分管教育的领导，都来过这个小学考察，给予了高度评价。中央文明办还请河南、山东、四川等地七个小学的校长，来观摩学习，交流教育经验。

下面是山东淄博市一位小学校长的观感，看一看吴江太湖国际实验学校给他们留下的难忘印象：

2011 年 8 月 4 日，我们有幸来到太湖大学堂和吴江太湖国际实验学校培训学习，为期四天的学习给我带来一次次的震撼。

学习感悟：太湖大学堂和吴江太湖国际实验学校，是由南怀瑾先生主持创办的教育基地，位于苏州太湖畔，校区湖光山色、环境幽雅，没有塑胶跑道，有的只是大片的草地，这里远离城市的喧闹，犹如世外桃源一般，小朋友在天然、舒适的环境中成长与学习。学校将“体验式教育”与国学经典诵读有机地结合起来，让学生在读经中感受生活，在生活中感悟经典。全新的办学理念、融洽的师生关系、彬彬有礼的师生、多样的课堂、中外经典诵读的做法一次次地冲击着我的教育观，我的教育理念在学习中不断更新，尊重生命的教育才是真正的教育，他们培养的是德才兼备、知书达礼、温文尔雅、体魄健全、心智健康的孩子。

一、多彩的课程

通过吴江太湖国际实验学校郭校长的介绍和几天的观摩，我了解到该校的课程是以学生的需求为基础设置的，学生需要哪方面的教育，学校就开设相应的课程，课程除了传授语文、数学、英语、经典等知识外，大多数是培养学生生活的技能，如建造房屋、制作面点、陶艺、刺绣、中医、茶道、园艺、钻木取火、礼仪、武艺、划船、跳水、自制玩具、瑜伽、心灵课程等等。现在的学生不只是知识的匮乏，更多的是生活技能的缺失，自理能力、心理承受能力差，在这方面的培养上，太湖国际学校的做法值得我们学习。

二、小节之处见文明，细微之处显真情

走在太湖大学堂的路上，你见到的每一位师生都彬彬有礼，迎面走来他们主动退居一旁问好，等客人通过后再走，即使保安人员都不例外，莫大的校园你见不到一张废纸、杂物，人与人交谈时都温文尔雅、面带微笑，用餐时学生先背诵《幼学琼林》中关于用餐的诗句再用餐，在实践中让学生感悟经典，坐立行走也是一样，包括我们观摩的中外经典诵读课、中医课、科学课、茶道课、静定课等，都围绕一个主题将经典与实践结合起来，让孩子在体验中再读经典。如在中文经典课上教师根据“天人合一”这个主题结合中国节气“立秋”，让学生到校园中感受一叶知秋，再回到教室诵读相关经典。“七夕节”的晚上，学生的活动室内张贴了所有与七夕有关的诗句，教师自编自演为学生再现了牛郎织女的故事，带领孩子们到室外观察星象，再齐声诵读诗句。在这种氛围的熏陶下，孩子们对国学及中国传统文化有浓厚兴趣，喜欢学习，能接受新概念，正慢慢地改掉陋习走向文明。

太湖大学堂里，处处都有关爱，我们一同来的一位校长胃不舒服，从到校的第一天一直到离校，学校的校长、老师一直关心他，特别是郭校长的母亲李老师每天都根据他的情况给他准备药，包括我们学习静定时也不忘问他的状况。与学校的校长、老师交流这件事情时他们丝毫不感意外，在大学堂里这很平常，学校每一位老师和学生的身体状况他们都非常了解，这件小事让我感受到了大学堂里师生之间的关爱。

三、一节户外活动课带给我的感动

8月5日下午三点，我们与学堂十一名夏令营小朋友一起参加了跳水、划船的活动，担任本次活动的教师是来自加拿大的外籍教师，还有几个协助教师。

感动一：只要是对孩子有益的事，必须做，不放弃任何一个孩子。跳水时有一个八岁的小女孩特别害怕，无助地哭了起来。从三米的平台上跳入太湖，这确实需要很大的勇气，看着一个个孩子先后跳入湖中她哭得更凶了，如果换做我们，可能会怕孩子发生危险让他放弃这项活动，可是户外辅导老师先是对孩子耐心疏导、鼓励她，孩子仍然鼓不起勇气，最后老师抱着孩子完成了动作。第二次小女孩自己完成了动作，孩子战胜了自己。

感动二：教师的合作意识、向心力、互助意识很强。划船时，每艘船上的教师耐心地教，让孩子玩好，岸上的教师不是双手胸前交叉，做旁观者，而是在岸上拍照、打拍、加油，几个教师自发骑上自行车在岸边沿着我们的路线，看我们是否安全，这里没有校长的命令，每位教师都当做自己的功课用心地完成。一个老师的课这么多老师热心地协助，在我们的校园里是很难看到的。

感动三：教师的奉献精神难能可贵。跳水时，几位老师一直在水里负责保护，他们一次次地把孩子送上岸，再回到水中，整个活动持续了两个多小时，没有一个教师上岸，他们始终面带微笑。

感动四：教师善于自我反省。每天晚上九点三十分至十一点，学校的老师们都会聚在一起反思自己今天活动的失误，分享自己的快乐，从失败中总结经验，以更好地指导教学。

2012年6月21日晚上，吴江太湖国际实验学校举行首届毕业典礼的前夕，南师作了一小时“临别赠言”的演讲，这是南师生前最后一次演讲，对学校实验教育做了一个很好的总结：

吴江太湖国际实验学校，“国际”是个名称，就是要把国际的文化精华吸收过来。“实验”什么？因为不同于这一百多年来的小学、大学的教育方法，我们主张文化教育要文的武的合一，要新的旧的合一。实验的是这个。

你们学的重点之一就是生活的教育，什么是生活教育啊？你们都很娇贵的，娇养惯了。尤其是父母的观念错误，要想孩子们考好学校，将来出人头地，换一句话就是家长们把自己一辈子做不到的愿望，交给孩子身上去负担，害了孩子们，这是我最反对的。你们到这里以后呢，不同喽！生活在一起，学会了怎么样吃饭，怎么样拿碗，怎么样拿筷子，怎么样吃菜，怎么样睡觉，怎么样自己洗衣服，怎么晾好衣服，怎么样铺被子，怎么盖被子，怎么与人相处，怎么处理事……听说你们很晚了还有老师在旁边陪你们睡，指导你们，这个是生活的教育，是教育的基本。你只学会作诗，会写字，你功课怎么好，我都不在乎你们。因为那个容易啊！但生活的教育难，可是你们做到了。这次到台湾，台湾的大人们，社会上的人们，对你们印象非常好，大家很钦佩。

不要以为拿什么大学的文凭，有个博士学位什么的了不起，那并不能算成功。你们要晓得，教育的目的是成功做一个人！你们把这些年的基本生活教育的精神带到社会上，我可以断定你们将来是顶天立地的人，与众不同。只说哪个程度好一点，哪个会作诗、写字，那只是生活的技术，不是生活的本质。生活的本质一句话：做人。你们这样出去做人，一定可以影响社会。千万要记住我今天的话，你们不但是吴江太湖国际实验学校毕业这一个资格，你还有一个资格，很难的，你说我当年还只有十一二岁六年级毕业，那个南老头子九十五岁亲自给我讲过话的，这个资格别人是买不到的，只有你们有。记住不要给老头子丢人哦！

我今天对你们临别赠言，记住，你们将来是不是念名校，有没有拿到硕士、博士，那都是虚的。怎么做一个完整的了不起的人，怎么做一番事业，对社会有贡献，才是你们的目标，千万要记住！

谁也想不到，这“临别赠言”，竟成了南师对吴江太湖国际实验学校师生们极为珍贵的临终赠言、永别赠言啊！

事师如师在，道业永相续

南师祭奠告别仪式的那天晚上，师从南师多年的赵海英博士一再叮嘱我，要我在代表南师中外学生致辞时，一定要把“事师如师在，道业永相续”这层意思表达出来。我很理解也很珍惜海英博士这种心情，这也是我们所有学生在告别南师时的共同心愿。

谈到大家最关心的传承问题，陪同南师度过人生最后八年多的马宏达先生，说出了自己的看法：老师的学问是儒释道三家、诸子百家都通的，不限于任何一家。我们暂且借用佛家来说，释迦牟尼佛走了以后，最重要的是什么东西？我认为是佛经，就是经典，他一辈子智慧的结晶核心在于经典。他走后由五百罗汉来结集，然后留传到后世。虽说佛像、寺庙、出家人或者在家的居士，也是重点，但是没有那么重要，一切都围绕着经典。

其实，老师比释迦牟尼幸运，因为他在世的时候，自己可以主导，出版自己的讲课纪录，或者自写的书。在老师走前，他的著述大部分已经集结出版完成了，只有一两本他要出的书尚未出版，而尚未出版的这一两本书，他已经亲自审查完稿了，即将出版。

其中一本讲《中庸》的，南师早已亲自写好稿子，准备放在最后出版的。这是比释迦牟尼佛幸运的地方，同时也可以说是南师高明的地方。因为提前集结了，而且经过他本人的认可，认定过了。传承的核心在经典著作，这是最重要的。佛经后来的结集有好几次，争议很多，因为佛陀不在场，无法给予最权威的认定。

同时，对老师的课、老师的书，同样适用“四依四不依原则”，也即“依法不依人，依义不依语，依智不依识，依了义不依不了义”。其实，读任何书或文章、听任何人讲话或讲课，都适用这个原则。这才是智慧之学，否则要么变为盲从与迷信，要么纠缠于细枝末节而不见全体。

马宏达先生还谈到，老师在世时，就有人当面提出来说，南门以后要如何发扬光大，南门弟子要如何传承老师的学问。南师当场表示反对这些观念。他一直强调，道是天下的公道。他一生的学问，是来自于读古今中外一切经典书籍，以及他一生的经历，跟一切人从一切事中学到的东西，所以才能如此渊博，而且不困在书生气上。如果困在门户门派之见，那就太有限了。所以，南师数十年来弘扬文化，从不以自己是袁太老师门下大弟子或维摩精舍的名义来招摇。不仅如此，南师还引用过这样一句触目惊心的话：“佛教徒是释迦牟尼佛的罪人，道士是老庄的罪人，儒生是孔孟的罪人。”

南师认为一旦设立了门户，学生们一代代传承下去，难免把自己的意思加在前人身上，或把前人神化、偶像化，难免曲解、误解、歪曲、误导，直至失败。

再说，历史上诸子百家的任何一个大家，有谁说过要开一个宗派吗？孔子说过“我是儒家”吗？老子说过“我是道家”吗？都没有。那是后人加上去的。所有的圣贤，他们是海纳百川，没有门户之见，所谓“君子不器”，没有边界的，这样才能成其大。老师也没有什么“南门”“南学”等等观念，这些观念都太狭隘了。真正的圣人，他的胸怀，他的学问，是没有边际的；没有设定门户，也没有设定学生和非学生的界限。天下人愿意读他的书的，愿意接受他教化的，都是他的学生。他说一个人如果不尊师重道，那是混蛋。可是，如果把自己当作老师，那是自己昏了头。听到有人在外面以他的学生、弟子为名招摇，老师反复讲他没有一个学生。听到有人在外声称是他的关门弟子，他听了笑说自己从未开过门，何来关门弟子。老师对学生定的标准非常之高，可以说无人能及。同时老师也非常谦虚，与大家都是朋友，他永远不居于师位，而是永远处于学人之位，向一切人学习，也声明不要把他和他的学问当作标准。他说谁有心得，谁心里清楚，不必搞形式上的师生这一套，这些俗套后患不少。

我很赞同马宏达先生传达的南师的这些看法。真心诚意要向南师学习的人，最好是诚诚恳恳效法南师“君子不器”“自强不息”“无我利他”的精神，认认真真学习领会南师的著作经典，切切实实按照南师的精神和品格去践行修炼，老老实实遵照南师的教导做人做事！

当越来越多的人、一代又一代的人，不断点亮自己的心灯，共同努力修筑着、维护着“人间大道”，我们仿佛看到南师那如中秋明月般饱含慈悲的微笑……

最后，我谨以一副挽联作为本文的结束：

世外高士，儒释道，禅净密，宏深誓愿，圣绩远播，救度无边众生，堪称当代维摩诘；

域中奇人，军政经，教科文，筚路蓝缕，甚多建树，造福中华子孙，史载功德千秋业。

南公怀瑾先生辞世的伤痛

古国治

怀师走了，有太多太多的伤痛充塞心胸。

怀师一直是中国文化的护持者。中国近一百多年来，因为国体积弱，深受英法德日等国的船坚炮利之害，国人为了图强，纷纷兴起向西方学习之风，从废除科举到国家体制改革，到辛亥革命，五四运动，文化大革命。这段期间，中国人一直在否定自己，否定自己的政治，否定自己的教育，否定自己的习俗，最后否定了自己的文化，你可以从南先生的书中，处处看到他为此感到伤心痛心和耽心。因为文化是立国的精神，是立国的根基，一个人有形而无神，那是什么样子，中国人没有自己独特的精神文化思想，还叫中国人吗？

所以他讲《论语》、《孟子》、《大学》、《中庸》，他讲《易经》、《老子》、《庄子》、《列子》、《参同契》，他讲《金刚经》、《圆觉经》、《维摩诘经》，译释《愣严经》、《愣伽经》，而且讲得深入浅出，希望人人都能读懂，能够普及到各个层面。其目的无非为了恢复中国文化的元气，为自己的国家民族贡献心力，贡献智慧。为了做这件事，他舍家，舍财，舍身命，说来如何不令人伤痛？

如何舍家？怀师在大陆有二子，1949 年他独自一人赴台湾。在台湾他另有二子二女，在生活艰苦的情况下，供养子女至读大学，尽完父亲的责任然后送出国，要求他们今后自立。子女想要来看父亲，因为身边有客人要接待，往往推迟另约见面时间，即使见面亦因身边有学生或客人而不能谈话。假如你是他的子女，请问是何感受？为了弘扬中国文化，怀师舍掉了给儿女的时间，舍掉了含饴弄孙，然对子女并非无情，只要有时间有机会亦谆谆教诲，而子女亦付出了对父亲的思念。思此，如何不令人伤痛？

如何舍财？怀师没有房产地产，唯一有的是老古文化事业公司，但是利润和版税并未用于置私产，都是这边给那边给，只要有利于文化的事或别人有需要，都舍出去了。他生活简朴，一天只吃一餐，吩咐做好菜但不是为了自己，一件衣服经过几十年还在穿，生活没有娱乐，曾经有人送怀师名贵的玉器古玩，他坚持不要，唯一的爱好就是读书，有钱没钱不在乎，可以说视金钱如粪土，辛苦一生没有任何物质享受，怀师自己当然无所谓，站在我们俗人的立场来说，亦令人伤痛！

如何舍身命？怀师为了弘扬佛法，在台期间曾数次主持禅七，七天七夜下来，往往因疲惫而大病一场，还不要学生照顾；八十多岁在浙江义乌主持禅七，亦因人多如厕不方便而生病；九十多高龄还是和往常一样，白天接待客人解答问题，夜里回复信函，处理事情或校对书稿，因为要对读者负责，一言一字不能出错，出书前均亲自校对稿件；后来视力不佳，每天还须以听的方式校稿，经常还要随机讲课。怀师对自己要求甚严，一生忙碌，没有休息，能作贡献尽量贡献，不计身心劳累，做到不能做为止，除了敬佩之外，何尝不令人伤痛？

怀师曾经创建金温铁路，那是为了造福乡里，并不是他真正想要做的事。他曾经说过“世间须大道，何只羡车行”，他想做的事除了弘扬中国文化之外，想开拓一条人走的大道，他的理想是融会东西方文化的精华，集合科学家、哲学家、医学家等各类专家探索宇宙生命的奥秘，解决唯心唯物的问题，为世界人类作贡献，而今这个理想尚未实现就走了，令人伤痛！

怀师的学生很多，他将他的人生智慧、领悟心得、修行经验贡献给学生，付出了无数的时间精力，而学生却不成才不成器，没有成就，那是很痛苦的事，所以经常感叹没有学生，如今走了，如何不令人伤痛？

就我个人而言，我年轻时消极悲观厌世，是怀师改变了我的人生观，犹如再生父母，给了我新的生命，要不是有怀师，我的生命早已不存在，怀师走了，我内心的伤痛，无以言喻。

怀师的仰慕者数以万计，而且有许多人因看了怀师的书而豁然开朗，改变了人生态度，这些人对怀师均心存感激。对仰慕者感恩者而言，能亲聆怀师教诲乃最大幸福，却因人数太多不能一一满足，在他辞世时亦未能亲赴灵前致哀致敬，这是很遗憾的事，我亦为此而伤痛。

逝者已矣，一切都化为灰烬，烟消云散。生死本无常，唯有先生的精神常存，思想常在。愿把此伤痛化为学习与实践，学习实践他舍己利人的精神，学习实践他做人做事处处替别人着想的风范，继续把中国文化的种子传播下去，把生命智慧的火炬接续下去，遂不辜负他老人家在天之灵。

2012年十月五日

要为子孙修一条“人生大道”

——忆南怀瑾老师

蒋章元

生也有涯思无涯。我们的南老师——南怀瑾先生走了。我的伤感之情，难以言表，愁煞苦煞。回想二十年来与南老师的交往，历历往事，一桩桩，一件件，在眼前不断涌现。他的音容笑貌，他的高风亮节，始终萦绕我的心头。

1992 年 9 月，国家经贸部最后批准内地与香港合资建造金温铁路合同。11 月中旬，作为这条铁路的催生者，南怀瑾先生把接受大陆新闻界第一次专访的机会给了我这个温州新闻人，于是，我有了《金温铁路的催生者》《义所当为》《怀瑾握瑜一奇人》等关于他的新闻作品，见诸《温州日报》、《浙江日报》和《瞭望周刊（海外版）》等报章，开启了我与他的廿年因缘。

1994 年农历正月初二，他在厦门南普陀寺禅堂主持“禅与生命科学”的禅七并开示。这是他离别大陆 45 年后首次回来讲学，我有幸七天七夜全程参与，接受教诲，从此我忝列南学门墙，开始习研国学精华，一发而不可收。

因缘际会，2004 年，南老师从香港移居上海，恰逢此前我也已居住上海，他几次邀我去他的寓所相聚，彼此见面的机会渐多。后来，太湖大学堂落成，他迁住太湖之滨的庙港镇，我亦三次造访，聆听教诲。

随着交往的增多，南老师对我的称呼，在不同客人面前会悄然变换。有时他叫我“小同乡”，这是一位长者对同乡晚辈的呵护，有时他戏称我“章元老弟”，更是他老人家在人前着意抬举晚辈的良苦用心。

2011 年 9 月 24 日，我第三次到太湖大学堂做客，席间，他当着十多人的面对我说：“我十二岁时，你祖父焕怀先生教我学中医药，还教我打拳。”这令我大感意外——这么多年来，他可从来没向我提及，而我也从来没听长辈说有此事。之前，他曾语重心长地叮嘱我：“你现在搞中医药，必须深研易学与道学，中医的源头在这里呀。”他还说：“你能用中药治愈过敏性鼻炎等慢性病，不简单，这可是医学难题哟，是件大好事，一定要把它做出去，将来为全人类服务。”殷殷嘱托，言犹在耳，可如今斯人已逝，让人情何以堪。

然而，最令我难以忘怀的，还是1993年1月我通过国际长途电话第二次采访他时的一番对话。现在我把当时的笔记旧稿内容原原本本地抄录在这里，让我们从中重温他催生、建设金温铁路的初衷，一窥他的故乡情结：

蒋章元：南先生吗？您好！我是蒋章元。由您出任董事长和总经理的浙江金温铁道开发有限公司已在温州隆重开业，金温铁路正式动工，我向您表示恭贺！

南怀瑾：噢，蒋章元。我很好。不过没什么喜可贺。那是件苦差事呀。公司开业，才是我真正麻烦的开始。

蒋章元：根据测算，金温铁路全线修通需要一亿七千万美元的资金，其中相当一部分要您来筹措。这对于您，一位并非财团大亨的文化人来说，资金上有困难吗？

南怀瑾：这的确是对我的重大考验。不过商场如战场，筹集资金的问题，也是“运用之妙，存乎一心”，绝对没问题。我告诉你，有关资金财务的调度安排，去年四月间，香港兴业和浙江地方铁路公司已达成了分四期缴清资本的补充协议，一切按协议执行就是了。

蒋章元：据了解，您的学生和弟子中，不乏杰出的企业家。不过我想，他们都奔忙于自己的事业，再来经营铁道事业，恐难分身。目前，您如果有什么困难的话，我猜想人才问题是不是算一个呢？

南怀瑾：是的，眼前我最需要的是有远见、有气魄，热爱国家民族，肯于牺牲奉献的经营人才，来共同负责铁道的建设和开发。不过，我认为，兴建金温铁路是公益事业，只要有愿心，肯力行，以前瞻的眼光、无我的胸怀，一心一德，为国家建设而努力，我想，所有的困难都是能够克服的。

蒋章元：您说兴建金温铁路是公益事业，是什么意思？

南怀瑾：这条铁路，浙西南父老乡亲盼望了近百年了，因为经费困难，被搁置至今。你知道，兴建铁路本来是政府的事，老百姓怎么会有能力插手。我是被乡情所动，无法推却呀。温州是个重要的港口城市，几十年来，发展远远落在人家后头，归根结底，是交通的落后束缚了经济的发展。我想，将来如果建成，一定会加快故乡的经济繁荣。

我随后问他在大陆投资这么大，会不会被台湾方面认为“厚彼薄此”？南老回答不会，因为彼此都是炎黄子孙。他一向主张两边和衷共济的，并感叹他已经76岁了，说不定等金温铁路建成，已经没有机会去坐了。做这些事，只是想报答乡里。

我请他对温州和金温铁路沿线的乡亲说几句话。

南老师说："在八十年代的时候，我身在海外，已知道温州同乡率先自行改革开放，以个体户来做工商业，很成功，推动了温州的经济发展，成为全国瞩目的地方。现在，温州人虽然比较富裕了，但要切记，贫穷可悲，富有更可怕。富有如果失去理想，更容易使人堕落造孽。眼下金温铁路是开始修造了，须知修铁路是为子孙后代造福的善事，能不能修成，是靠大家上下一心、众志团结来完成的，希望沿线的父老乡亲多多关心和支持。"

我再问他对修造金温铁路的个人理想和希望是什么？

他说："修这条铁路，不过是一件义所当为的事而已。我们真要做的事是，要为子孙后代修一条人生的路，那才是大家真要做的大事。借用宋儒张横渠的四句话来说，便是'为天地立心，为生民立命，为往圣继绝学，为万世开太平'。这样的目标，就是我所期望与故乡父老乡亲们所共同勉励的人生大道。"

"说不定等金温铁路建成，已经没有机会去坐了。"一语竟然成谶。的确，南老师至今还没有乘坐过金温铁路。回大陆以后，至今也没有回过乐清故乡。2007年10月9日下午在庙港，我试着问南老师："什么时候我陪您坐一回金温铁路，去故乡走走看看？"他回答说："我年纪大了，回去不便。给人家徒增麻烦，没这个必要。"

以古稀之躯挑起筹备和建设金温铁路的重担，冲破重重阻力，突破层层关隘，其间耗掉多少心血？铁路建成之后，却淡然处之，若无其事，不愿去"麻烦"人家一丝一毫。这是何等的胸襟！这是何等的人格！

心灯高照，慧命永续；怀瑾握瑜，南师不死。南老师，您为故乡想得那么多，做得那么多，而您却从不居功，从不自恃。故乡的父老乡亲，永记您的情谊。故乡的土地，静静地期待您——魂兮归来！

南怀瑾老师为我指点迷津

徐永光

去年（2011年）秋天，陪几位朋友到太湖大学堂拜望南怀瑾老师。晚上7时，老师照例准点开饭，招呼大家坐下，边吃边谈。席间三个多小时，老师谈兴之高，一如往常，别人想插嘴都很难。看起来老师身体非常康健。谈得高兴，他吟唱起六世达赖喇嘛仓央嘉措的情诗。唱一句，讲解一句，俏皮幽默，神采飞扬，开怀得不得了，直逗得众弟子和访客们差点笑岔了气去。

要起身道别了。老师说："还回去啊，不在这里住下？"我总是习惯性说"是，是，不住了。"这一次，老师似乎有些不悦，说："永光，你要来住一些时候啊！"言外之意是：不要总是带着朋友来蹭饭，要来就好生呆下静心修养！我答："是，是。"这个"是"的背后，是打算下一次来一定住下，抛开世间的喧嚣，在太湖大学堂圣严的殿堂里，专心致志听老师讲课，认认真真完成作业，老老实实收一收信马由缰的心。

没想到，老师的嘱咐，竟成永诀！

老师驾鹤西去时，我正在异国他乡。只能遥望西天，怀着无尽的思念、崇敬、爱和感激，还有永远的愧疚，遥拜，为老师送行。

老师也许从来没有把我当弟子看，我在老师面前也不是一个言从计听的好学生，偶尔还敢顶顶嘴；每次在老师面前受教，也是经常挨批评，被敲打。一次，跟随老师多年的弟子素美姐怕我尴尬，安慰我说：老师在背后总讲你好话呢。

挨老师批评很严重、很正式的一次是在1997年老师修完金温铁路之后，开始倡导儿童中国文化导读，重整中国文化断层，我领命推动。1998年中国青基会设立社区文化委员会，请中华文化书院副院长陈越光任主任，启动"中华古诗文经典诵读工程"。越光凭借他的学养和专家力量，编了10册经典读本，很短时间内在上百万中小学生中开展了"以经典为伴，与圣贤同行"的诵读活动。尽管我们很努力，但老师认为不得要领，很不满意。于是，把我和越光叫到了香港。那天，老师一脸严肃地让我们坐下，摆上录音机，开始讲话。他先用手在空中画了一个大大的"可"字，我问是什么意思？老师说：

"你们这么做，叫'大可不必'。"

我们错在哪里？2006年秋天，上海"文汇讲堂"请老师讲授"中国传统文化与大众传播"，我在下面听。讲到儿童读经，老师又重提此事："徐永光先生今天也在这里，他也是响应者，他是希望工程的创办人，当初是小朋友，现在变成老前辈了。他们也发动跟着做，出了很多书。但是开始时，编了太多唐诗宋词，我也反对，我说我推广儿童读书，中、英、算一起上，结果你们把儿童读书的重点变成唐诗宋词。我说这样读出来有什么用？中国未来培养一万个李太白、一万个杜甫也没有用啊，那不过多出两个诗人嘛！我希望后一代出很好的思想家、很好的科学家、很好的政治家，是这个目的。"

老师的话是对的。花同样的时间去读书背诵，是提高孩子们的文学修养还是思想修养为主，在这个问题的把握上，我们确实存在与社会教育、文化心理妥协的成分。在香港听了老师的训导，我还不知深浅地开玩笑，"明白了，老师是原教旨主义啊"，借以为自己辩解。老师在很多人眼里是神，只能仰望膜拜，而在我心里老师就如长辈亲人一样。我是可以在他面前耍赖的。

批评归批评，老师对我并没有完全失去信心，还指派我到他的家乡乐清南宅，给参加读经班的学生家长做动员。我哪敢造次"班门弄斧"，然师命难违还是去了。那一次，面对老师家乡的500多位家长，我有没有把道理讲清不得而知，但对家长的煽动还算成功。我说：假定这里有1000个孩子，左边500，右边500。左边的孩子，家长让他们学钢琴，每天至少一两个小时，坚持学3年，或更长时间，未见得能造就一名钢琴大家；右边的孩子，家长让他们诵读经典，每天只花20分钟，可以小和尚念经，有口无心，也坚持3年。结果会怎样？根据我们的评估，这些孩子能背诵10万字经典，个个满腹经纶，人人都能成才。

弘扬中国传统文化，重续文化断层，是老师未了的心结。可以告慰老师的是，2012年9月28日孔子诞辰日，在老师禅定启行的前一天，台湾儿童读经倡导者王财贵教授的"文礼书院"及其由中国青基会设立的专项基金在北京宣布启动。1997年，正是老师发现了王财贵，大力推广他的儿童读经活动；因为老师的影响力（包括出钱、出人、出力），使得儿童中华文化导读活动在中华大地和世界华人圈兴起。当年老师推荐王财贵教授给我们做辅导，15年后，我们真正走到了一起，为了共同的理想，也为对老师的承诺。

从认识老师到今天，我走过了人生最重要的20年，每当遇到重大抉择、问题、困惑时，总能得到老师的指点。若不是老师的耳提面命，指点迷津，不知要多犯多少错误，多走多少弯路。

1992 年，希望工程推出“百万爱心行动”，身居香港的老师得到消息，给中国青少年发展基金会汇来 4 万美金捐款。这在当时可是个不小的数字，我这时才听说南怀瑾这位温州乡贤的名字。1993 年我出国访问借道香港，第一次拜见老师，向他面谢并报告捐款使用情况。那天在老师的寓所我们谈得非常愉快，聊着聊着，老师突然拍案道：“金温铁路还缺个总经理，就是你了！”金温铁路是老师投资的国内第一条合资铁路，正在物色总经理。我说：“老师，希望工程刚开张，我还离不开啊。”老师笑笑，给我泼冷水：“永光啊，希望工程是好事，但玩笑可不能开得太大哦！”他的意思是，希望工程不免会讲些教育的落后面，容易得罪人，需把握分寸。

以后每次去香港，我都要接受老师的“冷水疗法”。老师不厌其烦地说：“我就是冰果店老板，专泼冷水。你可不要见怪。”老师也不止一次给我讲三句话：老子的“功成，身退，天之道”，曾国藩的“左列钟铭右谤书，人间随处有乘除”，还有就是“谤随名高”。老师讲这些话不是轻描淡写，而是语重心长，苦口婆心，怕我愚钝，不能领悟。实际上，我悟到了，也记住了。老师一再告诫于我的，就是人世间的真理，历史的规律，乃至天地阴阳的运行规则，不容怀疑。

虽然我还做不到道家的超凡脱俗，但深知“功成而弗居”、“知止可以长久”的道理。在 1993 年希望工程迅速发展的时候，指出了希望工程存在足以致命的“八大隐患”，未雨绸缪，警钟长鸣，临深履薄，自律慎行，注意把希望工程的火候把握在 80 度，免得“亢龙有悔”(《易经—系传》)。1997 年，希望工程正火，我提出见好就收，进行“嬗变”，乃至到 2000 年结束。这只是一厢情愿的理想主义口号，最终并没有收住。但希望工程这个公益品牌历经 20 多年而不衰，我本人常处在风口浪尖中备受怀疑、误解、攻击乃至恶意诽谤，还能做到宠辱不惊，在天堂和地狱间走钢丝走到今天还没有去敲地狱之门，不正是受恩于老师的仙人指路吗！

1999 年，希望工程实施 10 周年。有学者提议，10 周年可铸一口“希望工程钟”以为纪念，请老师撰写钟铭。老师欣然应允，挥笔写就：黄钟大吕天籁徽音木铎晨钟　贤哲雅教　金声玉振　延续慧命　有响斯应　华夏之光　希望工程　承先启后　继往开来　频年勤获　初砥小成铸兹纪闻期启后昆谨以铭志文治永康。

铭文大气磅礴，有春秋之范，寓意深邃，发人深省，催人奋进。

也在希望工程 10 年时，有人把我对希望工程 10 年探索思考的文字辑录成册，凡

30万字。我不无忐忑地将书稿拿给老师看，希望老师题写一个书名。未曾想，老师题写了《叩问天人之际——徐永光讲述希望工程》的书名。

司马迁在《报任安书》中，自明其志欲“究天人之际，通古今之变，成一家之言”，终于留下千古传诵的“无韵之离骚”——《史记》。老师何以用“叩问天人之际”为我的杂乱文字提名？我想，“叩问”，是对未知领域的虔诚探求；“天人之际”，是宇宙人事间的关系、奥秘。在当时，希望工程能不能做好，公益事业怎样运作？对我和我的同道而言，不正是未知的么？希望工程10年历程，所有的成功、失败与遗憾，不正是上与“天命”关联、下与“人事”相涉么？

2000年春天，胶着了整6年的中国青基会诉香港《壹周刊》诽谤希望工程案，终于在香港高等法院开庭。为了案子，我经常去香港，每次总要去看望老师。其实老师并不主张打这场官司，但见我一定要拼死一搏，也没有坚持反对。开庭前，我和我的诉讼工作团队一起去老师寓所，临阵前请老师面授机宜。那天，老师给我们讲的是中国古代的诉讼制度，讲古代律师——“讼棍”的作用。特别有意思的是，他还绘声绘色地讲了他父亲曾经被一个恶棍纠缠勒索，后来如何用智慧化解危机的故事。那天晚上，在欢声笑语中我们学到了许多知识，第二天也更加精神放松地走向捍卫希望工程清白的法庭。

这场官司的庭审进行了整整半个月，我坐在证人席上，接受了对方黄大律师长达8个小时的盘问。经过激烈的较量，香港高等法院钟安德大法官判中国青基会胜诉。判词写道：“面对黄先生的全面盘问，本庭相信徐先生及杨先生（原告两证人）的证词在有关责任方面是完全可靠及可信的。”在这起香港历史上首例公益机构诉媒体的官司中，我们取得了完胜，我在第一时间把这个消息报告了老师。

中国的公益慈善事业发展落后缓慢，面临诸多困难和问题。原因在哪？是我们的文化中缺少慈善事业发展的基因吗？我曾与前世界银行行长沃尔福·威茨先生讨论这个问题。威茨先生说：“在美国的慈善活动中，华人总是最热心的捐赠者。现在中国慈善捐款少的原因，不在文化层面。”的确，在中华民族文化精神中，“老吾老以及人之老，幼吾幼以及人之幼”、“仓廪实而知礼节，衣食足而知荣辱”、“天下兴亡，匹夫有责”、“为天地立心、为生民立命、为先圣继绝学、为万世开太平”、“自立立人，自觉觉他，自助天助”、“己所不欲，勿施于人”的思想，都是与慈善、与现代公民社会的基本精神并行不悖的。

2008年汶川地震发生后，三辰出版社的编辑们立即着手，为灾区孩子编写一本灾后重建心灵的读本《幸存下来就要好好活下去》，让我给九十一高龄的老师写信，请他给劫后重生的孩子们说几句话。5 月 20 日，我收到老师的信。这封信文字言简意赅：人的生命死生，只在呼吸往来之际，这是释迦文佛所说的至理名言。尤其当地（震）、水、火、风四大种自然劫难来临之时，有绝非人力所可挡可避者。如是劫后重生的人，更知个人与全体生命共存的更为可珍可贵。从此可以真实了解‘爱人如爱己，有力即相助’，才是慈悲博爱的真正道理。秉此而重立生命的方针，确信生命同体的真理。然后达成我们文化中先圣先贤所教‘亲亲，仁民，爱物’的人品行为标准。是为至要。

老师用“生命同体”的价值思维，指导人们从灾难中重拾和反思中华民族的文化精神，告诫人们应由爱亲人，推己及人，到爱他人，爱众生，爱惜大自然，爱惜物力；与他人、众生、大自然和谐相处共荣。这正是一个健全人格和健全社会、民族、国家、人类的基本要素。老师这封寓涵社会道德、伦理、天地人和谐共处、生命终极关怀的理想和人类普世价值的信，作为《幸存下来就要好好活下去》一书的突出篇章，于 5 月 25 日送到了灾区孩子手里。

老师对儿童成长的关怀和指导可谓无所不至，切中要害。2007 年，我与老师的乐清籍乡党周庆治一起创办了南都公益基金会，关注农民工子女教育，实施新公民计划。我们资助创办了为农民工子女提供良好教育的新公民学校，并提出 8 字校训：唯真、爱人、乐知、自胜。负责新公民学校的南都基金会理事程玉曾经和我一起向老师报告过农民工子女教育的事，她为校训的制定费了很多心血，但怕不靠谱，误人子弟，提议请老师帮助把把关。其实，这 8 字校训要想老师一遍过，是要冒很大风险的。

2009 年国庆前夕，我给老师写了信。10 月 8 日，老师的特别助理马宏达先生即发来回复：

永光先生：

南师说，这个校训可以用的。另外，办学要特别注意两点：一、对学生谋生技术的培养，所谓良田千顷不如一技在手，有谋生的底气，做人就有底气了。二、品德的培养。不论什么社会，公民也好，子民也罢，人民群众也罢，能够谋生、自力更生者，便有人格独立的基础。反之，人格的养成，与谋生、做人、做事相伴随，更是个人生命质量、社会形态健康与否的基础。

宏达 10/8

老师已经仙逝，他留给后人、留给世界的精神财产永远不会消失，还会增殖、发扬、光大。

呼一声“恩师”！您授我那么多做人做事的要诀道理，用起来真的很灵验；您还给我设计过许多不同的生活道路和方式，包括做企业、办教育、回头做官，或当和尚，我都没有接受，令您失望。

我的案前一直挂着老师您手书送我的赵瓯北诗前四句：满眼生机转化钧，天工人巧日争新。预支五百年新意，到了千年又觉陈。您是赞成我不守成规，抑或是告诫我不必总标新立异，人、事变化无限，要想想我们能给世界留下什么真正有价值的东西？

老师，我会继续探究，继续反思。

2012 年 10 月 2 日

于旧金山不眠之夜

朗月青空随风去，无量功德留世间

胡松年

（2012 年 10 月 21 日）

2012 年 9 月 30 日中秋月夜，是我一生中最为难忘的一夜。当夜，青空、朗月、微风，出奇的恬静，在太湖边上的太湖大学堂内，聚集百来群众，鸦雀无声，没有一人有赏月的心情，大家分立步道两旁，随在佛号声中，静静地恭迎灵车通过后，再默默尾随其后，行至依照旧时传统预建的焚化窑炉前，进行焚化仪式。我亲自目送了恩师最后一程，一尽弟子之孝，心中感慨万千。

受教数十载，恩情比海深，我所敬爱的至高无上的南公怀瑾恩师，为了我们众生，终于鞠躬尽瘁地将自己的生命燃到了尽头。为了未完之大愿，在其最后生命岁月中，依然为法忘躯，明知时不与我，仍然一再赶拼冲刺，身体虽已处在极不舒服之状态，还是坚持听批文稿，短短数月之内，又付印了五部著作，丝毫都不愿马虎或错过，一生行来，虽至终了，依然如一，丝毫不苟，这就是我所敬爱的恩师。

骨含圣人风，行走凡人巷

恩师的一生，可以概括为：融彻儒释道，学富东及西，承古开来，以一贯之，骨含圣人风，行走凡人巷。可以说，他的一生始终致力于：正知正见佛法之宏扬；优质中华文化之延续与发扬；长远基础教育之奠定。怀师一生，教化众生无数，遍布全球各地，上至达官贵族，下至走卒贩夫，可谓有教无类，功德无量。这样的成就与功德，堪称前无古人，后恐亦无来者，我们生逢其时，得遇受教，该是多大之福报呀！当自珍惜之。

自知世缘尽，处处留暗示

这几年来，每年十月份左右，我都会赴庙港拜师，每次都必事先禀报，通常怀师之回复都是类似“欢迎”之辞，而今年八月中，当我照例禀报怀师将于十月底拜访后，怀师却回道：“你要来就依时前来，我年纪老了，不跟任何人约定了，没有保证了。”这不就已经告诉了我，你如期前来，只是我已无法保证能够相见了？只怪我当时心神蒙眬，没有丝毫的警觉。

据说今年端午节团聚之时，怀师曾言：“今日端午一聚，到中秋时，也不知人在何方了？”这不就暗示了大家，今岁中秋时，他将不在了？

又于今年四月间，怀师答复两岸来访学者曾书：“一生犹欠诗书债，万事终须留有余。”并署名“九四顽童南怀瑾”。他平常提笔致意，署名从来不加注自己的年龄的，细究此数言文意，其实，当时他已给了我们明显的暗示，这简短数言，已经表示，他此生（九十四岁）已到了尽头，却仍还欠了一些诗书债，同时，也留下了许多未完成之事，故曰“留有余”。

诗书债中，据我所知，过去的主要文稿中，虽已赶印了不少，大概还有《中庸》、《唯识与中观》、《宗镜录》、《禅密要法》等等，仍在整理中，怀师生前已赶不及出版了。

而其未完之心愿（留有余），就更难列举了，譬如大概来说，中华优质文化之复兴与推广，仍有漫长之路要走；而长远教育的基础，亦有待推广奠定；另外，其所传之法，已无机会完全宣示其奥秘，且无正式传人，现下其法传承紊乱，亦未能及时正本清源等等。

随时能够坐脱立亡，却仍坚持最后一刻

以怀师的修为，他是随时可以坐脱立亡，解脱自在的，要走就走，毫不拖泥带水。

以九四高龄，常人多在家安养天年、享受清福了，而怀师却要担负如此的重担，整个“太湖大学堂”，完全靠他一人撑着。无数的中外学者、达官贵人、佛道修行人士等等，都是冲着他一人而来，有的是真心来求道的，有的是慕名而来的，有的仅来结个缘而已，也有以死相胁求见的，各个动机皆有不同，更有些人是不便拒绝的。其实，他老人家也真可怜，有如身陷江湖，身不由己啊！名气虽大，却亦有多少无奈啊！

中华文化的主要经典，如《论语》、《孟子》、《大学》、《中庸》、《易经》等等；佛家的“三藏十二部”，如了义经中的《楞严经》、《楞伽经》、《金刚经》、《圆觉经》等等；道家的经典，如《老子》、《庄子》、《列子》、《参同契》等等，在怀师这一生中，多已讲述完了。这几年来，他拼命赶着将录音整理出来，校对出版，每一本书都须亲自审查批

准后，方始付印出版，以对后世有个负责任的交代。

这一两年来，怀师眼睛不太好，一切文稿，都由专人读诵给他老人家听，如此艰难条件下，他依然一丝不苟，任何有误，绝不放过。记得前年拜师时，有一晚，怀师听稿，一口气听了四十多页，共两万多字，看他老人家一面抽烟，一面招呼大家吃东西，好像漫不经心似的，但文稿念得一旦有异，立即制止读诵，加以修正，他的治学风范，一向就是如此严谨的。

面对如此的文稿，又深知自己时日无多，怀师拼命利用所剩无几的生命，一部接一部地赶，能赶一点就算一点，最后身体透支到极其痛苦时，依然丝毫不愿松懈，短短几个月内，就匆匆赶出了五本，这完全是在用生命和心血抒写每一个字啊！

这也正是为什么他不愿在色身尚佳时洒脱离去，而是坚持到最后，身体之状况到了不得不放弃之时，才决定进入深定之境，在定境中，还继续观察了我们一周有余后，看到门下一片混乱，方始失望地决定离开（依我个人之见）。他一向就是如此地挂心别人，处处慈悲喜舍，表露无遗疑，虽至殁身，丝毫未变，如此身教，正是我们做学生的应该深思而效法的了。

去年蒙赐“大手印”，却是最后的相见

去年（2011）10月前我来庙港拜师五天，怀师于我到达的当天开始，一连三天，非常慎重地正式传授了密宗至高的“大手印”大法。起初我也没太在意，认为怀师是传大家（现场约有十多人）大法，而我只是其中的一份子而已，后来才了解到只是单独传授于我，始令我深深地感受到怀师殷切的期望，与恨铁不成钢之焦虑，无形的压力，有如排山倒海。是我辜负了他老人家，这些日子，自己不自觉地走了一些回头路，所幸被恩师及时拉回，实在感恩无尽。

密乘至高大法“大手印”，直指人心，与禅宗无上心法完全相通，直冲我来，有无比的震撼力，由此，更巩固了我的信念，从此不再疑惑。

这一次拜师，我也曾提出了几个心中之疑相询，然他老人家多数已不作答，要待我自己有了证量时，自然了之。我也深觉恩师能够给予我的，都已给完了，剩下的，只是自己如何依师训走下去的考虑了。未来自己该走的修持路，已非常明确，一路坚定地走下去就错不了。

当时，我只感到怀师的身体与精神已大不如前了，然却万万没有料到，此即是今生最后的一次相见。

我们每半年一期的学佛报告，每一期怀师都有听批，今年三月份的那次，尚有批示，但这也是最后的一次了，九月份的报告虽已发出，但他老人家已是无法听批的了。

世缘未过百，殁身而已

2008 年 11 月 23 日，怀师正式亲笔签名发函于各地学生，宣示道：“南师怀瑾所传之准提法仪轨，乃师昔年于峨眉山闭关后，再掩室于乐山（嘉定）五通桥多宝寺期中，蒙文殊师利菩萨显现亲传。内涵性相融通及即身（生）成就奥秘。师誓愿如世缘能过百龄，得机而宣说其中之全部内密，并正式传授传法上师之正式灌顶。不然，殁身而已……”

此段文字中，已明确地表示出，未来有两条路可走，一条路是今世世缘较深的路子，即怀师世龄会过百岁，他就会将其所传“准提法”之奥秘，全部宣示公开，同时，再择传人，并正式授以灌顶之仪式，也就是下一任的金刚上师，这是一条较为圆满之路，因为“准提法”有了正式传人，同时，本法之所有奥秘，也具足了完全公开的因缘。

另一条路，则是因缘不足，我们的福份较浅，导致师寿无以过百，上师“殁身而已”，就此走了。前文所述之状况，皆不会发生了。也就是说，“准提法”的全部奥秘，当然不会完全公开了，同时，也不会有任何的接棒传人，虽然这个法还是会传下去，但就不会有第二位金刚上师了。当然恩师之法脉，仍会继续，但只有怀师一人，为唯一之金刚上师，今日如此，未来也永远如此。这一条路，也是他老人家于其文中规范出来的，并非我在此信口开河。

因为我们不够努力，福份也不足，留不住怀师久住之故，而导致他老人家走入了“殁身而已”的路子。我们做学生的，个个都应深思、检讨并忏悔的了。

前年亲口相邀，心中之痛永远

前年（2010）十月，我与朱、詹二位师兄一同赴庙港拜师，到达的当天下午，怀师即单独与我在主楼约谈，首先将我提出的问题一一作答。之后，只有宏忍师一人在侧时，怀师突然面色一整，以非常严肃的口吻说：“我现在正式亲自向你开口，请你过来帮忙，外面有太多太多的人想来我们这里，但他们都还不够资格来……而且来此帮忙的人，我们都会有相当的酬劳……”我很明白，怀师从不轻易亲自开口求人的，可见其慎重性与急迫性，当然，我若要来，决不会收拿恩师任何钱的。

当时，我满脑子充满的都是负面之顾虑，没有能答应怀师之邀，现在想来，自己当时是多么的自私、无情而残忍啊！

怀师何等智慧，当我吞吐地一开口，便已知我心中的答复，他既然金口已开，但未见预期之回应，遂不再追言。然后，脸色立即回复到平常的慈悲柔和，叹了一口气道：“你这一世，若能好好修持，可为一代宗师。现在，唉！可惜了！”

恩师啊！是我辜负了您！是我令您失望！是我不识抬举！我若能答应前来，也许您也不会如此劳累地提前离去，走入“殁身而已”的路子，因此，也是我有负天下的苍生！我错了！大错而特错！而且是个无法挽回的错！我悔恨自己当时的优柔寡断，今生余年，注定都要在忏悔中度过了。

当时错误的反应，却成了今日心中永远之痛！行文至此，我早已挥泪如雨，心中无限之痛！

无常本无奈，万般皆放下

一切衰欢、荣辱、喜怒、生死等等，皆为二性，二性之境，本就是无常亦无奈，凡事要能提得起，提得起并不是要如木石般的不可动心，否则何异木石？也就不可能修成“觉有情”了。当然，一样可以“有情”，一样可以高兴，一样可以哀伤，但重点是必须要放得下，过则不留，了无挂碍。

一切逆境、顺境都是过眼云烟，自然消散，想留也留不住，一执著即成烦恼之根源。心中仍须明辨是非曲直，做人的应有的原则仍有坚持，只是情绪上随境的波动，则须观照到随起随消，过则马上放下、放下、再放下。

在庙港送恩师最后一程的数日中，所见所闻及己身的种种遭遇，给我平添了一份修持的历练，当深为借镜，也是恩师示现地给我上了最后的一堂课。

深思未来路，报恩于万一

南门未来，本就堪虑，早在料中。以恩师之智慧，其生前不会看不到，但即使看到了，他也是无可奈何！因为众生的业力本无边，纵然是佛陀再世，也是无能为力的啊！连怀师都管不了的事，我当然不会去不自量力了。各人所为，自有其因果，不是我应挂心的了。

我的心中非常明白，“一代宗师”之辞，是怀师鼓励之言，岂能当真，我从来也不敢去梦想。现下，在没有相当证量之前，我是没有资格去帮助其他人修持的。目前，最主要的是，先管好自己，精进依法修持，无能兼善天下，但求独善其身而已。只怕自己不成佛，不怕将来没有众生度，这应是目前报答师恩的最佳选择。千山独行本自在，人贵自立返朴真！

未来，当然我会在我影响所及之范围内，坚持怀师的正传，尽己所能，将它延续下去，也许影响范围很小，一切尽心而已，至于后果如何？不是我应考虑的了。衷心地去做一个堂堂正正而问心无愧的南门学子吧！

道不同者，自不相谋，但也无须怨尤相向，一切所为都落在自己所作的因果之中。

无所从来，亦无所去

怀师之四大假合，虽已离去，然其精神实体，却永远长存，他本就是“无所从来，亦无所去”，只要勤修其法，信为能入，就必然会有莫大之感应，而领受其慈悲之加持力的。他是根本上师，这是我们应深具信心的。怀师之宝藏都在他的书中，深读而慎思之，必可自了。

我从来也没觉得怀师离开过我，当年怀师离美去了香港，我便与师失去了联系，但其身教言教仍然时时教化着我，我从来也不觉得他已离我而去。当年感觉如此，现在亦然，未来永远如此。

暂时的分手，一向仰赖的靠山离去了，如此，更令我更坚定地走我该走的路，一份努力，一份坚持，是我最起码应该做到的。

别了！我所敬爱的恩师！此生缘分虽已尽，祈求缘续盼来生！

2012 年 10 月 21 日于台北

心光无量缅怀师

（2012年10月首愚法师忆述于武汉孝感天紫湖之秋准提七中）

首愚法师

初见怀师在1973年，是我在佛光山丛林大学院的第二年，南老师应学院院长星云大师之邀，到佛光山做演讲，题目为“禅宗丛林制度与中国社会”。终于见到了传说中的怀师，气宇轩昂，神采奕奕，但给我印象最深刻的是，怀师提到禅宗命脉如悬丝，我听后心想，禅宗有如此的危机吗？后来与佛教界多所接触后，才知怀师所讲如实。

再见怀师已是五、六个月之后，怀师来佛光山大悲殿打禅七，我通过怀师在打七过程中对佛学、佛法、佛教，尤其是对禅宗的叙述，感知自己期待已久，真正通宗又通教的大禅师终于出现了，虽然怀师是位在家居士，但却是真正的明眼大善知识。此七打下来，我与怀师结下了甚深法缘，并前往怀师寓所拜访，当时怀师便说：“等你有一定的禅定基础后再来找我吧！”后来我准备闭般舟三昧关，为此专程去请教怀师，怀师关照了闭关的各种安全和注意事项，并特别叮咛我：“你可不要给释迦牟尼佛丢人哦！”回去后我就在同净兰若闭了两星期的般舟三昧关，但那时我的师父广善上人对我闭般舟三昧关的情况不了解，因此老人家对我方便说：“佛学院已开学，你该回去上学了！”如此我便只能返回佛光山继续上学，这是我闭般舟三昧关的开始。

我的第二次般舟三昧关是在佛光山闭的，七七四十九天后，特意去台北请教怀师，当时老古出版社的工作人员告知怀师已赴南部闭关，我怅然而归。

真正亲近怀师是在第三次闭般舟三昧关，入关前我再次专程去台北单独拜见怀师，当时怀师也在闭关中，怀师慈悲，特意在关房接见了我，并让我在其寓所小住了三五天，此后我开始经常写信给怀师报告自己的心得，怀师都有批阅，这些信函部分在《人文世界》上有所刊登。

1977年农历新春后，我的第四次般舟三昧关期已至第四周，突然接到怀师来函，特别指定要在同净兰若边打七，边讲课。但当时没能征得师父广善上人的同意，甚觉遗憾。如此，怀师又提示或可借用佛光山在台北的“佛光别院”，于是我致信向星云大师恳请，很快佛光山都监慈惠法师转来星云大师的答复：“只要南老师有需要，无条件提供。”就这样，怀师在“佛光别院”讲授了三个月的“显密圆通修证次第”课程，即后来整理出版的《如何修证佛法》一书，此后我又返回佛光山继续闭关。

第五次闭关时恰逢中秋，怀师带着他的公子南一鹏和二位台大学生李慈雄、陈世志，特别到关房中来接引我，并做了很重要的开示，这些内容在怀师创办的《人文世界》和佛光山的《觉世杂志》中都有刊登，题目为《明月在山》(详见《十方杂志》2012 年第三十卷第八期的转载。)

1978 年中秋过后，接怀师来信，信中言及：“我这里有四个果子，放得都快烂了，看你有没有福报来品尝。”于是我和日常法师又专程赴台北去了怀师的关房，当时怀师讲了《禅密要法经》，便是后来记录出版的《禅观正脉》。

年底，台湾与美国断交，当时我和日常法师都在佛光山闭关，怀师特意给我和日常法师来信，信中特别提及大时代来临，要加速培养人才，希望我们北上台北参与讲座。1979 年 1 月 3 日，我拜别了院长星云大师，离开了修学达六年之久的母校佛光山丛林大学院，正式到台北亲近怀师，配合老师着手成立大乘学舍。

老师每周一、三、五，分别在大乘学舍讲“儒家”、“道家”和“佛学”。来年又成立了十方丛林书院，由我担任总务主任兼副训导主任，之后还协助老师创办了《知见》杂志，续办《十方》杂志。民国 1984 年底至 1985 年初，老师赴美之前特别指导十三周的准提专修。

在我亲近怀师身边这六年半的岁月里，老师对禅宗、密宗、菩萨戒律、净土宗，所有小乘教理、大乘教理及密教的金刚乘教理都有讲授。在藏密方面有讲红教的“大圆满”，白教的“六成就”、“大手印”，黄教的“菩提道次第广论”，花教的“道果”，又称为大乘要道密集，所有的重点都讲到了。这段时间是我一生修学佛法的一个关键处和转折点，怀师的讲授令我对教理的脉络有了清晰认知，在修行方面，老师传授之种种法门，亦令我一生行持都为之受用和感念！

1988 年初，老师从美国来到香港，后又从香港到了上海，近年又在江苏吴江的太湖之滨创建了太湖大学堂并长住，此间无论老师到了哪里，我都时常前往亲近，聆听教诲，并向老师报告自己的修学实况。每每老师总是慈悲关怀和殷切叮嘱一番。记得老师刚从美国回到香港，当时我在新竹峨眉建十方禅林的开山寮，由于事务繁忙，劳累过度，得了急性肝炎。等到开山寮落成后，我专程去广东韶关南华寺朝拜六祖惠能大师，后到香港拜见老师。老师知我身体状况后，特意开示了两句话“心月孤悬，气吞万象。”并鼓励我“得诀归来好修行”。此后我回到十方禅林，在老师开示的加持下，也没吃什么药，身体就渐渐自愈。如此，我根据实修准提法后身心转化过程中得到的体悟，也写了两句话以作相应：“光音交融，心光无量。”？

1989年，老师从香港打来电话，叮咛告诫我，眼光不要总是停留在台湾，将来有机会也要为大陆的佛教尽些心力，由此我萌生了“实行正道，庄严世界”的宏愿，其中包含四大宗旨，三大目标，九大实践中心的发展计划，要在台湾、大陆扩及全球性的弘法。此后老师首先安排我在厦门南普陀闭关半年，后又请赵朴初会长帮忙，安排我前往北京佛牙塔闭关三次。

1991年，我遵从老师的叮咛，代表台湾十方禅林向中国佛教协会请购了一百套《房山石经》。第二年，十方禅林又向海南三亚南山寺作了头期款捐赠，我内心感觉能为大陆佛教的复兴尽些绵薄之力而欢喜。随后老师安排我分别在海南三亚与成都各打了一个准提七，之后老师又安排我到上海闭关一年。2006年，在怀师的关照下，我前往福建武夷山闭关两年，并创建如来兰若禅修中心，正式拉开了我在大陆弘扬准提法门的序幕。近年打七之余，我亦多次前往太湖大学堂静修，聆听老师讲座。往事如尘烟，虽微细，却至今历历在目，温暖于心！

2012年9月下旬，我在上海主持三天的准提共修，闻知怀师身体抱恙，四大违和，入禅定状态，特与全体共修道友一起回向怀师报身安健，早日出定，并于9月24日专程前往太湖大学堂探望，然因老师独然于甚深禅定之中，不便亲近，故而未得见。有老道友问及是否抱憾？其实我内心深处，与老师无处不见，无时不见，在领众修法时，更是时刻与老师的法身心心相应着，正如老师的诗句：“也无聚散，也无常，若心常相印，何处不周旋。”

9月29日傍晚，恰逢武汉准提共修起香，突然分别接到李慈雄、谢福枝从太湖大学堂打来的急电，告知怀师已安然示寂，立刻星夜搭机飞抵上海，再次奔赴太湖大学堂，在仲秋月圆夜，参加了怀师的告别仪式和荼毗大典，送老师此生的最后一程，仪式现场庄严肃穆，感觉与老师的精神浑然相融，内心默默发愿，希望尽己所能地把老师所传授的法门传承下去！

静心回想，正如《显密圆通成佛心要》所讲，修证佛法要“先悟毗卢法界，后修普贤行愿海”，我从看《坛经》发起菩提心的那一刻起，禅宗的心法便深深地启发着我，让我对悟毗卢法界有了一个甚深的觉醒，亲近老师后，更是获知了种种修行法门，种种菩萨行，从而领悟到修普贤行愿海的种种善巧方便。这是我此生最大的福报和最深的感恩，而在老师数十年的教诲和指引下，我也已经清晰地知道自己该做什么，能做什么，“以佛心为己心，以师志为己志”，努力为这个时代正法正教的弘扬光大去奋斗终生，真正地报答佛恩，报答师恩！

怀师曾经指定要我写《我与南老师》一书，但是我至今尚未动笔，因为自觉修证工夫还有待突破，更希望等到修证有所成就后，再把自己在禅、净、律、密的真实修证过程，一五一十地叙述记录下来，不辜负老师的期望！

心光无量缅怀师，光音交融祈加持！

（开尔记录整理完稿于二〇一二年十月六日）

南怀瑾老师对南水北调工程的推动

资料一：《中国青年报》

2006年2月16日《中国青年报》文摘：

1998年，邓英淘将自己关于南水北调的一个初步的想法写成一篇文章，在一家内部刊物上发表。同为计划发起人的王小强博士将文章带给了居住在香港的南怀瑾先生。南先生一看标题《再造一个中国》，先笑了。这些个小朋友又在吹牛。随手就把文章放在一边。过了几天，王小强问，您看了那篇东西了吗？没看。王小强就简单介绍了文章的观点。南先生坐不住了，回到家马上打开文章，看后拍案叫绝。连连说，势在必行！非做不可！

他马上把王小强找来，说，此事非干不可，我知道你们没有钱，我愿意个人先出一部分钱，作为活动经费。

过了三个星期，邓英淘也来到香港，和王小强一道去见南先生。他们的话题只有一个——南水北调。

王小强说："目前看来，对于以自流的方式，每年调雅鲁藏布江及藏南诸河近2000亿立方米的水入黄河，争议最大。这确实是一个十分困难的问题。"

南先生说："'天下事有难易乎？为之，则难者亦易矣；不为，则易者亦难矣。'天下的很多事情，靠打笔墨官司，可能永远不会有结论，必须精思和力行。"

他们又谈起了36年前的河南林县人民的壮举——红旗渠。

邓英淘说："红旗渠的建成应了一句古话；'天下事或激或逼而成者，居其半。'那些人不正是中国的脊梁吗？"

南先生说："以一县之力，几乎赤手空拳，积十年之功，成千年之业，壮哉，伟矣，善哉！佩服佩服！36年过去了，今天以一国之力，总不至于一百年还干不成一件关乎全民族生存与发展的千秋大业吧？现在最要紧的是要行动起来，应该地不分南北东西，人不分党派出身，关心这件事，思考这件事，抛弃一切狭隘的学术门户之见，团结尽可能多的力量，来促成这件事。南水北调非做不可！举世誉之而不计，举世毁之而不顾。”

临别时，南先生语重心长：“英淘、小强啊，我送你们两句话：当时只是寻常事，过后思量倍有情。”

回到北京，他们立刻成立了“参天水利资源工程研考会”。“参天”二字源于《中庸》的“参天地之化育”。意思是说，天地有所缺憾，人生的真正意义，就是要参与弥补天地的缺憾。随即，他们开始了高强度的专家访谈。

后来，邓英淘等用18天时间将原稿继续充实修正，内容扩充了整整一倍，文汇出版社出版，书名是《再造中国》。在此书的序言部分，南怀瑾先生写道：“不要误会这些方案是同于古代治河治水的奏议，其实这些提议都是学者、专家科学性的论证，听者有心，言将无过，真正行动起来，那是靠智、仁、勇具备的大德者来推动，才能完成一代千秋不朽的事功。”

资料二：南怀瑾谈调水问题——《再造中国》序言

“拯救黄河、南水北调、再造一个中国”，这三个惊心动魄的响亮口号，初听起来，好像就是一件事，再经反复三思，却是三个不同的内涵，虽然可以混为一谈，但在事功的行动上，却有三个不同的理念，因此，在论证上，须从各个不同的观点出发，正如国内各位高明水利专家和学者们的意见一样，必须集思广益、求同考异、慎重行事。

拯救黄河

先说拯救黄河这个问题。其实，这也就是从汉、唐、宋、元、明、清直到现在三千多年来的老问题。寻找历史文献的主要研究资料，从《山海经》、《水经注》与（公元初）汉儒贾让的“治河三策”以及康熙时期（公元1680年）毕王孙的“治河三议”，仍然不失为最有参考价值。古代所谓的治河的意义，也就等同我们现在所说拯救黄河。希望大家不要认为那是古书古文，缺乏科学论证而轻易放弃，其实，这些古书和古文中，正有许多有关中国古代科学的重要关键，不可因看不懂便认为是迷信，那就大错而特错了。

尤其有关治河问题，在清初康熙亲政的少年时代，他在宫廷的殿柱上，便写上“三藩、治河、漕运”是他当务之急的三件大事。所以在治河的历史上，也以康熙、雍正数十年间最重要、最繁重的政略大事，更值得反思参考。但从公元前廿三世纪开始，大禹治水，固然可说是代他父亲治水无功而赎罪，事实上，他是完全无私的贡献，他的治理黄河，导流入海，是为拯救万民的心情而从事。至于由汉初到清初两千年来的治理黄河，乃至隋开运河，以及明初的治河而兼治淮等作为，从广义来说，固然也可说是为国为民，但事实上，由汉唐到明清历代治河的主要的目的，只是为了巩固统治政权，用来运粮到京城和财货上的转运。那和我们现在所提出拯救黄河的基本理念和目的，似乎相同，但却大有不同的意义。

因此我看到的另一个资料，认为黄河断流、黄河淤塞并非就是大害，只要先从西北高原调水北流，然后分流灌溉华北、华中地区，其利岂非更大于弊。他的构思是从水上流失的长远处着眼，希望能够覆地翻天，变黄河下游为耕植生产的农田，这实在大大出人意外，应该算是现代中国的奇人奇思，不可等闲视之。但理想归理想，事实归事实，把理想变成事实，还要经过许许多多方面的科学论证，大胆的设想，不是完全没有他的理由。这是附带在此一提，属于将来后代的预言。

南水北调

再说南水北调这个问题，其中也有古今两者相同而又不尽同的意义。从汉代贾让“治河三策”的上策开始，他就是主张治河要循大禹治水的故道，引河北流入海。清初毕王孙的“治河三议”，也是主张恢复大禹治水的故道，要使南徙的黄河，重归引入北流的故道。

清初有关治理黄河北归故道之议的还有多人，如说：“禹后无水患七百余年。”“汉武时期，导河北行，复河旧迹，八十年无水患。”其他如刘献廷说：“西北乃先王旧都，二千余年未闻仰给东南，何则？沟洫通，水利修也。”“自刘（渊）石（勒）云扰，以讫金、元，千余年未知水利为何事，不为民利，乃为民害。故欲经理天下，必自西北水利始矣。”“不知水道之当详，正在西北。”诸如此类有关古人南水北调的意见，他们所说历史上有关河患的数据，虽然并不完全精确，但其目的是主张引河北流，比较可以保障减少黄河水患的观念是一致的。至于我们现在所说的南水北调，不只是为了减除黄河中下游决口的水患，同时为了彻底解决华北、西北、东北的水旱灾害，而且要变黄土高原和广袤的沙漠为绿洲。所以要调动西南高原长江源头的水量，回流上引而注入现在的黄河，既可有利用于农林产值，并且有利于其他种种水利资源，岂止是减除黄河水患和沿河地区的干旱，甚之扩而充之，提升上引，开发西北，使沙漠变成绿洲，形胜江南，不是只为拯救黄河断流的干旱而已。这便是古今南水北调同而不同的观点，这一理解，大概不会离题太远吧。

再造一个中国

至于当今现在所提出再造一个中国的理念，与拯救黄河、南水北调，似乎就是同一个问题。事实上，再造一个中国的呼唤，并不是只为黄河断流和黄河决口的水旱问题。我们必须要知道立国之道；首先需要着眼于千秋万代，然后才是考虑确定百年大计。环观世界上任何一个国家、民族，在这个时空范畴以内求得生存，随时随地都包藏有内忧外患的隐忧，这是只能预防而无法避免的事实。大处着眼，从宏观来讲，我们中国现代开始的最大内忧，就是缺水和沙漠的扩展问题，极其紧迫地跟随我们的现代和后代。

因此，便有一群有心之士，和研究水利专家学者们提出拯救黄河和南水北调的呼声。如果我们综合理解了这些重大的观念以后，便可知道问题的症结所在，就是缺水。换言之，中国人和世界上其他有些地区的国家一样，水的资源相当缺乏。水是养命的重要资源之一，水也是农耕生产和许多财富产值的根本资源，所以便有西线、中线、东线调水等呼声迭起。甚之，要从青藏高原雅鲁藏布江调水的构想各个方案的提出，当然不要误会这些方案是同于古代治河治水的“奏议”一样，其实这些提议都是学者、专家科学性的论证，听者有心，言将无过，真正行动起来，那是靠智、仁、勇具备的大德者来推动，才能完成一代千秋不朽的事功。

天一生水问题

当我随笔写这篇乱谈文章的开端，同时也在仔细研究现在埃及、以色列，甚之，南非等地引水调水的问题。忽然又接到英淘、小强的电传催促说，书已完成；要我写序。

这可为难了，我是个老顽童，胡吹可以，要我来真的，那就要我出“洋相”了！因为我正在想，世界上水从那里来？根据一般自然科学的说法大约有两种，一是说水是从大气圈与光合作用变化而来；一是说火山爆发岩浆冷却以后变成水。我不懂科学，更不是研究科学的人，但对这种说法，好像就是我在十二岁左右的童话知识。据我读中国古书的所知，水、火、风、雷（电），都是从自然界真空动静变化的化合所产生，这方面的传统科学旧理论，其实不少，而且相当深刻，只是现代人盲目地扬弃古老传统的科学理念，并无深入的运思研究。现在世界上人们争说调水，都是从地面上现有水量多的地方来打算。为什么自称已达到精密科技时代的现代人，不用重赏资金鼓励科学家们去研究大气层的温室效应，改变地球物理的内在地热，变更地面环境和大气层的温差，随时随地随心所欲的做到“云腾致雨，风调雨顺，国泰民安”，却仍然和古人差不多，在靠天吃饭，靠地喝水呢？我想调水果然重要，赶快成立一个“天一生水，地六成之”向天调水的科技机构，设法彻底解决全人类不被水的贫困所困，那是更为重要的事。中国人才济济的科学家们，决不会比别人差，因为国家社会并未为这个课题而高悬重赏，登坛拜印，所以没有科学家出来向天调水，敢为天下先吧！

附注：“天一生水”是易经象数学对天地自然物理变化的基本科学原理。所谓“天一生水，地六成之”等等。

资料三：邓英淘著作中的记叙

摘自《新发展方式与中国的未来》：

邓英淘：说起来又是偶然。我原来是给人拉线的。

1997年看到郭开从雅鲁藏布江调水的文章，觉得这个事情，无论成功与否，都很有意义，就写了第一篇文章：《再造一个中国——溯天运河简介及其意义浅析》。从标题可以看见，本来是呼吁社会关注，希望帮忙郭开的。南怀瑾老师看见文章了，认为很重要，找我。王岐山把我从广东安排到香港，住在南老师家里谈了几天，老人家答应赞助课题费。接着，我专门请郭开来家里，谈如何具体展开做这个课题，总得对出资人有个交代不是？所以，需要写课题申请、项目建议书、分几个阶段完成等等。结果郭开嫌麻烦，不干了。后来又通过李丹林介绍，我们去向钱正英、汪恕诚分别汇报，他们才是水利界泰斗和现职水利部长呀！如果这件事能发动起来，水利部当然成为重整河山的领军队伍。怎么也没想到，前后分别谈了几次，好话说尽，人家硬是没有兴趣。于是乎，下不来台了。后来，王岐山和南老师在不同场合对我说：这件事对中国长远太重大了，你来干！忽悠半天的结果，从1998年底，只好硬着头皮自己干了，也算是“逼上梁山”吧。

一开始，并没有把调水和前一段思考的新发展方式直接联系起来，更多直接从资源角度考虑问题。我常说，中国是一个“偏瘫巨人”。搞社会学的人说这是个谜，我说这不是谜，是个常识，基本上沿着年均四百毫米以上降雨量，从北往南划条线，从黑龙江的黑河斜下来到云南的腾冲，东西两块国土面积大致相等，西部10%的人口和生产力，东部90%的人口和生产力；可是大部分水利、矿产资源全在西部。中国地大物博，半身不遂。国土面积近千万平方公里，为什么还说“人多地少”？钱正英讲话：90%的人口和生产力集中在一百万平方公里的平原，每年还要花费巨大人力物力防洪排涝。向西北望去，新疆一“省”166万平方公里，相当于沿海14个省区的面积总和，而且不像青藏高原那么高，大部分都是适于人类生存居住的平坦荒原，海拔、温度、日照、矿产、石油天然气，要什么有什么，棉花都要专门开发“去糖”技术！西北平原广袤无垠，什么都不缺，只缺水，中国实际上是“人多水少”。再看看真的水少吗？中国水资源大部分集中在西南。发达国家水资源利用普遍达到90%，我们始终10%左右。雅鲁藏布江、怒江、澜沧江等国际河流，每年流出六千亿立方纯净水，毫无利用，等于白白浪费了十条黄河。

中国地形，总体上说，西高东低，南高北低，青藏高原是世界屋脊嘛。水往低处流，这是西部调水，很容易吸引人注意的地方。但是，继续抬升的喜马拉雅山，地质变动的横断山脉，横阻当中的巴颜克拉山脉，迫使西南的水往南、往东流，只剩一条黄河，大部分水到不了北方，尤其西北干旱地区。所以毛泽东当年长征路过长江黄河上游地区，吃饭、存活都是问题，就想到将来南水北调的事情。但是，跨越崇山峻岭，调水谈何容易？

....

资料四：南怀瑾老师关于南水北调的一次谈话

时间：1998年12月19日下午四点

地点：香港坚尼地道36B四楼

参加人员：南怀瑾，邓英洵，王小强，李素美，赵海英

谈话记录和整理：赵海英

王小强： 上次老师对我的谈话，我已经向英洵传达了。老师讲的要点是：应该筹办研究考察会，叫作“参天水利资源工程研考会”。“参天”二字源于《中庸》的“参天地之化育”。意思是说，天地有所缺撼，人生的真正意义，就是要参与弥补天地的缺憾。因此，“参天”二字可以成为我们的标志。这个标题将来还要请老师亲自动笔写出。

南师： 今天英洵来了，可以当面谈，太好了。我知道你们都主张要快干，实干。

王小强： 我们对这件事是认真的。英洵从1991年就开始关心这件事情了。

南师： 前段时间，小强把你的这篇文章寄来。我一看题目是“再造一个中国”，心里想：你们这些小朋友又吹牛了，再加上当时正患感冒，就随手放在一边了。大约两、三个星期前，小强到这里来，问我看了那篇文章没有，我说还没有看，他就给我大概讲了一下，我回去马上就看，看后拍案叫绝！而且认为势在必行，非做不可。我心中已有数，此事非干不可！我知道你们没有钱，所以马上叫小强来，我愿意个人先出一部分钱，做为活动经费。后来，秦晓和康典都来过，他们也很兴奋，都说要尽力支持这件事。

先问一个问题，你们怎么会想起写这么一篇文章。

邓英洵： 这些年来，我们到西北地区做多次调查，对水的问题感受甚深。老师啊，您是南方人，又久居岭南之地，很难体会这些无水、缺水地区人民之苦，那真是一个苦旱之地啊！然而，这个地方的光、热、土、草、能、矿资源极为丰富，只要有了水，这里绝不是今天这个样子。例如，号称塞外江南的石河子市，就是王震将军当年带领新疆建设兵团，在荒无人烟的戈壁滩上建立起来的。

南师： 噢，这倒使我想起一首古诗：“大将筹边尚未还，湖湘子弟满天山，片栽杨柳三千里，引得春风度玉关。”看来王震将军真是不输古人。

邓英淘：老师说得是，王震将军就是开发大西北的当代先驱者。要想对大西部进行大规模的开发，就必须把西南的水资源与西北的光、热、土、草、能、矿资源结合起来。我记得1991年的时侯，《光明日报》曾经发表过一条消息：中国科学院综考会青藏高原考察队队员提出一个大胆的设想，即在青藏高原上，沿等高线把雅鲁藏布江的水以自流的方式引入黄河，经青海调蓄，输水到柴达木盆地，解决西北的水资源短缺，再经黄河进入内蒙古，输水到华北和东北，彻底改造西北、华北和东北的沙漠。我当时看到这条消息，为之感奋不已。从此，就一直关注和留心这方面的进展。今年二月，读了《当代思潮》第一期“南水北调的宏伟构想”之后，便斗胆写了“再造一个中国”一文。

南师：噢，原来是这个样子。前两天，一位好朋友来，谈到这个工程，也很支持这件事。他说，原来水利部老一辈水利工程人员各执一说，见仁见智。我马上问，这些有代表性的专家大概有多少，他说不到二十人吧。那我们就抓紧向他们请教，了解他们的意见，同时尽快成立一个参天水资源工程研考会，开展研究和实地考察。现在，主要的分歧在哪里？

王小强：目前看来，对于以自流的方式，每年调雅鲁藏布江及藏南诸河近两千亿的水入黄河，争议最大。看来，这确实是一个十分困难的问题。

南师：“天下事有难易乎？为之，则难者亦易矣；不为，则易者亦难矣。”天下的很多事情，仅靠打笔墨官司，可能永远不会有结论，必须精思和力行。

邓英淘：老师说的是，这使我想起了林县人修红旗渠的故事。林县地处太行山东麓，那里以往也是极度缺水的地区。有的人洗衣服，只能用积存下来的尿来洗。苦旱至此，可见一斑。当时，林县人在县委书记杨贵的带领下，于绝境中奋起，要修一条千年不坏的好渠，把在崇山峻岭间奔流的漳河水自流引入林县。当时不少人说这是异想天开，祖祖辈辈几千年都是这样苦熬过来的，要能修，早就干成了。杨贵为了让修渠的民工能多吃点粮食，不得已动用了战备粮，这在当时可是担了杀头的风险啊。有人对他说，这个渠要是通不了水，你可就成了千古罪人。为此，他给自己准备了一个刻着“千古罪人”四个大字的石碑。时值1962年，正是三年困难时期，全国的工程都在下马。但林县人和林县的水利工程人员一起，勒着裤腰带，饿着肚子，硬是凭着原始的工具？—？铁锹、镐头、锤子、钢钎、箩筐和土制炸药，用了十年的时间，在崇山峻岭之间修渠三千华里，完成了这项林县亘古未有的水利工程——引漳水入林。国际友人称之为“人造天河”。

前些天，电视台里播放了红旗渠的八集电视剧，真实地再现了当时的情景。血性之人，观之泪下，心神往之。这又应了一句古话：“天下事或激或逼而成者，居其半。”那些人不正是中华民族的脊梁么！

南师：以一县之力，几乎赤手空拳，积十年之功，成千年之业，壮哉，伟矣，善哉！佩服！佩服！三十六年过去了。今天以一国之力，总不至于一百年还干不成一件关乎全民族生存与发展的千秋大业吧？现在最要紧的是要行动起来，应该地不分南北东西，人不分党派出身，关心这个事，思考这个事，抛弃一切狭隘的学术门户之见，团结尽可能多的力量，来促成这件事。我们这个研考会，由我出头比较好，我这个人无党无派，一个老文人。中华民族，中国的读书人、知识分子们，几千年来始终想做、但又很难成功的一件事，就是水利工程！几千年前，有大禹治水九州岛，奠定以农业立国的基础。到了秦朝，有李冰父子造都江堰，使四川成为天府之国；后来又有隋炀帝开运河，贯通南北，遂促盛唐之业。今天有三峡工程，要等到以后看出效果。南水北调这是第四件，非做不可！举世誉之而不计，举世毁之而不顾。

这件事做得好，可以再造一个中国，对中国是大有利；即使困难再大，做不好，退一万步讲，还是可以利益黄河以北；再退一万步讲，也有利于西北；实在不行，再退一万步讲，可以改善西北高原地带和沙漠，可以利益整个青藏高原。此事有百利而无一害，即使出些差错，也不会造成大祸害，对国家其他方面没有大的影响，而且又没有移民的负担，所以是非做不可！

自满清以来，金温铁路一直没有修成，我牵个头，把它修成了，金温铁路现在已经通车。功成身退，还路于民，这点我也做到了，做这种事情我是有前例的。这件事即使不成功，也是一件好事，一年以后，把这些材料都整理出来，也算是一个好故事。而且后面的人还可以根据这些材料接着做下去。

你们先回去筹备这个研考会。研考会要把各种反对意见都列上去，详加讨论，兼听则明么！这样将来有别人反对的话，一看他们的意见已经讨论过了。所以，研考会一定要集思广益，克服门户之见，博采各家之长。第二，要展开研究，从民族大义，从中国长远发展的角度，把这件事的意义研究清楚，讲清楚。第三，要实地考察，一定要实地去看，不要弄成少数书生关起门来，坐而论道，纸上谈兵。这件事情做起来，即使一无所成也是成功，毕竟开了个头，以后别人可以跟上。

英淘、小强啊，我送你们两句话：当时只是寻常事，过后思量倍有情。

南怀瑾先生与儿童诵读古诗文活动

王学信

当我们的后代在接受现代教育的同时，“儿童读经”活动让他们从小浸淫于中华文化这最深切、最久远的人文关怀之中，时时与圣贤为友，与经典同行。得到他们成长，我们当然并不奢望未来的他们人人都成为鲁迅、陈寅恪、林语堂、老舍，抑或钱学森、杨振宁、李政道、吴健雄，但他们的胸襟将因之而博大，目光将因之而睿智，人格将因之而完美，人生目标将因之而高远，因为他们曾确确实实地站在巨人的肩上。也许，这正是中华民族跻身世界民族之林的根本；也许，这也正是我们对未来世纪最引以自豪的贡献。

——作者题记

“关关雎鸠，在河之洲；窈窕淑女，君子好逑……”，当5岁的丁淑淳和孟子杰手持麦克风，不慌不忙，好整以暇地背完全本《诗经》时，全场的家长和来宾惊讶得拍红了手，对孩子们的出色表现激赏不已。

75名两岁至14岁的“儿童读经班”的学生们，不久前在美国新泽西州利文斯顿市台湾塑胶公司举办的儿童读经联谊会上，将半年多来读经的丰硕成果展现在惊叹莫名的家长和来宾面前。望着孩子们全身心投入的专注神情，倾听着孩子们诵读古诗文那愉悦的稚语童声，感受着孩子们对中华传统文化的深深挚爱，“望子成龙”的父母们怦然心动，不禁涌出欣喜的泪水。

在国学大师南怀瑾先生数十年矢志不渝的大力倡导下，在众多有识之士的殷殷期盼中，台中师院教授王财贵博士率先身体力行，创办并推广儿童读经活动。此活动甫一问世，迅即以“多米诺骨牌”效应向全球华人社会纵深发展，掀起了持久不衰的儿童读经热。其影响所及，从台湾至香港，从祖国大陆到美利坚合众国，从东南亚到大洋洲，凝集着中华古圣先贤无数智慧结晶的文化宝典被人为冷藏了80余年后，重新回到了炎黄子孙的生活中，成为他们一生中将具有的高远见识和优秀人格的源头活水。

历史惊人地相似，恩格斯在高度评价结束了中世纪的欧洲文艺复兴运动时，曾指出:“新时代是以返回到希腊人开始的。”而中华民族在未来世纪的伟大振兴，也许正是以回归到孔孟老庄为其开端。在无尽时空的背后，莫非真有一条看不见的神奇纽带?

30年前，南先生大声疾呼

早在20世纪五六十年代，南怀瑾先生眼见世风日下，人心不古，加之现代工商社会，人们趋于急功近利，物欲横流，以及青少年在成长过程中，思想与心理问题层出不穷的现状，忧心若焚，遂致力于弘扬中华传统文化，以期挽救世道人心。

在大学讲坛及社会各界举办的相关讲习班上，怀师向莘莘学子及各界人士讲授儒学、佛学、道学经典，将自己数十年苦心研讨的心得，以学贯中西的新锐视角，倾囊而授。中华文化本身博大精深的底蕴和怀师深入浅出、妙趣横生的讲演，在台岛各界掀起阵阵涟漪。其后，怀师的重要著述——《论语别裁》、《孟子旁通》、《老子他说》、《易经杂说》、《禅海蠡测》、《金刚经说什么》等等，相继面世，一纸风行，洛阳纸贵。怀师矢志振兴中华文化之锲而不舍的努力，产生了极大的社会反响，引起众多有识之士的共鸣。

大约在30年前，也就是20世纪70年代初，怀师又进而关注教育层面，对半个多世纪以来的新式教育和以往的旧式教育进行了深刻的思考和剖析，认为问题的关键之一就在于教育。

怀师在《值得反省的代差与教育》等系列文章中指出:“必须承认新时代的教育内容和方法，对于开启国民知识和普及教育的效果，的确迥非前代可比。但是知识并非就是‘学问’，人格养成和国家民族文化精神的栽接，并非有了知识就能成功的。尤其对于儿童教育来说，问题更为严重。因为我们现在采用的教育方法，为了配合当前时代的需要，大体上都是传授知识和技能，并没有真正顾虑到国家民族‘承先启下’的百年大计。旧式的教育，虽然也没有明文确定是为这一目的而教育，但几千年来的一贯精神，实在是与此目的相契合的。”

怀师直斥以考试为学问的流弊时说:“我们现行的小学课本，与中学、大学并非都能衔接。从小学一年级开始，拼命教儿童们背诵现行课本上的许多大可不必要的知识，来准备月考和期考。因此弄得有心‘望子成龙’的家庭，比较上进的子弟，‘三更灯火五更鸡’，背书做功课，比起科举时代的考功名、背‘八股’，更加严重。”“我们当时旧式读书受教育的方法，是‘读古书，背经史，做文章，讲义理’，那是一贯的作业。”

怀师不无感慨地回忆道:“那种‘摇头摆尾去心火’的读书姿态,以及朗朗上口的读书声……以我个人的体验,那种方式的读书,乐在其中的味道,确比现在念书的方式好多了。而且一劳永逸,由儿童时代背诵的‘经’、‘史’和中国文化等基本的典籍以后,一生取之不尽,用之不竭。当年摇头摆尾装进去,经过咀嚼融化以后,现在只要带上一支粉笔,就可摇头摆尾地上讲堂吐出来。所以对中国文化的基本精要,并不太过外行,更不会有‘空白’之感,这不得不归功于当年的父母师长,保守地硬性要我们如此读书。”

有鉴于此,怀师大声疾呼:“我总希望自己的国人、自己的民族,都能先行深切地了解自己的文化。”在今日世界的竞争与发展中,国人的当务之急是“反求诸己——研究中国文化的精要”。这一振聋发聩的呼唤,犹如习习春风带来的甘霖春雨,浸入人们“久旱之望云霓”的心田,播下了待时而发的颗颗良种。数年之后,一颗种子破土萌发,植根于中华古老文明的沃壤,迅即长成浓荫覆盖的参天大树,而大树的周围则是芳菲满目,桃李芬芳。

回归传统,王财贵博士敢为人先

“弃我去者,昨日之日不可留;乱我心者,今日之日多烦忧。长风万里送秋雁,对此可以酣高楼……”

1992年初春,从台北县中和市的一条寻常巷弄里,伴随着柳花飘溢的清香,传来稚嫩清纯的琅琅读书声。当时,大概不会有太多的人想到,这清脆悦耳的读书声竟开启了传统直觉式语文教学的回归,并在短短的8年间,狂飙突进地推展到包括中华热土在内的全球华人世界。

循声而及,便可来到华山讲堂,一进大门,迎面可见前来读经的学童们的鞋子一字整齐地排开。在中式装潢的典雅敞亮的大厅里,30多位学童及其陪读的父母正兴致盎然、摇头晃脑地诵读古诗文。而读经班的王财贵老师此刻坐在高脚雕花的硬木书桌后面,闭目晃脑,配合音韵的平仄,面露击节称赏、陶然而醉的神情,令人不禁莞尔。此情此景,仿佛时空倒流,又回到了古代的私塾。

毕业于师专的王财贵先生早在逢甲小学任教时,便有了回归传统语文教学的想法,并实施在自己的子女身上,由此还引来好友、书法名家杜忠诰先生将女儿送到王家“就读”。实践是检验真理的唯一标准,良好的读经效果引起中华文化基金会、宗教哲学研究社和卯鲤山文教基金会的热情关注和大力支持。于是，相继有了王财贵先生在华山讲堂免费招徒授课的儿童读经班，以及免费的儿童读经师资训练班；有了以王先生担任主任的社会读经风气推广中心、《读经通讯》、读经出版社等等。

为便于儿童诵读，王先生应众多家长的要求，结合自己的教学经验，精心编选了“大字注音经典诵读本系列”，该系列包括如下诵读本：一、《大学》,《中庸》,《论语》；二、《老子》,《庄子选》；三、《唐诗三百首》；四、《孟子》；五、《诗经》；六、《易经》；七、《古文选》；八、《词曲选》；九、《三礼春秋选》；十、《佛经选》。王先生认为，这些当属儿童优先诵读的最重要的教材，也是人生最有价值的书，又正好配合儿童的心灵发展而施教，因而具有深远的意义。

作为哲学大师牟宗三的嫡传弟子、台中师院语文系教授的王财贵博士，为什么如此执着地全身心推动儿童读经活动呢？

他说：“这八十多年来，老中青三代的中国人，已经是不敢（也真不会）读经了！而中国人是不是因此更理性了？中国社会的文化教养是不是因此更提高了？是不是因为充分西化而更受外国人所敬重了？当然历史不可重复实验来做比较，不过，在一般人的心中，总难免有一些隐约的痛楚。切身的问题是：他的语文程度不够，他看见左右的人心量不广，涵养不深，他的人生态度无所依归，理想不敢坚持。其次是：感受到社会正义的日渐消亡，君子之风的日见远去，短视近利，诈虞日盛。尤其是近年来犯罪率的增高，犯罪年龄层的降低，校园暴力事件的频传，显示了人心的极度空虚，人生方向感彻底的失落！这其实是整个社会只顾发展经济，而未能相对提升国民文化教养所必致的后果。知识分子也越来越感受到：丧失自我文化的民族，托钵乞怜的结果，纵有再大的天才本事，终究不能参与于世界文明的创建，而永为其他民族所轻贱。”

因此，他认为，最根本最切实的是教育革新，即普遍恢复读经的教育，尤其要从儿童时期开始，以期固本培元，童蒙养正。而“养正”之方，应以读经为最方便，最实际有效，从而救助文化，扶持人心。

怀师热诚推展“儿童中国文化导读”活动

1997 年 8 月 8 日上午 7 时零 5 分，历经 8 年的艰苦努力，1400 万浙西南人民企盼了近一个世纪的梦想终于成真——由怀师全力倡导和推动的金温铁路全线铺通。在万人庆祝大会上，侯承业博士诵读了怀师所作“感言”一首，与大会来宾共享，诗曰：“铁路已铺成，心忧意未平。世间须大道，何只羡车行。”

怀师殚精竭虑，力排众难，终于栽种出金温铁路的硕果，并在其正式营运、全面收益之际，实现了他“功成身退，还路于民”的夙愿。此时此刻，怀师正致力于修建一条比金温铁路“还紧急重要百倍以上”的通往人心的大道，即北宋大儒张横渠先生所云之“为天地立心，为生民立命，为往圣继绝学，为万世开太平”。

由怀师任理事长的香港国际文教基金会鉴于台湾和香港相继开展的“儿童读经”活动收效颇佳，上百万儿童在此活动中受益，为中华民族“百年树人”计，筹划将“儿童中国文化导读”活动向祖国大陆全面推广，以开发儿童多种潜能，传承中华文脉，陶冶高雅情操。

对台港等地业已广泛开展的“儿童读经”活动，怀师甚感欣慰和欢悦，他说：“很高兴看到了香港陈鸿远先生和台湾的王财贵先生、陈履安先生、侯秋东先生等，能够领先尝试传统文化的教育法，为后一代的民族幼苗，培养文化的读书种子，使他们懂得‘人伦之道’的‘做人’道理，懂得‘生存’之道的‘生活’艺术，懂得人生进入‘文学’化的境界，不禁使人倦眼顿开，欣然乐为之介。”

1998年元月，香港国际文教基金会的“儿童中国文化导读”活动在祖国大陆正式启动。一套涵盖《三字经》、《千字文》、《弟子规》、《孝经》、《论语》、《大学》、《中庸》、《孟子》、《老子》、《庄子》，以及唐诗宋词等中国古诗文经典之作的儿童诵读教材，以大字注音本形式隆重推出，免费提供给读经的儿童。同时还有与之配套的“英文文化导读”教材，包括“旧约”、祈祷文、犹太箴言，以及其他英美千年美文名篇等等。此外，还有儿童“珠心算”培训教材。

中国青少年发展基金会在成功推展“希望工程”的基础上，在怀师的亲切关怀下，与国际文教基金会同步推出“继往工程”，即“青少年接受中国古诗文基础训练工程”。该活动以组织少年儿童诵读、熟背中国古诗文经典的方式，让他们在一生学习、工作压力最轻，记忆力最好的时候，以最便捷的方式，获得古诗文经典的基本功熏陶和修养。平均每天20分钟，每诵读一天，即获一份受益与乐趣，儿童诵读三年，即可终生受用。

于是，在中华这块曾产生过无数古圣先贤的热土上，风云际会，水到渠成，一个振兴中华传统文化、回归中华人文精神的热潮渐次兴起，从通都大邑到穷乡僻壤，从白山黑水到西南边陲……展现出一道亮丽的风景。

有识之士热情呼唤：让孩子诵读一点儿经典诗文

从 1998 年 3 月开始，香港国际文教基金会儿童智慧开发研究中心李素美理事和该中心常务理事、美国哥伦比亚大学教育学硕士郭姮妟小姐，带着怀师的谆谆嘱托，以天津为起始站，开始了“儿童中国文化导读”的播种工作。其后相继有美国华盛顿大学教授侯承业博士、香港大学赵海英博士，以及美国的杨定一博士及其夫人王瑞华女士的踊跃加入。

在两年不到的时间里，李素美女士一行风尘仆仆，足迹遍及天津、北京、青岛、蓬莱、烟台、连云港、上海、武汉、广州、深圳，西北的兰州和敦煌，西南的成都、丽江，以及台北薇阁学校、香港国际学校……所到之处无不受到热烈欢迎。她们带来了怀师关于儿童智慧开发的理念、中国文化宝典的儿童诵读教材和振兴中华文化的一片赤诚，感动着每次演讲会的与会者。更多的热心人士加入到这一志愿者的行列，他们中包括大学教授、留洋博士、中小学教师、幼儿园阿姨、地方党政官员、教育主管部门的负责人，当然还有众多热情的家长。如今在祖国大陆已有数百万儿童在诵读中国文化宝典，伴随他们成长的，将是古圣先贤无尽的智慧乳汁，而且，这一数字正在迅速增加着……

与此同时，社会不同层面对古诗文诵读活动的高度重视与儿童读经相得益彰，促进了全社会对中华传统文化的认同和回归。

“唐宋名篇音乐朗诵会”、“千古名篇音乐朗诵会”以一流的演出阵容、恢宏的博大气势，在北京、上海、广州……引起巨大轰动，所激起的热烈反响超过了编导们最乐观的想象。

是年 9 月 24 日至 27 日，中华诗词学会、华中理工大学、北京大学、清华大学和中央电视台联合举办了主题为“让中华诗词大步走进大学校园”的学术研讨会，200 多位专家、学者、教授和诗人济济一堂，畅抒己见。中国科学院院士杨叔子教授在其《科学人文相融，爱国创新与共》的主题报告中，呼吁全社会注重中华人文精神的传承，以确立责任感，完善思维方式，增强非智力因素，并与科学精神相融合，实现人的高度完美和国家、民族的腾飞。杨院士颇有见地的论文获得与会者的一致好评，并引起社会各界人士的强烈共鸣。

国家教育部则推出了面貌焕然一新的高中语文教材，引人注目的是古诗文在新教材中的比例显著加大。以第一册为例，《高中语文（试验本）》阅读部分的古文名篇为12篇，占总量的一半，而《高中语文实验课本》第一册则全部为古诗文。从总体上看，古典诗文占全部教材总量的50%，中国现代文学占30%，外国文学占20%，这在以往的语文教材中，几乎是不可想象的。

其后，中央教育科学研究所、中国青少年发展基金会和中国教育报社共同举办了“素质教育与古诗文诵读工程”研讨会，来自教育界、文化界、出版界的专家、学者与部分教师、学生家长代表通过热烈讨论，一致认为，“经典古诗文是中国文化的最好载体，修身、齐家、治国、平天下”的道理无不蕴含其中，是传统的民族人文精神之所在。孩子们从小诵读古诗文，受到民族人文精神的感召，使他们在完善自身人格修养、提升文化品位的同时，必将自觉地承担起传承中华文明、弘扬民族精神、推动社会和谐进步与经济健康协调发展的历史重任。

我与南怀瑾先生的师生情

杜忠诰

（2012年9月29日，著名文化学者南怀瑾先生在他居住和传道的江苏苏州太湖大学堂与世长辞，享年95岁。9月30日中秋夜，太湖大学堂沉浸在一片肃穆和哀伤之中。从各地赶来参加南怀瑾祭奠告别仪式的人们，向先生做最后的行礼。

斯人已逝，撇开学术纷争，在其弟子眼中，南怀瑾有着哪些不为人知的经历和独特的魅力？几经辗转，环球人物杂志记者联系到远在台湾的书法家杜忠诰先生。他生于1948年，台湾省彰化县人，是日本筑波大学艺术学的硕士、台湾师范大学语文研究所的博士。

南怀瑾身边有名望的弟子很多，但都颇为低调，杜忠诰也是如此。虽然和南老学习三十余载，在朋友眼中，他更是南老常常夸赞的好学生，但杜忠诰却一再向记者表示“绝不敢当”。“南老师不止一次对外称，他没有一个学生。只因他老人家标准太高，无人合乎他的心意，所以我不敢说是他的弟子，只是有缘和老师学习而已。”为了纪念老师，他掀开尘封多年的记忆，回忆了和南老交往的点滴。）

师生缘始于买书

我和南老师相识30多年了。1977年2月，我们第一次见面。但事实上，我知道南怀瑾其人，是在1969年年底。那时，我还在当兵，是人生中最懵懂、困惑的时期：对自己的家庭出身心怀埋怨，对未来惶惑不安。我生在台湾省彰化县埤头乡一个清寒农家，父亲是一个不负责任的赌徒。从很小的时候，我就眼睁睁看着家人辛苦耕种的田产，丰收后被送去还赌债，那种心痛无法言语，所以我难免会对父亲、对家庭有怨。

在军营中的一天，我在《青年战士报》上读到正在连载的南先生的演讲记录稿《论语别裁》，虽然自认阅读过不少名家名篇，但南先生的文章纠正了很多我原本自以为是的知识见解，让看似教条式的《论语》突然变成对我有所启示的生命智慧，此种阅读体验从来没有过。

军中事务繁忙，每天等待那1000字左右的短文，成了我生活中最解渴的事。慢慢地我发现，自己对家庭的态度似乎改变了，我学会感恩苦难，庆幸自己出生在这样的家庭，才能很早地认识到如何靠勤奋改变命运。

1976年，我被保送到台湾师范大学国文系二年级就读。一天，突然看到报纸上说《论语别裁》要集结成书了，于是兴奋地去找出版方预约了一套书。不久，得到通知，因预约的人多，印刷成本降低，出版方主动降价。这让我很好奇，一般商人碰到畅销都会提价，他们怎么反而降价？我心想这是个儒商啊，很贴心。后来才知道，出版方人文世界杂志社（后改名“老古出版社”）是南先生自己创办的。拿到书后，我如饥似渴地读，爱不释手。

一天在班上，我也不知道哪里来的冲动，突然向导师请求，能否在班会结束时，给我10分钟时间，我要给大家推介一本书。我把上下两册的《论语别裁》拿给同学分头传阅，没想到班上37人，最后登记要我代买38套书。时任人文世界杂志社经理的古国治出面接待我，并慷慨地给我们打了折扣。

回到学校，不仅是我的班级，甚至整个系及夜校，还有每位教授的办公室，我都陆续前往推销。短短半个月时间，销出340多套。南先生听说后，非常惊讶，问此人是谁？结清尾款时，南先生托国治兄带来两件礼物，一件是南先生的新作，另一件是浅蓝色极华贵的西装料子。前者我欣然接受，后者则固辞不受。国治兄见状并未勉强，邀我择日去玩，说南先生想见见我。

1977年2月6日，我到了台北信义路的杂志社办公处。南先生把该社同仁，多半是他的学生，逐一介绍给我认识。我看大伙儿都称他“南老师”，也改口称“南老师”了。我们天南地北谈了不少，我问南老师：“很久以来就想研读佛书，可有一本较为精要的佛经推荐给我？”南老师一面说“有”，一面挥手示意国治兄到书房拿出一本《楞严经》来，并在封面上写下“自从一读《楞严》后，不看人间糟粕书”两行字。临别前，南老师还送给我不少书，包括他老人家已出版的整套著作及《法苑珠林》、《渊鉴类函》两套私人藏书。我是个爱书人，但以我当时的条件，又实在买不起这么多好书，因而不客气地照单全收，满载而归。

我的间接媒人

1979年春节，我承蒙南老师恩准，以全无禅修经验的“菜鸟”身份，参加了南老师在台北市辛亥路国际青年活动中心所主持的“禅七”（以7天为期，不安排其他杂务，专门精进修行）。禅堂与外界隔绝，依照规定不能谈话，也不准做笔记。7天下来，每天盘腿静坐。由于基础太过薄弱，我整天都在跟自己酸麻的双腿战斗，哪里还谈得上什么悟道。尽管妄念纷飞，却也为自己提供了一个自照反省的机会。

在此之前，我跟已经交往多年，也曾谈婚论嫁的女友分了手。理由是性格不合，经常吵架。事实上，这位女友的表现已经有90分了，可我却只看到她不足的那10分。分手后，我一心寻找比前女友在那10分上强的女孩，后来也找到了。可交往后我才发现，这位新女友虽然在这10分上强，其他方面却大不如前女友。我不禁自问，自己到底想要什么？我突然想到了前女友的好，她看上我这个“有恒心而无恒产”，赤手空拳的书呆子，不顾家人的劝诫，义无反顾地跟着我；而新女友，却摇摆不定。参加了南老师主持的禅七后，我照见了自己性情中龌龊丑陋的一面，悲痛万分，深为过往种种无知的行为而愧悔。

禅修回来后，我写了两封信，一封寄给当时的女友，表明“不合则去”的心情；另一封长信则寄给前女友，向她述说这次禅修的心得，同时向她表白我的忏悔之意。后来，前女友被感动了，嫁给了我，就是我现在的妻子张翠凤女士。我们婚后育有二男二女。7年后，我只身远赴日本，留学3年，她是我最佳的后勤人员；回国后第三年，我考入师大国文研究所博士班，一读又是9年，她始终无怨无悔地为我们这个家牺牲与付出。

饮水思源，南老师无形中扮演了我的间接媒人。这首度的禅修，竟成了我后半生命运的重大转折。

南老师是过劳而死

人老了，总想叶落归根，南老师更是这样。2004年，他移居上海，两年后移至苏州，并创建太湖大学堂，在苏州传道。我后来因为在台湾要教课，还要搞创作，以及不时参加各类社会活动，不能像原来那样和老师频繁交流。但太湖大学堂，我也去过不下10次。

宋代释重显的诗中写道：“太湖三万六千顷，月在波心说向谁。”朴素的太湖大学堂，并不是很大，看着如同普通的乡村中学。因为之前是一片荒地，竟也费了6年心血，建成后芳草萋萋，精英汇集，甚至有很多从东南亚乃至欧美地区赶来的学生。南老师打趣地说:“以前这里可是鸟不生蛋的地方，现在来了很多鸟争着在这里生蛋。”

在他走前一个星期，台湾媒体曾报道他感冒住院的消息，但我太大意了。我以为凭南老师的修为，他应该是能活到百岁以上的，这种小病对他来说不成问题。但我不知道的是，这么多年来他太辛苦了。后来和太湖大学堂的很多友人交流，大家都觉得他是过劳死的。南老师晚年有太多的事情要处理——年过九旬，还经常要应各界请求而开班讲课;为弘扬华夏传统文化殚精竭虑，每天总有处理不完的事务;从下午6点多到夜里11点，他要接待八方来客，有人请教，他就奉陪，知无不言，言无不尽;深夜还得写作，处理私事。他选择的不是长寿，而是平凡。

有不少人对南老师或有质疑，源于他对一些经典的解释是用自己的生命体验去观照，而一般学人却使用训诂考据的那一套标准衡量他，难怪会格格不入。还记得他写《历史的经验》时，有人写文章揪出许多问题讥嘲批评他。南老师一看到文章，第一件事是写信向这个人道谢，接着要求台北老古出版社重新校对、修订。南老师学问博通，但在某些词句的解读上，难免会有偏差。我曾经帮忙校订了书中的一些失误，南老师非常认可。一位知名学者被严厉批评后，能这样虚怀处理问题，我反而看到他不凡的一面。

这些年，我受邀参加过不少国际文化交流活动，也接触过不少名家，越发觉得中华文化的可贵，而这也是南老师一直在身体力行传播的。他让我知道一个人的学习过程，不光是要学“外”，更要修“内”。我们往往关注于研究某一课题，而忽略了对自己内心的反思、学习和修行，忽略了生命的学问:如何强大自己的内心，矫正自己的贪欲，用感恩的心态对待无常人生……

南老师生前一直坚持不写传记，直到他离世前一个多月，才找来诗人王国平，准备用漫谈的方式留下一些回忆。南老师还有很多独到的心得都来不及写成书，就这样走了。这不仅是南门弟子的私痛，也是文化界无可弥补的损失。

中秋之夜为南老师送别，本来觉得是喜丧，不想那么悲切，但还是忍不住落泪。如今回想，从20多岁机缘巧合与他相识，到后来成为他的学生，我在南老师那里得到很大的引导与启发。

南老师曾写过一副对联，上联是:佛为心，道为骨，儒为表，大度看世界;下联是:技在手，能在身，思在脑，从容过生活。我想，不管你认识不认识南老师，或有没有读过他的书，都应承认他是一个值得怀思敬重的人。

我与南怀瑾老师的读经因缘

王财贵

（2012年9月30日农历中秋节，为期七天的“老子一百”“学庸一百”秋令营学员报到，王财贵先生来到白羊沟营地，在学员“相见欢”座谈会上谈心讲话。提及昨天离世的南怀瑾老师，感慨万千……）

今天，我也想到一个人，就是南怀瑾先生。

我在大学的时候，应该是1966年吧，班上有一位同学，看了南先生一本书——其实这本书的内容老早就在报纸上连载，连载的时候，他就一直在看，因为那时候我们在一起当兵，有时候他就叫我看看。后来，我们一起申请保送就读台湾师范大学，那些连载的文章刚好集结出版，书名叫《论语别裁》。这个同学非常高兴，下课时候拿着书，到全校每个班级跟班长说，我来你们班上讲几句话，好不好？有时候，打上课铃了，他也跟老师说，能不能让给我几分钟讲几句话？他上讲台介绍这本书有多好多好……结果，没几天，全校总共订了四五百本，他把订单寄过去。那个出版社是南先生的学生在他讲学的地方办的，收到订单，马上去报告，南老师说：“这个人是谁啊？真有本事，我们卖了将近半年，卖不了几百本，他一下买了四五百本，把这个人找来……”所以啊，我那个同学——名叫杜忠诰，现在是国际有名的书法家——就去见他了，从此他们就变成师生，很亲近的师生。后来他也带我去，我那时二十八九岁，就见过南怀瑾先生了，参加过他的禅七，所以，我也算作南老师的学生。

南老师在台湾讲学，偶尔我也去听，记得听过一个星期，讲佛学，教室也大概差不多像我们这样的，三五十个人，去听的人，好多都是王公贵族、党政要员。那时候台湾还是戒严时期，政治思想控制很严格。可能因为他的讲学已经影响到决策阶层，所以上面就开始注意，好像准备要来封他的讲堂，可能要把他带走。风声出来，他连夜逃走了，逃到美国——据说如此，以后他的传记会出来，是不是有这章节，我不知道。总之，他离开台湾是跟政治有关的。又过了好几年，南老师回国，定居香港，我也知道他在香港，不过呢，我跟他本来就不熟，没有跟他联络过。

1994年，我在台湾开始推广读经，过了两年，有一个人来找我，说是从香港来的，做律师，办一个业余读经班，他想请我到香港去演讲。我一听说香港，就跟他说："你从香港来，你认识不认识一个叫南怀瑾的先生，你去找他，我也想见见他，因为他的力量大，我要请他一起推广读经。"这个人说："就是南老师派我来的啊！"这话让我喜出望外，我马上就去了香港，南老师的弟子们为我举办了两场读经的说明会。因为香港民众平常讲广东话，所以我的演讲还要翻译。南老师没有来听，但他身边重要的弟子都听了。讲完以后，他的弟子们带我去见南老师，我把演讲中所讲的读经教育观念重复地跟他说了一遍，他说他都知道，因为他看过我的说明手册。他弟子也预先把我的来意报告了，我又再表示一次，说："请南老师出来推广读经吧，我的力量小，您的力量大。"南老师大腿一拍，说："我从小就是这样读书的，我以为这种教育不可行了，居然你说还可以做，好！我做……"他以后逢人就讲读经。不管从哪里去的，尤其是从大陆去的，他都要交代，回去要好好推广儿童读经。

受南先生启发推广读经的例子很多，有两个年轻人，一男一女，他们都从武汉出国，去法国留学，学的是数学，那还是二十多年前，刚刚改革开放，要出国不那么容易。但是这两个人都是一路顺风，从小学到大学，每次考试都是第一名，可谓社会的佼佼者。他们在法国博士毕业，已经准备结婚了。回国时，特别绕道香港，去见南老师。他们跟南先生说，自己平生虽然一路顺利，但是越长大越感觉生命迷茫，虽然都读到博士了，而且还没回到国内，大学教授的聘书都有了，但是并没有感觉到所谓的安身立命。这样富贵利达的人生，虽然是大家所羡慕的，但是他们自己并不羡慕自己，就问南先生怎么办？南先生说，你们回去教书，这是假的，随便教教就可以了，最重要的是你们要推动儿童读经。然后把我的书给他们看，那时候我还没有什么演讲光盘了。他们回去就在武汉推动，乃至于到全国各地巡回演讲，一直到现在，他们都还在做。他们在外面的名声，不是数学教授，而是读经推动者。另外，大陆读经界最有名的冯哲先生，在北京开四海推广中心，也是受南先生的启示；而读经界推广最有力的厦门绍南文化公司，其"绍南"二字，就含有"承绍南怀瑾"的意思，因其读经的推展受南先生的激发而来。可以说，这样的例子太多太多了。

1996年，我去香港见南先生以后，过了不到一两个月，南先生就派人跟我说，要请我去海南航空公司总部演讲，他们的董事长陈峰是拜南怀瑾为师的。南老师希望这个年青的企业家推广读经，于是我就去海口讲了两场。虽然当时陈峰董事长夸下"海口"，答应要在海南推动读经，凡是海南人要读经的，读经本都由他供应。可惜后来因为种种原因，这个计划一直没有实现。又过了几个月，大陆的希望工程刚起来，正向全世界募款，成立许多的希望工程学校，也通过南先生请我去给他们校长做培训，在上海办了两天从早到晚的课程。校长们从全国各地来，他们的主办人徐永光、陈越光两位先生也坐飞机从北京到上海，听了我两天课。记得第二天课程结束，晚餐圆桌上，大家谈得很高兴，他们两个一搭一唱，一个说，“这件事情啊，非做不可！”另外一个人说，“这件事情啊，非成功不可！”他们跟我说，希望工程学校有五千余所，如果先拿一千所来做实验，就有一百万的学生开始读经了。不过他们说，不能叫“读经”，读经是违反国家政策的，因为以前破四旧，经典是要打倒的首要对象。而且表示，不敢读太多的《论语》、《孟子》，也不敢读太多的《老子》、《庄子》，怕引起误会，如果读读唐诗、古文之类，倒是没问题的。所以他们后来就自己编了读经本，选了几节《论语》《老子》之类的，其他大部分是诗文。“读千古美文，做少年君子”的活动宣传语，正是他们二位当时在餐桌上定调的。从那以后，希望工程学校的读经风气普遍展开，真的有上百万的孩子，读了一些千古美文。

那几年里，南先生也通过他的弟子请我到美国去做巡回演讲，渐渐地，我来大陆的频率也多起来，最先所到的地方，大概都是与南先生有关系的。而同时，南老师也在武汉创办了读经的推广机构，称为“大方中西文化导读中心”。大约从 1997 年开始，到 2006 年，历时十年。之后，南老师认为读经推广的阶段性工作已经完成了，说：播种的时间不必那么多，我们煽风点火就好，将来就如火燎原了。于是，南老师就比较不做推广工作了，“大方”也撤了。除了成立机构，南老师也派身边最亲密的弟子上山下乡，去做读经的宣导，而且对边远地区送书。据我所知，他们共送出几十万本《论语》，在初期的推广中引起了很大的效应。尤其是最初期，我到大陆宣导读经，不只是主办人大部分是南老师的弟子，来听讲的人，大部分也是平常看过南老师书的。

我们所说的读经，本来就属于文化和教育的范畴，而不是宗教的。但是呢，在文化几乎断丧的时代里，因为宗教是最保守的，宗教的传统是最不容易断绝的。所以，在宗教的传承里，比较能够守住人心，因为人心尚存，对经典的热情比较容易被激发起来。等到文化风气越来越普遍了，一般人原有的愤悱之情才渐渐浮现出来，这是很不得已的规律。所以，我刚开始推广读经的时候，有很多人问我，“读什么经啊，佛经吗，圣经吗？”他们只知道读这两种经，我也不怪他们，因为这个社会的文化意识已经断绝了，唯独宗教还没有断绝。等到一个社会，一个民族，它的宗教也断了，那民族可能就要亡了。明末顾炎武有亡国亡天下之分，亡国，没有关系，它还可以复国，像以色列；但亡天下，是这个民族退出历史，从世界上永远消失，像古埃及。国家是地域政权的观念，如果只是没有了国家、没有了政权，你还可以夺回来，天下是文化心灵的观念，你没有文化了，心灵都散了，这个民族就不是这个民族了，怎么可以夺回来呢！所以，一个民族如果连他的宗教经典都守不住，就代表这个民族已经没有了智慧，没有智慧的民族是不适合存在于天地之间的。所以，一个民族的宗教不能丧亡，除非像中国，因为中国文化的主流是儒道两家，都不是宗教的，乃至于真正的佛教也不是宗教的。从这个意义上讲，只有中华民族可以不靠宗教经典而永远传播他的经典。虽然在这个时代，是需要靠宗教的底子来恢复经典，希望从今以后，无论是不是宗教徒，听到读经的人都一样有所感受，才代表读经教育真正的独立。

所以，南先生对读经活动前期的铺垫可谓功劳卓著，我对南先生是非常感激的。以前他在香港，我来大陆，要回台湾的时候，路过香港——当时还没直航，有时就给南老师打电话，南老师都叫我留下几天。南老师是很奇特的人啊，四面八方的人都想要去求见，当然有些人是见不到的。去他那里是很享受的，南老师很会照顾人，饮食也非常讲究，请的厨师是一流的。南老师都是下午见客，每天都有不一样的人来，每天晚上都菜肴丰盛，高朋满座，南先生开玩笑说，“我们这里是人民公社，哈哈，大家来都有饭吃……”很多来的人，不仅是见见南老师，最主要的来求法的。南先生大部分让他的弟子教，吃完饭以后，就让弟子去教求法认打坐，他们有一套基础修法。有一次，我跟南老师说，“我能不能也去听听？”“你不要去听了！”我问：“为什么呢？”他说：“你是心如古井啊！”“我心如古井，难道我的心死掉了吗？”“不是，你早已不起波澜，你不是我这道的人……”确实到现在，我还没有能入他那一道，因为所学不同啊。

不过，南老师是对我是相当好的。有一次，我住在他那里，他交代弟子，明天带王老师上街，去做几套西装，而且要量身做的，不要买现成的，现成的不合身。又说，他要几套就做几套。我说，不必了，我不穿西装。他说，你还是穿上吧，这样演讲才比较有精神，人才会相信，现在人都看外表。隔天我勉强随同那弟子去了一家，定做了一套。隔了一两个礼拜，衣服果真从香港寄到台湾。从此，我出席比较正式的演讲，都穿西装打领带了，延续了十几年，直到最近两三年，才渐渐改穿汉服。又有一次，我从大陆巡回演讲结束，途经香港，住了一两天，要回台湾前，南老师把我叫到一旁，从衣袋里抽出一叠钞票塞给我，我说，“不要了，我有的。”他说，“不行，在家千日好，出门万事难，人在外边，总是要有一些盘缠。”我说，“我有、我有……”他板起脸孔，说，“不可以这样，‘长者赐，不可辞’。我是长者，我要给你，你怎么要辞呢？这不礼貌。”我只好收了那一万块钱港币，很多年以后，我一直都还记得他那时的表情。

有人说南先生有神通，我倒没什么觉得。但他香港坚尼地道会客楼房的对面，是个山谷，山谷下有一棵树高高地擎起来，总有一二十只白鹭鸪栖息其上，苍翠的树枝上，缀着一抹一抹白点，很是好看。弟子们说：初来租这房子时，是没有这些鹭鸪的，后来越来越多，也不知从哪里来的，有一次南老师到别处去了几个月，鹭鸪不见了，南老师回来，它们又回来了。我每到南老师处，总喜欢凭窗欣赏那些或翔或集的鹭鸪，不知那些鹭鸪算不算他神通的感召。不过，至少有两次他对我说的话倒都应验了，一次是我跟他说我认为中国吸收佛学之所以成功，最关键所在应该是对佛经的翻译，让中国人可以用汉文读佛典。而近代中国吸收西方文化不成功，没有系统性的翻译西方的经典，也是一个重要的关键。所以我想集合五十个学者，用十年功夫，用集体翻译的方式有系统地翻译西方两百部经典，作为定本，让以后的中国人不必要都去留学，也能学习西方的学问。南老师听了，拍拍我的肩膀说：老弟啊！如果你还年轻，而且是我做皇帝，这件事一定成。但是现在我既不是皇帝，你又不年轻，这件事你就不用想了。我当时只不过五十出头，他为什么说我不年轻呢？果然，十几年过去了，这件事还没开始呢，原来，他料定我是做不成的，或许永远成不了呢。又有一次，我向南先生报告，我要在台湾成立读经教育基金会，他听了，眼睛瞪得大大的，看着我说：你这样一个人飞来飞去，到处演讲，大家把你当老师看，尊敬你，天马行空，不是很好吗？干吗要成立个什么机构，告诉你，不要说能不能把事情办得更好，光人事纷杂，这个争功，那个报怨啊，烦都烦死你！我当然没有听他的劝告，在台湾硬是成立了基金会，后来在大陆也成立了推广中心。几年来，果然又被南老师料中，我头上的白发就这样多了起来，古人说“不听老人言，吃亏在眼前”，南老师神通之名，果然不虚传啊！

后来，南老师到上海。我如果路过上海，也偶尔去见见他。记得有一次，恰好有人送了刚出版的白先勇改编的《牡丹亭》光盘来，晚饭后，南老师很有兴致，叫大家陪着他看，一面看，南老师一面点评叫好。又后来，他在庙港开办了太湖大学堂，有一天中午，他的弟子不知道从哪打听到我在上海孟母堂，打电话给我说，南老师让你来一下。因为隔天，我一个台湾的学生要结婚，对象是扬州人，我当天晚上必须赶到扬州，回报说：可能这次去不了了。他们说，可以路过这里啊，两三个小时就够了。于是，就匆匆吃完午饭，马上动身。那天在孟母堂有一位朋友听说我要见南老师，说他很景仰南老师，都没机会见面，这次能不能让他开车，顺便跟着去见啊？我说，那跟着吧！到时候再报备看看。因为开办太湖大学堂之后，南先生已经接近九十岁了。太湖大学堂平日都大门深锁，听说有一个人来求见，门房不肯通报，只好在那里等，等了没消息，他就在那里跪，跪了三天三夜，南老师还是不见，南老师说最怕这种人。所以，一般人见他不容易，那一个朋友就跟我进去，我问出来迎接的弟子说，这个朋友也想见见南老师，不知道行不行？他说跟王老师来的，没关系，可以！那个朋友非常高兴。

那是我最后一次见南先生。他为什么叫我去呢？因为他要在太湖大学堂开一个学校，他们跟政府申请的名义是国际学校，也号称中西文化导读学校。南老师说要跟我商量，他很客气，说，“校长、老师啊都在这里，你跟他们指导指导，以后这个学校怎么办……”于是我还是讲我那一套，并且跟南老师说，以您这么大的威望要办学校，政府一定欢迎，不会管你的。那既然要办学校，就办一个特别的学校，不要办一般的学校，也不要办跟一般差不远的学校，要办很特别很特别的学校。我说，这种学校如果我来办，办不起来，政府不会让我办，但您是可以的。那要办什么特别的学校呢？办全日读经的学校，一天到晚大部分的时间都读经，其他功课不要教，让学生自己做。不过，到后来，我听说这个学校并没有照我说的做，他们一天读经时间大概只有一小时左右，我很失望。

不过呢，这其中也有一些原因的。因为南老师的一个大弟子在台北开了一个私立学校，叫薇阁中小学。这薇阁真的很出名。它原来只有小学，后来又往下延伸有幼稚园，往上延伸有初中，最后呢，他们的学校的旁边刚好有一个高中，那一个高中的学生啊，抽烟、喝酒、打架，霸占公园，附近的百姓恨得要死，后来办不下去了，于是薇阁学校就把它收购了。收进来，整顿旧校风，每年招新生，报考的人很多。经过两三年，学生就全都换齐了。学生参加高考啊，录取率百分之百，比台湾最好的高中——建国中学的升学率还要好，一下成名。他们办学真的是有一套。

南先生也是在很早的时候，大概从96、97年我去海南岛后不久，就让那大弟子邀我去薇阁学校讲读经。他们发动学校的老师、家长都来听讲。那一场效果很好，至少有一个效果，我讲到最后，说：今天就讲到这里，谢谢各位！然后大家鼓掌，掌声中夹杂着一阵女人的哭声，而且是嚎啕大哭，大家都转过去看她，她也无所谓，跑到我这里来，说她实在对不起她的孩子了，哭得非常厉害，我只好安慰她，说从今以后这学校不就要开始读经了吗？当然薇阁学校开始读经，不是因为这妈妈的哭啦，是南老师老早就交代他们董事长和校长了，说：王老师讲过以后，全校都要读经。所以他们从那个时候，全校读经，从幼稚园到高中。

之后一两年，我开始倡议英文读经。他们又请我去讲英文读经，因为他们那个学校啊，收费非常贵，是台湾有名的贵族学校，不过，所有的功课都好，英文也很好，现在想要更上一层楼，所以我答应了。那时我刚刚在建构理论，连教材都还没有，所以我就找了两个人，一个是我学生，是移民美国回来的，另一个，是董事长的外甥女，她也是美国留学生，请他们俩帮忙。因为我英文不好嘛，很菜啊，我自称“菜英文”。（众笑）所以有关英文教材，我需要人帮忙，我就跟他们说，我要选的英文，也是经典，所谓经典呢，跟中国的经典是一样的，中国的经典是中国人必须读的，永垂不朽的文章，你们想一想，英文里面有哪些是所有的知识分子都要读的，永垂不朽的文章。他们想了想，想不出什么文章，跟我说：英文里实在找不到像中国的《论语》《老子》这样句句经典的著作。我虽然不懂英文，但也知道几篇，我就说，没有整本书，那单篇也行，譬如：麦克亚瑟为子祈祷文，马丁·路德·金为黑人争取权利的演讲——I have a dream。就这样，我们商议了几篇，他们就赶紧去搜，并编成一个薄薄的样本，算是英文读经的初级教材。

这次来听课的人，不是全校老师，只是校长和教务主任带着他们的英文老师，在一个会议室里，十几个老师之中，有一半是外国人，另外一半也是ABC——America-born Chinese，在美国出生的中国人，他们可能连中文都不会讲。我开始介绍我的读经的理论了，这两个学生负责翻译。我讲一段就翻译一段，本来我要讲一个小时，介绍英文读经的理论和实务。刚讲了半个小时左右，连英文读经的理论都还没有介绍完，方法还没有讲，有一个坐在对面的人就举手了——因为他们受的是美国教育嘛，很大方，可以随时举手。我也很大方，我就停下来让他说，他说，你讲的这个理论啊，我们一百年前就不用了，你，你，这个太古老了！我说，一百年前不用的，并不一定就不好啊，古老的就不一定不对啊，今天，你只要看我讲的对不对，你不要跟我论古老不古老，不要跟我讲放弃不放弃，如果是对的，古老的也是新鲜的，放弃了的还要拿起来。我义正词严，那一个人没难倒我，另外一个人接着举手：你叫小孩子不懂就背，背不会你就要打他们，你这种教学法简直是暴君！我就说，对，我叫他们背书，但是背不会要不要打是另外一回事。背不背书是教育的原理，而打不打是教育的态度。你为什么把原理跟态度混淆了呢?

又有一个人接腔：你是共产党！哦，怎么会叫我共产党呢？我才想到，原来前些年大陆流行背诵毛语录。于是我说，是的，我听说共产党叫全国百姓都背毛语录，但是我们要背的是这个——你看，麦克亚瑟为子祈祷文，这是毛语录吗？这是你们美国人，他教导孩子要上进要做好人啊，不是要叫你去服从政治啊！那一个人也就没话讲了。突然，坐在前面转角——我们三个坐在前面——坐在左边第一个位置那个看起来年纪比较大的妇人，突然站了起来，她把她那叠讲义举起来往桌上一甩，不看着我，指着董事长的外甥女：I am shame you are graduated from Colombia Educational……我也听不太懂，大概是说，我替你感到羞耻，你居然是我们美国哥伦比亚大学的教育硕士，你还替这个人做翻译……然后呢，袖子一甩，身子一转，就走出去了！全场顿时很尴尬，我就说：各位！我原来以为美国是一个民主国家，民主国家就是要听各方面的意见；我原来以为美国是一个自由国家，自由就是要让人家有表达意见的权利。从现在开始，我不敢相信美国是民主、自由的国家了。一翻译下来，他们脸都绿了。我又说，我原来以为美国是一个科学国家，科学精神是要做实验的，以实验为标准，现在我话还没有讲完，你就有意见，你还没有做实验，你就来反对，请问你们是科学国家吗？——空气有点凝结，停了一下，有两个比较年轻的人举手，说，好，我做实验；另外一个也说，好，我做实验，请问要怎么做？我说，对嘛，我都还没有讲要怎么做，你们都来反对。我说，只不过要注意教材和教法两方面，教材方面，我选的这些文章是临时的，你们是专家，可以选择更好的、更经典的。教法方面，你不必解释意义和文法，你就带着学生读，一直读一直念。假如你能够做成录音最好，有空就放给他们听，让学生跟着念，听到念到他们会背为止，就这样简单。

过了两个礼拜之后，他们有消息传过来了。其实他们不只是两个老师做实验，有五六个组成了实验小组，各人编自己的教材。有人是用上课时间教，有人是用下课时间教，有的人呢，说是在午睡的时候放给学生听。美国人就是美国人，他们擅长做实验，一下做了好几种。结果呢，第一，学生并没有反感，第二，学生很快都会背了，第三，学习效果最好的，是幼稚园。完全证实了我的理论，从此他们开始有英文读经，一直到现在，十几年了，是台湾推行英文读经最早的，又是最认真最持续的。

去年，北京国务院；下一个文明小组，几十个人去台湾参访，指定要来华山书、

——就是我主持的那个读经推广中心，其后他们要去薇阁，我好久没去薇阁了，也跟着一起去。到了薇阁，他们摆出来的场面很壮观，很豪华的表演厅，每一个人的座位都已摆上了名字，首先看学生的才艺表演，其中最亮眼的节目就是背诵，中文背诵《三字经》，听得众人掌声不绝。接下来是《笠翁对韵》，还有一段英文，就是《麦克亚瑟为子祈祷文》，全场感动！听说有不少人专门为了考察他们的读经教学去的，这是他们学校的特色！

因为薇阁学校的成功，所以南老师就请薇阁学校训练出一批老师，到太湖大学堂来做国际学校。他们沿用、借鉴了薇阁学校百分之九十的体制，百分之十的读经。因为薇阁学校只做百分之十，效果已经非常好了，大家都很满意了，南老师也很满意。

回顾往事，南老师对于读经运动的铺垫以及对我的照顾，都是令我非常感念的，尤其他对整个中国文化的继承和发扬，功劳也是有目共睹。几年前，我去新华书店，一进门，第一个架子正中间就是《南怀瑾全集》，可见他的影响力。

今天中午吃饭的时候，周主任接到一个手机简讯，她念给我听，说南怀瑾先生在昨天，9 月 29 日下午 4 点过世了。我不觉掩面而泣，吃不下饭。巨星的陨落，令我们痛不欲生，更令我们感觉到肩负的责任越来越重了。我想，不管你认识不认识南老师，有没有读过他的书，都应承认他是一个值得怀思的人，所以我想请大家和我一起为他默哀一分钟（众起立，低头）……好，默哀毕。

今天晚上是中秋之夜，本来见到大家应该心情好一点，应该为大家唱唱歌，我每次见到新学员都喜欢教大家唱杜甫的《春夜喜雨》，但是我中午哭过了。“子于是日哭，则不歌”，那就不唱了。大家如想学，听着录音就可以了……

台湾十方禅林南师怀瑾公追思茶会纪实

敬爱的南师怀公于2012年九月二十九日于定中圆寂，并于九月三十日在太湖大学堂举行荼毗。南师海内外的学生读者们莫不涕泪悲痛，哀伤之余，为悼念南师，十方禅林在2012年十一月三日于台湾新竹峨眉道场举办了南师追思茶会，特别邀请了南师最小的儿子南国熙，讲述老师圆寂前后的情况；“中国佛教会”副理事长明光法师，及多位早期跟随南师身边的学生，分别忆述老师生平的点滴，以抚慰挤满了峨眉大禅堂的同学大众们失落的心灵。

此外六祖堂和禅堂间的中庭设置了一座许愿台，提供许愿卡，让宾客们借此机会，各自抒发内心想向南师说的话，或对南师的祝福感谢，或对自己的期许，只见众人在用心思索默祷中写下感性的片句瓣语。

以下是南师怀公追思茶会现场纪实

早上九点半，首愚师父首先领众虔诵《金刚经》一部回向南师，十一点佛前大供，十二点大众用过禅林提供的便当后，下午一点茶会正式开始。由首愚师父带领大众礼佛及礼拜南师。

之后**首愚师父忆述**：九月二十四日在上海三天，特别跑了大学堂一趟，当时南师在定中，不敢打扰。有师兄问首愚师父是否很遗憾没见到南师，师父说其实在他心中、精神上，随时随地都可以跟老师在一起的，又何来遗憾。

南师最小的公子南国熙先生，应首愚师父之邀，向大家报告南师辞世前后入定无碍，而荼毗后舌根不坏、舌头白如水晶的概况。他于追忆自己与南师最后的互动中说，他父亲一生的为人是以天下人为子女，以子女为天下人，令大家听了感动不已。

台大企管系教授陈定国先生的讲述：“九月二十日《联合报》报导我才知道老师病危。我算很有福气，一九九七至一九九八年间，在香港工作，每天六点半到半山去，天天有机会见面和老师谈话，一谈谈到十点，其他弟子都没有那么长的时间与老师谈话。

与老师第一次见面是孙静源董事长带我去的，老师送我一本书，我一个礼拜把它看完，并回去问老师问题，代表我有看。结果老师让人从书房再拿二十几本送我，他大概认为我是教授，会读书，而我也真的都读了。第一本读的是《论语别裁》，我读前面一段，就觉得这个人真有学问，讲得太生动了，所以我全都看了，看了三十几本。后来我叫我的学生看老师的书，谁看了十五本，向我报告，我考试，考过了的话我给他一张“陈氏南学博士”的证明；要是看三十本，考过了，我给他“陈氏南学博士平方”的证明，但是到现在还没有人来报名。

我的企管学位是在美国学的，读老师的书让我把中国的文化融汇了进去。我去北京大学、清华大学讲课，许多听者都被我折服了，因为借着老师我把东西方的思想加起来。我常用这一套到处讲，所以我非常敬仰老师。后来我每年都去见老师三、四次，今年六月去了一趟，他对我们夫妇非常慈爱，走时还送到门口。我太太还说为什么这次送到门口来，事后想来也觉得好像是种预兆。

知道老师走了后，所有人，包括我的学生的学生，都很想了解情况。九月二十九日接到电话证实老师走了，因为中秋节机票很难买，我们三十号五点才终于到达大学堂，荼毗七点就要开始，很多人排在走廊，我故意站到后面去。老师的法体约有八个人推出来，家属、法师跟在后面，由宗性大和尚主持。这时我移跪在火炉旁边，就在法师后面，看得最清楚了。点火的刹那我泪流满脸，好像洗脸一样，我一生到现在为止没流过那么多的眼泪。我听宗性法师在临点火前念了诗偈，最后说了一首偈语，接着一把火点下去，立刻白烟就出来。那天晚上，万里无云，一轮明月高挂天空。

我们很多学企管的学生都很敬仰老师，一群人参加每周一次的老人读经班，到现在已持续有十三、四年了，我们还打算做成一系列的课程，把老师的精神，以及对中国文化的弘扬延续下去，这是我们筹建南师纪念馆的意义。其实现在中国很需要中国文化，才能把社会主义和资本主义思想的矛盾中和。社会主义福利很好，但成本很高，资本主义很有效率，但人欲过度就成问题，一定要中国文化来中和它。”

“中国佛教会”副理事长明光法师追忆他和南师的因缘：“今天抱着感恩的心来参加

这个南公上师的追思茶会。我是1978年出家，在1980年就有机缘参加十方丛林书院的高研班课程，在南师座下参学有两年多，让末学在菩提道上扎下一个稳健的基础，所以我一直都很感念在书院的那段日子。

十方丛林书院有佛学院，有研究生，还有一个高研班，高研班是要研究所硕士毕业才能参加。那时班上有四位同学，蒋义斌、张昭喜，是台大哲学研究所毕业，另一位潘希固同学好像在电力公司任职。高研班有很多博学的善知识来教导我们，其中有显公——上显下明老和尚，教我们天台四教仪、《法华经》。学院还特别邀请戒德老和尚教我们梵呗，戒德老和尚是去年一百零四岁圆寂的。另外还有程石泉教授，教我们中西哲学。南师本身则教我们唯识中观，那时上课都在台北复青大厦十一楼禅堂，南师又要我们共同研读《楞严经》，读完要做报告的。在书院参学的这一段日子可以说大家过得非常充实。

书院第一个学期结束后，还连续举办了四个禅七。当时想好因为不容易有个寒假，反正禅七有四个，心想只去参加一个两个就可以了，这样我便可以去高雄看我的剃度师上大下雄师父，顺道住一两天。结果在禅七第一天，就接到首愚大和尚来电，说禅七开始了，你为什么还没到？老师在找你。于是我就赶快回到书院来，一开始没多久，老师就说现在请明光法师教大家打坐的七支坐法。马上我就把我知道的，跟大家讲解一次，之后老师还给我指点了一下。因当时在上禅观研究课时，我当纪录，所以对静坐的一些名目比较有印象。这个禅七老师给我不少棒喝，让我感到很惭愧。第一个、第二个禅七我都有些体验，完全参加了四个禅七后，深深感受到老师在修证上的功夫与见地，他处处于有形无形都在教化。两年多的书院参学真是令我非常受用，其中程石泉教授不只教我们中西哲学的思想要点，也讲解了更多的华严哲学。

书院的院长是香港的洗尘长老，他发心创办这个书院，请南师负责书院的教育方针，总务事务则由首愚大和尚负责。所以也非常感恩他们。特别是首愚大和尚，当时曾三次的提携，热心通知我，我才有这个这么好的修学因缘。

老师离开台湾后，我去见过他两次。第一次在香港，参加世界佛教僧伽执行委员会，跟悟明老和尚一起去，老师还请我们吃饭。第二次是两年前，在上海参加世界博览会，有机缘到大学堂去和老师见面，刚好首愚师父也在，还看到他在禅堂打坐。老师那天下午还在为浙江的企业家讲课，我和首愚师父也一起听课，和老师一起用餐。

知道老师圆寂后，心里非常的不舍，今天我们在这里表达对老师的追思、感恩，非常有意义。借此机会希望以后大家可以经常在一起共修，效法老师做些弘扬中华文化的工作。”

孙静源董事长的讲述：“我是在一九八三年，透过洪文亮医师跟老师认识的，但大家都是跟老师上课、学禅坐而来，我不是，我来则是陪老师吃饭居多。虽然后来有时候也学打打坐，但说起来，我是老师另一类的学生，也是一位朋友。因为我只是喜欢听老师讲课，而最经常的就是陪老师吃饭，可以说是个饭客。

一九八五年老师去美国，期间也去过法国一次。每一次老师要出行，我都跟老师很有互动。比如老师从美国要搬来香港时，通知了我，当时我不在香港，秘书告诉我老师搭几点的哪班飞机到机场，我便由台湾飞香港去接老师。老师看到我，很高兴。老师跟李素美他们想不到我竟然会到。

老师在这二十九年内，从台湾信义路到美国，美国到香港。香港最初住在麦当劳道，然后坚尼地道。老师在香港十三年左右，这期间我到香港都会到老师那边去。老师也把我当作他的学生，他的朋友，我也在听课；但是我跟别人不一样，我没有在禅修，没有在学佛，老师说我是企业浪子。

老师从香港到上海，最初住在长发，后来又去庙港。二十九年间，我一年看老师一、两次；以前在上海、在信义路时最少也一个星期两、三次。最近去拜访老师是今年的五月二十六号，是老师要往生的四个月前。

跟老师互动期间，老师所有的行程中，我帮老师照相最多，每次跟老师在一起，很多老同学都知道我照相机从不离手。以至有人送老师相机，老师都转送给了我。

老师有件事让我很感动，我只要吃饭一定要开酒。老师说：孙老板不能不喝酒（老师都叫我孙老板）。老师学生中可以不限制喝酒的只有我一位。老师说，没看过我醉过。他并不是说我酒量好，是说我喝酒不会乱性。老师那边最好的酒，记得像杨先生送的茅台酒，老师也是给我喝。老师说，旁边其他人顶多只可喝一杯，这酒是属于我的。这是在长发大厦的时候。

跟老师一起，大家都很敬畏老师，大概是有求必苦。但是，我无求，我在老师身旁都很自在，要求喝酒，无话不说。就这样我在老师那里学老师的出世、入世，待人接物。我把老师当作父亲，也当作是老师，也当作是兄弟，也当作是朋友。

在我心目中，凭我亲眼见到的，老师对学生还有身旁的人，都给大家很大的温暖，像是大家心灵上的太阳。我们要如何保持一辈子有这样珍贵的老师？真不舍，真怀念啊！

今天有这个机会，如何让老师的精神永远在我们每一个人的心里，这是我们每一位做老师的朋友也好、做学生也好的共同课题。”

黄胜雄先生的发言：“我很幸运，台大毕业后就做生意，有一位我大哥在加拿大的朋友到台湾来，在我家聊天，告诉我他在听南师的课，我也跟着去听，一听就上瘾了。后来还想去打七，但内人抢着去，我就把这机会让给了她，她就因这个因缘后来做了南师的出纳。

后来有一回老师曾问我生意做得怎样，便叫洪文亮医师到我公司看看风水。洪医师看了就说，你公司要赚钱要在二十年后。我心想如果这样那就算了吧！便把公司卖了。老师就叫我搬到旧老古的三楼去上班，就住在那里，要我负责办一些财务上的事务。

我的因缘可能比定国公还要深一点，我在三楼上班，内人当出纳，小孩回来没人看，老师就要我们一起跟他吃饭，所以我们全家就这样在那里整整吃了三、四年的饭，后来想真的没有人有我的福气了。

首愚师父说我们家存的老师的墨宝最多，其实不是，是内人抢来的。老师写字有时觉得不太好，要撕掉，内人都把它抢救下来，就是这样。而我觉得我在听了老师的课以后，人完全的改变了，那时我带着八岁的大儿子学太极拳，天天打拳，打完就吃饭、听课，一家人都活在南师的佛光照耀下。后来大儿子（注：黄宗隆）学医，老师就叫他拜这位学医，拜那位学医，只要有机会一定要把那些好东西学起来，保留下来。现在他在上海也开了中医门诊，很多法师都去看过。

自从认识南师后，我走到哪里谈到南师，都觉得他很了不起。其中有一件很好笑的事情，早先我认为老师神通广大，我的小儿子要去再兴念书，读再兴是要抽签的，我就请老师念念咒，看看能不能抽到，老师说好没问题啦！结果没抽到。因我在那里接触很多老师的学生，听到太多神奇的故事了，所以对于抽签抽不到很感困惑，但后来我知道修行人不能显神通，显了就要拜拜了。

后来老师到美国，告诉我赶快出国，大概老师怕我会受一些不必要的连累吧！以前我从来都不想出国，但这次我听老师的话，我哥哥都在加拿大，我就去了加拿大。后来老师到香港，开始修建金温铁路，那时他打电话到加拿大，叫我回来帮他。我八六年去加拿大，八八年老师叫我回来，那时内人不会英文，又不会开车，小孩也要照顾，因此我就没有回到老师身边，到现在仍是非常后悔。”

在华盛顿 DC 帮老师做事情的殷曰序先生的讲述：“我是旁听生，偷偷学的，老师也不认识我，在十方上课，只要老师的课我每堂必听。老师说过他一生要的是平凡，想不到刚才听到老师最后写的两个字也是平凡。

那时上课我不写日记，有一次老师要见我，我礼佛问讯后，老师一看我就说，不要满脸佛相，满口佛话。后来老师叫我看《宋元学案》，那是儒家禅宗式的笔记，看完了老师又要我看明清的。这些指点老师也不用我交报告，因此后来觉得老师的教学是不拘形式的，他对人的了解真不在话下。此外我觉得老师是有神通的，特别在他主持禅七时，每个人的状况他都很清楚，我心里想什么他都晓得。可是每次打禅七下来，他会累病三天，因为他整个禅七期间都细心注意每个人，直到大家都有点修上路，他才会稍微休息一下。直到晚年老师在教学主七上都是如此，那实在是太累了，我们都感到很不舍。

记得有位陈同学，曾当过华视的主播，他说老师你讲的《论语别裁》太棒了，我们都被你接引了，老师竟回说我白纸黑字写的你都相信？可见老师的教育有时是很令人震撼的，希望我们南门的金刚弟兄可以共同勉励。”

老古文化前总经理陈世志先生的讲述：“在十方禅林，总是谈点与禅林有关的事。1976 年左右，首愚法师尚未到台北而在佛光山闭关修行，用功太紧，寄来日记决定绝食，南师甚为担心出事，遂带领大家十来人亲自下去高雄探望，并送医药饮食，指导正修禅观方法。大家也都放下身边的事，一起下去护持。因为南师对修行人的关心超越平常，也才有后来首愚法师的发心，而筹建了今日的十方禅林。

南师一生在佛教界有很多贡献，比如用“以经解经”、“经史合参”的方法来解经，还把大陆禅宗打七的香板带到台湾，台湾以前没有这种禅宗克期取证的方法，提倡禅门以心传心的宗风。另外，早期台湾佛经少，他出资赞助朱镜宙大德成立第一个台湾印经处，开始有了佛经单行本，之后出版儒释道三家经典注释，把佛经和中华文化在高层次的理念上，做了融通疏证的工作，对文化界和佛学修行者做了正面的提升和贡献。一个人的行愿单走世间法或出世间法或许较容易，但在家像老师这样出、入世都要成就贡献的，甚为稀有！

看过南师为大众打禅七，每次过后一两礼拜都病得很严重，他自己闭关（民国六十六年）日记中的反省叫《关中记妄》，以前只有老学长当场看过，特许我带回去看，留了一点笔记，现在念一两段给大家参考，以便了解南师内在的修证和心行。

南师闭关日记《关中记妄》片断：

一九七七年二月十八日

晴，寒

晨起，请供礼佛，楼上的事，拜年恭贺等统由古国治、李淑君料理。一旦掩室，恢复当年山居静境，福乐无穷，亦至为恐惧，害怕无福消受。上午入定一座，存银治厨，有美食，客散后，淑君、国治送来面食，又为之肆动食指，甚矣，贪图口腹之欲之难除也。下午入定一座，强起治案头文稿杂事，为刘雨虹译《禅海蠡测》文稿修饰，二十余年寒窗执笔旧梦，宛然如在，颇多感慨！

下午稍作眠梦功夫，为色身休息之助。起又入定一座，请供礼佛。而后继续为刘之译稿审理文义。晚来长寿、国治、存银等皆为陈美龄登台演唱而去捧场，三层楼上皆寂无一人，尤是清静。稍于座中修息继续看稿，快速不减当年，方知连年懒于执笔，似不能写作者，皆缘心受外务所累也。

一九七七年二月十九日

晴，寒

昨夜四点上床，晨醒方八点，起而故复入寐，不觉至傍午十一点方醒。净洗毕，请供佛事。放逸身心，坦然任运，嘱楼上不送午餐，唯饮茶水，不胜清快。气充顶轮，颇思引降，忽又自笑执着，既懒以身实证，何不随其自然。因此即又上床解衣午睡，默然达一小时半，起而上座入定，觉知顶轮左脉充实而未尽畅流，但眉间轮处呼吸已打开，方知凡人之鼻息呼吸，是循肺脉呼吸器官之路进行，真有修持见地者，便可从眉间轮处呼吸，甚至关闭此一脉道，停止自然呼吸亦可。但如执着，便又落在一重魔障。在此执着与不执着，有分别与无分别之间，极须真般若明心之见地方可，甚矣难哉，一般薄地凡夫之妄求佛道也。

下座稍息，随便打开电视一看，毫无兴趣，只是借此遮目，散身坐在藤椅上逍遥逍遥而已。此时忽觉心轮之脉又轰然一震开，其行气如S形透过，不禁自为哑然一笑，学密宗教典的人，认为脉解心开，是圣人的境界，有无量功德，无限道力者，方可到此，看来极为可笑。昔年在灵岩打七时，第六日座中即有脉解心开现象，但不如今日来得更加有力而明显。然我只是无心处之，并不求其脉解心开。

不过，若在一般人专心求成道、求成佛者，很可能就因此入魔，或因此得心脏病或精神惊吓症。因当时心脉震开之时，颇有心脏病突发现象，相当可怖，但如对性宗确有见地者，视生死为一瞬，都无所谓，即为心脏病突发而死这有什么严重，岂不值得当时一笑吗？此时我之一笑，也正为笑此身之幻妙惊人有如此者。

我就念到这里，这些是老师自己的体验，有些是忏悔的，是真正的南老师修学佛法的心行记录。

其实，薪尽灯传，有人得其骨，有人得其心，有人得其髓，也有得其皮，却莫得其肉，因为老师太苦，太穷了！学习老师的精神，大家都有好处。我们可以盖一大堆庙子，若没有修行人，没有成就者，大家不变好，社会风气不提升，有用吗？”

陈定国教授找回来的早期学生陈芳男先生发言：我是老师早期在泰顺街的学生陈芳男，男孩子的男，但老师把这个字都写成他的南，后来我才知道老师有他的用意。老师离开台湾后，我仍有和陆健龄师兄联络，后来陆师兄走了，这条线也断了，我找了好多人，都不相信我是南老师的学生。后来有个机缘，非常感谢定国公，再联络上我这当年失联的小孩。去年终于得偿多年心愿，再见到老师；老师也非常高兴。

大陆的同学都喜欢听老师在泰顺街的这一段，老师的精神不是人，是佛，这是后来我稍微体会到的。当时在泰顺街老师讲《易经》、《庄子》、《老子》，老师当时不像现在那么风光。他在外面讲学，回到家里根本连洗澡的地方都没有，就坐在凳子上沐身，我年纪比较小，就坐在老师身边。有一次，我印象特别深刻，有人在外面敲门，不知道老师是否跟他有约，他一听就知道这个人要跟他借钱，马上问我：“芳男，你口袋有多少钱？”我一听就害怕。我在台北读书，当时台湾的经济情况很差，我母亲每个月给我三百块，刚刚寄来。老师就说："你先拿出来。"我一下心里想糟糕。但老师又接着说："你每天下课就到家里来吃饭。"我也就听话，把身上的钱拿了出来。那时我一直都不清楚老师自己都没钱，为什么还拿钱出来帮助别人？

有一次老师在练拳，打完拳，我正站在远处看。老师就说你手举起来，我就举起来。奇怪就像武侠小说里讲的，那个什么气，就过来了，仿佛其中有气的种子连绵地下来了。对于孟子所说"吾善养浩然之气"，我本以为孟子在吹牛，但后来我对此越来越有体会。我永远地感恩老师。

有一次我回南部，老师叫朱哥哥（朱文光博士）送我到车站。早期老师这里是这样的，出国要送，连坐火车也要送。朱哥哥跟我说："你以后还是要回来，让你到外面磨炼磨炼。"准提法是老师叫朱哥哥传给我的，我只体会到一点点，但很管用，我假如念了，很多奇怪的事会出来，后来就不敢念了，心想可能是自己业障深重。

离开老师后我是有练，用观想的。由于是朱哥哥传给我的，我就先观朱哥哥，再来观老师，此外我还学出家人过午不食，弄得肌黄脸瘦，也弄不出什么来。之后看到老师，还跟他谈到半夜三点，后来只观想老师，结果就有点感应，尤其又想到老师曾跟我说："观自在菩萨行深，行深，要行深，不要多想，要应无所住，不要再乱想，而生其心。"终于掌握到要领，自然进去了，就像道家常说的"用神进则识神出"的境界。在那个境界里都没有分别心，连蚊子叮也不打它。老师当时钱给人，就在这种没有分别心的境界吧？

老师平常也谈到，空，真正进去了，你住得住吗？那时我也不理解。乡下人喜欢来台北，但过了几天，那么吵，就回乡下去了，台北人去乡下也一样。行深后，慈悲心就出来了，人家有病，远远就会知道了，自然相应了。但是想起老师说过，人之所患在好为人师，所以后来我这些也不敢讲了。

最后是十方建设的黄副总介绍怀师纪念堂的初步构思："在峨眉龙树学院北方的位置，我们打算盖佛学院和怀师纪念馆，A 栋的 6–7 楼挑高用作怀师纪念馆，有大约 800 平方米。B 、C 栋的一楼做教室，2–7 楼做寮房，A 栋 2–5 楼也当寮房，一共有一百多间寮房，是国际观的寮房，每间可住 2–4 人，也可调整成 VIP 的面积，以下是初步的构想配置：A 栋一楼为斋堂，大约 800 平方米；2–5 楼作为寮房；6–7 楼为多媒体空间纪念馆；B ，C 栋以教室为主，2–7 楼作为寮房，估计可容纳 500 人，地下室也会有停车的空间，总面积约 14000 平方米。

初步的预算大概在四亿左右，禅林在南师的指导下有这样的建设，未来禅林的发展一定会更宽广，在座有很多南师早期的学生，与老师的接触很深，我谨代表筹建会在未来的计划里，请各位多多提供软件的部分，特别是老师的精神这部分，提供给筹建会做指导。”

追思茶会预定是在下午三点结束，但贵宾们的分享都太精彩，而且怀念南师的心情，都好像让人有说不完的话，结果茶会延长至四点才结束。最后大家是以南老师写的词《聚散》所谱成的一首曲子，先后由史济洋老师及明光法师献唱，然后大众一起合唱。就这样，追思茶会就在《聚散》的音韵飘扬中，在大众依依不舍的心情中，圆满落幕。

一剑霜寒四十州

——忆南怀瑾老师

潘建国
（绍兴会稽山“弥勒圣境”项目负责人）

壬辰年中秋之夜，自助晚餐结束了，荼毗法会尚未开始。我心情凝重，如梦游般漫步于大学堂主楼周围。十余年来与老师在一起的一幕一幕，都历历浮现于眼前。

2000年世纪之交，我的事业进入到一个低谷。当时自己非常迷惘，自信心也跌落到了谷底，这促使我想去寻求一个人生的答案。

曾经有一年多的时间，我不停出入于各大名山古刹，拜访名僧大德，但始终没有寻找到我认为究竟的答案。直到一个偶然的机缘，我读完了南老师的《金刚经说什么》，读后似乎有所感悟。然后连续几个月的时间里，我像当年在大学里看金庸武侠小说一样，废寝忘食地读了所能找到的南老师的全部著作。懵懂中我似乎找到了答案。我想找老师求证。

2002年夏天，我启程赴香港寻师，但当时不知道老师住哪，后通过朋友打听到，北角的佛教图书馆是老师办的。我就带上了我出版的宣纸版佛像图书，敲开了佛教图书馆的门。接待我的是和蔼可亲的亲证法师，亲证法师未能满足我见老师的愿望，但答应将我的书转交给老师。没想到，在我离开香港前，法师给我打了一个电话，让我再去一趟佛教图书馆。我到后，法师交给了我一个红包，告诉我这是老师给的书款，说老师从不接受无偿捐赠，并转达了老师对我出的佛像图书的高度评价。亲证法师告诉我，如果想亲近老师，可以到义乌双林古寺找体悟法师报名，老师年底会在那里带领大家打禅七。我回来后就直奔义乌双林古寺，与体悟法师结了缘。

2002年年底，我提前赶到双林古寺做义工，和师父们一起建禅堂、盖食堂、接送客人。大年三十夜，体悟法师和宏忍法师带领大家开始共修，七日后，盼望已久的老师来到了义乌，并带领大家开始打禅七。

这个禅七，可以说彻底改变了我的心性。我认识到过去由成功走向失败的根源就是那一念无明，我知道了佛菩萨不会保佑一个只有自利之心的人，每个人都应放开心量、积极利他，彻底的利他才有可能真正的自利，我懂得了菩萨行是一个在家居士的天职。离开双林古寺前，我暗暗发了一个愿：如果有机缘，我一定要建一个居士禅修道场，让更多的人能享受到正信佛法的熏陶。

这个禅七让我重拾了信心。之后，我举家迁往了北京，开始了新的事业，同时，也开启了工作之外的慈善事业。

愿力真的是不可思议！机缘就真的不期而至了。2007 年 6 月 27 日，我们与绍兴县人民政府签订了建设会稽山弥勒圣境的协议，协议明确：圣境的核心建筑就是“兜率天宫”和“会稽山龙华寺”，核心理念就是“包容和谐快乐”，圣境性质就是慈善公益的而非商业的，所有股东的出资均不能参与分红，所有利润都用于慈善和文化建设。

但真的要打造兜率天宫，一连串的问题都来了。首先，从古到今还没有人造过兜率天宫。兜率天宫是什么样的？没人知道！无助中我去请求老师的指导。老师笑着说，他也想去兜率天宫，但还没去过呢。老师说，你可以依据经典——《弥勒上生经》，参考善财童子参弥勒的描述。在老师的指导下，我们把兜率天宫的各要素整理了出来：宝宫的形态像须弥山，山下有香水海，宝垣是七重的，莲花是其重要特征，龙王和水是不可或缺的，善法堂和天冠弥勒是核心。这样，我们和创作团队花了近一年的时间在国内外收罗素材，终于创作出了兜率天宫的效果图。当我把效果图拿给老师看时，老师笑得很灿烂，大加赞赏。

建筑的形态确定了，佛教文化又如何定位？如果仅走唯识法相的路线，担心这个法门太深奥，不容易向大众普及。犹疑不定中我又去向老师求教，老师告诉我，兜率天宫要定位在中华文化的弘扬，儒释道等各宗文化都可宣讲，兜率天宫就是个讲法的地方。佛教文化上，更要包容各宗各派，可以建八大宗坛，让八宗有成就者都到兜率天宫登坛讲法。龙华寺的定位要以禅宗为主，也比较切合现在的人间佛教和居士佛教。老师还告诫我，切不可把当今佛教烧高香撞头钟那些迷信骗钱的把戏带到龙华寺里来。龙华寺要多搞禅修和佛教文化交流，多做慈善利他的事业。老师的这些话，成为我们打造兜率天宫及龙华寺的原则。

经过五年多的建设，兜率天宫和龙华寺工程已接近尾声。今年六月底，我和弘宗法师到大学堂向老师汇报工程建设进度及明年开园的规划后，我如释重负般跟老师说：“老师啊，等我把天宫造好了，我就退休，跟在您身边修行好吗？”本以为老师会满口答应，没想到老师听了哈哈大笑，跟我说："每个人缘分不一样，建完天宫你的事业才刚刚开始，谈何退休！"说完，起身拉我和弘宗法师到隔壁会客室坐下，指着孙文手书五代贯休和尚的"满堂花醉三千客，一剑霜寒四十州"的诗句，问我是否知道这个诗句的意思，我摇摇头。老师就给我们讲了这个诗句的典故：

钱镠称吴越王时，贯休和尚因避乱来到越地，写了如下的诗文赠与吴越王钱镠：

贵逼人来不自由，龙骧凤翥势难收。
满堂花醉三千客，一剑霜寒十四州。
鼓角揭天嘉气冷，风涛动地海山秋。
东南永作金天柱，谁羡当时万户侯。

钱镠一见此诗，大加赞赏，但是嫌"一剑霜寒十四州"不合他一统天下称帝的抱负，传话让贯休和尚改"十四州"为"四十州"后才考虑见他。和尚心知钱镠并无一统天下的雄才大略，便吟诗四句回复钱镠：

不羡荣华不惧威，添州改字总难依。
闲云野鹤无常住，何处江天不可飞？

即日，贯休和尚便包裹衣钵拂袖而去。至蜀地，受到蜀王王建的礼遇。前蜀建国，赐号"禅月大师"。

老师一再勉励我说："你现在正当年，要有'一剑霜寒四十州'的气魄！不要老想着十四州那点小事。虽然我不收学生，但你出去可以说是我的学生，这样做事会方便些。"听完这番话，我由衷地感恩老师的慈悲摄护，也更感受到肩负的重任和老师对我的殷切期望。

我又向老师祈请："老师，明年天宫开放时，我想请您老人家到兜率天宫莲花内的千人大法堂开堂讲法，好吗？"老师不置可否地笑笑，没有接受也没有拒绝。

老师让宏忍法师请出了两座供奉有"三乘同依佛舍利"的水晶舍利塔，让我和弘宗法师请回兜率天宫和华林园供养。我们在欣喜之余，不由得有些诧然。没想到，七月份就得知老师闭关的消息，九月二十日，从太湖大学堂公告知道，老师四大违和，正住于禅定。九月二十九日下午，晴天霹雳，消息传来：第二天下午让我赶到太湖大学堂，参加老师的荼毗法会，为老师送行。

在老师的化身炉前，回想老师为弘扬中华文化辛勤耕耘七十余载，还用自己的生命给大家上完最后一堂课，我的泪水夺眶而出。

荼毗法会结束后，我看到了还站在老师化身炉前久久不肯离去的李总，上前对他说："咱们都有个共同的遗憾，没能让老师亲临咱们的道场讲法！"他点头表示同感。

也许是老师听到或感受到了我们的遗憾，在我凌晨回到绍兴入睡后，我梦到了老师：梦中，我陪老师参观兜率天宫，他老人家白衣飘飘，精神矍铄。梦醒时分，我满脸泪水且满心欢喜，我知道老师来兜率天宫了，他还要为期待已久的天人说法。

我暗自下决心，加快兜率天宫的建设步伐，尽早完工。并发愿在天宫建造、供奉老师的真身塑像，能够让更多的人，生大信心，启发心智，慕无为道！

我期待着兜率天宫建成开光的那一天，这是我立志弘扬中华文化的新起点。

"一剑霜寒四十州"！老师，我记住您的教诲了。

南怀瑾的高明

许承宗
（台湾《世界论坛报》总编辑）

听闻南怀瑾老师在太湖大学堂辞世的消息，初时甚是震惊，不过当想到人世间英雄美人都不免白头，则一代大师归老的终将到来亦应是必然之事，虽然难舍亦只有接受。

初次见到南怀瑾老师是 1978 年，在他信义路近东门的讲堂，同一栋的地下一楼是拜佛堂，二楼是办公室，三楼是讲堂，再上面是他教少数政要和商界巨子包括王升、马纪壮、萧政之、苏家兄弟等练太极拳的地方，那时“老古文化出版公司”已颇具规模，三教九流各方人士进出其间，我们一些年青的一辈也去听他讲“儒佛道”，不论听得懂多少都尊称他一声“南老师”。

南老赴美隐居一段时间后转往香港，在半山坚尼地道寓所开讲佛经，向他学打坐练腿功的有“邵氏电影”的邵逸夫和“东亚银行”的李国宝等香港名人。

南老在香港时曾牵线两岸代表在他香港寓所及另处“密谈”（据苏志诚回忆，前后不只九次），他的心力为两岸交往写下了历史。

香港回归后，中共驻港部队的司令员也经常去他寓所听课。

后来南老移居上海番禺路，2005 年我去上海参加“世界中文报业年会”，曾去拜望他，他留我晚餐。我见到他虽略显老态，但思路清晰，谈笑风生，反应敏捷，风采仍一如往常，身边又有薇阁的李传洪陪侍，晚宴席开二桌，座间不乏沪上财经金融界新秀，我甚替他高兴。

他去吴江太湖大学堂长住后等于半隐居，我就没有再去拜望过他。

对南老师总的感觉是，他是一位传奇之士，长相清癯双目炯炯，能博闻强记，少年时曾游历大江南北，寻访山川奇人异事，因而见识过人，人情世故甚是练达透彻，而且有高瞻远瞩的智慧。他绝对不是只会作诗文的书虫，而是能将《长短经》等古籍活学活用的世所称的“国宝级”人物。

看到本文的题目，或许一些南老的亲近学生如劳政武、曹励铁等人会笑我，有什么资格来谈这个题目，因为我并没有像他们一样，从 1978 年起就开始长时期追随过南老，但我还是忍不住要提出少许浅见，主要是为了看到有报导说，太湖大学堂开设专属网站供各界友朋缅怀纪念，又见到有报导说南老临去之前评价自己有三句话，就是“一无所长，一无是处，没有一件事做对”。我怕外界有人对他的话有所误会。

我这个不才的后学认为，其实这三句话才真正代表了南老深层智慧的最精华部分。

或许有人觉得不能接受，奇人高士怎么会无所长、无所成呢？论“立功”，在大陆首建民资铁路，把真正关键人物找到香港促成两岸密谈，不都是立功吗？论“立言”，他从写《论语别裁》开始到著作等身，不就是立言吗？论“立德”，在大陆广设奖学金，在台港沪三地讲经数十年，又办学堂，不都是立德吗？近一百年来，无论中外又有多少人能有如是贡献，为何南老临去还说上面这三句话？

鄙见，因为世俗的誉辞，说什么“儒释道禅净密”，在他最擅长的反向思考中，不也是可以解释为他未能自成一宗即是一无所长吗？而“军政经教科文”，在他这个早就勤于“禅定，止观，觉悟”的人来说，也看破不外是过眼云烟而已。至于“没有一件事做对”，那是对一个修道人而言，“最高深的就是最平凡的；要真正到达最平凡处，才会体会到最高的”。

南老说三句话，也就同时把他生前身后所有猜疑他、忌妒他、批评他、敌视他的声音统通化解得一干二净，高明，真高明。

小小结论来了：南老在参透上下五千年纵横十万里进出多重境界后，留给我们晚学后辈的榜样就是——“谦卑，更谦卑和止的精进”，如果我们要纪念他，不谈他的觉悟，只偏好谈他的事功，就很容易偏颇了，此或非他老人家所愿也。

平凡中的伟大

——我所见到的南怀瑾老师

广树诚

（毕业于台湾大学法律系，获美国哈佛大学国际法和中亚研究硕士。国务院发展研究中心民族地区发展研究所特邀研究员。中亚问题、民族问题、满学专家。）

前　言

南怀瑾老师是我一生中最重要的恩人之一，影响了我的生命方向与轨迹，至今依然后劲强大。

知道南老师圆寂的消息后，感受十分复杂。心中既觉不舍，却又庆幸。舍不得的是，他老人家离世而去，让此一世代众生，痛失亲近良缘。庆幸的却是，他老人家功德圆满、得其自在，已可安住佛国，待因缘再聚时，重度有缘众生。

好友周勋男要我也写几句感言，但我扪心自问，在众多卓越的先进和同学中，学习与实践都无消息，实在最没资格发言。但是，既然老师高寿九十五，漫长人生岁月中，又有几人得以始终伴随，而能描绘老师圆满身心样貌？

因此，若能以野人献曝之诚，提供对老师不同角度的见闻，或许可以与其他同学，共同投射出虚拟实像的立体形象，作为大家思念老师时的参考吧！

以下是几个印象深刻的记忆和感想，敬请同学指正：

从询问电话到担任副总干事

一九八一春，我参与重组成立满族协会时，恰好阅读了老师的《静坐修道与长生不老》一书，极为赞叹书中以平易近人、以真诚扼要的风格，一般外行人难以了解的、古文化中的大道理都被老师讲得深入浅出，清楚明白。

为了进一步了解南老师其他著作，我拨了电话到老古出版社询问。接电话的是位老先生，亲切地以江浙口音的普通话，告知我东西精华协会还开了佛学课程。就此，我跟着老师展开了学习之旅，企图探求生命真相。

事后方才知道，当时接电话的长者，就是南老师，而且老师对我的电话礼貌，颇为赞赏。后来，老师还经常要我当众示范，三跪九叩的古礼。并表示这是“礼失求诸野”的典范，因为我是满族血统。

但我对此表达过不同意见，认为满、蒙、韩、日等通古斯民族，自古就已重礼，并非全自汉地学得，也因此至今仍然传承礼数与规矩。老师听后，不但没有不高兴，还呵呵大笑说：“对呀，也有道理。”

回顾和老师亲近的日子，他在日常生活中，最谨言慎行持守不懈的，就是进退应对的礼仪，也常以此来判断人的德行。

等到正式上课之后，更让人感觉这位风度翩翩的长者，虽身材清瘦、个子不到一六十公分高，仙风道骨中却又透露出掩不住的风流潇洒，身着一袭飘逸的中式长衫，总是飘扬出一种淡雅的清香。

老师讲起课来，更是幽默风趣、深入浅出、峰回路转、引人入胜。让人听得既欣喜又感动，特别是刻画人性之处，令人不觉开怀大笑，过瘾极了。

当时，我正面临人生重大抉择，苦于考虑应出国读书，还是继续从事丝绸生意。因此，当听到深刻而诙谐之处，不自觉的相应而笑开怀，此举有时惹来部分同学皱眉撇嘴，心中虽觉有趣，但也暗暗耽心，恐怕老师也会嫌我唐突。

但是未料，有天上课早到，先到办公室询问问题，却碰见老师和朋友、工作人员等吃晚餐。见到我后，居然招呼我一道儿用餐。从此，我也就大咧咧的赖上了，经常到点露面打牙祭。这时候我才明白，老师并不介意我在课中大笑，反而觉得我有所会心反应，而且能够坦然自在。

在上课与吃饭的过程中，老师进一步了解了我的情况，因而指点迷津。要我一方面申请学校出国进修，而在确定之前，可以担任东西精华协会的副总干事。就这样，我从一个陌生的来电询问者，变成了老师身旁的工作人员。

由此经验，可以见识到老师用人多元包容的气度。

六十三万、七十万到哈佛大学

在办理申请美国大学研究所时，需要推荐人，老师知道后，竟然主动表示可写推荐信。这对我能申请成功，发挥了关键性的首要作用。

收到哈佛大学区域研究所的入学许可后，我向老师报备请辞，也开始积极办理出国手续。一天，老师问我出国事，当我告知正在处理售屋，以便办理结汇时，老师便问我需要多少周转金，以便及时完成结汇。

当我回答需要大约六十三万时，老师立即转头向会计小姐说："打开保险箱，拿六十三万给广树诚！"这真让我大吃一惊，完全没有料想到老师会有这样反应。

但是，震撼之余，"恶从胆边生"，因此就"打蛇随棍上"地开口向老师说："既然如此，老师就干脆凑七十万给我好吗？"老师表情一错愕，随即笑眯眯地问我原因。我说："齿牙破损多颗，缺钱修补已久，想多借点钱趁机补全。"老师一听，哈哈大笑不止，立即下令凑足七十万，点交给我。

过了数周，房屋卖出后，我就提着钱袋到协会。刚进门，老师远远看到，就大声说："里面的利息拿出来，不收！"这又让我吃了一惊，想到老师还真料事如神，知道我会附加利息，但也暗自捏一把冷汗，想到倘若没放利息的话，这下子还真难为情啦！

这段经验充分说明了，老师对有志读书做事的人，那种慷慨解囊相助之胸怀与气魄。事实上，老师不但对我后续申请奖学金持续帮助外，还赠送了我《朔方备乘》全集等书籍。对我这样一个陌生人，老师为何如此全力栽培呢？其实，南老师当时早已见到，边疆问题将成中国发展的瓶颈之一，因而期盼能为中国发展、多培养出一些研究边疆民族问题的人才。

只可惜，我到今天都还没能达到老师的期望，真是惭愧之至。但是如此开阔思维及风范，让我感动之极，促使我改变了不少对汉民族的成见。影响所及，使我后来在联合国及边疆事务，参与若干关键性议题时，都发挥了微薄之力，从多元民族平等观的立场，也站在汉族的立场，向其他"非汉民族"的朋友，提出许多澄清与解释。

南老师对各民族一律平等而无分别心的大格局

台湾开放民众赴大陆探亲后，我也陪同母亲返新疆探亲。此行，认识了一些关心边疆事务的朋友，因而了解到了更多边疆实况。从而决心致力于促进民族间善意了解与互动，以能达到民族团结和谐的目标。

就此，南老师格外关心与支持，不断密切垂询边疆发展情况，也时时面授机宜，指导各种观念、策略及方法。在这些过程中，让我亲身体会到他老人家除了高瞻远瞩、深不可测的智慧外，更感受到他悲天悯人的情怀，和对各民族一律平等而无分别心的大格局。

如今老师仙逝，我深感有义务，将老师为民族团结所作过的贡献，提出供同学们参考。

一切皆无分别心，喜怒哀乐见真情

老师不止在讲座上幽默风趣，其实在生活中也一样精彩。而且，人前人后完全一致，永远自在轻松地参与世事，而无差别。他不但再三声明不要学生妄称神通与悟道，而且身心状态坦然呈现，毫无丝毫矫情做作。

说到“一切皆无分别心”，老师对于各种宗教都予尊重，对基督教牧师、天主教神父及修女讲圣经一视同仁，也极为赞赏伊斯兰教徒的虔诚，对道教及民间信仰，也都以尊重之心平等相待。

生活中，在饭桌上，老师不但喜欢说笑话，也喜爱荤、素不拘地听我俗话连篇的笑话，为的是让大家轻松愉快。但是对于公义与是非曲直，则绝对严正不苟。有时发起正义的怒火来，也还真是愤怒金刚，让当者惊心动魄、肃然起敬。

老师虽然律己极严，但对别人的关怀，真是细腻无比、感人肺腑。不但对学生看病、送药、解惑，就连路人与邻人也都尊重与照顾。举例来说，不论在身居何地，在居住办公室等行走处所，老师随时注意并维护环境的安全与整洁，就连电梯的管理，也要求自己和学生应当遵守，到了自己指定的楼层后，要将其操作送回一楼，以方便其他乘客。

至于接触三教九流的朋友，老师也一视同仁亲切真诚、平等以待。每当别人向他行跪拜大礼时，除非因应宗教仪礼需求，否则他决不单方受礼，必定立即同时向对方行跪拜礼，保持平等互动关系。嗳！光就这一点，足以让当今许多大师们好好省思一番呀！

换言之，老师在行住坐卧间，全在修行中，却无修行的形式样貌。回顾起来，你可能不尽然了解或同意老师，但却见不到他一丝虚假，该说、该做的都见证得到。真是不打妄语，处处留心，众善奉行在无形中。

可能的历史印象

且不谈老师的历史定位，是因为我们当代人没资格谈，必须等事过境迁、尘埃落定后，由后人按后世见证再作定位。但若从现在角度，追溯以往、观察当代的话，可以大胆推测，至少可能会给后世以下两项印象。

一、开启“整合与创新文化观”的时代

其实，从南老师创立东西精华协会就可看出来，南老师一直倡议整合中外古今文化精髓，以为全人类服务。因此，若只将老师定位于“儒、释、道大师”的话，容易落入以偏概全的失误，而遗漏了他对全人类文明的关怀。

平心而论，自古至今，能挥洒自如纵横古今学问，并整合各类文化于一堂，又已影响亿万中文读者的人，应该以他为第一人。

其次，他对艰深古文化的创新解读，开启了空前的思想新视窗。就以《论语别裁》、《静坐修道与长生不老》两书为例，其中论点真让读者瞠目结舌、大开思路。因而让此一世代的学子，从文化冷感转为文化热情，他老人家的功德实不可没。

虽然，南先生的等身著作，确也引起部分学界、宗教界一些人士，对其中创新的诠释和观点，视为异端而不愿全然接受。然而自古至今，在人类思想发展过程中，各宗教与思想的派别间，一直存在不同观点、论断及非议新诠释，也无不可。

但是，倘若论者换个角度，以南先生所持的人类文明总体观，以及超越宗教及哲学宗派的大视野，重新审视他的思想体系的话，当可理解到他那种“学问为人服务，而非人为学问服务”的特色。

就这几十年来，两岸对“文化的再诠释”的热潮而言，南老师的确深刻地启发、

全然地颠覆与更新了新一代人对文化的认识与认同。发展至今，所谓“文化创意”的崛起，南先生文风与思想所引发的效应，当为后人所肯定与称颂吧。

尤其，当人类在二十一世纪面临巨大变迁之际，所需要的不正是能够整合新与旧，且能因应当代问题，具备创新特性的思想与观念吗？

所以，与其从某个思想或宗教派别的角度，站在过去时空背景下，审思南先生的诠释与论点，倒不妨由宏观的视野去理解其中的良苦用心，为因应新时代需求，而刻意抽取人类精神文明精华，加以趣味性包装，以期启发读者思想与阅读兴趣。

由此观之，南老师一生作为，将有可能给后世留下的印象，就在他是位整合“新与旧”、“中与外”文化，再创新观念、新知见的划时代思想家吧！

二、为中华文化寻根，为中华民族安心立命

南老师毕生强调文化，但以整合创新为特色，正是面对中华民族生存发展需求，所提出的安心立命之法。回顾其一生，他老人家真是投入毕生心血，夙夜匪懈地阅读、写作、演讲、授课及随机点化和帮助有缘人，为的就是为中华民族，整合古今文化精华，以能为当代及未来世代，找出安身立命的精神根基。

虽然这种对文化重要性的理解，在社会上也已渐成风气，但是就过去几十年的发展记录来看，南老师不但在民间教导学生，也以特殊魅力、风范与因缘，影响各方领导人及关键人士。及至今日，业已产生无法忽视的巨大影响。

因此，南老师应是最有影响力的推动者之一，加上他的著作言行，早已以深入浅出的风格，风靡当代汉文世界亿万知识分子，激起人们重新认识及思考民族文化定位及发展的兴趣。因此，我们有理由相信，后世对他的历史印象将会把他视为“促使中华民族务本归元、安置心灵软件”的主要推手之一吧！

结　语

南老师不是出家人，但是由于许多人对他的期望与幻想都高，加上国人往往落入“寻找神通上师以及批判从苛”的习气，因此若发现与自己想象不同者，就会以宗教性的最高标准，振振有词地做出非议。这对他老人家而言，其实相当不公平。

回溯历史人物或宗教界居士大德，既然未曾出家，也从未收受任何形式的供养，反倒是经常大量地付出各种布施。因此，何能以出家规范要求之？真要比较的话，佛教的维摩居士倒是近似的先例。然而，若愿以平常心审视的话，既不必视南先生其为仙、佛，也不必苛求其不可有常人情事。因此，何不尊重他老人家意愿，以平凡人之心看待？

若能改换此一角度再看南先生的话，就会发现其以在家文化人之身，短短数十寒暑间，凭个人生命力，提供汉文世界有关儒、佛、道文化的等身述作。还从40年代开始，与好友——自由出版社的萧天石先生，共同出版无数珍贵的佛、道经典与法本，和许多高僧大德一道，促使台湾成为全球复兴佛、道文化的圣地，此一功德，可谓无量。

除此之外，南先生还为超越宗教及民族鸿沟，融合科学、哲学与宗教于一炉，打破门户成见及思想格局殚精竭虑，孜孜不倦地致力于各层次的教导工作。

南先生并以企业家之身，平日经营贸易及文化事业，却也不惜代价地修建金温铁路，树立民间建设大型交通项目先例，以及筹办太湖大学堂，以为国家民族培育未来所需人才。

回顾这些开创性的划时代成就，种类和数量之多，着实令人惊叹不已，足以让许多修行人钦佩与惭愧。

最近，在一次同学会中，大家热烈讨论老师行谊时，有位同学提出：“过去几十年里，只要有同学表示愿全心学佛修道的话，南老师是否必定全力支持到底？”顿时，大家一片寂静。待回过神后，全都确认老师必定欢喜、尊重而支持，绝无例外。

接着，又有同学提出了“我们为南老师做过什么？”以及“南老师教我们如何修行，我全都做到了吗？”两个问题在一段更长的寂静后，大家都颇为惭愧地公认，我们大多都没做到。

回顾起来，我所见到的南老师，从未以直接或间接的方式，标榜自己的德行与悟道，也从不认为或声称自己是大师，但却处处从心所欲而不逾矩，实实在在、分分秒秒地，将道理落实在生活的每一个细节中。因而，虽然在外表上彰显出的，只是一位慈祥幽默风趣的平凡长者，却在一切时刻中，行出道法来，让我们充分感受到，在他平凡的生活中所放射出来的伟大。

谢谢恩师——南公怀瑾老师！

当代三教法主，百家门师

——纪念南公怀瑾先生

孙 健

（导语）综观老师一生，他能行常人所不能行，忍常人所不能忍，非常人所能及。

集三教百家之大成

近十多年来，我三生有幸受教于南怀瑾老师。综观老师一生，他能行常人所不能行，忍常人所不能忍，非常人所能及。我们对老师总体评价是“当代三教法主，百家门师”。这个评价是我2007年首先提出的，后来在2008年海南共修时，与陈峰、宋军等商讨后共同确定。

可以说，南老师集两千多年中国主流文化——释、道、儒三家之大成，开诸子百家划时代宗风。在西方文化价值观占全球统治地位的特殊历史时期，对中国传统文化进行了一次系统、全面、革命性的整合与创新，重新激起了中国人对自己传统文化的学习热情和民族自豪感，是功德无量的事！其影响遍及国内国外、几生几代，可谓是前无古人，也可能是后无来者的伟大事业。也许，南师的贡献要放在一百年以后，甚至更长的历史跨度来看，才能看清楚他不可替代的重要历史地位。“上下五千年，纵横十万里，经纶三大教，出入百家言”，早已成为世人对老师普遍认可的评价。

南老师的书深入浅出，生动而引人入胜。读南师的书，会从心里产生一种引导人、指导人和感化人的冲动和共鸣。他总是从一个独特的角度插入，一下子就抓住了你的心，使你产生强烈的共鸣，引起你把书读下去的无尽兴趣，这是一种极其高明的教化艺术。因此老师的读者群相当广泛，上至政府高官，下至贩夫走卒，有华人的地方就有人读南师的书。

南师最独特的是所谓经史合参的讲述方法，把经书中的观点和理念，特别抽象的东西，用生动的历史事件加以印证，把深涩难懂的理论变成非常鲜活的东西，比时下流行的案例教学更加高明。老师讲课时总是旁征博引，海阔天空，妙趣横生，娓娓道来，使人终日不倦。

我认为，南师或南学的核心思想是“身心性命、宇宙万有、内修外用”。我们这个肉身和精神，身与心究竟是什么关系？人从哪里来，死后到哪里去？心和物究竟是一元的还是二元的？我们这个生存的地球与宇宙是什么关系？了解这些知识和道理后还要内修外用，就是“自立立人，自觉觉人”。自己修身修心而事业有成后还要使他人也能受益；自己悟道得道，达到最高的智慧成就，然后觉他，广度一切众生。这是一切科学家、思想家、大修行者必须面对的，也是他们穷其一生也难以解决的。从这个意义上说，老师不是一般的学者，而是超越了一般学者的大学者、大修行者。

在我看来，老师渊博的学问要归功于他一生勤奋好学的习惯。南师 90 余岁高龄，仍每天读书，他说一天没有新的心得，一天就白过了，推崇儒家讲的“一事不知，儒者之耻”。每天下午 2 点以后到晚上 10 点以前是南老师的工作时间，他接待客人，处理事务，与学生朋友一起用晚餐。10 点以后老师开始读书写作，打坐修行，一直到次日早晨 9 点才休息。老师常引用临济义玄大师的临终偈子，“吹毛用了急须磨”，告诫我们要不断精进才能不退转。前几年我和老师聊天，说到心物一元的理念可以从量子物理中找到依据，老师便特意嘱咐我去找一本量子物理学的书来，后来我找了《量子史话》送他，之后在他的写作中，我发现他使用量子物理学的一些概念和理论时都用得非常准确。

大行不顾细谨，大礼不辞小让

在与老师交往的细小之事中，我们能感受到他是“实际理地不着一尘，万行门中不舍一法”。老师常和我们提起当年年轻时去拜访民国四大高僧之一的能缘老和尚，老和尚亲自为他们烧水的细节，老师说这也是修行。

老师一生，以天下父母为自己的父母，以天下儿女为自己的儿女，自己的亲生子女为天下众生，这样一种广大博爱的胸怀，是以出世的态度来做入世的事情。哪个学生生病了，老师不仅嘘寒问暖，有时还亲自配药。就在他去世之前不久，他的裤兜里还有一张纸条写着未办事宜，内容是告诉一位学生如何治疗孩子的病。

虽然老师著作的学术价值历来有争议，但我们应客观地评价。中国文字三千多年都没有改变，可到了白话文，古文就变成了外语。而老师是为中国的经典做了一次重新的诠释，把三教百家那么深奥难懂的东西，用这么轻松活泼的方式向我们讲述，这实在是很难的事情，非读书破万卷者不能为之，非大彻大悟者不能做到，这一点可与玄奘大师媲美。

老师自认为不是学者，许多学者也这样认为，但他们又不得不承认南师是一位“饱学之士”。南师的学问大开大合，不拘泥于一句一字的细枝末节。虽然演讲中不止一次地错引，但并不影响他的大师地位，但是在经院派学者看起来就是大问题了。此外，因为老师的著作多是述而不作，基本由学生从他的演讲中整理，由于整理的人水平不一，所以会出现一些问题，只能怪学生的水平太低。有学者指出老师的东西重复太多，一个例子几本书里都用。我认为，反反复复地重复才说明它是重点，重复举一个例子，说明这个例子是经典。总之，评价一个大师，一定要从大的方面去理解和把握，不能抓住一点，不顾其余，否则难免有失偏颇。

临终之际“示寂”

没有接棒传人是老师一生的遗憾之一。主要是没有合适的人选，按照禅宗的传统“见与师齐，减半师德；见过于师，方堪传授”，据说老师55岁时有一次做梦，梦到了传人，在梦里袁焕仙和他说，“怀瑾啊！你看你的弟子来了！”老师远远望去，见一个老妇人领着一个三四岁的小孩，一下心凉了半截，什么时候才能长大成人啊！梦醒后老师泪流满面，不能自已。没有衣钵传人，也从一个侧面说明了老师的学养难以企及。

抗战时期，四川大师云集，那时候只要有一技长者，老师就去拜师学艺，后来遇到袁焕仙先生，袁焕仙是与虚云大和尚齐名的禅宗大师。袁先生当年就对老师说，“怀瑾啊！你还不如我，这一生注定没有传人啊。”古人说，“世有伯乐，然后有千里马。千里马常有而伯乐不常有。”其实最难得的还是“千里马”，禅宗的几次大危机都是因为法脉断绝，无接棒之人。我认为，虽然老师没有传“法子”，但“南学”还是可以整理、发掘、弘扬的。2008年我和陈峰、宋军等首先提出“南学”的概念。老师圆寂之后，弘扬南学正是我们这些学生应该身体力行的。

老师作为一代宗师，临终之际难道没有什么交代和提示吗？这是朋友和学生经常问我的一个问题。其实这一年多以来，老师多次在不同场合以不同方式向常随众和学生们示寂。去年6月一次老师讲课时，引用苏东坡的七律《和子由渑池怀旧》，讲了前四句，后四句老师背完了，学生写不下来，马宏达马上在网上查，老师借题发挥，突然提高嗓子大声说："'老僧已死成新塔，坏壁无由见旧题'，你们不懂啊！不懂啊！"

今年"6·29"海航反劫机成功后，陈峰到太湖大学堂看望南老师，老师严肃地和他说，以后再没人骂你啦！结果一语成谶。老师最后一次"示寂"，是在太湖国际实验小学第一届毕业典礼上的讲话，老师一向是老顽童的性格，当时还幽默地说叫临别赠言，同时跟沙弥说，以后不能靠太老师了，要靠你自己了。

我一向认为，老师是否能入定后归来，老师是否如同许多传说中得道高僧那样"走"得漂亮，这些都不重要。老师的地位是在他生前就早已奠定的，与老师一生的学养、功德有关。佛尚有生老病死，人岂无悲恨离合。老师本就不是神，他是人，但他不是凡人。老师的离去是他最后一次用自己的色身给我们演示了一次生命的无常。老师的一位参加开炉取舍利仪式的学生说，10月5日凌晨，参加的人数约二三十人，开炉取出南师法骨舍利，其中头骨完整半黄半蓝，舌头为半透明琉璃状，并发现蓝色和白色舍利甚多。这说明，老师是大行人。但是我不在现场，不好妄加评论。

但愿不负师恩

我认识老师是一个特别的因缘。二十世纪90年代末，当时我在香港的工作期满要回内地了，听说香港有位老先生自己出资100万，资助水资源包括黄河断流的研究，我当时正承担一个类似的国家科研课题，一打听原来是南老师，于是由一位台湾的"国大代表"引见去坚尼地道的寓所拜访老师，正赶上老师讲课，就坐下来听，那时我已遍读老师已出版的书，还读了几十本佛经。课间休息时，向老师问《维摩诘经·第六品分不可思议解脱品》芥子须弥公案，从此经常出入"南门"，执经叩问。

有一天他突然问我你相信不相信"呼风唤雨"？我说要研究并实验后才可以回答，老师说你是懂科学的，我把这个法门传给你，希望你下点功夫，10年后我奉师命将研究成果发表，即《中国古代人工降雨的科学探索》一文。

2003年12月，我去香港看老师，老师一看我来了，马上说今天健一来了，我们讲六世达赖仓央嘉措的情诗和曾缄的《布达拉宫词》。临走时老师说，以你的资质，这六十多首诗今天已经过目不忘了吧！我回到住处一夜未睡，写了《情天喇嘛赞十绝句》，第二天拿给老师看，老师很高兴，从此每有诗作，必呈师点评修改。老师还陆续送给我许多有关诗词的书籍，嘱咐我写诗的方法宜先读清诗溯源而上，方可远窥前人之奇迹，清诗较之以唐诗犹有胜得。后来，老师还为我的古典诗词集题写了书名《孙健诗集：忘机草堂诗词》，现已出版，总算是可以给老师一个交代了。

老师有一次和我谈到“音声法门”，说你也是有一点家学底子的，过目不忘的本领是中国教育的一个大法门，你从科学的角度去研究整理一下，勿使这个法门断绝。“音声法门”的研究和实验班已经开始着手进行了，但愿能够不负老师之托。

2010年下半年，我到太湖大学堂跟老师学《易经》，原计划讲三个月，结果不到20天就停下来了，老师告诫我千万不可以走数术的路，要另走一条和科学结合的路，将来可能会做出一些成绩来。后来根据老师的建议，我先后撰写了七篇国学与科学的论文，对《易经》、佛学和道家一些理念、经义，进行了科学的解释、论证和数理证明，主要结论摘要发表在2012年7月出版的《科学新闻》上。

有一次，老师很严肃地跟我说，健一啊！你这个人有圣人之才，但没有立“圣人之志”，也没有修“圣人之德”。如果你真的发大愿，立圣人之志，修圣人之德，行圣人之事，“为天地立心，为生民立命，为往圣继绝学，为万世开太平”，我这个老头子就再等你20年，老师可以活到120岁，你信不信！如果你真能从现在就做起，则国家幸甚，民族幸甚，你自己也幸甚啊！如今回忆起来，好像是昨天的事，历历在目，法音在耳，不胜惭愧之至。“回首向来萧瑟处，也无风雨也无晴”，老师就这么走了，给我们留下了取之不尽、用之不竭的精神宝库！

《七律——壬辰中秋祭怀师》

（孙健2012年9月30日于太湖）

龙去潭空冷月圆，今宵无泪不成眠。

浮云梦里行天马，秋夜林间泣杜鹃。

应世大成三教理，开宗妙说百家言。

堂前弟子常随众，谁解先师证涅槃？

悼怀师挽联

上联：集数千年三教大成；

下联：开划时代百家宗风。

（健一敬挽 2012 年 9 月 26 日）

智者、长者、仁者

——深切怀念南怀瑾先生圆寂一周年

冯月根
（苏州市吴江区政协办公室主任）

2012年8月中旬，我去太湖大学堂想拜谒南老，可他患感冒在服中药调理，我没有打扰他。9月中旬，南老病情加重引起心肺衰竭，住进上海复旦大学附属中山医院治疗后返回大学堂。在这几天前曾有媒体传南老病危，甚至于已经“圆寂”的说法。南京、北京、上海、温州、苏州及本地媒体和友人纷纷打我电话，求证真相。但我只能以入定予以回应，我想南老一直身体健朗，又是位传奇人物，身体一定能够好起来，定能长命百岁。谁知9月29日下午4时，南老驾鹤西去，年正九十五岁。

噩耗降临，霎时间我禁不住黯然神伤，悲之、痛之、思之，泪水模糊了双眼，陷于极度的悲痛之中，我在告诉自己：我失去了聆听大师教诲的机会，失去了一位寻求讨教的仁慈导师，内心的失落和沉痛难以言表。那一刻，南老睿智安详、渊博谦和的身影不断地浮现在我的脑海里，心情也久久地不能平静下来。当晚，我提起笔想写文章来纪念他、缅怀他，可是思绪异常凌乱，沉重的笔拿起了好几次，结果都没有写成。

时间过得很快，转眼间又是中秋时节，南老离开我们将整整一年了，至今南老的音容宛在，往事历历在目，我要静下心来把去年没有写成的文章流露于笔端，对我一生最为敬仰并受教得益的南怀瑾先生表达哀悼与缅怀之忱。

南怀瑾是浙江乐清人，生于1918年3月18日，曾毕业于中央军校政治研究班，在峨眉山中锋大坪闭关三年，讲学于云南大学、四川大学，又受聘于台湾文化大学、辅仁大学、台湾政治大学讲学，旅居美国，回国后在香港、上海等地居住，为著名国学大师。在认识南怀瑾先生之前，我早就拜读过他的《论语别裁》《老子他说》《孟子旁通》《金刚经说什么》《新与旧的一代》《中国文化泛言》等著作，非常仰慕他的学术造诣。他是一位声名远播、学贯中西的大家，盛誉海内外的国学大师。当得知南老来我的家乡七都镇创办太湖大学堂，秉承宋明书院之教育，致力于优秀传统文化传道授业解惑，更让我喜出望外，想必定能有机会亲近大师，聆听教诲。

2001 年，太湖大学堂开始大兴土木，更坚定了我向南老求学请教和长期聆听教诲的信念。

2004 年 7 月 1 日，我在山东潍坊著名雕塑家陈修林教授家中了解到南老近期在上海开讲座，由中国科技大学和太湖大学堂（筹）联合举办，所讲述内容是关于认知科学与生命科学方面。于是，我向陈教授建议并转达南老，可否在太湖大学堂所在地的吴江（七都镇）来开讲。当时太湖大学堂还在建设之中。事隔半月余，陈修林教授从上海再转来七都告知我，南老满口答应，南老说：这个建议很好，今后常在大学堂讲课，这次大家不妨认认路，看看建设中的太湖大学堂。就把讲座时间定在 7 月下旬，为期 10 天，讲座地点由我帮助预订在七都镇太湖之滨的君庐别墅酒店。

与南老第一次结缘就在滨临太湖的七都镇上这座君庐别墅酒店。报到那天下午，我早早地等候在酒店大堂，协助会务，迎接各地“客人”的到来，但神态拘谨。当时，我很想见到这位素未谋面而仰慕已久的国学大师，却又揣摩着身份显赫的长者是何等的威严，不苟言笑。

然而，我的猜想是多余的，当我向身着黑色长袍，一双布鞋，满头银发，目光炯炯，手执拐杖的南老递上名片时，他看了一看说：哦，就是你提的好建议，要谢谢你啊。我是来瞎说说的，是来骗饭吃的。所以呢，这次不要媒体报道，不要领导接见，不要警卫保安。你呢，就当你自己人了，随时随地欢迎你来。如此的第一面，大师如此的为人谦和，平易近人，给我留下了深刻印象，更令我十分景仰和敬佩。

这次南老授课，主要讲大乘显识经、佛说入胎经以及禅与生命科学、认知科学等方面的内容。学者们结合传统文化和现代科学作了深入研讨。我也抽出时间来听了几课，老师讲课生动活泼，饶有风趣，妙语连珠，既深入浅出，又引人深思。

从此之后，我也跟着来听课的学生弟子一样称呼他“老师”。这一次是南老师首次在吴江开设的讲座，也正是这一次我才认识了仁慈的大师，还认识了许多著名的科学家、企业家以及港澳台知名人物。也正是这一次，我在南老师的指导下开始学习禅修，跟印度瑜伽大师开始学习起瑜伽。自从此次善缘以后，我与南老师结下了更多的学缘和更深的福缘。

在太湖大学堂未落成之前，我常常驱车赶赴上海聆听老师讲课。当太湖大学堂落成之后，我与南老师的接触交往更加频繁。但我自己定了一条原则，尽量不要去打扰南老师，论辈份他是长者，论学识他是智者，我俩是天壤之别，即使是学问上的求教也宜少不勤。因为南老毕竟是位学界泰斗且年事已高的长者和尊者。

由于我经常去大学堂，也常常碰见南老师，见他诙谐幽默，和蔼可亲，谈笑风生的样子，领略到大师洒脱的风范和高尚的气节。每当我们见面，他第一句就说：哦，老朋友来了。每当他一坐下来，就点燃一支烟，与我们拉起家常，谈论古今文化，谈及当今教育，以古喻今，侃侃而谈，娓娓道来，亲切随和，轻松自在。老师是个谦逊的人，他常说起自己的一生是八个字：一无是处，一无所长。如此谦逊让我无以对答。他喜欢用“老顽童”来自谦自嘲。

认识南老师之后，我一直思索着想给老师送些什么薄礼，以表达一份心意，可是他整天素食又青衫布鞋，何为合适？除了拿一些本地方志和文史书籍外，我想南老师喜爱抽烟且烟瘾很大，于是我就买上几条烟送给他。谁料从此南老师派学生在每年中秋、春节期间反而给我送来礼物和题签在扉页的出版新着，真是感激不尽啊。

从晚清、民初到五四乃至后来，中国文化传统处在流失与重构的过程中，人们只求西学却抛弃自己固有的文化传统，甚至于反传统与传统彻底决裂。南老师创办太湖大学堂，践行“为往圣继绝学，为天下开太平”。复旦大学附属中学每年会安排高二学生来七都镇开展学农实践，具体由我联络和操办。2006 年暑期，太湖大学堂刚建好不久，老师也定居于此。我想利用复旦附中这次学农的机会，让学生到太湖大学堂感受传统文化的熏陶。当我来到大学堂向南老师报告后，他当即同意。

他谈到，当今教育只给学生传授技术知识，不讲道德，青少年知行断裂，行为放荡，这是人生价值的失落，使人缺乏思想上的传授，缺乏安身立命的东西。他还提到教育的目的就是为了帮助孩子们发展能够实现理想人生的能力，铺就为人、为学、为政之道，达到济世安民的目的。这一次他作了精心安排，特意请来美国著名学者彼得·圣吉，与同学们就中美关系、海峡两岸往来、东西方文化、孔子学院的传播等进行广泛交流。他是一位对后生循循善诱的长者，两天时间里，南老师始终与学生们在一起讨论文化与教育，对话学习与生活，不辞辛劳，诲人不倦，对传统经典文化的传承与推广不遗余力。

犹记得 2007 年一个夏天的傍晚，我应邀来到庄严静谧的大学堂观看少林沙弥的功夫表演，表演就在院子里的空地上。南老见到我后，就招呼我坐在他身边，他非常健谈，因为都是沙弥表演，我们边看边聊，话题也就集中在青少年。这次少林寺武僧来大学堂表演南师是用心良苦，目的就是要弘扬易筋经文化，引导孩子亦文亦武，能够有一个健魄的身体和健全的人格，成为德、智、体全面发展的一代新人。南师还引用了梁启超《少年中国说》中“少年智则国智，少年富则国富，少年强则国强”几句名言。

2009年元旦过后，我去大学堂向南老师禀报我调离乡镇到市政协工作。老师听后高兴地说：到政协工作环境很好，视野更宽阔，可以发挥你更大的才能。我们是老朋友、自己人，你的家还在七都吧，你要经常来这里坐坐。太湖大学堂常常是高人云集，群贤毕至。4月7日晚上，我陪同著名话剧演员游本昌及夫人前去太湖大学堂拜见南老，恰逢北京来的中国地质大学孙储琳研究员和原中国科技大学校长朱清时院士等众多学者也在大学堂。这真是一种巧遇，10多年前我在中国农业科学院进修时就结识孙储琳老师。阔别重逢话语多，围绕人体生命科学、认知科学，我们谈了许许多多话题，如物质与意识的本质意义等哲学命题，王肯堂与唯识学，关于袁黄其人其事等等。南老师精辟地讲到古人强调天人合一，人的精、气、神就是光、热、力的相互影响，人能常清静，天地悉皆归。中国传统儒、释、道三学中，佛家讲“明心见性”，儒家讲“存心养性”，道家讲“修心炼性”，这中间蕴藏着极为丰富的人体生命科学的内涵……老师的理论让我耳目一新，给我有益有识的启迪，真谓是受益匪浅。

2011年夏天，我的书稿《吴江佛教史迹》完稿后，请教宏忍尼法师斧正，老师知道后就让宏忍尼法师把书稿念给他听（因南老师患眼疾，视力受障碍），听后欣然为书名题签“吴江佛教史迹——九四顽童南怀瑾题”，书法苍劲灵秀。我也知道各方向南师求字笔墨者甚多，而他一概婉拒。可是他给予我特殊“礼物”，让我兴奋不已。第一版出版千册后销售一空，老师又让宏忍尼法师通知我到太湖大学堂商榷，亲手指导封面改进及补充作者简介等内容。并在封二标上“南怀瑾先生推荐”，要我再出版2000册，专销港台地区，还帮我与台湾有关书店联系，给我以极大的鼓励和鞭策。他说，你做了一件很有意义的事情，工作那么繁忙能静下心来立言，很不容易啊。并随口吟诵杨敬之《赠项斯》诗一首：“几度见君诗总好，及观标格过于诗。平生不解藏人善，到处逢人说项斯。”还对这首唐诗作了一句一句的阐释。这次他还向我要了两本我的社会学新着。

我注意到，在南老身上洋溢着一种强烈的时代责任感，有关注社会现实，面对社会问题的勇气，有胸藏“以天下为己任”的情怀与境界，流露出对国家、对民族慈悲普世的人文关怀。他又是开启新时期国共两党秘密会谈，达成“九二共识”的两岸使者。他曾讲过：一个国家、一个民族，亡国都不怕，最可怕的是一个国家和民族自己的根本文化都亡掉了，这就沦为万劫不复，永远不会翻身。我们只要看看犹太人就知道。自摩西出埃及，到现在二三千年来，犹太人在世界上始终是第一等人。在几千年以后的现在又重新建国，犹太人几千年的教育，自成一个独立的系统，始终保存他自己的文化，可是世界上的人忽视了这一点，尤其是我们中国人更不注意。

他又谈到：一个没有文化根基的民族是没有希望的。没有自己的文化，一个民族就不会有凝聚力，始终像一盘散沙。没有自己的文化，一个民族就不会有创造力，只会跟外国人屁股后模仿。没有自己的文化，一个民族就不会有自信心，也不可能得到外人的尊重。他还说到：我们虽然失望，但不能绝望，因为要靠我们这一代，才能使古人长存，使来者继起。于是，南老寄希望于从娃娃抓起，希望在于未来。2008 年 5 月他亲手创办了吴江太湖国际实验学校，开展传统文化经典导读与文化重建，自觉地承担文化责任。他针对当今一些社会现象及事件，格物致知把文化提到高度的认识，以深邃而透彻的论断来阐释了文化的承担。

半个多世纪以来，南老以非凡的人生经历和治学门径，开创学术风范并担负起中华传统文化的断层重整工作。其学术胸襟开放兼容，不固守，不势利，不开宗立派，融通百家之言，海涵地负，正德厚生成就其文化建树。中华复兴，需要文化来支撑。他希望大家唤起“国学意识”，在研究解决社会问题上，从古代、从传统中汲取营养，施于个人为“养性”，施于他人为“教化”。

南老师穷尽一生，高山仰止，以超越常人的工作热忱致力于中华传统文化的研究和人文精神的弘扬，执着追求，锲而不舍，潜心研修咬得菜根香，从孔孟之学、佛教释经、道教史学，从中医占卜、天文历法、诗词曲赋，到教育、文化思考皆拓展着一个多元的研究领域，最终修持成学识渊博，造诣高深，古今赅备，融贯中西，通晓文、史、哲，熟知儒、释、道的大师。“上下五千年，纵横十万里。经纶三大教，出入百家言”，这二十字生动地诠释了南老的学识与睿智以及他毕生的修养和追求。在海峡两岸曾有一种说法，当代人不读南怀瑾就不知道何为中国文化。要重新找回被摧残而断裂失落了的国学传统，读南怀瑾的书是一种方式。南老成为两岸最具魅力的国学大师，在中西文化界有着巨大的声望。

南老一生周游四方，传道授业，学富五车，著述等身，弟子无数，集儒释道文化之大成，堪称一代宗师。他常常在办公室通宵达旦，日以继夜地辛勤耕耘，以严谨治学的态度，力行于社会实践。南老是中华传统文化的传播者、捍卫者！但他超然淡定，深居简出，安于清素，为人低调，不事张扬。这正是体现了他践行儒家优良传统“明明德、亲民、止于至善”的最崇高思想境界。

中国传统文化塑造了民族精神、价值理念和人文道德、思维方式。南师虽去，精神永存！老师的著述为我们留下了一份沉甸甸的宝贵财富。老师的学识、风范以及精神将永远激励后人且日益光大。“有的人活着，已经死去；有的人死了，却还活着。”我想，缅怀老师最好的方式莫过于继承和弘扬优秀传统文化，让中华文化发扬光大。作为后学，要向他学习以天下为己任，心系国家民族前途命运的爱国精神；学习他为人友善，淡泊名利，心无旁骛，与世无争的为人之道；学习他严谨治学，甘于寂寞，孜孜以求，笔耕不辍的学术精神。

纸短情长，在文章结束之时，随手翻开了我与南师的几张合影，南师慈祥的面容，清秀的身材仍与我们同在。

南师仙逝，我心悲怆！谨以此文致祭，唯愿他乘风再来，普渡慈航。

南怀瑾先生逸事

卞毓方

南怀瑾先生是国共两界的传奇，中年去了台湾，尔后漂泊美国，香港，晚年落户江苏吴江。论路程，吴江比香港近多了，论健康状况，据说也相当不错。但南先生不见生人，尤其是记者——这是可以理解的。既然打定主意要见，首先买他的书读，几乎能买到的，都买了。看完，写出一万多字的文章，径直寄给他老人家——时在 2010 年金秋。

这叫投石问路。谁知石沉大海。于是又旁敲侧击，请人沟通。依旧此路不通。怎么办？这时，正好有一个去吴江参加笔会的机会，决定到了那里再想办法。

到了吴江，办法倒是想了不少，无奈都是长线，救不了急。快快回到京城，没几天，意外之喜又从电波传来。原来，我在吴江下榻的酒店，叫静思园，老板叫陈金根，他听说我想见南怀瑾而不得，竟然发大慈悲，出手帮忙。陈金根认识吴江的一位老市委书记，后者是当年南怀瑾落户吴江的搭桥者、拍板人，请他出马，事情顿时峰回路转。命理学讲究贵人相助，这里，陈金根就是我命途的贵人。

我于是再度南下吴江，见到南怀瑾先生的第一面，恍若记起古代清风出袖、明月入怀的高士，就像高山流水里的俞伯牙，就像躬耕陇亩、好为《梁父吟》的诸葛孔明，没有预感，没有逻辑，没有年龄和时空的障碍。南先生个子偏矮，身材偏瘦，俄而释然，就这模样，才成就仙风道骨的南怀瑾。

以下是南怀瑾先生一生中的几则逸事。

拜师学剑

少年南怀瑾在杭州国术馆习武，听说附近城隍山上有一位老道，剑术出神入化，人称剑仙，按捺不住学艺的冲动，几番前往拜谒，俱缘悭一面。南怀瑾不死心，继续往山上跑，终于有一天，他见到了传说中的老道，当即长跪在地，恳求指点剑艺。

老道问：“你都学过哪几套剑路？”南怀瑾答：“学过青萍、奇门。”老道让他露一手，南怀瑾倾其所能，演练了一番。老道看罢，正色说：“这哪儿是剑路，简直是儿戏，不能再练，练也是白白浪费光阴，我看你，还是老老实实读书的好。”稍等又说：“一些小说书上讲，剑仙把嘴一张，白光一道，直取敌人首级，这都是瞎编的，你不要上当。剑仙虽有，但那完全是另外一回事。看你诚心诚意，今天我先指教你两步。回去，每天晚上，把门窗关紧，室内不许点灯，要的就是一片漆黑，然后，点上一枝香，试着用剑劈开香头，注意，手腕发力，胳膊不能动，等练到一剑劈下，香成两半，这算第一步。第二步，把豆子抛向空中，一剑挥去，豆子在空中被劈成两半。两步完成，回来见我，再为你解说剑路。”

南怀瑾觉得老道说的有理，倘自己一心习武，这功夫倒也能练，无奈自己同时习文，恐怕就拿不出那么多时间。因此，他辞别老道下山，拜师学剑的事，也就到此为止。

读书百遍

抗战期间，南怀瑾进入成都中央军校，业余拜清末探花商衍鎏为师，学习古文。一天，南怀瑾写了一篇文章，自觉字字珠玑，甚为得意，拿去给商老师看。商老师满口称赞。南怀瑾就有点摸不着北了，他问：“老师，假如我在从前参加科举考试，您觉得能考上吗？”“没问题，没问题，”商衍鎏说，“凭你这水平，考个举人、进士，不在话下。”南怀瑾不知是客气，听得心花怒放，忘乎所以。

后来，南怀瑾又拜袁焕仙为师，一天，他拿了一篇得意的习作，求袁老师指教。袁焕仙接过，略扫一眼，就搁在了一旁，全然不理。南怀瑾纳闷，老师怎么是这种态度啊！过了几天，他又拿去一篇文章，想给袁老师请教。这回，袁焕仙接过，仍旧是略扫一眼，往旁边一搁。南怀瑾恭敬请教，袁焕仙这才冷冷地说：“就你这水平，还配写文章？”南怀瑾不服气，讲：“老师，商衍鎏先生还夸我的文章写得好哩！”袁焕仙把胡子一抹，瞪他一眼，说：“这事我听说了，你还拿他的客套当真。我问你，《史记》上的《伯夷叔齐列传》，你读过没有？”南怀瑾回答：“读过，不止一次，我还能背呢！”袁焕仙说：“你以为能背，就真正懂了吗？”南怀瑾俯首：“不敢，还请老师指点。”袁焕仙发话：“回去，给我读一百遍，读完了来见，再告诉你！”南怀瑾从没遇见过这样的老师，但是师道尊严，他只有忍住。回家，赶忙找出《伯夷叔齐列传》来读，读上三五遍，哎呀！突然发现有好多好多新问题，以前都没注意过。

南怀瑾越读，觉得理解越深，感受越多。他听袁焕仙的话，果真读了一百遍，觉得理解得差不多了，就高高兴兴地再去见袁老师，说："老师！我看出道理来了，我讲给您听。"袁焕仙笑着说："不需要再讲了，我相信你懂了。只有像这样读书，你才能掌握历史文化精髓，写出的文章才会独具只眼。"

南氏"文物衣冠"

1985年，南怀瑾去美国，从旧金山入关。在台湾时他听说，旧金山关卡最严，尤其是对中国人。当时，南怀瑾身穿中式长袍，手里拿一根棍子，跟在行李车的后面。行李车上堆着十几只大皮箱，其中有两箱，装的是中药——在国外看不起病，自己带了预备的——按美国海关规定，中药不能入内。

行李车刚到进口，一个黑人牵着一条小狗出来，装中药的箱子码在第三第四层，小狗就爬上去，围着箱子嗅，它闻到中药的味道了。海关的人员发现情况，就过来问："这些行李是谁的？"南怀瑾冲他点个头，微笑着不讲话。海关人员把南怀瑾打量半天，转身问站在他身边的一个学生："他是谁呀？"学生信口吹牛，"你不知道吗？他是我们中国当代的孔子啊，你们国务院好不容易把他请来的——他本来是不肯来的呢。""哦，是吗，是吗。"海关人员把小狗抱起，问："箱子里有什么？"南怀瑾让学生转告，有中药，不是鸦片，如果不让带，就放在海关，走时再来取。学生照着翻译成英文，那个海关人员再次打量南怀瑾，说："不用检查了，请吧！"十几箱行李就这样一起过关。

南怀瑾事后对人说，是长袍、手棍发挥了力量。长袍，手棍，这就是他的"文物衣冠"。

预言中国转运

1974年，南怀瑾在台北国民党的中央党部讲课，讲什么呢？此时大陆正在批林批孔，他就开讲《论语别裁》。南怀瑾说，孔学万古常新，批不了的，孔子是打不倒的。讲着讲着，南怀瑾讲到中华民族的命运，他说，1987年（丁卯年）以后转运。当场有个国民党的中央委员站起来问："南老师，你说转运了？"南怀瑾答："不错，是转运了！”“那么，有多少年？”对方又问。南怀瑾答：“两百年的大运，将来比康乾盛世还好！”“你打保票吗？”南怀瑾一笑：“不是打保票，是根据历史的经验啊！”

拒绝名誉博士

南怀瑾没有什么文凭，也没有什么学位。曾经有日本还是韩国的人士找过他，说，送你一个名誉博士学位。南怀瑾说：“笑话！我要它干嘛？你到我这儿来，我给你一张，两毛钱买一张草纸，盖个大印，可以给你一百个名誉博士学位。我还站在你的前面，为了这个，行个礼，拿来，弄个帽子戴着，我一辈子难道玩这个？才不会受这骗呢！哈，那是虚名骗人。”

（作者按：在因现实社会中许多名人学历造假而引发举世喧哗的当下，回头来看拒绝一切文凭光环的南怀瑾，就知道我们今天离开真正的大师，是多么遥之又遥，远之又远。功利主义让我们恬不知耻，无知无畏，实用主义让我们卖玄弄虚，沽名钓誉。）

拒当“御用文人”

1976年3月，南怀瑾为台湾“中国广播公司”讲述《易经》，每周一次。到了6月24日，已经讲了十几次，尚未讲完。那天南怀瑾到了“中广”，听到一个消息，“中广”董事长换人了。新任董事长是蒋孝武，也就是蒋经国先生的次子。

这个消息对别人来说没有什么关系，但南怀瑾心中却有了特别的反应。讲演结束时，他对听众宣布，因有事要出远门，暂时请假，待回来再来继续讲课。

其实他并未出远门，他的学生刘雨虹不解，问他是什么缘故，南怀瑾答：“这事不便明讲，暂时不会再去讲课了。内幕就是因为新董事长换了蒋经国的儿子。”

过了很多年，南怀瑾旧事重提，为刘雨虹剖析其中道理。他说：“假如有一天，这位新来的蒋董事长，也来听《易经》的课，下了课又客气的打招呼。再有那么一天，说是经国先生邀请茶叙，请问能拒绝吗？如果拒绝了，使人家难堪，还说我们不识抬举；如果接受了邀请，见了面，人家拜托你为他或为政府说些什么话，写一篇什么文章，你能拒绝吗？真拒绝了，人家有办法对付你，不拒绝的话，从此变成‘御用’文人，学术自由没有了，不如躲着他们比较好。”

南怀瑾的"行"

南怀瑾从青年时代起，就抱定一个宗旨：以弘扬中国文化为己任。半个多世纪以来，他从大陆到台湾，从美国到香港，再回大陆，一直在为重建中国文化奔走、呼号。他常说：一个国家，一个民族，亡国都不怕，最可怕的是一个国家和民族自己的根本文化都亡掉了，这就沦为万劫不复，永远不会翻身。因为没有自己的文化，一个民族就不会有凝聚力，始终像一盘散沙。没有自己的文化，一个民族就不会有创造力，只会跟在外国人屁股后面模仿。没有自己的文化，一个民族就不会有自信心，也不可能得到外人的尊重。

南怀瑾的"行"，还表现在大事不糊涂，他认定只有一个中国，并为海峡两岸的会谈穿针引线，献计献策。传闻说，1990 年 9 月 8 日，南怀瑾在台北面见总统，滔滔不绝地讲了两个多小时，说古道今，纵论天下，晓以"和平统一"的民族大义。会谈结束，总统送南怀瑾到门口，问他还有什么吩咐，南怀瑾答："我希望你不要做历史的罪人。"

南怀瑾令笔者敬佩的，还有他一贯的慎独自律。举其大者，他为修建"金温铁路"，成立了一家合资公司。这个公司，许多人都想挤进去，包括他在老家的亲友。南怀瑾铁面无私，一概拒绝。举其小者，南怀瑾对学术界的争论没有兴趣，但对文章中的硬伤，则是闻错即改，决不马虎。曾有人在报刊撰文，指出他在一本书中，将成语"履践踊贵"解释错了，南怀瑾得知后，火速通知出版社，停止发行，立即对有关段落进行修改。并派人找到指出他错误的作者，当面表示感谢。

南怀瑾不以著述为私有，他崇奉取之天地还诸天地。在台湾时，他就为出版立下了五个"不"：不做促销广告、不请名人写序、不登自己的照片、不追究盗版、不把自己的著作权留给后代。

南怀瑾常讲"我只是一个年纪大的、顽固的、喜欢中国文化的老头子"，"我的一生八个字：一无所成，一无是处"，心上想的还是"计利当计天下利，留名要留万世名"。他有一首《狂言十二辞》，近乎对自己一生的总结：

以亦仙亦佛之才，
处半鬼半人之世。
治不古不今之学，

当谈玄实用之间。
具侠义宿儒之行，
入无赖学者之林。
挟王霸纵横之术，
居乞士隐沦之位。
誉之则尊如菩萨，
毁之则贬为蟊贼。
书空咄咄悲人我，
弭劫无方唤奈何。

（作者简介：卞毓方先生：作家，季羡林国际文化研究院院长，中国散文家协会会长，人民日报高级记者，北京大学客座教授。）

南怀瑾老师关心江西宜丰建设纪事

赖国根 严 岗

南怀瑾老师已离我们而去，伤痛之余，我们不能忘怀南师近十年来对宜丰的关心和帮助。

一、关心东方禅文化园建设

2004 年冬至 2005 年春，宋军先生两次考察宜丰，形成了《关于成立中华禅文化研修中心的建议书》。南师对建议书中提出的设想很感兴趣，遂派周瑞金、宋军先生于 2005 年 4 月 17 日再次到宜丰考察。4 月 19 日我们陪同周瑞金、宋军先生前往上海向南师汇报宜丰禅文化中心有关情况。晚 7 时许，略有晚点的飞机降落虹桥机场，周瑞金先生一边率我们赶紧上了靠在舷梯旁的小车，一边赶紧与南师身边的工作人员取得联系。周瑞金先生说：老师破例推迟用餐时间，等我们到了再开饭，老师对宜丰特别不一样啊。一股暖流顿时涌上我们心头，未见南师就已感受到南师特别的魅力。

打开番禺路长发花园一间房门，仙风道骨、鹤发童颜的南师正欠身迎接我们，室内各界人士约 20 人围坐方圆两桌，都客气地起身招呼。宾主介绍完毕，南师招呼大家“人民公社开饭了”，大家开始用餐。晚餐结束后，我们汇报了宜丰经济社会发展情况和禅文化历史源流。周瑞金、宋军先生汇报了宜丰禅宗遗存考察情况。南师侃侃而谈，他认为中国一百多年的变乱，问题出在文化教育上，建设禅修中心，可以为传承弘扬中国传统文化做一些有益工作。老师旁征博引，读古论今，不知不觉就过了一个时辰。临别，老师叫助手取来《花雨满天·维摩说法》的样书亲笔题赠给我们。如今翻开此书扉页，看着南师遒劲飘逸的题字，老师的卓越品格、超凡智慧、慈悲谦逊胸怀更加令人倾心。

此后，东方禅文化园建设在南师的支持下顺利开展。2007 年 6 月 17 日，南师亲自审定了东方禅文化园总体规划，南师指出，中国传统美学注重的是不对称美，建议五百罗汉分散安放，注意与环境相协调；2007 年 9 月 18 日，南师将弟子为他贺寿的 30.8 万元汇给东方禅文化园建设指挥部，用于捐建罗汉雕像，南师还发动弟子们捐建罗汉像数十尊；2007 年 12 月 19 日，南师亲自审定了东方禅文化园建筑方案，并将方案的正门由正南调整为偏东南；2008 年 4 月 10 日，南师亲自为东方禅文化园题写园名；正是有了南师的关注和推动，东方禅文化园才得以顺利完成第一期工程建设，并于 2011 年 5 月 28 日顺利开园。开园之日，南师特地委托李慈雄博士代表他在开园仪式上致贺词。2011 年 7 月 4 日，宜丰县委书记邓伟去太湖大学堂拜访南师，南师对东方禅文化园的后续建设提出了宝贵意见，对宜丰的经济社会发展寄予了很高的期望。

二、关心宜丰民生

一接触南师，我们就特别强烈地感受到南师关心民生的慈悲胸怀。第一次在上海拜见南师，南师就关切地询问宜丰的经济现状和矿产资源特点。我们汇报了宜丰通往洞山和黄檗山的两条旅游公路因资金紧张建设进程受阻，南师马上请上海刘先生前来相见商量借资事宜，在南师的关心下，宜丰县政府与上海刘先生签订了 4 年期无息借资 1000 万元修建旅游公路的合同。宜丰利用这个资金加快了宜丰至洞山、黄岗至黄檗山旅游公路建设，不但完善了旅游基础设施，还为沿途近万名群众的生产、生活带来了便利。

我们汇报了宜丰瓷土矿丰富的情况，南师亲自安排我们去李慈雄博士的斯米克公司参观，李慈雄博士非常重视，后来还专门安排技术人员到宜丰来考察，后来斯米克瓷业考虑利用煤层气降低成本，在丰城建设瓷业基地。斯米克后来收购了宜丰花桥的瓷土矿，并筹划开展其他建设项目。

2010 年 1 月 25 日，南师约我们去太湖大学堂相见，要谈竹子发展问题。在咖啡厅，南师神采奕奕、侃侃而谈，先从《诗经 · 淇奥》“瞻彼淇奥，绿竹猗猗”谈起竹在中国文化中的影响，继而谈到在现代科技发展状况下竹资源利用的方方面面。最后谈到发展竹产业的组织形式，南师饶有兴致地说：“共产党土地革命的时候，发展农会，起了很大的作用。后来台湾利用了这个组织形式，用来发展生产，起了很大的作用。你们也可以办竹产业合作社，用来引导农民发展生产。”

南师 2006 年就专门和我们谈过用合作社的形式发展农业生产的问题，宜丰后来在生猪、养蜂、养鱼等几个行业组织了合作社，取得了很好的效果。2007 年，中央专门下发了组织农村专业合作社的有关文件，我县的农村专业合作社建设取得了进一步的发展，为宜丰经济发展起了很大的推动作用。我们根据南师的意见，进一步加强了竹产业协会的建设，促进了竹资源的深层次利用，大大提高了竹资源的产出水平。

南师特别重视生态环境保护，多次指示我们要保护好宜丰的绿水青山。我们采取了禁伐天然阔叶林等强有力的手段，使宜丰的森林覆盖率逐年上升，由2006年的64.6%提高到现在的72%，使宜丰成为九岭山脉名副其实的绿色明珠。

三、关心洞山建设

2006年3月30日，古道法师遵照南师的指示，考察禅宗祖庭。古道法师开着一辆桑塔纳，风尘仆仆地考察了洞山等8个禅宗祖庭。按照南师的要求，每考察完一地古道法师即汇报考察情况，南师在太湖大学堂收到考察报告后即命人公开宣读，这成了太湖大学堂那一时段的常课。南师非常重视古道法师的报告，特意安排老古出版社结集出版，此即《禅之旅》一书成书经过。

2010年1月14日，宜丰县政府聘请古道法师担任洞山普利寺住持，古道法师带着南师给的10万元生活费入驻洞山。在古道法师入驻洞山前的一段时间里，南师在太湖大学堂专门开讲曹洞宗宗派源流，南师为古道法师入驻洞山壮行色，用意深焉。

2009年12月18日，支持洞山复建工程的第一笔捐款2000万元到位。2010年8月30日，洞山复建工程举行开工奠基典礼。2010年仲秋，南师题写“洞山寺”。洞山复建工程施工过程中，古道法师常常回太湖大学堂向南师求教有关事宜，南师提出了很多宝贵意见。南师多次表示，洞山建好后要到洞山居住，古道法师为此提前做了精心准备。而今大师已去，然禅法常在，南师关心宜丰洞山建设的事迹必将激励后世学人奋发精进，为传承发扬祖国优秀的文化遗产而加倍努力。

南公怀瑾先生与生命光学的实证

黄高证

去年中秋夜，太老师南公怀瑾先生荼毗升天前后，月满乾坤，天地静默，海内外得知此事的道友，都仰望明月、依依不舍。

记得释迦牟尼佛涅槃前，曾入月爱三昧。《大般涅槃经》记载：“譬如月光从初一日至十五日形色光明渐渐增长。月爱三昧亦复如是，令初发心诸善根本渐渐增长，乃至具足大般涅槃，是故复名月爱三昧。”

前述二例为生命光学成就之总示现。至于平时，我们头脑清楚，六根随缘应物，这是身心本有的光明作用。但众生无始以来习于追逐外境，致使光明渐渐退失。

所谓生命光学，旨在说明：人有一本能，可证到超越世俗生命的神光境界。神光有很多层次，上品者称为“常寂光”。“常”指超时间超空间，“寂”是不生不灭，“光”乃洞彻无碍之智光。就像许多大祖师们所展示的，住世时晴空丽日，离世时月圆天清。

“常寂光”与物理光学不同，“常寂光”为不生不灭，可遍照一切，物理光则有生有灭，并有空间范围局限性，其光源在体外的日月星灯等，需透过感官功能及意识来认知；“常寂光”则是转化与超越生命全体之气（气）而证。

净气与净光是一而二、二而一的。气者，心之能也。粗气发为声，细气化为光。藏密将气分为五：持命气、下行气、上行气、平住气、遍行气。五气可对应于五大，持命气为空大，发于心轮；下行气属地大，发于胃部与下部排泄道间；上行气如火大，发于喉轮；平住气同风大，发于脐轮；遍行气若水大，遍于全身及各个骨节。

气的运行，会随静坐而调整。初学静坐者，当气机通过后脑抵达前脑时，往往出现光影幻象，太老师举例：

“到此往往眼观光景，或如一团太阳之光，或如月亮之光，或如点点萤火之光，有时闪烁不定，有时固定不变，不论闭眼或开眼都如在目前。甚至，在这些光影中，可以看见人物并预知未来的事，因此，有人便认为这就是眼通的神通境界。有许多人因先入为主的观念，深入佛学道术的所知障，如执着圆陀陀、光烁烁等形容术语，就当为真实，而认为这种光明，就是自己性光的显现。禅宗呵斥为光影门头，道家认为是幻境，就是对此等初期的现象而言。”

前面说到，五气对应于地水火风空五大，其对应光色分别为黄白红黑蓝。道家的《黄帝内经》，也将五行木火土金水与五色青赤黄白黑相配套，故五色光可视为自身内外五大、五气、五行之反映。

太老师在《现代学佛者修证对话》中说：

“打起坐来有时候会看见不同的光色，或者不修行不打坐的人，偶然眼睛花了也会看见光色。如果看见的是红色、紫色，说明与心脏有关系；黑色的与肾脏有关系，白色与肺有关系；绿与胆有关系；青色或者紫青色与肝有关系。”

对于三界六道众生来说，随着其存在形式与层次的不同，其气场会跟着不同，因此发出的光也就有差异。如无色界有“无色光”，色界有“色光”等等。

在此可以补充的是，若身体不好，所见的各色光呈现幽暗晦涩。反之，若是定境所发之色光，精气神饱满，其光必为明亮清澈。

再者，欲界光明与想欲烦恼相应，色界以上天人之光与四禅八定相应，罗汉之光与四圣谛相应，菩萨之光与四无量心相应，佛光与觉行圆满相应。其光明、光能、光德与果位成就有密切关系。

太老师过去多次传授与光明相关之修法，如看光法、白骨流光、心月轮等。

本文从看光法、参同契和普贤行与和光同尘等方面加以探讨：

一、看光法

看光法是密宗的修法之一，利用外界的物理光，来引发自性光，当内光、外光融合在一起，身心忘我，处在一片光明中，光而无光、无光而光。

南太老师曾多次传授此法。其核心要领在于：

“禅定法门，初以两目垂睑，先使目光凝定，目光宁静，即不攀缘外物而逐色相，心念虽动，力渐薄弱，迨心目之光凝定于一，即至心无念可起，目无相可见，住于初禅。如初得定者，用功至力既久，必色泽光鲜，目光定而有神。盖心目静定于无念境上，心身念力少有波动，既少波动，乃保持其饱和状态，若能保持饱和状态，自然减少放射。故得精神充沛，色泽光润，此乃自然之理，不足为异。若在禅定过程境中，心身内外，发现种种幻相之光，即为念力未定，心力交互于动静之间，摩荡发光，统为幻相。禅宗名为‘光影门头'，‘弄识神影子'。此如人以手揉目，可见面前点点星光，体弱力衰，亦可见空中光或圆圈。此皆心身病态，未可认为奇迹，若一着此等，即成魔事，被幻觉错觉所转，而成心理变态之精神病象矣。凡修习禅定有经验者，初则目光最不易定，心念亦随之不止，迨将定时，目之与光，必如有外力骤使之返，乃入于宁静之境，心身两安矣。然虽至目光静定，心念无起时，亦但属初禅境象，及乎外观无相，人物天地，皆如在梦幻光中而观，一切觉无实体之存在；此时心身愉悦，无与伦比，虽视而不视，心而无心。”

太老师又在《南禅七日》、《二十一世纪初的前言后语》、《习禅录影》、《如何修证佛法》等书及多处讲课中补充数点：

1. 身体坐正，目光平视、不需着力，眼前的外在光线自然映入眼帘。（若于暗处，则观黑光）。

2. 眼球定住不动，把眼皮慢慢闭起来，眼神回转，收视返观。

3. 一切念头空掉，不思善恶、不想过去、不管未来，当下即空。

4. 心静以后，眼睛不刻意去看，自然在一片光明中（若在夜里，仍有黑光）。

5. 自始至终不着力，眼珠莫往下。

6. 最后忘掉意识、眼睛、身体，光色变化都不理，自然与虚空光明合一。光就是我，我就是光。

笔者顺便要提的是：

□平常时，眼睛看到的种种颜色，属于物理中的可见光，此光因频率不同而有色彩的差异。假如漆黑一片，还是存在着不可见光（如红外线等）。

□人的肉眼可以看到的光频，和其他动物相比，并不完全一样。所以有些动物可以看到人眼所看不到的光频，夜行性动物的眼睛所看的，就和人眼不同。

□光色虽有种种差异，光能（包括可见光和不可见光）是遍布宇宙的，无所在、无所不在。

□光色为客观世界的表象之一，佛法将把客观世界分为六尘（色、声、香、味、触、法），人的知觉感官分为六根(眼、耳、鼻、舌、身、意)。所谓“眼看色、耳听声”，实际上，天地万物本来一体，只因人的眼、耳、鼻、舌、身、意功能差异，所以才有色、声、香、味、触、法之分别。若超越这些官能，那还有什么色、声、香、味、触、法之分呢？不就和宇宙万物浑然一体吗？所以笔者认为：太老师强调要忘掉眼睛，忘掉身心，其用意正在此。

如是久而久之，自然进入大光明境。达到这种性状有个过程，太老师开示：

“必须心空一念，方可‘脉解心开’。心脉开的时候，‘拍以呀（合声读）’的一声，内外一片光明，即到色界的光明定境。再进一步，上到顶轮，头部，‘轰’的一声，顶轮震开了，内外光明打成一片。”

修持看光法，是为了成就法、报、化三身。

“法身、报身都成就了，就可以行千百万亿化身。真正悟道的成就是三身的成就，才是大彻大悟。”

“了心不了色，仍属于小乘果位，必须进而做到心色二法皆了了清净。但心色清净是否就是修持的究竟呢？不然，必须修到净污不异不一，了无挂碍，动静一如，寂用不二，才能达到显密教理所谓的三身成就（法身、报身与化身），才是究竟圆满。”

笔者在此略提一下法报化三身光明：

□法身光明是十方朗彻，无内无外，如净琉璃，内含宝月，可参考《楞严经》。

□报身光明是青色青光，黄色黄光，赤色赤光，白色白光，霞光缤纷，即三十二相、八十种好中的常光一寻、身色紫金、白毫青目、手足如莲花色等等。

□化身光明是帝网无尽，百宝微妙光明，遍满一切三千大千世界。如释迦牟尼佛念楞严咒前，头顶出现化佛光明。

法、报、化三者，一多互融、互摄。分之为三，纯属方便。

由看光到证到法报化三身光明，其中种种过程及身心反应变化，不妨参考南太老师的《我说参同契》。

二、参同契

在《参同契》中提到“收视返听、内照形躯”的修法，可与看光法互参。虽然每个人修持领悟不同，但其程序与成果的证验是类似的。都是要凝神聚气，与天地精神相往来。故在此一并介绍。

《参同契》所说“金丹大道”，“金”是不生不灭的形而上，“丹”是精气神的统合，也是要成就法报化三身。

修道首先要收视返听，凝神聚气，妄念不起。无念既久，阴极则阳生，阳气由下部发动，循督脉逐渐往上升，过了后脑与前脑，到达间脑，刺激脑垂体，致使口水源源不绝，道家称为“玉液还丹”，佛家称为“甘露灌顶”。

太老师描述此境界：

“此时头顶清凉，浑身的每个细胞，乃至口水，乃至精气，乃至脑下垂体，自然都在变化。变了以后一身皮肤都变润泽了，发光的。”

“到此忽然会进入几同完全忘我的境界，只有头顶‘泥洹宫’‘百会穴’部分，感觉如天窗的开启，如阳光的透射，豁然开朗而呈现无比的清凉之感。犹如乘虚而下的一股清虚之气，下降而遍洒及于全身。”

到这一步，由于气机变化，身心内外一片有相光明，此光色白如液。同时，丹田的暖相上升，与头顶下降的清凉之气会合，产生大乐。体内翻天覆地，旋转得厉害，出现种种过程。太老师在《静坐修道与长生不老》一书中，举例说明：

“到了胃气上行，通过食道管的时候，喉结骨自然内收下压，舌尖便自然上翘，进而可以直立接触到小舌头部分，内卷而封住喉头，使呼吸之气，自然由轻微无声而达到接近停止的状态。这种情形，便是道家丹经所说的架起‘上雀桥’而登天梯的现象。在瑜伽术的静坐法而言，这是真正自动作‘瓶气’的工夫，停止呼吸的作用。于是，后脑神经震动所生的‘天籁’鸣声和震动的异声，所谓‘脑后鹫鸣’、‘眼现金光’的现象，便自然而然愈加清晰，心境宁静无妄的境界，也愈来愈加清明。……

当下行气将通丹田气海的时候，小腹和耻骨以上的神经，都自然而然会有刺痛的感受。等到这种刺痛感觉完全过去，气机直达‘海底’（会阴）——摄护腺部分而贯到生殖器（女性仅到子宫部位）时，只须稍加注意，便会自然收缩回转。摄护腺乃至会阴部分，都会自然生起紧缩的情形，丹田（小腹）充满，发生内呼吸（指小腹内在的轻微呼吸的现象），这便是道家丹经所说的‘下雀桥’的作用。”

这全身阴阳水火消长的过程，称为“坎离交”。

太老师说：“什么叫‘坎离交’，就是小周天，讲月亮的出没。”

小周天（人元丹）

小周天与月亮之盈亏出没有关，所谓“月盈亏，比气血之盛衰”，将人体的气血内分泌对比于阴历初一至三十的月形变化，略分六阶段：

1. 阴历初五眉月，一阳生，为震卦；

2. 阴历初十上弦月，二阳生，为兑卦；

3. 阴历十五满月，三爻皆阳为干卦（如满月轮，赫然现于大海之上）；

4. 阴历二十下弦月，一阴生为巽卦；

5. 阴历二十五，月色，二阴生为艮卦；

6. 阴历三十，为朔，月光隐覆，三爻皆阴为坤卦。

小周天整个过程，有时身心在一片光明中，只是明到极点又会归于寂暗。光明虽转弱，但身心柔软，中间一点灵明。等暗到极点又豁然开朗，现起更大的光明境，如是明暗自然交替反复。不过，无论黑暗与光明，凡有反复，都是现象而不是道。

一旦忽然感觉鼻子呼吸之气自动停止，全身绵暖怡适，进入气住脉停，丹田的呼吸也渐渐自然停了，只是久久会极轻微地呼吸一次。此时心如明镜，一片宁静安详。身心内外和山河大地，无一不安于本位，是为“炼精化气”。平时的感觉和思想变得毫不真实，统统都消失得无影无踪。如此下去，静到极点，空到极点，便可神与气合，物我两忘。

太老师说：“六根大定，百脉冲和，就是初步结丹。”

此处“小周天”（即“坎离交”）的光，是自身后天阴阳二气交会所成乳白金光，由柔转盛，凝定如境，即寒山所说：“吾心似秋月。碧潭清皎洁。无物堪比伦。教我如何说。”

届此阶段，身心须善自保任，继续深入，不使退失，再把清凉净月，转为暖烘烘的太阳，乃为“大周天”。

“大周天”（即“乾坤交”）之光是相应宇宙先天阴阳二气而来，经文火武火煅炼结实，如本权禅师说：“吾心似灯笼，点火内外红。有物堪比伦，来朝日出东。”

□大周天（天元丹）

大周天就是乾坤二气交会，成“先天一气”，如夜半春雷，震开大地，此时此刻谓之“正子时”。

慢慢地，先天真阳之气从下面上升，到达头顶，囟门自然打开，可以与天地精神相往来，即是和宇宙天地净气感应道交。

太老师开示：

“此时中脉的功能发动，首先便有引伸上下通于无际的觉受，自然而然便呈现‘万里青天无片云’的晴空境界。甚至，无论白天黑夜，满天繁星呈现眼前，犹如‘掌中观庵摩罗果’一般。平常所有的知觉和感觉状态，一起忘却无遗，所有人我是非等等世俗观念，完全远离消散。”

这时是打通中脉的阶段，无论开眼闭眼，身心内外，如琉璃净光世界。然真阳之气，会继续由头顶往下走往心口，故还需在六根大定中，经历阴阳二气交复激荡再激荡，这反反复复过程，全为自然反应，非作意而得，称作“九转还丹”。

太老师解释：

“‘九’是阳数之极，还丹并不一定转九次，阳极是转到了纯阳的境界，回到本位叫还丹。”

在此阶段，身体会出现“吸舐撮闭”无数作用，顶轮、喉轮、心轮一个个打通，如果福德具足，这中间不出现违缘或业障来败道的话，则头顶囟门所吸取的天地净气，会自然地在头顶与海底间一上一下、一升一降，百回千转，此时仍要保持六根大定，阳气才无泄漏。久之则有三昧真火涌现。同时体内出现阴阳争战，全身震动，整个经脉骨节，甚至八万四千毛孔，每个细胞都在无念的真阳境界中，动个不停。有时从头顶开始下降而到足，有时又从足心上涌，升到头顶。这升升降降，如同天崩地裂，身不由己，甚至有“龙吟虎啸”声。

太老师说：

“自己内在硬是有龙吟，声音大得很，但是坐在旁边的人不知道。里面的声音如雷，有时脑子像打雷一样，整个的震动了，会吓死你，人都昏了。下面的气也在动，上面又龙吟，这些都是实在境界。”

此时，一动无有不动，一静无有不静，动静相生，在无妄想中，纯阳之气自动多次反复磨荡坚固，直到身心俱空、昼夜常明，则视一切如梦如幻，不但色、受、想、行、识五阴解脱，更可顿断命根，显现“阳神”，来去自如，是为“炼气化神”。

太老师又进一步讲“炼神还虚”：

“真正的阳神不一定有身。这一步工夫要到时候才知道，现在只告诉大家一句，不一定有身，也可以有身。道家一句话形容，‘散而为气，聚而成形’。一念要它有身就有身，要它空就空。”

□了性大事

前述过程，无论是明是暗，即使出现幻境，都不离意识之觉照。且此幻相，人人所见未必相同，故需超越意识作用，了知此事，唯“无心”得，非“有相”求，莫存希冀之心，不以有所得之心，求无所得之果。因为接着要参证的，是那个能明能暗的本身究竟是什么。金刚经说：“凡所有相、皆是虚妄、若见诸相非相、即见如来。”即昭示此转身一着。

当年吕纯阳悟道之前，滞于玄境，被黄龙南禅师指为“守尸鬼”后，顿见本性之不假施功者。

太老师解释修成命功再了性功的道理，他说：

“了性是末后大事，在道家讲了性是什么呢？明朝以后道家‘炼精化气，炼气化神，炼神还虚’，还虚还不是了性，什么时候是明心见性？粉碎虚空！虚空都要打破，所谓‘虚空粉碎，大地平沉’，这个时候就了性。”

这时还须妥善加护，在无修无证中久久伏炼，将与生俱来的“生之欲”伏灭，方能绝地复活。展现非空非有的大纯阳光明，遍照太虚。从此脱胎换骨，处神仙境界。

太老师说：

“此时才能豁然自省，认得‘圆陀陀’‘光烁烁’的性命的本元。它确然与后天有形的身体可以分离与和合。然后再把这一灵明的性命之本，重新浑和这个后天的身（炉）心（鼎），继续锻炼，如此才可以使得此身此心，能分能合，而奠定修道与证道的坚固基础，这样才算是有了初步的成果。”

“虽是神仙境界还要锻炼，‘子又生孙’，就是一个生一个，重重不尽。这不是说神仙又可以结婚生子又生孙，而是自己的生命不要经过两性关系，就可以不断地源源而来，生生不已。”

也就是不以达到光明炽然为足，还要进而修证千万化身，以显大机大用。但《参同契》对此并未明说，因此我们还得再回到佛法上来做进一步了解。

三、普贤行与和光同尘

前述的性功成就后，可证法身；命功成就后，可圆满报身。然后还应转而向下回向，即行菩萨道、契无量光、现千万化身，也就是《普贤行愿品》的“化身无数百俱胝”，及观世音菩萨的千万化身，应以何身得度者，即现何身而为说法。

进修化身，是为了契应不同众生根基及心量，令一切众生，皆悉同证同觉。如同药师佛往昔所发大愿：

“愿我来世得阿耨多罗三藐三菩提时，自身光明，炽然照曜无量无数无边世界，以三十二大丈夫相、八十随形好，庄严其身；令一切有情，如我无异。

愿我来世得菩提时，身如琉璃，内外明彻，净无瑕秽，光明广大，功德巍巍，身善安住，焰网庄严，过于日月；幽冥众生，悉蒙开晓，随意所趣，作诸事业。”

如是于布施、持戒、忍辱、精进、禅定、般若上磨炼，以众生无量故化身示现无量、智慧光明亦无量。经大死大活几番，直到悟行一如、和光同尘。

何谓大死大活几番？火焰化红莲也。即虚云老和尚所言：“但教群迷登觉岸敢辞微命入炉汤。众生无尽愿无尽，水月光中又一场。”

所以《华严经》总结于“普贤行愿品”，意义是：在无我无法中，以无穷行愿力承担众生苦难，无惧死生毁誉、历劫救人救世，直到理事透彻、觉行圆满，则无时无地无人无事无物不在常寂光与常乐我净中，乃是真正的无量光佛刹。

毕生行归普贤的南太老师曾说：

“什么是做人最高的艺术呢？就是不高也不低，不好也不坏，非常平淡，‘和其光，同其尘’，平安地过一生，最为幸福。他（老子）说这就叫‘元（玄）同’。‘元（玄）同’

的道理，用一句简单的话来说明，就是‘最平凡’。做人要想做到最平凡，也是不容易的，谁都不容易做到。假使一个人真做到了平凡，就是真正的成功，也是最高明的。”

故南公曾自评一辈子“一无所长、一无是处”去年中秋，南太老师成道升天前，最后以“平凡”二字示众，其寓意实不平凡。从他教化万类与光照千秋的“三不朽”功绩来看，此语并非自谦之词，而是圆满一切善法，又超越一切善法，真实无我无法的化境也，即所谓“羚羊挂角无踪迹，一任东风满太虚”。

2008年，笔者有幸随张师尚德先生及达摩书院道友，参加南公主持的十日禅修，恭闻太老师垂教并带领修习看光等法门。转眼五年如一梦，今因南太老师示现涅槃将满周年，特于中华唯识学会举办“南公怀瑾先生学术成就研讨会”之际，将南公出版著作中与生命光学相关之修法，择其要者，敬录整理成文，以感念法乳之恩。

2013年8月27日

来源：达摩书院

那一天我拜见了南太师父怀瑾先生

曾星恺

挥手出红尘，一卷金经，若坐若卧观自在。

将心向明月，两间净境，不来不去法王家。

——南怀瑾

南太师父怀瑾先生，宗门泰斗，博通古今，早岁渡海讲学，振聋发聩，各方景仰，时贤喻为：上下五千年，纵横十万里；经纶三大教，出入百家言。

关于预兆

传说中…解梦高手是藏传佛教

譬如说收弟子前的梦境……

修法前行的梦境……

修法后的梦境………

都是隐喻未来的状况与发展……

………

但是当时当事者对预兆几乎都不能清楚地知道隐喻的暗示…

南师之梦

约 1973 年左右有一天，我先到三楼找到行廉姐，二人一同到四楼南老师办公室去。南老师说：昨天夜里做了一个梦，自己从梦中哭醒了。

南老师从梦中哭醒！这真是天大的事！

原来南老师在梦中又愁又急，为什么接棒的人还不来啊？要等到什么时候啊？急得哭了起来。正在此时，听见袁太老师（焕仙）喊他：怀瑾呀！你看！那不是来了吗？

老师觉得自己好像在一个海边，回头望去，看见一个妈妈带着一个三四岁的孩子，远远的向自己走来。天啊！还是一个孩子啊，还要等许多年啊！

日有所思，夜有所梦，老师平日一定在着急接棒的人，所以才会做这样的梦。（摘录自《禅门内外》125 页）

传承与希望

有人曾提问，在中华十方准提学会正式成立时，将准提法仪轨再次请南公上师过目并开示，中有提到南公怀瑾上师所传之准提法仪轨，将在百龄，得机而宣说其中全部内密，原文如下：

> 今南公怀瑾上师所传之准提法仪轨，乃师昔年于四川峨嵋山闭关下山后，再掩室于嘉定（乐山）五通桥多宝寺期中，蒙文殊师利菩萨显现亲授，内涵性相融通及即身（生）成就奥密。师誓愿如世缘过百龄，得机而宣说其中全部内密，再正式传授传法上师之正式灌顶。不然，没身而已。平常不轻易传仪轨灌顶，只恐慈悲生祸害，方便出下流之故。

以此因缘故，一般人均揣测南公怀瑾上师世缘会在百岁，但南太师父其实早已传授，可从他的一些著作兜拢起来便知，在南太师父心中没有什么秘密不可告人的，众所周知，他希望所有的智慧法门都能广为流传，在性相融通及即身（生）成就之法，其实他早已宣说，而其下能传授准提法门者，无不已接受南公上师之慈悲护念。由于水能载舟亦能覆舟，故此法仍须拣择善根与福德深厚之人，以免有弊端。而前引言乃为策勉后学不可得少为足，乡力不知百尺竿头更进步而发吧！

南太师父预知因缘时至，因此在七月份十方禅林峨眉道场二十多天的专修时，他身旁的几位核心弟子奉命一同出现于峨眉，并告知南太师父的现状及此行的任务，且搜集以往南太师父留下的笔墨相片与珍贵的史迹。南太师父并于圆寂两周前，要弟子记录自己的生平。有人说："这动作是前所未有的，以前有弟子要为南老记录，或写传记，都被拒绝。应该是南老知道时间到了，要求弟子一一记录自己的故事。"

2012 年 10 月 3 日因为南太师父的圆寂，一些社会贤达、青年才俊及横跨老、中、青的弟子，再次十方海会般地相聚于十方禅林，以虔诚不舍的心意缅怀并恭诵最能代表南太师父的一部经典，这也是以往南太师父每日均恭诵回向父母的经典《金刚经》。

在缅怀南太师父的法会上，几位曾经在他身边的弟子，纷纷就亲近南太师父的心得提出分享与感恩，甚至于将佛法上、人生旅程中，南太师父对其之精彩棒喝与开示过程，原音重现的描述，大伙儿都听得如痴如醉，身历其境……

拜见南太师父

我不禁回忆起与南太师父初见的那一眼，记得那是在2004年，因上人首愚大和尚错爱，要我担任十方准提共修会副会长，婉拒不成后，同年便随师父至香港与深圳打七，并拜望南太师父他老人家。

当慈眉善目的长者现身，周围的磁场瞬间不同，像是进入普眼菩萨梦幻观境里头，层层叠叠的加持，铺天盖地而下……

南太师父慈爱的目光望向围绕在圆桌的众人，并亲切地要诸位师兄师姐招呼我们用饼与茶。不经意瞥见南太师父在轻松的圆桌谈笑风生间，依然盘腿而坐，当师父首愚上人为太师父介绍我新任职务时，心中认为理应叩拜，于是便拜，但内心非常紧张害怕，因为听说南太师父会回拜，只见南太师父双手一摊看看腿后，无可奈何承受之，并幽默地说我要回拜你吗？我当然连连合掌说不可不可，南太师父接着说其他人不要拜了，之后许多师兄都赞叹，在那次所有人中，也只有我行跪拜礼，而南太师父勉强受之，我真是好福报啊！

重头戏来了，在大家亲切的聊天说地后，只见南太师父目光似雷达般，一一循序渐进地看着每个人，我也开心地望向南太师父的眼神，没想到瞬间，我真真实实地看到了什么叫作目光如电的加持，一时妄念消融，现量境界现前，从此以后我不再认为目光如电是形容词，因为我永远记得那一眼。

有师兄询问可否拍照吗，南太师父首肯后，我立刻抢拍好几张相片，南太师父就消遣那位师兄说："嘻！高明的人把握机会都拍了好几张了，你还在那儿对焦距。"大家哈哈大笑，接下来在师兄的要求下，大家与南太师父在他家中合照了一张相片。

美好的时光倏然而过，天色已晚，告辞声中南太师父身教又起，古德云"万行门中不舍一法"，南太师父用诙谐幽默的口吻，对众人说："今天阿弥陀佛来了，我要送一下啊！"

于是南太师父亲送弟子首愚大和尚与我们至大门外电梯口处，临别依依，对师父与我们流露出慈爱关心呵护之情，溢于言表。

于此次会晤南太师父不久后，上人首愚大和尚很高兴地告诉我们说，每次带人去见南师都被骂，唯有这次南上师很欣慰的没骂人。哈，也难为师父硬着头皮带我们去见南太师父，不过先声明，我自知非法器，功力亦不足，从未贸然开口提及见太师父的请求，亦怕耽误到太师父说法度众的时间，所以都是上人首愚大和尚的慈悲垂护哟！

而后南太师父陆陆续续要师父将其对谈与开示的录音，带回十方禅林放给大家听闻，包括禅堂小心火烛，建照合法取得，好的执事聘用……或偶尔请学者如侯承业博士将金温铁路艰辛不足为外人道的一面与我们分享，而其他弟子如杜忠诰、官大治、张尚德教授、古国治老师等，亦常衔命至禅林走动、作开示与讲学。

就在十月三日诵《金刚经》感恩南师法会上，有许多师兄师姐在法会上轻拭感恩与幸福的泪水，并化成决心与今后努力的动力，正如南太师父对千手千眼观世音菩萨表相的开示："千手千眼的造型代表什么呢？千只眼睛代表透澈一切万法的智慧。人如没有眼睛，见不到光明，什么都不能看，难以辨识事物，安顿生活，那很痛苦，很不幸的。而一千只手，则代表种种济生利众的方便，也是智慧的一种行为表现。"所以呢，愿众生慈悲做千手千眼，每个有因缘亲近南太师父的人，都有一份责无旁贷的义务与责任，让南太师父的精神化身延续下去，利益更多的众生。

每个人出生于世间，均为一大事因缘，虽然每个人的父母、朋友、因缘际遇均不相同，但相同的是，未来的路都是要自己独自走到人生终点的。虽然孤寂，但有南太师父的智慧德相与温暖开示在心中，就如同温润的一轮明月，时时提醒我们善护念、观自在，直到证到不来不去的净境，这辈子做事才不会颠颠倒倒，也愿今后能广结善缘普利一切，也算是对南太师父与首愚师父知遇之恩的一点点回报了。

谨录一偈，与十方佛友同会：

伏以大千世界，不闻尽变于沧桑；无量佛田，到底尚存于天地。扫法相，还太虚，遂令东土凡愚，不知西来微妙。断绝皈依路，岂独减湖上之十方？不开方便门，实乃缺域中之一教。即人心有佛，不碍真修……

《灵隐寺道济和尚》

南怀瑾先生的珍贵遗墨

——“大丛精舍”

蔡　葩

2012年6月，九十五岁的南怀瑾先生亲自题写四个大字“大丛精舍”赠送给海南的一方百姓。这距离南老辞世仅有三个月，堪称南老生前难得的遗墨，弥足珍贵。南怀瑾先生秘书室的特别说明证明了这一点：“南师年迈眼花，各方求字者，一概婉拒，故此次题字诚为异数。请根据需要放大或缩小每字，按法度排列，以不辜负老人家辛苦……”此墨宝的受赠人为亲近南老多年的原《人民日报》副总编辑周瑞金先生。

2012年9月29日中秋前夕，南怀瑾先生与世长辞。9月30日中秋夜，江苏苏州吴江太湖大学堂沉浸在一片肃穆和哀伤之中。各地赶来参加南怀瑾先生祭奠告别仪式的人们，向先生做最后的告别。原《人民日报》副总编辑、跟随南老多年的周瑞金先生代表中外南先生的学生在告别仪式上发言：“……作为跟随老师多年的老学生，此时此刻，都会追忆起六年前，也是中秋月圆之夜，就在刚落成的太湖大学堂，老师白天为我们开示生命科学，夜晚与我们一起欢声笑语，共度佳节，感受教化，备受启迪。今天，碧空净洗，皓月圆明，天地在冥冥之中启示我们，老师宏深誓愿，救度众生，弘扬中华优秀传统文化，已经功德圆满……”

此时此刻，中秋月色洒满浙江温州乐清南宅南老的故居，门口的一块石碑上至今留着南老的一封亲笔信，向乡人讲述自己游学经历和恋乡深情，言语间无不透露着无奈和遗憾：“旋经代嬗变五六十年后，父罹世变，未得藻雪，老母百龄，无疾辞世，虽欲归养而不可得，故有此筑。”1995年，年逾古稀的南怀瑾欣然出资512万元重建故居，并扩建成为“乐清老幼文康活动中心”，供父老乡亲娱乐休闲所用，亲自题写了“乐清老幼文康活动中心”十个大字，成为人们感受南老行迹不凡一生的所在。

“九五颂童”题写“大丛精舍”

周瑞金先生回忆，去年（2011年）他到太湖大学堂拜会南怀瑾先生，并向南老谈起了他在海南的新农村建设计划。当时南老非常关心，大力支持周瑞金新农村建设的宏愿，认为海南是块宝地，在那里开始这个行动计划大有可为。周先生说，现在一提到新农村建设，似乎只重视道路、住房建设，往往忽略了文化传承。作为中国传统文化积极传播者的南怀瑾先生，对周瑞金一直在筹划的新农村建设颇为关注，指导要重视文化建设，给乡村农民带去文明的生活习惯和风气。

周瑞金根据南怀瑾先生的意见，筹划在海南新农村建设中配套建一座“大丛精舍”，作为知识精英进行禅修和农民学习培训的平台，弘扬中华传统文化，给新农村建设注入新的文化内涵。对此，南老十分认同。于是，今年6月下旬，周瑞金前来海南前夕，南老不顾年迈体衰题写了四个大字“大丛精舍”，让周瑞金带到海南。有趣的是，南老童心未泯，落款处竟出人意外地写下了“九五顽童南怀瑾”几字，让观字者无不会心微笑。

南怀瑾先生这位“跳出三界外，不在五行中”的隐士式人物，在20世纪八十年代末九十年代初，曾被历史选中作为两岸关系的传话人，就在南老的香港寓所开启了国共两党的秘密会谈，为后来达成“九二共识”打下坚实的基础。这是先生一生中不为外人所熟知的细节。“南老在两岸政治圈中有广泛的人脉关系，了解两岸的政治和历史；在两岸和华人社会均有一定社会地位和威望。应当说，在当时的历史条件下，南先生是唯一合适的国共合作信使人选。”

说起与南老的缘分，已经退休的周瑞金先生，难忘那段海峡两岸波云诡谲的日子。1998年10月下旬，海峡两岸关系正处于微妙阶段。此时，周瑞金应台湾“中央通讯社”的邀请，将率领《人民日报》社新闻代表团访问台湾。时任海峡两岸关系协会会长的汪道涵先生得知此事，交代周先生到香港应去拜见一下南怀瑾先生，这是周先生第一次去南先生香港寓所拜访神交已久的南老。

周瑞金先生说，当时的南老已经81岁高龄，精神依然矍铄。一贯幽默风趣却又充满智慧的南怀瑾先生与周瑞金交谈甚欢。南老笑称周先生为“南书房行走”，一语双关，既说周瑞金是中央机关报主持言论的副总编，常跑中南海，又戏称今天他是到“南怀瑾书房行走来了”，从此结下师生之谊。周先生感叹，至今回想当年见面氛围，犹历历在目，而今斯人已逝，岂不痛惜！

与海南的缘分

由于种种原因，南怀瑾先生一生未踏上海南的土地，这成为南老的一个遗憾。然而，南老与海南的缘分不浅。

鲜为人知的是，南老的第一部在中国大陆出版的著作《静坐修道与长生不老》是由海南三环出版社 1990 年出版的，反响巨大。此后，南老的著作如《论语别裁》、《孟子旁通》、《老子他说》、《易经杂说》、《易经系传列讲》、《历史的经验》、《中国佛教发展史》、《中国道教发展史》、《金刚经说什么》、《圆觉经略说》在内地迅速风靡，影响深远。

南老与海南的另一个缘分是关于南山寺的选址和慈善捐赠。1994 年，海南省决定在三亚修建南山寺。时任海南省委统战部常务副部长的洪寿祥被委派到香港征求南怀瑾的意见。恰逢中秋佳节，南老对洪寿祥带去的南山寺选址表示赞赏。1995 年，全国宗教团体领导人研讨会在三亚召开。那一年，宗教界大师云集三亚，中国佛教协会会长赵朴初，全国政协常委、副会长嘉木样活佛、贡唐仓活佛以及藏传佛教领袖刀叙仁等，对南老选定的南山寺选址进行最后的确认，于是，南山寺的建设终于拉开了序幕。

洪寿祥先生透露，南山寺建设之初，困难重重，是南老发挥自己在宗教界的影响力，延请南京栖霞寺的圆湛住持主抓筹建工作。建成后，促成圆湛大师任南山寺首任住持，使南山寺迅速走上轨道。1995 年 7 月，南老还指示其弟子、台湾释首愚大和尚捐赠一百万人民币修建南山寺。值得一提的是，南老一生只铸造四尊释迦牟尼佛铜像，有两尊在台湾，一尊在普陀山，另一尊就送给了南山寺，成为南老一生与海南结缘的象征。

大师已逝，但大师的影响依然遍及海峡两岸，乃至世界上其他国家和地区。早在五十年前，南怀瑾先生即在台湾倾全力讲述印行传统文化经典，从学界、商界、政界，直到民间大众，不辞辛劳，奔波教化几十载，内容涵盖了儒、佛、道及诸子百家，兼及医卜天文、拳术剑道、诗词曲赋，著述凡三十余种，立足时代科学精神，将古老的中华传统文化推进到一个新的文化层面。而他生前惠赠给海南的物质财富和精神遗产，或将在日后显现更大的力量。

南怀瑾先生“一切为苍生”

1991 年 10 月下旬，周瑞金应台湾“中央通讯社”的邀请，率领《人民日报》社新闻代表团访问台湾。返程途经香港时，他拜会了当时八十一岁高龄的一代国学大师南怀瑾。受大师高尚无私的处世魅力感召，从此立意追随。

“南师终其一生，弘扬文化，有教无类，以出世的精神从事入世的事业，一切的一切，都是为了苍生。他心中装的，笔下写的，讲坛讲的，禅堂开示的，都是关于苍生的冷暖、安危、觉迷与福祉。”周瑞金曾这样概括南怀瑾大师的一生。他认为，真心诚意要向南师学习的人，最好是诚诚恳恳效法南师“君子不器”、“自强不息”、“无我利他”的精神，认认真真学习领会南师的著作经典，切切实实按照南师的精神和品格去践行修炼，老老实实遵照南师的教导做人做事！

南怀瑾先生讲佛法，注重静坐内观、修身养性的实证，周瑞金也虔诚效仿，每日静坐禅修，并写了一副对联自勉——“读书足以养老，至乐莫如静观”。

“读到南怀瑾老师的《论语别裁》后，感怀于传统经典也可演绎至此，我不禁击节三叹。后又觅得南老师的《静坐修道与长生不老》，更是叹为奇书。再后来，我写了一篇《奇书・奇人・奇功》，算是大陆第一篇全面介绍南怀瑾老师的文章。”

今年9月中秋，南环瑾先生仙逝。周瑞金作为跟随南老学习多年的学生，在南老的告别会上代表所有海内外学生发言，告慰南老的在天之灵。而南老2012年6月为周瑞金题写的“大丛精舍”，将成为周瑞金海南梦想的点睛之笔。

“大丛精舍”这四个字与周瑞金多年的乡村建设梦有密切关系。乡村建设梦从平民教育家晏阳初那一代知识分子开始，从来就没停止过探索。晏阳初认为中国的大患是民众的贫、愚、弱、私“四大病”，主张通过办平民学校对民众首先是农民，先教识字，再实施生计、文艺、卫生和公民“四大教育”，培养知识力、生产力、强健力和团结力，以造就“新民”，并主张在农村实现政治、教育、经济、自卫、卫生和礼俗“六大整体建设”，从而达到强国救国的目的。上述思想的影响巨大，鼓舞了中国一代又一代的知识分子不停地实践。

周瑞金说，乡村建设绝不仅仅是房屋、道路、桥梁的建设，而更应是文化的重建和心灵的关爱。近些年乡土文化的加速失落已经让我们失去了精神家园。南先生曾恳切期待，利用海南天然美好的自然环境，在海南新农村建设中配套建一座“大丛精舍”，作为知识精英进行禅修和农民学习培训的平台，让知识精英深入民间，弘扬中华传统文化，给新农村建设注入新的文化内涵。

“人，作为一个生命，赤条条来到世间，只有几十年至多一百多年时间，所以人生是短暂的。生命的结果是死亡，生命的过程就是生、老、病、死。人来到世间当然不是为了死亡而活着的，而是为了享受生命的美好过程。让生命过得充实、愉悦、有意义，这才是我们应该追求的。我们应当如何善待人生？我认为可以把人生价值的真谛，概括成一句话，‘爱自己，爱他人’，让自己过得愉快，也让别人过得愉快，就是善待自己、善待别人。”几年前，周瑞金在一次公开演讲时如是说。此刻，站在南国温暖的阳光下，依然精力充沛的他依旧保持着一份博爱与洒脱。这让人不禁想起他跟随南怀瑾先生多年修习的经历。虚怀若谷，静能生慧。对他和同道而言，乡村建设梦落海南似乎是前世已定。

我心中的南怀瑾老师

王铁国

我与南怀瑾老师曾有两面之缘。第一次是1979年春天的一个晚上，我慕名到台北东西精华协会听老师讲老子《道德经》，印象很清楚，老师当时正讲“曲则全”那段，引用了董仲舒巧救汉武帝保姆的典故，来诠释这句话，鲜明了然，我就一直烙在心里。

第二次见到南老师是1982年8月初，我出国学习前参加十方丛林书院暑期禅修的最后两天。最后一天的早上，南老师飘然而至，他要大家讲讲自己的心得，我那时刚读《楞严经》不久，对阿阇世王请问佛陀，生灭中那个不生不灭的那段有所感触，就把这个感触讲出来，并引到《维摩诘经》里，维摩居士质问弥勒菩萨因何受记成佛，觉得这些经意都是相通的，最后我请问老师，憨山大师寒冬夜晚屙尿时说出的偈子“旋岚偃岳而不动，江河竞注而不流”是什么意思，老师只说“你的逻辑性很好，准备做什么”，我报告再过几天就出国读书，老师就没再与我对答了。

等到所有的人心得报告完毕后，老师就开始讲他年轻时参学的经过。先讲到上峨嵋山闭关阅读大藏经，闭关的关房之前是闹鬼的，几个想在那儿闭关的人都被闹跑了，他住进去后，就对那闹场的破口大骂，从此以后竟也就寂静平和了。峨嵋金顶入冬后冰雪封藏与外界隔离，一轮明月悬挂于寒夜的中天，那份寂、那份美是无法比拟的，静中闻到的天籁更是美妙异常，但是常人处于这种寂静却会闷得慌。

接着老师讲到曾参加一个理教的法会，主会者于法会结束后接受信众供奉的水，他坐在法座上把一杯杯端上来的水喝下去，浑然没事的样子，老师估量他的肚子早就要被水撑破了，就摸到法座后面搜寻，看到水滴从主会者的脚趾像出汗一样渗出来，地上是一滩湿湿的水，他就向主会者请教这是怎么修出来的，他的法缘非常好，求法时人家都愿意传他法，主会者说就念南无观世音菩萨。

他接着讲到西游记是部道书，要懂得读，他举牛魔王太太铁扇公主的故事，铁扇公主的铁扇，缩小后可以藏在齿缝里，拿出来变大后，正扇让火焰山烧得更炽热，反扇却让火焰山的烈火熄灭变清凉，这隐喻着口业翻来覆去的利害，既可以兴邦也可以亡国。

最后讲到西游记的结尾。在回东土的路程上，孙悟空跟三藏法师说，师父啊！咱们老远到西天取经，走一趟不容易，要把包里的经书检查一下，看看有没有装对货，否则白跑一趟了，师徒把箱中的经书翻开一看，不得了是空白的，赶紧调头回去找图书馆长理论，最后佛陀说话了，这儿最高深的书是无字的，既然你们要有字的，就让下面的给换成有字的经书吧。

虽然只跟老师远远地见过两次面，老师在我心中一直有着崇高的地位，他真是位学贯儒释道三家的大通家。之后，老古出版社只要出版南老师的书，或他推荐的书，我都会买，也大都会读。渐渐地，从字里行间，我开始勾勒老师这个人，每勾勒一分，就对他更加佩服。

老师家世好、天赋高，父母为他延揽好的老师教他，他自己肯学，勤苦又带有狠劲。他初学佛时到一个佛寺的藏经楼学打坐，一个人关在里面，要求当家师父只要送饭菜到门口，其他一切莫管，他开始只能用单盘，盘上去的脚膝盖是翘得高高的，勉强盘起双盘却痛彻入骨，他狠得起来，硬是不管腿痛，整天就在藏经楼里打坐，一天翘起来的腿忽然咯嗒一声自己放下来了，双盘就这样练成了，当家师父看楼里一直没动静，上来查看，看到他安详静坐着，就放心退下。

他跟盐亭老人袁焕仙先生参禅并当他的侍者几年，开悟后就上峨嵋山阅藏三年，也曾到青城山阅道藏，之后游学康藏密教地区，依止贡葛老人一段时间，后到台湾，又先后至少闭关两次，一次就近于菜市场旁掩关，并在那儿亲笔完成了《楞严大义今释》这本书。他能大隐于市，于嘈杂的菜市场旁安般禅修，真是处秽如净土。老师就这样闭关实修、阅藏、入世弘法利生，交互着实行，修行的境界节节高升，可是老师却从来不提自己的境界半句话，别人也无法想象他的境界究竟有多高。

当时的台湾百废待举、经济落后、物资缺乏，南老师教书的微薄收入供一家的生计已经是吃力了，可是只要有人阮囊羞涩跟老师伸手，老师就会把刚拿到手的薪水袋送出去济助别人，所以那时的日子过得非常艰难，常要为筹下一餐伤脑筋。老师这辈子借钱给别人，是不打借条的，帮了别人后，他从没把这事摆在心里，真是雁过寒潭不留影。

老师家里常常高朋满座，招待吃饭喝茶是常有的事，对贫寒的学生像朱文光先生，老师干脆要他长期在他家吃饭，所以师母很辛苦，那时哪有钱雇保姆阿姨，全都自己干活张罗。听说师母是信回教的，两人的宗教信仰不同，却能互相尊重，老师与师母是把世间法做到和谐圆融了。

老师接触的人从达官贵人到贩夫走卒，几乎是三教九流无所不包，他一律平等对待、礼敬有加，让人如沐春风，可是对待跟在身边学习的人，或是学佛修道的人，他就明镜高悬、铁面无私了，不论起心动念或微细的行为举止，均无法遁形于他的法眼之下，他在一般人的面前是慈眉善目、柔语喜笑，在道场禅堂里却是怒目金刚、不假颜色，前后判若两人。

他爱整洁干净，佛堂总是擦拭得一尘不染，这反映出他对三宝的极度恭敬，他对自己也是这样严谨不苟，具足三千威仪、八万细行，可是他从不摆出道貌岸然的样子，一副行云流水、和光同尘，完全不显山不露水，全是密行，展现了易经“退藏于密”的观念。

他赋居台湾三十多年，创办月刊杂志、东西精华学会、十方丛林书院、老古出版社等，传道授业、带众修行、培育僧才、传播文化，影响深远宏大，为台湾的文化复兴、人心的提升打下坚实的基础。

老师后来离开台湾、暂居美国、迁徙香港、最后定居太湖边的庙港并创办书院，旅居香港期间筹划建设金温铁路，路成后则捐给地方，一派道家的行止——功成身退。

从一些曾经在香港或太湖学堂亲近过南老师的人士写的文章中，可以看到这位长者数十年如一日，竭尽所能地栽培、提携、奖励人才，有成就的就给奖金以鼓励做更多的创作与研究，身体比较孱弱的就给上好的人参或药物，这些弟子孝敬他的贵重物品，他转个手又送出去，而自己却欢喜地喝地瓜粥。

老师几十年来夜晚不眠，用于读书打坐，老天给每个人二十四小时，老师把每寸光阴都做了最佳的利用；他记忆力超强、阅读又快，读的书又多，这样的效率是惊人的。有些书像《参同契阐幽》，他是读过几十遍的；最近读到一位师兄哀悼老师的文章，老师要这位师兄把《楞严经》至少精读九十遍，可想而知，老师把一些佛经都反复读诵不知多少遍，这让我见识到什么叫作读书。真是高山仰止，景行行之。

南老师的诸多书中，对我影响最大的应该是《一个学佛者的基本信念》。老师年轻时，一些年岁高的同修问他能否把“时轮金刚”观起来，老师说，可以啊，一下子就观到了，这让我印象很深刻，也很困惑这么复杂的形像他是怎么做到的。在《一个学佛者的基本信念》这本书里，老师领十方丛林书院的出家师父，边唱诵《普贤行愿品》的偈颂，边消文解意的教导作观想，我读这书时，有身历其境参与讲座的感觉，从那时起我就知道，念头一引领，观想就起来了。

以前拜八十八佛忏时，念到“南无皈依金刚上师”心里就纳闷，金刚上师是谁啊？一直到2010年我开始依照老师传授的准提法仪轨修持，某天忽然了解了，我的金刚上师不就是南老师吗！这虽然是我个人的一厢情愿，但我就是信服南老师，我以前曾经梦到老师帮我灌顶，我想他是同意的。自从把老师当成金刚上师后，感觉心里踏实多了，可以安心在家里读书做功课，不需要再寻寻觅觅了。

南老师曾在书中勉励人“不负平生所言”，这句话常萦绕于我的脑中，最近读到他要一位师兄除了读楞严经九十遍外，还建议研读最初引他入道的《大宝积经》，很有幸两年前我在一个佛寺的一堆赠书中捡到宝贝，就是三册精装的整套大宝积经，有这样的机缘，若没有把楞严经与大宝积经熟读，就太辜负老师的一片苦心了，愿以此自勉。

南老师在佛法上的证悟有多高是不得而知的，从他那不经意流露出来的密行来看，“尊德行而道问学，致广大而尽精微，极高明而道中庸”——他是做到了。

礼敬您！我尊贵的金刚上师南怀瑾先生。

月圆之夜送恩师，花雨满天心相随

王　红

昨晚又梦到怀师，他的身体缩小到婴儿的大小，特别柔软。看到我来，他特别高兴，起身带我参观太湖大学堂，一边走，一边问："办学的钱够不够？不够，我再给你！"

醒来仔细想，这一生，梦到最多的人正是怀师。为了女校，我五上太湖，听老师的指导。3月份那次回来，竟然连续几个晚上，人在梦中回到与老师共进晚餐的情形，就是在那张餐桌上，他给我指点江山。

9月15日，女子德慧大学堂开学了，16日A班结业。17日晚我竟梦到老师病重，身边几个人围着他，他却已经说不出话来了。23日，B班结业，次日，我立即携着学员们的心意来到太湖大学堂，知道老师在定中，知道无法见面，却依然想看望，依然想守候。27日晚我从太湖大学堂回来，为老师的出定入定，我的心一直乱得很。28日早上，又梦到八个字：出定入定，隐退为宜。看到这八个字，我的心凉了，知道老师尘缘已了，他虽有入定出定之力，但无眷留之心，自己决意隐归了。当天下午我给自己写下了：决定不问生死，唯记如海师恩。刺血抄经明志，明朝灵山相会。

29日下午便得到了老师仙逝的消息。

30日晚，中秋之夜，明月高挂，宗性法师在怀师的荼毗仪式上，手执化身杖，大喝："今予：诸行无常，是生灭法；生灭灭已，寂灭为乐。笑曰：俄而一梦，是梦非梦，梦里梦外，梦梦梦梦。南公怀瑾大士，印如是耶？"

10月1日下午从苏州北到北京的高铁车上，五个多小时的车程，一路泪流，想起与怀师此生此世的种种际遇，竟真的如一场梦。

一、初种菩提

2008年，我时任欧美同学会2005委员会秘书长，目睹身边诸多海归精英们奔波劳碌，身心俱疲，遂发心为大家觅一良方，给这些“不差钱”的学长们根本的生命关怀。环顾四周，唯觉国学大师南怀瑾老人为最佳人选，既无宗教之讳，亦无门派之别，他的学识，修为，诸行圆满。经由友人李青原大姐的引荐，怀师千里之外，法眼识心，慈悲为怀，欣然应允。对话题目：“中学为体，西学为用”。现此文稿已收录在老古文化出版的《21世纪初的前言后语》一书中。

2008年5月27日，经由怀师助理马宏达先生的细致安排，我带一行40人千里求法，齐聚天圆地方的太湖大学堂。是日，天降甘露，细雨绵绵，“南老师像飘过来一样”，还记得同伴当时的惊呼。时年91岁的老人仙风道骨，淡云神来，上下千年，纵横万里，东西畅游，评古论今。“个中若了原无事，体用何须分不分”，字句动念间，怀师巧妙引众，转识成智。

“如何知道自己修行的次第”？“你自己吃没吃饱，问我，我哪里知道？”众人哄然大笑。几年过去了，想起当日自己的浅薄之问，依然脸红。身若清凉澄净，何须推窗问月呢？

当日晚饭后，怀师又叠珈上座，示范呼吸之法，净心之法，禅修之法，养生之法。“孔子有云：少年戒之在色，中年戒之在斗，老年戒之在得。你们是国家的精英，第六意识用得太多了，不要未老先衰啊”，老人语重心长的谆谆教诲，依然在耳边响起。

二、接引上路

时光流逝，斗转星移。2010年夏，我创立的“未来中国助学联盟”在世博会启动。这是一个智力公益组织，邀请国内外的领军人物给全国，特别是二三线城市的大学生，以公益讲座的形式，为他们传递思想、分享生命，用自己的人生宝贵经验而不是钱，来助力青年成长。想到2008年向老师求法的殊胜，这一次我又斗胆向老师求字。上午邮件发出，下午就收到了回信：再造中国，走向未来。这是南老师为“未来中国助学联盟”所题。后来我才得知，老师当时手有些抖了，是分三张纸，写了这些字。我说要去取，他说，不必来回跑了，把时间用在做事情上。我说，那我寄些钱，表达心意。他说，把钱用在你的公益事业上。

“再造中国，走向未来”，其实最初我是不敢用的，觉得这八个大字太大了，我哪里配用啊。但是，随着“未来中国”的不断发展壮大，我再一次体会到了老人家的远见：

两年的时间里，我们集合了国内外100多位公益导师，在全国20多个城市，进行了40多场公益演讲，面对面的听众就达4万多位大学生，最多的一场竟有8000多人，网上关注度也达百万人。我们的书、杂志、电子简报、青年营——成为青年成长的助力，重新构建了青年人的价值观，不正是“再造中国”吗？！当青年人真正发挥出太阳般的光亮和热情，不正是“走向未来”吗？！

每一次的“未来中国讲堂”的远行，我仿佛都能看到怀师的指引。不经意间，我们竟然走了那么远，影响了那么多年轻人的心。我们是凡夫，看不见，也不相信自己的力量，但有老师的指引和护持，我们创造了奇迹。每天邮箱里各种热情洋溢的来信，让我意识到，“再造中国，走向未来”，老师让我们的行动有了标的，有了方向，有了意义。给几万人带去温暖，带去生命的感动，是老师把我，从一个平凡女人的朴素发心转成一个走向菩萨的大悲路径。

三、委以重任

宏达的一个短信把我召到了太湖大学堂，说老师2012年1月7日晚讲《女人的修养》，让我来听，并小住几日。懵懂的我，无法预知，此行竟然改变了我后半生的人生轨迹。

1月8日下午，我随宏达来到了老师的办公室（想起当时见到他的欢喜与拘谨，此刻的我又是泪流满面）。他的办公室不大，拥挤，而我更局促。怀师热情地招呼我：快坐下，喝咖啡，吃点心，不要客气。就像迎接一位老朋友的到来。老师开门见山：“王红啊，你来得太好了。我要你来办一个女校，这是我几十年的心愿。”他随手把女校的名字给我写到纸上，细致地告诉我，女校的内容，女校的目标。他说，“最好在南方起步，这样我和宏达可以帮衬到你”。他考虑的是这样的细致。老师讲话有些口音，而且各种旁征博引，我跟上有些吃力，但有一句话，清醒无比地深深烙在了我的心里：“趁我活着，把它办起来。”我当即不假思索地说：“好，我做！”

出了老师办公室的门，我有些嗔怪宏达，这么大的事情，你事先让我有个准备啊。宏达说，“我根本不知道”。晚餐桌上，南老师也说，的确没有人知道这件事情。现在，我庆幸自己当时的应答，创立女校，对我来说，是“此生只为这一天”。

1月7日，2月18日，3月17日，南老师连续三次初讲《女性的修养》，前所未有。

老人家引经据典，从“西周三母”太姜、太妊、太姒的母仪天下，讲到明初女词人冯小青的“愿为一滴杨枝水，洒向人间并蒂莲”的大悲情怀。他说，母教，比哪个学校都重要；中华民族需要站起来，未来的时代需要女性站出来，这不是说一定要女性来做领袖的意思，而是女性作为社会的基本力量，需要培养和建立妇女的道德，来影响男人，影响社会与世界。办女校，是为了培养真正有品德、有才能的女子，这样的女子“母仪天下”，能使这个人类社会，使这个世界变得更加美好。

5月18日，我再上太湖。依旧是晚餐桌上，老师细致地问了女校的进展情况，他列出了女校教学内容的纲要，他说，你要做女校的第一个学生。你自己要带头好好学习，研究中国文化3000年的历史，从中整理出女性在历史上的作用。你组织一个女史研究小组，在太湖大学堂好好做调研，费用由我来出。他特别强调要用最前沿的网络手段来推广教学成果，这样社会效应才能最大化。

7月12日，为了女校，我第五次来到了太湖大学堂，往常我都是匆忙来，匆忙走，这一次我竟然连住三个晚上。老师安排我到刚刚落成的太湖大学堂上海分院去参观，准备让我把女子德慧大学堂设在那里。女子德慧大学堂，这个名字是老师起的，用签字笔写在纸上，他曾说，开学的时候再用毛笔写，做校匾。11日下午，我正在禅堂打坐，接到短信，让我去老师办公室。老师说，兵马未动，粮草先行，我给一百万元，帮助你启动。不要有负担，我们尽力去做就行，成不成，老天爷说了算。他总是那样的轻松和幽默。几面之缘，一百万元，不需要借条，不需要承诺，这是怎样的气度，怎样的人格？在我面前的不像是一位百岁老人，依旧是他正值壮年带兵打仗时的意气风发。次日下午，我从禅堂出来，面对老师办公室的方向，泪流满面，鞠了三个躬，默默在心里发誓：我一定实现诺言，趁您活着，把女校建起来。用自己的一生，把它建好！

我没有想到，这是最后一次与老师见面！

9月30日，又一次去太湖大学堂。行前，我特意仔细把黑色衬衫熨得平平整整，与老师相处的冬、春、夏三季，他总是衣着平整，纤尘不染，每一身行头，都是那样的妥帖，衣服的式样是古典的，在我眼里却是那样的时尚。看着太湖大学堂班车上的中外男女，在家出家人，我的泪止不住，老师“游戏人间九十有五载，醉心法海七十余春秋”，他这一生教化了多少人啊。

晚上六点半，我们列队两边准备就绪。荼毗仪式开始了，阵阵的诵经声当中，老师的法体缓缓从我们的面前经过，我不敢相信，与老师生前相处的十个夜晚，音容笑貌，欢声笑语，就这样被定格了。我站的位置正对化身炉的炉口，当火把点燃，当炉门封上的一瞬间，感觉犹如万箭穿心！我跪在地上，不敢看眼前热烈的火烧在老师的法体上，却实实在在疼在我们的心上。我只能抬头望天上的明月，湛蓝，宁静，皎洁，阵阵白烟开始升腾了，飘向禅堂的方向，如梦如幻。在中秋之夜，老师用这样的方式，给我们上课：死亡不是痛苦的离去，而是一场欢欣的告别。

三十三周的日夜兼程，我向他老人家交了作业：听了宏达关于女校开学的汇报和学员的反馈，老师非常高兴，这是我一生中最欣慰的事，我实现了对老师的承诺："趁我活着，把女校办起来！"老师已在月圆之夜随袅袅轻烟而去，那月亮，不像太阳那样浓烈，却温柔，清凉，圆满，无限深情地望着这个世界——这正是我心中的老师：隽永，宁静，平凡而美好。我觉得老师依然在我们的身边，他真的就在女子德慧大学堂的每一次课堂上！我无限的感恩怀师，没有他老人家千里召唤，命我取"德慧女人"这部真经，我哪能经历这一路的种种风景。我本一个平凡女子，老师如光明灯，照亮了我的人生，从此不同，更坚定，更专注，向上，向前。

"此身已在含元殿，何必寻人觅长安"，这是老师曾经引用的话。他的离去，又是他的慈悲与远见，让我自主创业，自性成佛，办我心中的女校，而不是他的。荼毗之时，我悄悄在他的化身炉里，放进了一枝白玫瑰，它就是女子德慧大学堂，我相信，虽初绽放，但经后人共同努力，不懈奋斗，终会花雨满天！

脉脉乡情怀南师

——南怀瑾先生饱含寓意的一眼令我终生难忘记

赵乐强

（乐清市人大常委会主任）

今年5月29日，我曾到太湖大学堂拜访过南怀瑾先生，他当时精神很好，健步行走，谈吐清晰，神采飞扬。

7月底，我再到太湖大学堂拜访南怀瑾先生。我见南老师精神气色不如以前，便请他保重。南老师说，龙年于他流年不利，又说“今年如能过去还可以再活一纪，但很难说，也不知道哪一天走。活一天算两天半，明天说不定就不在了”。他说这番话时很淡然，平静如水，这可是洞穿一切之后的人生态度啊！

当时临告别时我跟南老说，中秋过后我再来看他，他饱含寓意地看了我一眼，这一眼我终生难忘记，想不到中秋前一天，他就走了。

9月29日下午5时，我接到太湖大学堂讣讯，南怀瑾先生于一小时前走了。第二天我就赶到太湖，30日参加了在太湖大学堂的告别仪式。由于历史的种种原因，南先生生前没有回到故乡，这次我特别向南怀瑾先生护持工作小组提出，一定要让南先生魂归故里。

老人对家乡的思念很深，寄情很重。我经常跟朋友讲，或许是人到期颐之年，对故土会有一种特别的乡情和乡愁。七月底的那天晚上，他吟诵了好几首诗，有两句我印象特别深，“莫将粒粒菩提子，化作相思红豆红”。这是他自己的诗，我接他的话说：“您生这百年，也是家国民族灾难最深重、变化最深刻的百年，您将无限相思化作粒粒菩提。”南老师说，“称我高僧的有，也有叫我大师、菩萨的，我什么都不是。‘隋炀不幸为天子，安石可怜作相公。若使二人穷到老，一为名士一文雄。’这是我们一个乐清前辈写的。你还记得我的狂言十二辞吗？”隔着个圆桌，南先生香烟在手，穿一件白色对襟，一头鹤发，昏淡的灯光下清癯的脸上带点不屑的神色。

我给他背诵了其中几句：“以亦仙亦佛之才，处半鬼半人之世，治不古不今之学，入无赖学者之林。挟五霸纵横之术，居乞士隐沦之位。誉之则尊如菩萨，毁之则贬为蟊贼。”我快背好时，他脸上明显闪过一丝顽童般的调皮，眼睛里透着狡黠的天真。我还没反应过来，老人话题一转，说：“井虹寺过去有副对子挺有趣的：得一日斋粮既食一日，有几天缘分便住几天。还在吗？”我回答说可能没了，寺庙是重新建过的，没听谁说过这对子。南老说自己少年时在这里苦读过，19岁那年回乡，带着个四川和尚，也住在井虹寺，从此以后就再也没有回去过。他说井虹寺的伽蓝神不在庙里住，伽蓝爷殿修在庙外面，这在其他地方不多见。那晚他关于父亲，关于少年家乡讲得较多也很细，70多年前的点点滴滴他都没忘记。

至于他背的这首诗，回来后我请教了张炳勋先生，这出自晚清民国时期号称“乐清西乡三才子”之一的刘子屏的《盗天庐集》。南先生记忆力特好，思维很敏捷，这几十年来，他对本土乡贤先哲的学问、诗词有很深的研究，尤其推崇永嘉大师，说他影响了中国的文化。

在这之前，五月和六月我都去看过南先生。五月份去的那次人较多，他很兴奋，给大家一一签名赠书。当时正好有两套《陈诚回忆录》和陈诚的《六十自述》从台湾寄过来，陈诚是南先生的老朋友，南老让我带一套送给乐清图书馆。当我向他汇报乐清的“三禾读书社”的活动，尤其是近两年来一百多人坚持读经典，读南先生著作时，老人唏嘘不已，一度竟至哽咽不能讲话，他老人家为家乡这件事动容了。他说了好几次，“我很感动，替乐清人骄傲！”他说：“乐清应该重文化，光是向钱看有什么用啊！”

他为“三禾读书”题了字，虽然少了他早年那种遒劲和流畅，但凝重端庄。我真想不到这四个字竟是他的绝笔之作！也在这个晚上，我再次邀请他为我们乐清上堂课，他愉快地答应了，但也只能是来世之约了。中秋节的晚上，当月亮最皎洁时，我们在太湖大学堂为先生送别。老人家真是高人啊，选择了这个时候远行！

有一次我向南老请教，能否将南老投资建设的由南老故居改造成的乐清老幼文康活动中心改名为“金粟园”，这是移南老在台湾及美国的书斋名“金粟轩”和“金粟阁”之名，后来南老看看我，想了想说，那就改名“金粟苑”。接下来我们将做三件事，第一，将乐清老幼文康活动中心改名为“金粟苑”；第二，在乐清新建的图书馆划出500平方米专门放置南老的著作，设立读书吧，让更多的乐清人读南老的书，并在读书中找到人生乐趣与真谛；第三，出一本乐清人与南老通信的书信集。

记得有一天他接待客人，邀我也过去。送走客人后，他回到办公室，坐下后他跟我说："你有事只管走，不用陪我。我把这假牙也摘掉，这样轻松些。"他说过学佛不是为了保佑自己，而是为了舍弃自己。可今天他摘掉的不是假牙，连自己的身子都不要了。九十五年对家国的热爱，对世人的牵挂，对故乡的恩怨思念，终究成了粒粒菩提。他的精神不死，灵魂不死。

高高山顶立 深深海底行

——南怀瑾先生文化史观述略

复旦大学哲学系王雷泉教授

【内容提要】南怀瑾的文化史观，源于他对人生苦迫性的否定及超越。从其求道经历及著述来看，他始终坚持佛教传统的修证道路，以出尘脱俗的第一义作为终极。根据其师袁焕仙“非离真而有妄，实藉妄以诠真”的观点，真与妄、体与用、经与史，皆为一体二面的统一体。故能圆融无碍地出入经史诸子百家，以孔孟之学的王道德政作为治事与立身、立国的中心，而以《战国策》、《孙子兵法》等作为权变、应变、拨乱反正的运用之学。因此，了生脱死的佛法，必须落实在现实人生，亦即药山禅师所谓“高高山顶立，深深海底行”。无论是出世做宗师，还是入世当英雄，关键皆在于把握时节。南怀瑾认为中国在二十世纪八十年代后期，进入国运转盛的时期，一切有志者应为国家民族效力，而不要沉湎于仙佛之道。

非常感激柏林寺给我这个机会来汇报一下我的研究心得。净慧大和尚通知我的时候，我非常犹豫，因为我觉得我的角色不大容易定位。于是我就开始研究：在新时代佛教组织要向哪个方向发展、会产生哪些新的形式？一直到临行前晚上 1 点多钟，这个题目还没有做完，怎么办呢？只好匆匆地从电脑里检索出这篇旧文章来。

《复旦学报》今年搞了一个专辑，专门研究南怀瑾文化现象。南先生的书在大陆流行已有五六年了，但学术界对他做出比较公正合理的研究似乎还不多见。今天我并不是就南怀瑾来论南怀瑾，因为南怀瑾是一位居士，那么从一个居士的角度、从他学佛的历程，我就正好来印证一下新时代佛教应该采取什么样的形式来发展。第二届生活禅夏令营时，我就讲过我是一个学者，是一个“教外别传”，那么在这种场合我既不能讲开示，也不能像于晓非先生那样谈自己的学佛心得，因为不能越位，所以我只能采取一个比较客观的、公正的立场来谈一下我的研究心得。

大家看，黑板上我画了一个苹果，苹果有三个层圈，最里面的是核，中间是果肉，最外面的是果皮。佛教也有三个层圈，那么佛教的核心层圈就是信仰层圈，佛法之所以存在于我们社会之中，它与世间的其他任何思想体系的不共之处在哪里呢？那就是缘起性空的思想体系和哲学基础。这一点是佛法存在于我们世间的依据，这个依据不能丢，犹如苹果的种子不能丢，丢了，佛法就没有必要再在我们世间存在下去。而佛法的真理必须通过个人的修证实践才能获得，那么谁能够真正获得这不共的信仰层圈呢？那就是四众弟子，特别是出家僧宝，这就是我们整个佛教的核心基础。在这个层圈，我是没有权力、也没有资格来说的。

第二个层圈是佛教的社会层圈。我们都是人，存在于社会之中，那必然与社会政治、经济、文化的各个层面发生各种顺的、逆的联系。既然如此，我们必须遵守国家法律和一系列的政策。佛法是出世法，但它不离世间，不离我们的生活，在这个社会层圈里，我们可以发生各种各样的关系，比如我最近关于佛教制度、佛教教团以及寺院经济方面的一些研究，就属于这个领域的问题。在这个层圈，我就可以讲话。去年年底我去广东丹霞山听到了一个笑话：丹霞山的方丈本焕大和尚带了一批居士上山还要买门票，就是说这个庙的方丈进庙要买门票?！后来我给他们出了个主意，让他们把这张门票找出来，因为这张票是历史文物，也是我们后人研究历史的珍贵史料，我说：你们把这张门票裱起来，请方丈和尚签上名，过二十年可以拍卖上百万。这就属于社会问题，在这个层面存在着各种顺的、逆的因缘，一切有志者就应该去捋顺这些关系。

第三个层圈是文化层圈。佛法不离世间，它不离文化，我们应该利用人类一切先进的文化成果来庄严佛法，比如今天我们也使用了音响设备、摄像设备、电脑等等现代化设施。我们作为教外学者，主要是在这个层面从事我们的研究来庄严佛法，也就是在这个层面来谈如何共同维护一个健康而又鲜艳的苹果，所以我今天选了“南怀瑾先生文化史观述略”这个讲题。以上是我个人的定位问题。

到了柏林寺以后，我正好看到一个珍贵的史料，那就是三千邑众碑。拜读之后，我感到生活禅的理论基础可以从中找出一条。诸位有时间的话，建议大家到大殿后面去看一看这个碑记。在我开讲正题之前，我先介绍其中的一段碑文，这是圣言量，对于我们为什么要提倡生活禅是个很好的依据。佛教的现代化是每个时代必有的课题，唐代有唐代的现代化，当代有当代的现代化，佛法不离时代，不离社会，并不是我们现在才别出心裁提出生活禅。

这段碑文是“寂不碍用，俗不违真；有无齐观，一际平等”。寂是寂灭、涅槃的意思，佛教的终极关怀、终极理想并不妨碍我们在社会中的日常大用；有无是一个体用、真俗的关系，佛教充满了辩证的思想，出世的理想和入世的修行是平等的，并不是对立的。“若离事而推理，堕声闻之愚”，如果我们离开了上面真俗不二的原则，离开了日常生活中的具体事项，去究出世之理，那我们就会堕到小乘的境界。因为理不碍事，事不碍理，理事是一致的。“若离理而行事，同凡夫之执”，我们提倡生活禅，如果离开了“禅”字，日常生活中的任何事情都可以做，吃喝嫖赌也是生活嘛，那跟凡夫又有什么区别？根本就谈不上佛法。像电影《少林寺》中所说的“酒肉穿肠过，佛祖心中留”，从这一点来看，这部片子拍得糟糕透顶，不过那是十几年前的水平，我们应该原谅那个时代。所以当知“离理无事，全水是波”，理与事就是水与波的关系，水是体，波是水所产生出的纷繁万现的现象；但理并不是一个抽象的本体，并不是说在所有现象背后有一个孤零零的本体，理体现在现象之中，体现在我们生活中的所有事件之中，所以“离事无理，全波是水”，如果我们离开波很去找一个孤零零的水，这样的水是不存在的，水就体现在波浪之中。我们学习生活禅，就要理解它的禅意，理解它的理论基础，在我们日常生活之中乃至于这个碑文里面，都可以找到它的依据。当年赵州和尚的“庭前柏树子”里就透出万千的禅意，因为事不离理，理不离事。

上面是我额外加出的一段，作为我们的圣言量。我作为“教外别传”的学者，今天谈的是比量。但是比量有一个前提，就是以圣言量为比量，以佛祖的语录、历代祖师大德的思想和经验作为我们讲比量推理的依据。我为什么会注意这个碑呢？其实在第一届生活禅夏令营的时候，我就注意到了这个碑，但当时太忙，这一次明海法师给了我这份文件，使我三、四年来的愿望实现了，因为我正好在研究这个问题。“三千邑众碑”，这说明在金代柏林寺曾有过一个非常庞大的规模：我们今天才 300 人，所以规模既不空前也不会绝后。“邑”是什么意思呢？按照刚才的“苹果理论”，柏林寺是核心，但如果不与人民群众发生紧密联系的话，就是一个孤零零的据点。那么要深入民众，它就必须采取一种合适的组织形式，我们的先人早就创立了社和邑这两种主要形式。社是一种区域性、系统性的佛教组织，最著名的一个是东晋慧远大师成立的“庐山莲社共祈西方净土”，团结了一大批知识分子，这也是史料中我们可以见到的最早的一个佛教组织。邑也是一种区域性的佛教组织，历史上也叫作义邑，它是一种超越地区的、高于法律关系、亲属关系的宗教关系，是在共同的信仰下聚集起来的佛教组织。这些组织形态最早见诸于东晋南北朝时期，今天我又在柏林寺找到这一史料，说明到了金代，在中国北方依然存在着三千邑众这么一个广阔的社会背景。而到了二十世纪，我们又发现了一种新的形式，那就是生活禅夏令营。当我发现这个形式，非常激动，第一次来的时候我就对大和尚说，我不仅仅在纪录这段历史，根据历史史料以及二十世纪佛教发展的大势，我们正在创建一种新的形式。原来我想在这方面做些研究，可惜没有完成，仅提出一点思路供大家参考。

人间佛教必然有它的理论依据，历代高僧大德在此做出了很大的努力。我从现代高僧太虚大师的著作里找出点论据，来补充说明我等一下要讲的南怀瑾的思想。1944 年太虚大师在汉藏教理院专门办了一个培训班，培养今后创建新的佛教僧才的骨干，《我的佛教改革运动史》、《关于人间佛教》等著作都是当时讲出来的，可以看作是太虚大师晚期比较成熟的思想体系。他把整个佛法分为四个层次。第一个层次是人间改善。这也是为科学、哲学、儒道思想等等世间学问所重视的一个问题，所以佛法并不违背科学、哲学，与儒学更不是水火不容的，为什么呢？因为大家都有一个共同的目标——为了世间的改善。但是佛法比世间所有学问高明之处在于它要超越这个层次，超越不等于否定，而是它包含了人间的所有东西以后又要超越之，这也叫出离。第二个层次是后世胜进。几乎所有的高等宗教都教导人们，今生好好修行，死了可以上天堂，这一点佛法也不违背，比方说我们修十善业，相当于佛法的人天乘，死后可以生天界，所以佛法也有这一层次的理论体系和修行方式。第三个层次是生死解脱。上面两个层次属于人天乘，是佛法最基础的层次，而到了这个层次，佛法就要了生脱死，这一点就是佛法与其他所有宗教体系的不共之处。从来就没有一个创世主，也不靠神仙皇帝，如果要解脱自己的话，你不能靠任何人，只有靠自己，这就是佛法的不共之处。不过，这还仅仅是小乘层次，那么大乘佛法与小乘佛法的不共之处在哪里呢？就在于它的法界因缘，就是说解脱者不仅仅要解放自己，还要解放全人类乃至于全法界众生，如果解脱者不能解放全人类的话，解脱者也就不能最后解放自己。太虚大师是把他的人生佛教建立在这么一个基础之上的，既包含了前面两个层次而又超越之，层层叠进，所以我们现在提出的生活禅或者人间佛教，并不与前面两个层次对立，既包含它更超越它，完全是契理契机的。太虚大师在他著名的一首偈中说："仰止唯佛陀，完成在人格，人成即佛成，是名真现实。"人间佛教的终极关怀就在于佛陀，理想目标要崇高，所以我们要向佛看齐，但是具体的修行还要从做人做起，成佛必须先做人，我们要在人间修成一个完美的品格，因为佛也是人，他是在人间成佛的。太虚大师把他整个庞大的人间佛教体系最后浓缩为这四句话。

接下来，我具体地介绍南先生的文化思想，重点对他如何学佛，如何看待中国传统文化，以及如何做人作一点研究。因文章已发表在《复旦学报》1996年第3期，所以在这里我想讲得稍微自由点，大家如果有兴趣的话，可以参阅原文以及文章引文出处的南先生的著作。

讲到南先生，我先谈一谈认识他的因缘。1989年我在香港见到了他，那个时候我们的传统文化比较消沉，青年学生有点迷茫，甚至有些人沉湎于声色犬马之中，大学校园里普遍存在着迷惘、厌倦的思想。我们作教师的很感慨，怎么办？要读书，要读好书！所以我到了香港以后想找点好书，引进来让我们的学生看看。

看点好书很难，我读研究生的时候，好多佛经不像现在这么容易看到。记得1982年我在图书馆发现一部日本人编的《大藏经》缩影，非常感动，因为从这里面看到了日本人的团结精神，他们动用了十几所大学的几十名一流的教授搞《大藏经》缩影。这项枯燥的工作是我们图书馆一般的资料员都不屑一顾的，但是，我们如果不做这最底层工作的话，我们永远不可能赶超人家。我从这个缩影看到了日本教团的一种非常严密的体制，他们在统一的教团之下，完成了这项相当枯燥但对全人类绝对是有价值的工程。我非常感慨，当场写了一篇文章投给《法音》，这篇文章也奠定了我亲近净慧法师的一个机缘。净慧法师非常慈悲、非常谦虚、非常工整地给我回了一封亲笔信，这封信我还保存着。从这时候起，我开始接近净慧法师，同时也愿意为我们的民族做点事情。

后来为了我的学位论文，我跑到天台国清寺，那儿的藏经楼有两道锁，一把钥匙在首座和尚静慧法师手中，这位老人家也非常慈悲，他恨不得把所有的书一股脑地都拿给我看。可惜另一把钥匙在文管所的干部手中，要两把钥匙配在一起才能打开藏经楼。于是我带去一条牡丹烟，等我把牡丹烟差不多消耗完的时候，这位所长总算开恩了，让我隔着玻璃窗远远地望了一望。后来又到了中方广，正好是夏天，师傅们在晒佛经，我就自告奋勇地要求替他们翻书，师傅们说，这么热的天你受不了，我说没问题，承蒙毛主席加持我做过九年农民。于是利用晒经的机会我看了很多好书，在烈日下、在树荫里读了一些佛经。所以求法太难了，要看佛经太难了。

鉴于自己的这些经历，一遇到机缘我就不遗余力地去做，所以见到南先生之后，觉得他的有些著作可以推动我们比较沉闷的空气，就提出介绍几本在大陆出版。回来以后，首先在复旦大学出版社出版了《论语别裁》。本来我想推出的第二本书是《禅海测》，但他们说太深了看不懂啊。结果出了《历史的经验》，我不以为然，这本书应该晚点出，因为一个人太精明太算计了不好，讲谋略学不好。为人处世知见先要正，然后才可以搞一些权谋。一开始引进《论语别裁》的时候，他们还担心卖不出去，结果没想到后来到处都抢着出版，这时我就悄然隐退了，所以后来出的书和我没关系。到了今年，南先生的书出了五、六年了，我们举目四望，好像学术界对他没有什么反响，也没有进行什么引导或者研究，所以我们花一个多月的时间写了一些文章，搞个专辑，谈谈想法，这里就贡献给大家。

对于南先生，褒的人有之，贬的人也有，其实人们没必要贬他，因为他自己已经把自己贬得够厉害的了，他有一首打油诗叫《狂言十二辞》：

> “以亦仙亦佛之才，处半鬼半人之世，治不古不今之学，当谈玄实用之间，具侠义宿儒之行，入无赖学者之林，挟王霸纵横之术，成乞士隐沦之位。誉之则尊如菩萨，毁之则贬之蟊贼。书空咄咄悲人我，弹劫无方唤奈何。”

他以亦庄亦谐的笔调、可歌可泣的心绪刻画了他自己以及他所处的环境，这里就不多讲了。平时他教导学生有一个主要的思想，他的学生在写回忆录时点了出来：“敦儒家之品性（孔孟做人处世的方法），作道家之功夫，参佛家之理性和见地。如此才能做一个完整的人，出世成佛，入世则己立、立人，而及国家、天下；如此才能为世必不可少之人，能为人必不及之事，庶几此生不虚。”我觉这是他的一个主导思想，有的人说他的学术不纯，三教九流样样都有，但这里边他有一条主干，也就是佛教为什么会在我国流传，为什么会三根普被，就在于它比较圆融地协调了儒道佛三教的关系，它把儒道两家在佛教的见地之下统统收罗过来，为我们国家、民族所用。我觉得这段话比较贴切地把握了南先生治学和为人处世的方式，从中可以看出他是在一个什么样的史观底下来处理所有学问的，所以我的文章的副标题是“南怀瑾先生文化史观述略”。我从五个方面来谈谈。

“因人论世”与“因世论人”

根据我的理解，南先生的文化史观源于他对人生苦迫性的否定及超越。人生是苦，苦是什么呢？苦就是我们对现实世间的一种价值判断。苦者，缺陷、不完美，所以我们才要否定它、超越它、改善它。南先生的书里经常说，我们人生充其量百年，常人只有几十岁，而人生几十寒暑，小孩不懂事，老人干不了事，所以孩童和老迈时期就去掉了一半，剩下的一半时间里吃饭、睡觉、生病等等又去掉了一半，真正活着的时间不过六、七年而已。这六七年里大家还要想办法找“饭碗”，一个又大又好的“饭碗”，找关系，投门子，浪费了大量的时间，而真正能够想“生从何来，死往何去”“做人到底为啥”的时候没有几天。短暂的岁月中既不知生自何处来，更不知死向何处去，烦忧苦乐，聚扰其心，更不用说什么宇宙天地的奥秘了，人生始终处于迷惑之中，死后带惑再来，继续处于迷惑之中。活了一辈子，脑袋清清楚楚只有几天，有的人甚至连几天也没有。所以南先生说：“如同《易经》最后‘未济’卦所示，人生是一个没有结论的过程，永远是有缺憾的。”无论是大宗教家、大哲学家还是英雄伟人，都跳不出生死，他说：“正当他历经青年和壮年，脑力和智慧刚好成熟，经验的累积正达高峰的时候，便像苹果一样，红透熟烂，还归虚无。”

人类历史跟我们的人生也差不多，由不完美的人所构成的人类文化也是不完美的，“由人创造的历史文化，也就表现为永远是不成熟的。前一代经历过的一切成败悲欢，注定了下一代还得重演一遍。”我们常说：不听老人言，吃亏在眼前。老年人在谆谆教诲，青年人却就是不听，于是“人类智慧永远以二三十年的经验接续下去”。但确实还有少数的智者，能参透这里面的消息，前人的错误也可以少犯一点，所以我们还得学哲学，因为哲学可以让我们了解宇宙人生的真理，把前人犯的错误少犯一点，等我们什么错误都不犯时，我们就成佛了。下面这段话我觉得他说得很好：“古今中外，累积几千年来的历史与文化，可以说都是青年人扮演主角的成果，中年或老年人担任编辑而写成的；它永远都很年轻，并且尚未成熟。”确实如此，世界是青年人创造的，建功立业也是青年人造就的，释迦牟尼成佛也是在青年时期，干事业就是要在我们体力和智力最成熟的时候，但青年人要多多注意老年人的经验教训，要发挥我们青年人的锐气，但不要自以为是。这种不成熟的人生和历史是怎么造成的呢？南先生认为，在于人的心理上永远处于不满现实而又不得不适应现实的矛盾之中。马克思讲过，德国的一年级大学生每个人的书包里都有一个改造世界的体系，咖啡馆里常常可以看到他们高谈阔论的身影；到了二年级他们就开始琢磨怎么逃课了；三年级着急通过考试；四年级就忙着找工作，理想没有了。所以我希望在座的所有的青年人要保持我们的锐气，同时也要注意，当你离开校门以后，你还不得不去适应现实，但在适应现实的时候又要注意不要同流合污。正如净慧法师所讲的，我们要现代化，但现代化是手段，化现代、化社会、化生活才是我们的目标。

这里谈谈我的体验，我在九华山上课的时候，有一天上完课他们陪我去龙池玩，那个地方山高月小，清风明月使人尘缘顿消，清澈的山泉在身旁流淌。我于是想：这个地方太好了，我就呆在这里不下山了。但突然又想起这泓清泉它流向何方？这么一想不禁悲哀起来，它要流到山下，经过村庄、田野，牛马在那里饮水，农妇在上面洗衣，水面上潭流着枯枝败叶，江河里裹挟着污泥浊水。如果说我不要污蚀，我要清纯，那就永远留在山上，那是声闻境界。好比我们心中自有源头活水，这个活水来自于我们的修证，但是修证之后还得下山，山泉还要汇成江河，你要解救世人你必须化成江河，但是请注意江河的目的是在大海，只有汇入永恒的大海，那么山泉与大海就融为一体了，这才是一个非常宽广的大乘境界。但是也不要说，为了解救世人我主动地到牛圈里去、到粪坑里去。去可以啊，你要去冲洗它们，千万不要到时候自己也流不出去了，变成臭水一潭。所以我们说生活禅是用禅来点化生活、提升生活，不是让我们与世俗生活混为一谈，那就是臭水潭。

人生也是如此，我们要改造社会，却有时被社会所改造，我们要超越社会，但往往又被社会拖住，这是一个矛盾。所以我非常认同南先生的观点，他说，“对于历史也就有两种截然不同的观点：若从物质文明与人的现实生活言，历史不断地向前推进，必然需要在器物的进步中更求进步；若从宗教性道德观念的立场言，则精神文化又是在‘人心不古’、‘世风日下’的哀叹下不断退化。”物质文明和精神文化的内在的张力就表现为这么一个冲突，这种冲突在二十世纪的中国表现得更为明显。因为二十世纪是一个动荡的时代，我们中国是在内忧外患中度过的，那么“生长在东西新旧文化交互的排荡撞击中的中国人，思想常陷于进退失据的矛盾混乱之中。无论是不满现实的青年，还是叹息‘人心不古’、‘世风日下’的老前辈，究其实都跳不出循环式的历史悲剧：历史时代的途程在不断地向前推进，而人类在时代的轮转中，却永远不满现状”。

前几天我与一些同学也讲到，我们在享受现代文明成果的同时，又老是对带给我们进步的现代科技，以及在科技之上的制度表示种种不满，那么我们怎么看待这个矛盾的现象？南先生说，两千多年前的圣贤都有“因人论世”与“因世论人”两种角度。什么是因人论世呢？人力是能改变时事的，所以孔子把遭逢历史巨变的过错，责之于当时身在其位、力足以谋国的“贤者”。我们知道孔夫子一辈子生活在国家分裂、社会动荡、人民痛苦的时代，他有满腔的理想，因而周游列国，游说诸侯，但他的理想实现不了，最后愤而着《春秋》，把他的一腔政治抱负保留在此书中，让后人去评说，让后人去吸取经验教训。中国的知识分子大概有两层理想，南先生对此谈得比较透，他是看破以后用一种调侃的口吻把它讲出来的。他说，中国的士大夫虽然有着惊天动地的抱负，但是儒生从来没有想过自己要去当皇帝，他们最高的理想是师道，而师道在具体的现实中实际上是臣道而已，而且臣道搞得不好的话就是奴道。我们看《二十四史》，能够成大器的皇帝很多都是草莽英雄，刘邦原先不识字，朱元璋就更不用谈了。但他们做了皇帝以后就有一批儒生归附他们、帮助他们，于是皇帝也就成为圣贤了，这就是臣道。做一个良臣就是儒生的最高理想。但是儒生要有孔夫子的气质，毕竟孔夫子对历史的不满、对现状的不满保留在历史上，他死后成为庶王，也就是不在位的皇帝。所以，知识分子做不了人王做个庶王而已，用你的笔来记载历史，因此永远是在放马后炮。这里，我觉得知识分子其实有三个层次——人王、庶王、法王。知识分子从人王到庶王，依然还要进一步向上去关照，要做法王。

儒家的论世方式是"因人论世"，那么按照南先生的论点，佛家的论世方式是"因世论人"，就是说社会的动荡、各种各样人间的弊病，是我们众生的共业所感，要改造这个世界需要唤起所有的众生，大家一起来改变这个共业。这需要时间，所以佛教讲因缘时节。它把对现状的改变放到一个非常久远的历史长河中来加以解决，它看得更透更远。而儒家却很想在一生中把事情办成，孔夫子有一句话，"知其不可而为之"，明明知道不行还得去做。佛家则把这两种思想结合在一起，在佛教里，这两种思想其实是辩证统一起来的。佛家的"因世论人"，就是以超越世俗的解脱者高度，俯视在三世轮回业流之中的芸芸众生，由于定业难移，一切有赖于时节因缘的成熟，从人性的转化人手，逐渐逐渐来改变共业，所以人生问题的解决，被放到一个非常久远的历史长河里去了。儒家的"因人论世"，则在我们一期生命中，以天下兴亡、匹夫有责的历史责任感，纵然是知其不可，也要勉而行之。这两种观点，儒家的思想其实就是在行大乘菩萨道，但是它必须要在佛家思想的关照底下，所以佛教照样可以包容儒家的思想。

南先生把我们知识分子的使命分成两种：不为英雄，必为圣贤。我们做不了英雄，但我们以英雄为榜样；我们成不了圣贤，但我们以圣贤作为我们的目标。他把英雄的事业称为"人爵"，圣贤的事业称为"天爵"，而在英雄和圣贤之中他更强调的是圣贤，因为真正能够改变世道人心的是圣贤。他说："英雄能够征服天下，不能征服自己，圣贤不想去征服大下，而征服了自己。英雄是将自己的烦恼交给别人去挑起来，圣贤自己挑尽了天下人的烦恼。"

从以上可以看出，南先生把对历史以及为人处世的两种观点，最后在佛家的关照下统一了起来。

须向那边会了——从凡入圣

“须向那边会了”是禅师的话，我把它作为题目，就是说要从凡入圣，学佛就是要从凡夫位上升到圣贤位，因为这个世间是不圆满的。所以要先兴起出离心，要出离修道。下面我简单地介绍一下南先生的求道的过程。

南先生生活在我们中国内忧外患的时代，少年时期他也是志向非常远大的。据他自己讲，他小时候绝顶聪明，看书过目不忘。我去见他的时候，他问我们这些大学教授读过哪些书？他问全部《大藏经》读过没有？我说没有；又问《二十四史》通读了没有？我说没有；你把所有的诸子百家的著作都读过没有？我说更免谈。他说：那你谈什么文化呢？你连这些书都没有读过。他接着说：这些书我都读过。仅仅因为这一点，我就觉得他了不起。年轻时，他也想做一番经天纬地的事业，所以二十岁刚出头，他就到四川西康、云南等地带兵屯垦戍边。公务之余，他就到处参学问道，参访善知识，要去寻访宇宙人生的真理。他跑了大半个中国，最后拜倒在四川大德袁焕仙门下。

这里我要指出一点，二十世纪的中国佛教，很值得我们注意的一个现象是居士佛教系统。中国近代佛教的重点是在长江流域，就是说禅林上有昭觉、宝光，下有金山、高旻寺。在长江流域的上游和下游地区还有两个居士集团，下游的就是南京的金陵刻经处和支那内学院，上游的就是袁焕仙居士集团。

以欧阳竟无为代表的支那内学院系统，主张回到纯粹的印度佛学之中去，从而对传统的佛学进行猛烈地批判，他对天台、华严是不以为然的，他说天台智者大师不过到五品位，还是个凡夫位。我研究的是天台宗，作为学者，天台宗就是我的安身立命之处，他把我安身立命之处的东西讲得一钱不值，这个我不管，我们还是有一点侠义精神，欧阳竟无毕竟是二十世纪一位难得的佛教思想家和佛教教育家。他的观点我们可以不同意，但他的努力和功绩我们应该承认，而且半个世纪以来，我们对欧阳竟无是太不公正了，他有一系列的佛教教育的思想体系，应该值得我们去汲取。我们不能从头再来，建功立业不过是三十几岁，前人的经验教训值得我们去汲取。所以，出于这个考虑，我花了整整八年时间，才把欧阳竟无的文选整理出来，编成一本书，现已出版。我们要客观公正地先把他的思想原原本本地清理出来，至于大家怎么看，只有凭各人自己的知见去衡量了。

长江上游的以袁焕仙、南怀瑾为代表的居士集团，与欧阳竟无截然不同，欧阳竟无强烈排斥中国佛学，要维持一个纯粹的根源性，而上游集团是三教包容的，所以有些人说这个系统太杂不纯，这也是值得引起我们注意的一个现象。南先生的书是我引进来的，现在出得到处都是，简直变成地摊文学了，这对南怀瑾先生并不是一件好事，不过使我们有足够的资料来研究长江上游集团的思想。

南先生 1942 年得遇袁焕仙先生，《影印＜大乘要道密集＞跋》详细地讲了他自己求道的心路历程，这段文字比较浓缩、扼要，有助于我们了解他的思想形成的过程。他说，“志学以后”，也就是他青少年时期，“耽嗜文经武纬之学”。他的武术很高明，我去见他的时候，他当场表演了一套武术，七十多岁的老人，筋骨非常柔软，而我的腿都盘不起来，他就骂我们：你们连腿子都搞不好，还谈什么佛学？！当时就教我打坐，可惜我不成器，到现在为止，一打坐我就照顾腿子，谈不上照顾念头，所以我想，我还是老老实实为大家日后的修行做一个资料员吧。他接着说：“感怀世事，奔走四方，然每遇名山古刹，必求访其人，中心固未尝忘情于斯道也。”他到处去参学问道，见庙就进，见和尚就拜，但是“学习既多，其疑愈甚”，就像我们的营员，问题特别多，这很正常，没有疑问不成学问，小疑小悟，不疑不悟，大疑大悟。他“心知必有简捷之路，亲得证明，方可通其繁复，唯苦难得此捷径耳。迨抗战军兴，羁旅西蜀，遇吾师盐亭老人于青城之灵岩寺，蒙单提直指，绝言亡相之旨，初尝法乳，即桶底脱落，方知往来宇宙之间，固有此事而元无物者在也。于是弃捐世缘，深入峨眉。掩室穷经，安般证寂。”只有最后见到禅宗古德袁焕仙老先生，他才找到了归家处，于是他在袁焕仙门下闭关三年。这是他求道的一个基本过程。

他初次见袁焕仙先生的时候，袁先生正在闭关，止语，所以他们当时是用笔来交谈的。交谈中有关法义上的问答，都收在《维摩精舍丛书》（袁焕仙着）中。这里面有几句话，我感到非常重要，我们从问答中可以看出来，南先生当时跟现在的青年人也差不多，整天缠住法师；你能不能教我一个最简单的法子，我学了以后当下顿悟成道？大家看：

“问：直捷下手工夫，义当何光？迈向归家道路，车从何辔？”

“先生曰：汝但外舍六尘，内舍六根，中舍六识，而不作舍不舍想，自然头头上明，物物上显。途中即家舍，家舍即途中也。捷莫捷于斯，先莫先于斯。三乘共载，一德同该，今古彻门，莫尚乎是。”

“途中即家舍，家舍即途中”，是袁焕仙、南怀瑾集团的主要思想，据我理解，这是大乘佛法的核心思想。成佛的目标是家舍，前几天有营员谈到：到了柏林寺，我到家了。我们到了什么家呢？到了成佛涅槃之家。途中就是修行的过程。那么修行的过程和成佛的目标是一致的，成佛的目标就体现在我们修行的过程之中，也就是“途中即家舍，家舍即途中”，成佛作祖的终极理想也就体现在大乘菩萨道修行的过程之中。南先生讲过，佛法是见地、修证、行愿三者的统一体，必须认准目标踏踏实实地去做，所以他更强调的是去做，在过程中去成就佛道，在生活中去体悟禅意。生活与禅也是一致的，禅是家舍，生活是我们的途中，途中与家舍是一而二、二而一的统一体。

南先生经常引《楞严经》里这几句话，“理须顿悟，乘悟并销；事非顿除，因次第尽”，就是说我们在理上要顿悟，发心要大，理必须要彻底，而事情需要我们一步一步去做。我记得初见南先生时，我还很年轻，也有一番抱负，对于中国文化有一大堆思想，说得兴致勃勃。南先生听了轻轻地笑了：你做得了吗？然后给我举了一个虚云老和尚的例子。他说老和尚一辈子盖了很多庙，但不管哪一个庙都是盖得匆匆忙忙的，有时柱子油漆也没上，甚至连树皮还没有刮干净，又风尘仆仆地去下一个目标盖庙了，有一个徒弟就问老和尚：您什么时候把一个庙盖得好一点呢？老和尚说：我都给你们干完了，你们干什么呢？这次我看到问禅寮里大和尚的书桌也是没有油漆过的，不知道是否也是老和尚的家风呢？事是干不完的，需要一代一代的人去做。所以我感到这个思想非常重要，要在生活中去修行佛道，要有众生未尽我愿无尽的精神，永远要做下去。南先生毕生以实践菩萨道为己任。他说，全部佛法就是我们人体生命的实践科学，一方面是修行的实践，同时还要到社会上去做事。他在《禅海蠡测》等书中多次指出：有的人以为禅不用坐，当下就是，哪有这回事？！他说，凡是讲这些话的古代大禅师，在顿悟之前都是修了很多年的，比如马祖在见到南岳之前，已经修了十几年，才有一刹那的言下顿悟，而顿悟以后要保任多年，还要跟随师父在世上修行。所以袁先生这一句“途中即家舍，家舍即途中”，很值得我们注意，这也是我对生活与禅的一点理解。

南先生在袁先生门下得道，也引发了眼耳通，这是为世人所津津乐道的事情。据说他在打禅七的时候，有一天隔了三重房子看到了他的老师和同学，当时大喜，以为自己得道了，马上去告诉袁先生，当下被臭骂一顿：原来你是这么一个不成器的东西！骂得他大汗淋漓，乖乖地回去了。过不多久，也就是1942年12月，当时因听说日本人在为他们对中国的战争搞法会，所以国民党政府也发起“护国息灾大悲法会”，一是请贡嘎上师来主持密宗的法会，同时在重庆做一个显宗的法会，请虚云老和尚主法，这是当时的国民政府主席林森亲自邀请的。虚云老和尚到了重庆以后，四川各地的大德纷纷都前去参拜，袁先生也带着南先生去了。谈到成都学佛的情况，袁先生说成都佛教界有三种观点：一是悟后起修报化；一是一悟便休，更有何事；一是修即不修，不修即修。老和尚听了哈哈大笑：“嘻！天下老乌一般黑。”他原以为四川佛学甲于全国，尚且有如此错误见解，于是指导大家参禅必须要有正法眼，见地首先要正，他说：“当机所以不许询情，而贵眼正者也。”谈话当中，老和尚问起成都有没有以神通来判定得道高下的，袁先生指着南先生说：身边就有一个，他在灵岩寺禅七中引发了神通，能够隔墙睹物，当场被我一顿臭骂，骂下去了。于是后面就有了虚云和尚论神通的一段话，这是一个非常重要的开示：

“好！好！幸老居士眼捷手快，一时打却，不然险矣危哉！所以者何？大法未明，多取证一分神通，即多障蔽本分上一分光明，素丝歧路，达者惑焉。故仰山曰：‘神通乃圣末边事，但得本，莫愁末也’。”

本是什么？知见、眼目。现在社会上神神道道、乱七八糟的东西太多了，所以这段开示在我们今后的修学过程中非常重要。我们这里也是虚云和尚的一个法脉，这段资料也正好收入净慧法师主编的《虚云和尚法汇续编》之中。南先生在得到虚云老和尚的开示后不久，就到峨眉山去闭关了三年，后来又深入西康、西藏等地去参访、修行。

1960年在台湾完成了《楞严经》的今释后，南先生在这本书的《后记》里回顾了自己的求道过程：

> “芸芸众生，茫茫世界，无论入世还是出世的，一切宗教、哲学，乃至科学等其最高目的，都是为了追求人生和宇宙的真理。但真理必是绝对的，真实不虚的，并且是可以有智慧而寻思求证得到的。因此世人才去探寻宗教的义理，追求哲学的容。我也曾经为此努力多年，涉猎得愈多，怀疑也因之愈甚。最后，终于在佛法里，解决了知识欲求的疑惑，才算心安理得。”

所以，从他的求道历程及著作来看，他始终坚持佛教传统的修证道路，以出尘脱俗的第一义作为终极。

却来这边行履——从圣入凡

学道、悟道以后应该怎么办？那就是从圣入凡，还要做人世的事业。禅宗是以世俗成佛为终极的，那么它能否与人世事功打成一片呢？这一点世俗人往往有误解。比方冯友兰先生，他写了许多书，我推荐一本《中国哲学简史》，这是他 1949 年在美国讲学时的简本，这本书简明扼要地代表他的思想。其中提到禅宗“担水砍柴，无非妙道”这句话，他认为这句话形象地表明了开悟者必须从圣入凡，但禅师们并没有做好这个向下转语的工作。他质问，既然“担水砍柴，无非妙道”，那么“事父事君”算不算妙道呢？他说禅宗没有做这个事情，所以不究竟，这个任务只有留给新儒家去完成。他的这些话讲得并不精确。冯先生一向是以帝王师自居的，解放前他要做老蒋的帝王师，解放后他做不了帝王师了，在文革中成为一个非常尴尬的角色。但我们对他还是怀着高度的尊敬，特别是他晚年完成的《新编中国哲学史》，书中大胆地、独到地提出了他对洪秀全太平天国的全新思想，他说太平天国如果革命成功的话，建立的将是一个最黑暗的神权统治。这并不能推进中国社会的进步，反而拉向倒退。人之将死，其言也善，所以我建议大家多看他早期的和后期的著作，至于中间令人不堪回首的一段，我们不要太苛求前人。但是冯先生提出的禅宗不能完成向下的转化是并不对的。

禅宗在向上求道的时候是最究竟的，而在它向下的转语方面也照样能够办好入世事功，并非新儒家才能解决“事父事君”的入世事功。在袁焕仙、南怀瑾合着的《定慧初修》一书的卷首，选录了袁先生所作的《修止观与参话头法要》，重点指出了儒佛之间体用不二的关系，佛家是体，儒家是用，互相并不排斥，他说;“随处立名，立名即真。既有真也，妄即虚形。非离真而有妄，实籍妄以诠真。”关于这一点，于晓非先生前两天讲得很透彻，真不离俗，俗不离真，并不是在我们世间之外有一个虚幻的本体，所以我们必须借这个虚幻的世间来修行佛道，来改善这个世间。马克思讲过，哲学并不是仅仅为了认识世界，更重要的是要改造世界，佛法也是如此。这里南先生提到证得了般若以后，如果能做得了身、心的主，遇到事情该提起时就提得起，这是用；该放下时就放得下，这是空。我们是提不起、放不下，上不顶天、下不立地，所以很惭愧。

放得下，提得起，就是沩山禅师所提倡的：实际理地，不受一尘；万行门中，不舍一法。实际理地是对心性与宇宙贯通的形而上本体的特称，它不受世间的任何污染；万行门中指人生的行为心理与道德哲学，所以世间的所有的法，都在我们佛法实践的范围之内。因此，了生脱死的佛法，还是必须落实在现实人生中。我们在山上打坐容易，可以不受外界的干扰，但是这把芸芸众生放到哪里去了？我们还要下山，既要度自己，也要度众生，在度众生的过程中度自己，在这个基础上，要干入世事功更难。所以南先生指出：

> “使精神超拔于现实形器之世间，升华于真善美光明之域。而入世较之出世，犹为难甚！乃教诫行于菩萨道者，须具大慈、大悲、大愿、大行这精神，难行能行，难忍能忍，若地藏菩萨之愿，度尽地狱众生，我方成佛。南泉普愿曰：‘所以那边会了，却来这边行履，始得自由分。今时学人，多分出家，好处即认，恶处即不认，争得！所以菩萨行于非道，是为通达佛道。’其意亦极言入世之难。药山禅师所谓，‘高高山顶立，深深海底行’，岂非皆教人要‘极高明而道中庸’乎？”

药山禅师的“高高山顶立，深深海底行”就被引来作了我论文的题目，下面就这句话谈谈我的学习体会。“高高山顶立”，就是智慧，就是超越世间所有学问的佛法不共的智慧，我们把南先生作为研究个案，那么他一生的经历就是要取得这个境界。但是“高高山顶立”以后，还要“深深海底行”，还得回到生活之中去履行佛道，这一点更难，就是“万行门中，不舍一法”。平时，我在教学过程中也经常讲，当然我不一定引用禅师的语录，我引用毛主席诗词《登庐山》中有两句：“冷眼向洋看世界，热风催雨洒江天。”我们就拈出一个“冷眼”、一个“热风”，知见要正，眼光要冷，不为境所转，要透过现象去看本质，但是心肠要热，要有一腔悲愿热肠去从事入世的大业。眼光要冷是为智，心肠要热是为悲。那么，“高高山顶立，深深海底行”也可以简化成一句眼光要冷、心肠要热。所以，出世的修道与入世的度众不能绝然地分成两截。

心肠怎么热呢？我们说平常心就是道；最平凡的也就是最不平凡的，学佛必须从做人开始。南先生在《跋萧着世界伟人成功秘诀之分析》一文中指出：

> “苟欲为世界上真正之伟人，唯一秘诀，只是平实而已。此句可谓成功之向上语，末后句，极高明而道中庸，非常者，即为平常之极至耳。”

南先生曾经给我讲过这么件事情，他在峨眉山时最佩服的一个和尚是管厕所的，过去四川的厕所里有一个竹篓，里面装的竹片是当手纸用的，这个和尚每天把大家用脏的竹片洗干净，洗干净后他还要在脸上擦刮两下，后再放回竹篓去。为什么呢？怕洗毛了把人家搞痛。先生说这件事他怎么也学不会，我想了想，我也学不会。所以最平常的就是最非常的、最了不起的。

南先生在他的书中还提到，禅宗的五宗七家主要在五代完成的。五代是社会变乱痛苦的时代，高明的都跑到山上做和尚去了，有个大官问一位禅师：像你这聪明的人，为什么不做官去做和尚呢？禅师说：如果我下山来了，还轮得到你们做官吗？北宋史王欧阳修在编五代史时，认为五代没有杰出人物。明代永觉元贤禅师对此提出不同看法；“余谓非无人物，乃厄于时也。”并不是没有人物，而是时事出不了人物，或者出了人物又被时事压下去了。“至若隐于山林，如五宗诸哲；则耀古腾今，后世鲜能及者”，南先生非常赞同这句话，指出：“凡禅门大德，足为宗师者，类皆气宇如王，见识学问，人品修养，皆足彪炳千秋。以无意用世，恬退山林，苟时会所际，欲其舍出世之业，入世而成人成物者，必能临危授命，而为忠贞伟烈人物矣。”这段话出自《禅海蠡测》。南先生说，五代的禅师在动乱时代便上山修行，如果让他们下山的话，个个都是栋梁之材。历史上这样的人物很多，比如说玄奘法师，当时的帝王三番五次地请他出来做宰相，所以并不是和尚里面没有人物，他们的见识学问都是高于常人，只不过厄于时也。

但是，南先生也提到，高明的人跳出世俗，避世到禅门，也无助于救世。他强调宗教只能补充政治之不足，对国家局势并无旋干转坤的力量，其主要作用是救人的灵魂，在体上让人们去领悟真理，具体要救世还得从事上做起。讲到这里，我正好回答一位同学递上来的纸条，他说佛已悟出了宇宙人生的真理，那么后人做什么呢？难道后人仅仅诵经拜佛，其实这个问题不用回答了，理上悟了，事上还是头头是道嘛！明海法师在上届夏令营讲，如果我们学会吃饭，就能成佛。悟道以前，我们吃饭千般计较、百般思量；悟道以后，我们照样吃饭，但已不同原来了。我们说，悟道前，见山是山，见水是水；修到一定阶段，见山非山，见水非水；悟了以后，山还是山，水还是水，但跟原来的山水不一样了。所以理上悟了以后，世上的事照样还要去做嘛！悟了道以后正是干事的大好时光，佛教不仅需要禅师，还需要大量的科学家、建筑家、律师、工程师，如果离开了岗位，对佛教反而是一种损失。所以南先生认为，中国在二十世纪八十年代后期，进入国运转盛的新时期，一切有志者应为国家民族效力，而不要沉湎于仙佛之道。1991 年 2 月初，南先生在给我的一封信中又强调：“我常说在我们这个时代，希望多出几个英雄，不是多出几个仙佛。况且成仙成佛还做不到，开悟了又怎么样？！出几个英雄，把这个社会搞安定，把天下搞太平，然后再搞仙佛之道。”

不变之经与必变之史

无论是出世做宗师，还是入世当英雄，关键都在于把握时节。这是南先生非常重要的一个观点，他说，时节未至，鸣不当时，是无智；时节若至，不应时度众，是谓无悲。中国文化的历史哲学，是讲变的史观。总之，事无巨细，学无古今，人无老少，一切都在求变、待变、必变的巨变过程中，关键是怎么处理这个变。他讲有三等人：

“懂了真正的变，就晓得如何‘适变’，不等到‘变’来了以后才变，而要先领导变。我常说第一等人是自己创造机会，领导了变；第二等人机会来的时候，把握了机会，如何去应变；第三等人失去了机会，被动受变，随物化去了。”

讲到这里，我非常感叹、钦佩柏林寺的净慧大和尚领导了变，在中国首创了生活禅夏令营这个弘法形式，然后会有一大批人（第二等人）跟上来应变，那么第三等人就连应变的智慧都没有，只好随物化去了，成为时代的落伍者。

在“变”的世态中，也有一种“不变”的东西，这就是永远存在于人心之中的道德和善恶意识。我们说不变随缘，随缘不变，随缘必须要有个不变的东西，否则就随物化去了，所以在佛法这个体的指导下，有各种不同的时节因缘，就有不同的做事方式，因为时有常、变，势有顺、逆，事有经、权。南怀瑾有句名言叫“经史合参”，据我的理解，它并不是一个简单的、狭义的历史研究方法，实际上是他整个的历史观。经即常道，就是永恒不变的大原则，事物本身必然如此，所以称为“经”，也是理、是真。而史是记载这个原则之下的时代的变动、社会的变迁，我们也可以把它理解为在社会中、在生活中的各种现象。经史必须合参，理事必须兼容，真俗必须不二，这些都是一致的，正如前面袁焕仙先生所讲的：“非离真而有妄，实藉妄以诠真。”真与妄、体与用、经与史，都是一体二面、二而不二的统一体。南先生的学问非常广博，三教九流基本都谈到过，但是他有个原则，也就是“经史合参”的原则，他有个不变的东西，这就是佛法。他以佛法为原则、为指导，所以能圆融无碍地出入经史诸子百家，以孔孟之学的王道德政治作为治事与立身、立国的中心。同时，又以《战国策》、《孙子兵法》等作为权变、应变、拨乱反正的运用之学。但谋略之术若离开佛法为原则的大前提，那就成了阴谋家，他常引用仰山禅师的话说："正人行邪法，邪法也是正法；邪人行正法，正法也是邪法。"这也是从这个意义上说的，并不是说我们可以随随便便地去用谋略学。近年来有一类书很畅销，就是教你如何去升官发财的，其中有一本《厚黑学》，"厚黑学"本来应该是愤世嫉俗的东西，现在反而教你怎么去拍马屁，怎么去吹牛皮，怎么厚脸皮了。所以，南先生说："倘能以德为基，具出尘之胸襟而致力于入世之事业，因时顺易，功德岂可限量哉！"

南先生还很强调世功、强调经济、强调科学，这也是在这个大前提下指出来的。他说，在儒家思想的影响下，商人被列为士农工商之末，轻视货利，所以中国的工商业历来不发达，科学不进步，这样就形成中国文化呆滞的一面。相反，偏爱黄老道家思想的司马迁，正式提出来谈经济思想，《史记》中专门有一章叫"货殖列传"，他所推崇的经济专家，第一位是姜太公，第二位是范蠡，第三位是孔子的天才学生子贡，他们在经济上都有他们独特的一面。司马迁指出："故善者因之，其次利导之，其次教诲之，其次整齐之，最下者与之争。"意思就是要放手让人民去发展工商事业，要因势利导，老百姓富了国家才会富，最等而下的是与老百姓去争权夺利。在两千多年前，司马迁就提出了这么有高度的经济思想，现在市场经济体制的改变也就是这个思想，要因势利导、藏富于民。南先生在引出这些话后指出：从"待农而食之"的农业经济，发展到"工而成之"、"商而通之"的经济形态，是顺着人类社会的需要，自然演变出来的生活方式。所以，最高明的为政方法，是顺着老百姓的本质和禀赋，在立法和行政上很自然地把他们引导到好的方向。只有等而下之者，才会与老百姓对立起来。

由此，南怀瑾揭示了每一个朝代共同的秘诀，即"内用黄老，外示儒术"，每一个朝代真正的领导思想是黄老之学，就是顺应自然，而在外面宣传教育上，所标榜的则是孔孟的思想。他多次提出："我们看中国历史，汉、唐、宋、元、明、清。开基立业的鼎盛时期，都是由三玄之学出来用世。而且在中国历史文化上，有一个不易的法则，每当时代变乱到极点，无可救药时，出来'拨乱反正'的人物，都是道家人物。所以虽然儒家和道家都是救世的良医，而老子可谓是'医生的医生，'这就是强调要因应自然，对症下药。他还说，在把握了所有学问的基础上，"全部融会贯通，方能达'变'，方能洞烛机先，随时知变、适变、应变。知道变，而能应变，那还属下品境界。上品境界，能在变之先，而先天下将变时先变。"所以，真正的智者，就在于洞穿世事聚散无常而因应自然规律，把握进退存亡之机。这个"机"，可以"功遂，身退，天之道"的七字真言概括之。范蠡帮助越王勾践灭吴复国之后，他知道越王生性残忍，只能同患难不能共富贵，于是带着西施抽身远退。但文仲以为自己是复国功臣，越王将大大赏赐，留着不走，结果就被杀了。看来，鸟尽弓藏、兔死狗烹恐怕是历代专制帝王的一项专利。范蠡出来用世，是一种悲心，大功告成又潇洒地走了，再不走将大祸临门，这是最上品的境界。

下面我引用了南先生的一首诗，从中可见南先生对儒释道三教的总体把握。

“一念难将愿力空，但凭赤手辟鸿蒙。
慧光照耀三千界，心海交流七佛同。
知命尼山非自了，微明李耳得圜中。
平怀动静希夷境，举步截流是大雄。”

（《腊月在东西协会办事处讲易学有感》）

自唐宋以后，儒释道三家为中国文化的主流。儒家的学问偏重入世，从伦理入手，然后进入形而上道。佛家的学问偏重出世，从心理入手，然后进入形而上道。道家的学问，包括了兵家、纵横家的思想，乃至天文、地理、医药等等无所不包，介于出世入世之间。南先生讲：“道家如良医诊疾，谈兵与谋略，亦其处方去病之药剂，故世当衰变，拨乱反正，舍之不为功。儒者如农之种植，春耕秋割，时播百谷而务期滋养生息，故止戈而后修齐以致治平，舍此而莫由。”（《<正统谋略学汇编初辑》前言>）这些话讲得非常到位。南先生对中国文化的大体把握，是以佛家出世的思想为本，再把儒道的思想，以及其他的学说统统纳入到修菩萨道的方法之中来使用，所以这里边有一个主次、本末的关系。刚才休息的时候，有位同学和我讨论，能不能把儒释道三家打成一片，创造出一个新的东西来呢？不能，体用、本末的关系不能颠倒。中国哲学有一个原则就是合而不同，这是指各种思想都有它存在的合理性、必要性，但有主次、深浅不同，千万不能同成一片。

知识分子的历史使命

前面提到二十世纪是一个非常混乱的时代，西方的思想传进来了，我们传统的思想失落了，很多人无所适从。南先生指出，目前这个乱象纷陈的一切景象，乃是历史趋势中自然的现象，文化思想在变动的时代中必起波澜，也是人类历史分段生命中当然的病态。变乱并不可怕，古已有之，重要的是找出变乱的根源，去对治它，去迎接人类历史的新气运。

在中国春秋战国、南北朝、五代、金元、清朝等历次变乱时代中，都伴随着文化政治上的大变动。南北朝是社会大动荡的时代，也是佛教文化长驱直入、快速发展的阶段，在思想文化上经过较长时期的融化之后，便产生了盛唐一代的灿烂光明。五代与金元时期，虽然没有南北朝那样大的变化，但欧亚文化交流的迹象却历历可寻。从清末至今百余年间，西洋文化伴随着武力而东来，激起我们文化政治上的一连串的变革。在陈述了历史经验之后，南先生指出，变乱不可怕，我们以往经历了这么大的变乱，但每一次变乱都导致了更鼎盛、更辉煌的文明的产生，经过二十世纪文化的变乱以后，“我们固有的文化，在和西洋文化互相冲突后，由冲突而交流，由交流而互相融化，继之而来的一定是另一种照耀世界的新气象。”南先生对我们中华民族充满信心，他曾说，中华民族和犹太民族是世界上最伟大的两个民族，犹太民族亡国三千年，至今还能形成这么强大的势力，靠的是什么？靠的是他们的犹太教文化，才凝聚起这么一个伟大的民族。他还说到了下个世纪，我们中华民族必将创造出非常灿烂的文明，他很有信心。我想，我们也很有信心。

为了迎接这个时代，南先生说，知识分子在这个历史变局中，既不应随波逐流，更不要畏惧踟躕，必须认清方向，把稳船舵，无论在边缘或在核心，都应各安本位，谨慎明敏地各尽其能，整理固有文化，以配合新时代的要求。但这项工作是很清苦的，所以他说：“那是任重道远的，要能耐得凄凉，甘于寂寞，在默默无闻中，散播无形的种子。耕耘不问收获，成功不必在我。必须要有香象渡河，截流而过的精神，不辞辛苦地做去。”

1976年冬，南先生在出定后作了两首偈子，收在《金粟轩纪年诗初集》中，这本书我们还没有出版。我们知道，南先生的成名作是《禅海蠡测》和《楞伽大义今释》，但最真实地反映他的思想的，还是《金粟轩纪年诗初集》中收集的他的偈语、诗词、对联。比如，1979年的《记梦中与虚云老和尚答话》：“狮头山色梦依稀（抗日后期曾在重庆南岸狮头山亲近虚老七天），携杖同登归净居。三界不安如火宅，留形我在岂多余。”

这真切地表明了他的出离心，表明了追求佛法解脱的第一义谛是他的立足点。1979年冬，他出定后所作的两首偈子中，有一首是：“忧患千千结，山河寸寸心。谋国与谋身，谁识此时情。”谋身是个人的修行——得道，谋国是入世的悲心，这两者该选哪一种呢？我觉得，唯有高高山顶立的智慧，才有洞彻世情的冷峻目光；也唯有深深海底行的悲愿，才有民胞物与的火热情怀。所以，“入山”还是“入世”，对真正的智者而言，这二者并不矛盾，生活与禅也并不对立，两者的界限其实本来就不存在。

我在文章的最后又引了南先生的一首诗，从中可以透出这位老先生的一丝消息。有一天午夜，他在回复各地书信十余封后，已是凌晨三四点了，这时想起了他幼年的启蒙师朱味渊先生及好友程沧波先生，于是作辘轳体律诗五首。我引了第五首作为文章的结颂：

“多情未必道情违，争奈春回情境微。
答问恐迟劳笔墨，送迎不忍掩柴扉。
事求妥贴心常苦，人尽平安愿总非，
入世入山皆昨梦，鬓丝禅榻日相依。”

入世的修行并不那么方便，事事处处要做到位很难。比方说我这么个小人物，有时候别人给我写的信都回不了。因为这个缘故，虽然我认识南先生很早，但有五六年时间和他没有任何联系，一是怕打扰他，另外自己知道应该怎么去做，你就在你的当下、在你的位里上不辞劳苦地做去就是了，万行门中，不舍一法，入世较之出世更难。也正因此，我很少与净慧法师通信，我写信，法师每次给我回信都是恭恭敬敬的，每个字都写得端端正正，这多浪费他的时间啊！想到这一点，我们年轻人在世上应该非常严肃地去做好每一件事情，因为老前辈以他们的身教，给我们树立了无言的榜样，我们从每一件小事上，都可以看到他们严谨的精神风范。

南怀瑾的"实困"

吉　祥

寻找精神慰藉

南怀瑾先生亲自敲定了这里的一草一木，历经7年的建设后，太湖大学堂于2006年建成。

在吴江市教育局的备案中，太湖大学堂只是吴江市属民办非学历教育机构，但却与众多著名学府渊源颇深。正门右侧牌子上一长串合作单位——人民大学、复旦大学儒学文化研究中心、法国国立东方语言与文化学院等，彰显学堂气势不凡。

2006年7月1日，89岁的南怀瑾先生在大学堂首次开讲，一连七日，内容是禅修与生命科学。据说，听课名单上原本只有十几人，最终来了80人。

这个一般人难以叩开大门的神秘学堂，因有南怀瑾，吸引了一批政商人士，其中不乏身份显赫者:《人民日报》原副总编周瑞金、国家银监会副主席郭立根……走进大学堂的亦不乏知名学者，既有南科大校长朱清时院士，也有时任北京大学光华管理学院院长张维迎；还有众多企业家、官员等。

北京大学中文系教授张颐武说，南怀瑾的形象仙风道骨，气质不凡，"让人一见而产生崇敬"。这些饱受现实困扰的政商界人士，都想从南怀瑾那里"寻找精神的慰藉"。

吴江市老领导于孟达多次走进南怀瑾的课堂，由于南怀瑾的乐清口音重，于孟达并不能完全听懂，需借助南怀瑾弟子的板书才能领会大致意思。

一次讲中国文化，南怀瑾旁征博引，语气坚定地说要继承中华文化，曾旅居美国三年的他断言:"和中华文化相比，西方文化差距大了！"

让于孟达印象深刻的是，南怀瑾"见什么人讲什么话，什么问题都能回答"，但讲的内容又很独特。比如，他不会跟企业家讲怎么办好工厂，而是从做人的角度谈，"很有深度，让人听了豁然开朗"。

如南怀瑾先生弟子所言，来找南怀瑾的人大多带着心结。不时陪领导来拜访南怀瑾的汝留根，也在为官、做人、做事上多次受到他的指点。南怀瑾指点汝留根的方式很特别，不直说，而以手书墨宝相赠，“不顺时他会鼓励，顺利时他会泼冷水，特别是教导我做人要低调。”汝留根对本报记者说。

被当成“活神仙”的“三陪老人”

七都镇党委书记查旭东说，自2006年定居大学堂，南怀瑾先生6年来公开授课50余次，听者无数，但他极少接受媒体采访。

今年6月，获邀采访大学堂毕业典礼的台湾媒体记录了南怀瑾三次公开出现的场合，“记者只允许遥听、遥望南怀瑾的言行，不准近身采访或摄影，连拍照都是数度沟通，答应不使用闪光灯才放行。”有读者据此评论，“南老都快与世隔绝了！”

每晚6点的晚餐时间，南怀瑾准时出现在餐厅。用餐时，身旁坐着两岸三地的求见者，这些三教九流的人，来前先要预约，并经过南怀瑾身边工作人员把关方可，即使南怀瑾的儿子，也不是随便可以见到父亲的。

据上述媒体介绍，大学堂餐厅设两圆桌，每桌可坐十来人，南怀瑾主桌都是求见的企业老板或学者，另一桌则是弟子与媒体。当晚和南怀瑾同桌的人，有求发展的台湾药商，也有周瑞金。“除了谈论时下政局，企业家则多和南怀瑾分享产品，希望通过他的协助在大陆打开市场。”

饭桌上，南怀瑾先生一如往常闲适地抽着烟，喝着永远不变的两碗番薯稀饭。

尽管每天只吃一顿饭，但显然他吃得并不顺畅。来客会抓住机会问各种问题，问神通、问官运、问财路、问婚姻、问长寿，把他当成了“活神仙”。

南怀瑾尽可能给人欢喜，不厌其烦回答各种问题。他笑脸迎客，“陪吃饭，陪聊天，陪照相”。临了，还将客人一一送到门口。没人知道他是否真的愿意变成“三陪老人”，他确有对此流露无奈，“见许多不想见的人，听许多不想听的故事，讲许多不想讲的话，做许多不想做的事情。”

四十多岁了，你还不回来学习？财迷一个！

南怀瑾的年龄越来越大，想见他的人越来越多。

查旭东感觉到了南怀瑾的无奈。他定居吴江七都小镇，就是因为拜访者太多，必须去一个相对僻静又距离大城市不太远的地方。

可他没能如愿，同此前寓居香港时一样，大学堂的食堂成了“人民公社”，来者可“随便吃”。

“人民公社”门庭若市背后，他的“半个学生”练性干却读出了老师的寂寞。练性干在《我读南怀瑾》一书中提到，在香港时，南怀瑾餐桌便高朋满座，但能够和他真正对谈的朋友很少，“没有人达到他的境界，没有人能够真正了解、理解他的一片苦心。”

于孟达的印象中，“南怀瑾饭桌”上，总是南怀瑾一个人在滔滔不绝地讲话，“90%以上的时间都是他在说。”

看上去，这个博古通今的老人教化政商名流游刃有余。复旦大学哲学系教授王雷泉，20年前率先在大陆引进南怀瑾著作。他记得，引入南怀瑾的第一本书《论语别裁》出版后，很多高层领导争相购买。

当计划引进南怀瑾第二部著作时，王雷泉倾向南的早年著作《禅海蠡测》，但出版社最后相中《历史的经验》，说这本书好卖。“这本书主要是介绍权谋之术、经世致用之学的，广受追捧。”王雷泉说。

用现代话讲，这本书是讲领导的哲学与艺术的。那个时候，二月河着的《雍正王朝》正风靡一时。

王雷泉说，南怀瑾曾自比隋朝王通，虽没能成为国师，却寄望通过自己的教化，培养一批类似房玄龄、魏征这样的名臣。这样看来，他虽然被戴上“国学大师”的帽子，但讲的却不是于丹这样的国学版“心灵鸡汤”。

只是，南怀瑾对来客能听进去多少并不乐观，他以“白头宫女”自喻，虽闲话古今，也只“徒添许多啰嗦而已”。

在海航董事长陈峰组织的讲演上，被陈峰一口一个称为“国学大师”的南怀瑾刚开讲，便忙卸掉大师高帽，直言此生“一无所长，一无是处”。南怀瑾对这位有几分“江湖混混”气的学生颇为喜欢，但也不忘敲打两句。当着台下120多名海航高层，南怀瑾提醒一边口中念佛，抓起电话却骂人的陈峰，修行功夫“还没有入门”。

这位老人有时也会流露出急切。他多次劝正泰集团董事长南存辉“要放下”、“赶紧来学习”，这个族谱上比他小一辈的侄儿，每次都爽快应允，但总是绕不过公司事务。

2008年春节，南存辉去太湖学堂看望南怀瑾，南怀瑾很严肃地问：“你几岁了？”

南存辉答:“1963年生。”南怀瑾追问:“你就说你几岁了?”“45岁了。”南怀瑾一声棒喝:“四十多岁了,你还不回来学习?财迷一个!”

为中国教育做一个探索

此后,南怀瑾将重心转向儿童,2008年在大学堂创办“太湖国际实验学校”,首批招收30名孩子。他人生最后一件大事,瞄准为传统文化播撒种子。

在今年6月的太湖国际实验学校毕业典礼上,他重提理想。“我实验什么?就是反对中国一百多年来的教育方法。”南怀瑾挥动双手,语气缓慢地讲述自己的办学理念。

太湖边的这块“实验田”采取私塾式教育,南怀瑾参与了课程设置,除了文化课,还开设了武术、书法、陶艺等传统文化课程。

在汝留根看来,南怀瑾此举也是在回应他内心的焦虑。多年来,他几度谈及对中国教育的焦虑,“为了考试死记硬背,把人教得跟傻子一样。”

年过九旬的南怀瑾想改变这种局面,“能给中国教育做一个探索,回归教育本身。”

小学生早晨起床后,先练习半个小时武术。一位来自沈阳的家长透露,儿子在习武半年后,“明显感到个子在长高,饭量增大。”

这些年龄在3岁到12岁间的孩子早餐后开始读经,如同南怀瑾童年时学四书五经一样,不需要理解,只需像唱歌一样念。

每周五是户外学习,课程包括了学习扎营和野炊。学生组成的整齐队列不时穿过联强村。庙港联强村村民赵峰注意到,一次,学生们手提垃圾袋,在两名外教的带领下,一见到路边的垃圾就顺手捡起。

借助南怀瑾的影响力,一些社会精英也会给学生上课,邓亚萍在拜访南怀瑾时,顺便为学生讲拼搏精神,这位奥运冠军还和学堂的小朋友们打起了乒乓球。南怀瑾兴致勃勃观战,当第一个上场的小学生败下阵来时,南怀瑾鼓励道:“邓小姐是世界冠军,只要有胆子跟她打,最不济也是个世界亚军!”

把这四年经验带出去,影响社会,就成功了

为让学生记住毕业的日子,南怀瑾将毕业典礼挑在端午节举办。大学堂虽没有考

试，但29名学生中有28人考入国内外名校。

“你们现在毕业了，把这四年的教育经验带出去，带到初中、高中、大学，影响社会，就成功了。”临别赠言中，南怀瑾期待首批毕业生经过四年的学习，“学会怎样做一个完整的人、了不起的人。”

看到大学堂“教学成果”斐然，家长动员南怀瑾继续办初中，这位老人面露愠色，“你们不要期望一个九十几岁的人帮你们教育孩子，如果我现在三四十岁，我可能就有这个勇气。如果大学堂里我不在了，你们是否还会把孩子送来呢？”

临终前，南怀瑾叮嘱身边弟子，小朋友要照顾好，“学校要办好一点。”阅尽世事的他，弥留之际，不希望自己最后的事业陷入人走茶凉的境地。

只是谁来继续呢？

吴江市教育局计划在年底前变更登记大学堂的法人代表，“谁来接替南老师还不知道。”吴江市教育局工作人员对本报记者说。

他身后的遗产，近日已有明确处置方案。南怀瑾的子女已宣布，将属于他们的权益全部捐献，投向拟成立的“怀师文化基金会”，继续弘扬其精神与教化。

南怀瑾的30万册藏书，也一直在编号造册，这些藏书计划将为世人所用。

第二部分

菩提悲心　春风化雨
感念师恩　点亮心灯

叶曼老师回忆跟南怀瑾先生学佛

——叶曼老师的演讲

老师！诸位法师们！诸位先进的道友们！

刚才，老师介绍我的一些话，使我感到非常的惭愧，但是，又非常的感动。说实在的，我跟老师学了二十三年的佛，也挨了二十三年的骂，刚才是第一次听见老师夸奖我。这真是大出我意外的，我已经感动得快要流眼泪了。因为，过去20多年，老师是恨我不成材，把我看得一无是处。这样也不对，那样也不对，我后来才知道，原来他是希望我能永远不停地进步。现在老师给我那么多的夸奖和期许，也许，在世间法上，老师认为我这个老孺子还可教。至于出世法，今天，我就秉承老师的命令，跟诸位来谈一谈。说实在的，我的学佛的心路历程，非常的平凡。我学佛的时间、学佛的经验也非常的浅，同时，也非常短。要我到这里来和诸位谈这个问题，对于学佛的先进们，和老参菩萨们，真会使我贻笑大方。

见其生，不忍见其死

谈起学佛，这一段心路历程，应该从我很小的时候说起。我吃长素，从八岁就吃素，但却不是为学佛而吃素。在北方，平常是不吃羊肉的，要到立秋以后，才能吃羊肉。因为羊肉不能在热天的时候吃，立秋以后，北方天气就凉了，才可以吃补。我八岁那一年，我们全家去羊肉馆子贴秋膘。进门时看到有人正牵着一只羊拉进后院，那头羊跪在门口“咩—咩—”地叫着，不肯进去。听起来羊的叫声跟哭声一样的悲惨，我当时心里就非常的难过。等到进了馆子，坐下来后，准备吃涮锅子，伙计将切得薄薄的羊肉，摆在桌子上，鲜红耀眼，我一看，立刻想到刚才看到的那头哭着的羊，心里的难过，真是无法形容。我怎样也吃不下去，从此以后，我就不再吃任何有生命的东西了。

这一个决定使家里的人当时颇为欣赏，认为这孩子心地非常的仁慈。但是，我的父母与至亲好友认为这种事情，是经常会发生在一个小孩子的身上的，当孩子们看到杀鸡、杀鱼就会常常几天不吃鸡鱼，可是过几天也就忘记了。他们想，我也会如此。然而，这一个素，一吃就是十四年，一直到抗战我结婚为止。别人以为我吃素是为了信佛，我总会说："我才不信佛哩，我吃的是儒家素。"别人说："儒家是不吃素的，那里有儒家素？"我说："孟子不是说过吗？见其生，不忍见其死；闻其声，不忍食其肉。这就是儒家素！"

幼年的私塾教育

我父亲对我的教育用的是非常独特的办法，六岁开蒙，念的不是《三字经》、《千字文》，而是《左传》。当我九岁把《左传》读完，然后，再开始读《孟子》、《论语》和《古文》。到了十岁，才开始进高小一年级。

我不但否认吃素是因为信佛，而且，对于佛法、佛教有非常大的反感。这种反感一直到我遇见南老师，听《楞严经》的时候，才停止。

为什么有这种反感呢？

刚才，南老师谈到王云五先生、韩德清先生和先父的关系，他们都是宋教仁先生的崇拜者，他们追随宋先生从事革命。当宋先生被刺杀后，他们便开始反袁，于是被袁世凯通缉，先父和韩先生两人化装跑到上海，住在王云五先生在租界的家里，躲在他的小阁楼上，连大街都不敢去，一直躲到袁世凯失败，他们才出来。所以，他们三个人结拜为把兄弟，三个人约定，绝不从事政治，所以王云五先生专门办商务印书馆，他从政，是以后的事。先父从事工业。韩德清先生则专研佛法，他就是那位被称为"南欧北韩"的清净居士。在结拜三兄弟当中，韩先生是最小的，因为在韩家七兄弟中，他排行第五，我们称他为"五叔"。老式的人，兄弟辈对于兄长，是非常恭敬的。所以，每年初一，五叔和他的太太都到我们家里来拜年，而且是恭敬地下跪。

后来，我父亲为他盖了一栋房子，组成"三时学会"，这位五叔，突然间成了我们全家大小的师父。每逢过年，韩五叔不再到我家来拜年，而是父亲领着全家去向韩五叔——我们改称"师父"的去拜年了，父亲率领我们全家，恭敬地向他行跪拜礼。

父亲每次去三时学会听经，见了清净居士，总是先跪在地上向他顶礼。自小耳濡目染，使我深深觉得对于传法的老师，应该非常、非常的恭敬。所以，后来当我看到有人对老师不恭敬时，我就会很生气，觉得简直是不可饶恕的事情。

不沾佛学

清净居士研究的是唯识宗，父亲认为我从小读古书，对于文学方面应该是了解的，所以，就带着我去听《成唯识论》。诸位可以想象，一个十一、二岁的孩子，去听《成唯识论》，那简直是对牛弹琴。记得有一天，我听得很不耐烦，实在坐不住了，心里起了很深、很深的反感，我突然感觉到："什么叫佛法？佛法只不过是有钱、有闲的士大夫们高级的消遣品而已。"这一个念头，到后来自己真心学佛了，回想起来，感到非常惭愧，很后悔自己当时的幼稚与无知。另一方面，我母亲不认识字，父亲研究的"成唯识论"是她所不能理解的。她学佛，就只是烧香、拜佛。父亲给我一件工作，就是教母亲念一些最简单的经。第一部经就是《阿弥陀经》，然后是教她念往生咒、大悲咒。那时，我一面教母亲念经，心里就一面起反感。认为经文上所说的好像是在贿赂愚人去信佛，什么金沙布地、金银琉璃、赤珠玛瑙、七重行树、七重罗网的，仿佛是说：我这里一切都奢侈华丽极了，你们若是念佛，你们就可以到我的国土来。

母亲每天就只知道念、念、念，早晚念，除了念，就是烧香、拜佛。可是等到她的一些佛事做完了，其他的生活和平常人完全一样，她照常发脾气，照常打麻将，一切生活跟普通人并没有两样，多的只不过早晚三炷香，拜佛，持咒，念经而已。除此之外，生活与心性上与学佛毫不相关、毫不发生影响。所以，看到母亲这种学佛更加深我对佛法的反感。我认为佛教只是士大夫有闲阶级的高级消遣品，和无知妇女祈求福报的安慰品。

所以，我从来不谈佛法，从来也不沾惹佛教，不过我仍然吃我自己的素。

亲情深似海

吃素的过程，说起来是很艰苦的。首先，家里父母就反对，认为孩子们正值发育时期，成长的阶段，营养不够是不行的。当时，我不但不吃任何有生命的，连鸡蛋也不吃，我对于豆腐类的制成品又讨厌，能吃的就只有青菜了。所以，家人急得不得了。有时候想起来，父母的恩情，真是深呵！（这时，刘教授停顿了很久没讲话）

当时，我父亲就买来"吉士"（奶酪），最好的，瑞典蓝颜色的"吉士"，那股臭味就好像好几天没有洗的脚一样臭。我怎样也不肯吃，因此，父亲就悬赏，他知道我的脾气，假使告诉我是为了我的营养，我一定不肯吃。因此，他就宣布：谁要是吃一片“起土”就给一块钱，那时候一块钱，价值大得很，可以买一百五十个鸡蛋。同时，还要我们吃鲜西红柿，谁要能吃一个鲜西红柿，也给一块钱。兄弟们装模作样的宁不要钱，也不肯吃，没有一个跟我抢我却要表示勇敢，皱着眉头硬吞下去。后来才知道，他们背后都是讲好了的，就是为了给我一点营养。我为了钱，拼命地吃这两样东西。到后来，钱没了，我自己却已经爱吃生西红柿和吉士了。到了自己做父母后，才想到父母用心之深，对于儿女的爱，那是没有方法去衡量的。而我自己为了吃素也吃过不少苦头，从小学到大学，吃素使我变成大家嘲笑的对象，我的午餐经常就是一碗阳春面。各位知道，人性不是太善的，孩子们更是非常残酷，所以一般孩子和青年都不敢和同伴不同，无论穿衣、饮食，无论做什么都得大家一样，才不会受歧视。像我这样的一个人跟大家在一起，他们大吃、大喝，而我顶多是吃馒头和咸菜，或者是阳春面。他们认为：年纪轻轻的吃素，简直像小老太婆一样，常常拿来作谈笑的资料，虽然他们并不欺负我，可是在那种情形之下，要是一般年轻人，早就放弃了。

我吃素，不是怕因果报应，因为我那时根本不信佛，更不相信轮回。我吃素，纯粹只是为了不忍心。所以，有时候被他们逼急了，我就说：我绝不吃尸体。他们说：“哎呀！你这人真讨厌，我们正在吃饭，你讲点好听的，可以吗？”我说：“本来就是实情，现在你们吃的全是尸体，而且是肢解了的、腐烂了的尸体，我不但不忍心吃，我都不忍心看。”

我告诉他们：“我看到碗里的鸡，就想到鸡飞，看到盘子里的鱼，就想到鱼游，看见猪肉、牛肉的时候，就想到猪和牛活着的模样，这样怎能使人吃得下去。”

神秘的经验

我虽然不信佛，但是有一次，我曾经亲见一桩神秘的景象，那就是先父的去世。先父是患脑充血只有三天就去世。那时，他的眼睛已经看不见，也不能说话，右半身完全瘫痪，可是，他的神智非常清楚。说来不怕诸位笑话，我的母亲从一数到一百，就再也不能数下去了。

如果把她一个人带到峨眉街让她在西门町逛，稍停再在峨眉街原地见，准保她再也找不到峨眉街了。但是她却是一个绝顶聪明的女性，智慧很高，反应很快。在这种情形之下，可以想到我父亲是多么着急，那么多未了的事，妻儿以后的生活，都将如何安排，所以他闭起眼睛立遗嘱、安排后事，那些字虽然是闭着眼睛写的，仍然很美、很清楚。

父亲去世的头一天晚上，我母亲嘱咐我们说："不管你们信佛或是不信，大家都必须围在他的床前一起念'阿弥陀佛'。"俗语说"平时不烧香，急时抱佛脚"，那时候，只要有人能救我父亲的命，你让我割下肉来，片片肢解，我都愿意，更何况是虔诚的念佛？

整整三天，我的母亲一直没有离开过父亲的床边。一直都斜欹在他的身旁。

亲友大半都回去休息了，那是一个很宁静的寒夜，我母亲突然尖声大叫起来，那个声音真是凄厉无比，她连连地喊着："不要—不要！"然后，舌头便缩进喉咙里而去了。于是立刻请了医生来急救，把她抬到另一个房间，她有一个月都不能说话，因为舌头伸不出来。喂东西吃的时候，都是拿着汤匙一点点送进嘴里。

后来她能说话了，才告诉我们："以前，曾跟你父亲有一个约誓，就是我们生同案、死同时。我那时正在看着你父亲，突然在过道看见父亲跟一大堆人往外面走，你父亲停下来，向我招招手，并且向我说：你不是说要跟我一起走的吗？走啊！低头一看，你父亲正睡在我的臂弯里叹气。我立刻知道你父亲没救了，我知道他是要我跟他一起走，但，一屋子的孩子都这么小，我说：'不要！不要！孩子还这么小。'就这么一下，我就晕过去了，后来的事情，我就不知道了。"

母亲晕去后，便由我代替她陪在父亲旁边。父亲的神智非常清楚，我向他说了很多话，他仿佛在听着，又仿佛无反应，我就说："您叫我……"他就以极轻微含糊的声音叫我的绰号，这是父女间亲昵的称呼，我很高兴地向他保证："您很快就会好的，没有关系，我愿意侍候您一辈子，只要您活下去！"这时，只见他脸上变了色，急急地把手伸出来，只有拇指和小指伸出，握拳成一个"六"字。我不了解"六"是什么意义，在亲友中没有排行"六"的，我想不出任何有与"六"字有关联的人和物，所以一再地问"六"什么，我父亲便含糊地说："笨！笨！"依旧一再地伸手作"六"。

从我母亲晕倒，折腾了一整晚，差不多到清晨四、五点钟了，他不再说什么，只是连连地叹气。

那时，我们住在青岛，青岛有很多的教堂，那天，正是圣诞节——十二月廿五日，早上六点钟，全市的教堂敲钟，庆祝圣诞，正在百钟齐鸣的时候，我父亲叹了一口长长的气，就过去了。

那时才知道，他要预告我的是要我知道早上六点钟，他就要走了。

所以，这是一件非常不可思议的神秘经验。

一个中风的人，眼睛已看不见了，话也说不出来了，他的神智却能那么清楚地告诉我们他的正确死期。这件事情，一直使我不能了解。那是我第一次接触到不可以常理解释的事情。

重担一肩挑

等到父亲过世以后，突然间，我从一个不知天高地厚的大小姐，开始要肩负起很多麻烦的事——照料母亲和弟妹、料理债务、扶榇回北平、安葬、定居。当时弟弟妹妹们都小，我自己也还没有中学毕业，突然间，我长大了。

从那以后的人生旅程，我深深体会到友谊的可贵，朋友的帮忙太大了，我们兄弟姊妹每一个人都完成了大学学业，母亲也能安享她的余年，这全都是靠了朋友的帮忙与协助。这些朋友，知道我父亲身后萧条情形后，他们凑足一笔基金，作为我们兄弟姊妹们的教育费，这一点，我是一生都感激的，譬如王云五先生在上海写信来吊唁并寄来五百元，在那时真是一笔不小的数目。

卢沟桥事变发生一年后，北大通知我们，如果在最后一年还不回到大后方的联大，就不发给我们北大的文凭。于是，我们准备到大后方去，但是家人不准孤男寡女结伴同行，必须结婚后才能走，所以，在仓促之间，我和先生结了婚，婚后七天就离开了北平，扮成新婚夫妇到天津去蜜月旅行，然后从租界上船经过香港、安南，这样的到了大后方。

外交生涯

毕业后，田先生进了外交部，我进了中国农业银行。

珍珠港事变发生之后，我们被派往芝加哥做副领事，这是我第一次出国，从此我也再没有见过我的家人。后来国民政府迁都南京，一直到迁到台北，我们都是在海外，国外一住就是十三年。

在这十三年中，我们走了很多国家，可以说那个生活就像转陀螺一样。我算计了一下，大约每三年就大搬一次家。所以，我每到一个地方，随时都作搬家的准备，每逢到了一个新地方，刚刚把人弄熟了，和当地的政府与侨团也熟识了，便又要开始调到另一个新的国家去。就是这样的搬家、安家，联络、交际，环境才摸熟，一级命令下来，又得收拾行李走路。这种调动，事先绝不通知，接到命令，一个月之内，必须起程，永远是田先生先走，我则留在当地整理东西，等候孩子学业告一段落，然后，带着孩子们，追随前往。

田先生到了新住所，多半寄居旅舍或暂时借住人家里，直到我去了以后，才找房子、买家具、安家。所以这十几年一直过的是这种生活，没有时间让我从容地想一想：人生到底是怎么一回事？生活就像陀螺一样地转着，这种情形，一直到了一九五六年，我们回到台湾。

那时，“外交部”给田先生的薪水是台币七百元，刚刚够他来回坐车和抽烟，所以，整个家庭的开销，他就一切拜托了我，由我全权处理了。

对于一位既不会贪污，又不会想花样赚钱的先生，唯有自己去想办法了。为了贴补家用，我开始写文章、教书。我写文章的开始，不是为了出名，而是为了赚钱，我的文章，先在国外发表，然后在国内刊登，接着在杂志上转载，最后，又在“中央广播电台”由我亲自广播一遍，我叫它“一文四吃”，如此这般而维持了这个五口之家。

虽然又忙又累，但是周围的环境和气氛，却开始激发了思想。我开始想的第一个问题，便是什么是人生？自己已经到了中年，却感到一事无成，看看孩子都逐渐长大，不由得感慨地对他们说：“我此生就是这样了，唯有希望你们将来成大事、立大业。”说完这句话，猛然想起父亲当年也曾如此的告诉我，而我现在向我的儿女说，将来我的儿女再向他们的儿女说，就这样一代一代的说下去。人生到底真的为了什么？我为什么会出生？生的目的是什么？我将来死了以后向那里去？我想起我小的时候，也和所有的孩子一样，很好奇，常常有一大堆的问题，为什么？为什么？那时孩子们对父母很恭敬，也很疏远，不敢拿问题去烦他们，只是自己一个人闷烦傻想，想不通，便安慰自己：没有关系的啦！这些问题，我早晚会明白，突然的，会有一天，我明白了，那么那些小问题，也就都会明白了。现在过了四十岁，对于那些问题，我反而没有小时候的自信，也决不敢希望突然地了悟一切。我必须努力地去寻求解答。

我开始读书，找朋友讨论。首先，从哲学方面的书籍入手，愈看愈不懂，哲学使我如一般人所描写的：“把一大堆我们都不太明了的名词，组合成美丽复杂的辞句，读了它，把人绕得晕头转向，而不留任何概念。”

书本上，不曾给我具体的答复。

于是，很自然走向宗教的领域。

向牧师质疑

在那时候，基督教非常时髦，谁若能到士林做礼拜，那代表着某种特殊身份，一些年龄和我差不多的太太们，一听我对人生发生了研究的兴趣，她们大为高兴，就把我找了去谈。

当他们没有办法解答我的问题时，就要我去做礼拜。牧师的讲道不曾说服我，于是她们便为我举行家庭礼拜。我向她们说："我是要问牧师问题的！"她们说："你尽管问好了，他们会答复你一切的。"

我可以告诉各位，我最高的记录，是曾经在一个星期当中，做了七次的家庭礼拜。在每一次的家庭礼拜中，她们都希望能够把我说服，如果我能信了教，她们认为我将是基督教的一个生力军。他们很看得起我，总是向牧师说："你们尽你们的力量，无论她问了多直率、多坦白的问题，都要答复她。你们若能说服了她，我们就会得到一个很好的教友。"

每一次，在牧师讲道后，我就问："XX 牧师！对不起，我有一些问题，可能是犯禁忌的，非常不礼貌的，假如你能答复得了，我就立刻受洗。"我的问题是创世纪的记载。

1. 上帝为什么造亚当？

2. 造了亚当又为什么造夏娃？

3. 为什么又在伊甸园里，种有智慧树和生命树，却告诉他们："只有这两颗树上的果子不可以吃？"

4. 为什么又造了一条多嘴的蛇，让蛇去引诱了夏娃，再让夏娃去引诱亚当，违背上帝的意旨——偷吃禁果？

5. 上帝知不知道，这些事情都会发生？上帝假使不知道，上帝便不是全知。

6. 亚当、夏娃是他创造的，蛇也是他创造的，他们犯的罪，比起今天的人类所犯的罪，真是微不足道了，上帝能不能防范他们犯下罪过，上帝连他创造的，都不能控制，那么，上帝就不是全能的。

7. 上帝既不是全知，又不是全能，而且，上帝也不太仁慈，即使一般做父母的都会设法使孩子远离危险物，并且尽量加以防范，使孩子不会受到伤害，上帝造了危险东西，却不设防地放在那儿，难道上帝的爱，连世俗的父母都不如？怎么能说“上帝是最仁慈的呢”？

8. 亚当、夏娃也没有犯太大的错，他们只是违背上帝的命令，偷吃了智慧果，难道上帝这么嫉妒，这样心胸偏狭，只准他自己聪明，别人就不准有智慧？一有了智慧，就得驱逐出伊甸园？这上帝未免心胸太狭窄了，这样的上帝，叫我怎能信服？

“殊途也不同归”

非常惭愧！这样差不多问了一年，也没人能答复我。

非常的可笑的，在辅仁任教的时候，在一个公开的演讲上，我曾用佛法来解释创世纪，前头一排坐的全是神父。

有一天，有位长辈，夫妇俩都是虔诚的基督徒，从早上九点和我谈到中午十二点，急着想带我去士林受洗。我说：“对不起，我不愿欺骗您们二位老人家，更不能欺骗您们的上帝。因为我也从来不欺骗我自己。”接着我又说：“到士林受洗，这是多少人梦寐以求的机会，现在，假如我跟您们去了，不是为了上帝，而却是为了功利的目的，这样的话，也污辱了您们对我的一片爱心。”

从此，我跟基督教便绝缘了。

很久以后，我碰到一位基督徒的教友，她问起我是不是还在学佛，我说：“是呀！你现在还信基督教？呵！没有关系，条条大路通罗马，殊途同归，将来咱们都会在天国相会的。”她说：“不要梦想，将来你是下地狱的，我是上天堂的，咱们两人殊途可不同归。”

当然，她是开玩笑的，所谓“道不同，不相为谋”，几乎我和这些老朋友都断了关系。我也不再像小时候，那么天真地认为：总有一天我会突然开悟了，于是一切问题也就都明白了，那时还不懂得“开悟”这个名词的含义。只是不明白的事情太多、太多了。连手上为什么生五个指头我都不明白。愈不明白，心里愈烦。

问题有这么多，教我如何打开这重重的疑团？

明师难得

正在彷徨苦闷的时候，我在北大的同学张起钧教授，他认识了南老师。

一天，他来看我，说："我遇见了一位异人，这个人，什么都懂，我去找找他，看你能不能去见他一面。"他去找南老师。南老师说："是位太太？哎呀！算了，你不要给我找麻烦，这些太太们学佛，不是为了夫妻吵架，就是为了儿女不乖，要不然，就是这个、那个的一大堆的家长里短，要不就是迷信，求佛保佑，你干嘛给我找这个麻烦，我哪有闲功夫来跟他们罗嗦？"

我这位老友大概在老师那儿替我吹嘘了一番，费尽了唇舌，才欢天喜地地跑来说："南老师答应了，好不容易他才肯见你，见了面，说话的时候，可不要随便乱发议论哟！"

当时，我心想：这样一位异人，我得好好准备一下，不可让他小看了我，把我当作一般的婆婆妈妈，只会唠叨罗嗦。

我第一次见到了南老师。老师开口就问："你来找我做什么？"我说："我想请教生死的问题。"

老师说："什么生死问题？"

我说："我想知道生从何处来？死向何处去？"

老师说："你从哪里学来这两句话？"

我说："这是人人都想要知道的。"

老师说："你知道了，还不是得活下去。你知道了，还不是照旧的会死？"

我说："南先生，这其间可有分别，知道了以后，至少活着不会活得乱七八糟，死也不会死得糊里糊涂。"

老师许久没有说话，转过头来，对张起钧教授说："这位太太倒是可以学学禅！"

那时候，我不懂得什么是禅。很惭愧！连"佛"是什么意思也不知道。什么是菩提？什么是四苦？八苦？什么是六波罗密？什么是菩提萨埵？连名字都没有听过，更别说懂得其中含义了。

老师给我一本《禅海蠡测》。我花了一天一夜的功夫，生吞活剥的把这本书看完，再去见老师。老师问："有什么疑问没有？"我说："没有。"于是，老师就告诉我："我在一个地方讲经，是不对外公开的，在一个朋友的家里，你以后每个礼拜来听好了。"

自从一见《楞严》后，不读人间糟粕书

讲经的地方是北投的杨管北先生的家中。

我听的第一部经就是《楞严经》，幸好第一回接触的不是《成唯识论》，也不是《阿弥陀经》，而是《楞严经》。否则我又掉头而去了。真是自从一读《楞严经》后，不看人间糟粕书。

虽然是中途插进去听《楞严经》，名词也不懂，佛理更不通，但是文字和说理，立刻使我着了迷，每次听经，内心中总是充满了欢愉的心情。

老师讲，我写笔记，回来再整理，从头温习回想一遍，再把老师下次要讲的，事先再看一遍。半部《楞严经》听完以后，我请求老师从头再讲一遍。

听讲的人中，有位程沧波先生，程先生的文章学问都是有名的。他说："像我们这一班人，听了两遍《楞严经》还是不能全懂，年轻人，或是文学基础不好的人，又怎么能看得懂？老师，若是能把《楞严经》翻成白话，就会普及众生了。"

今天，举目四看，当年听经的人，眼前没几个了。

出钱印书的是杨管老，供应纸笔的是杨太太，还要找一个能帮整理稿子的人，这件工作就派到我的头上来了。

将近半年的时间，老师笔下很快，《楞严经》就翻成了白话。我则一边抄写，一边加上标点符号。

不久，我先生外放，派任驻悉尼的"总领事"，我们又出国了。我跟老师学习的时间，算起来，不过一年半。

出国时，我携带的就是一部《楞严经》，因为它是我唯一读过的佛经。后来，老师将印好的《楞严大义精解》寄给我，在澳洲的三年，每一天，我都把这两本书对照着重新逐字地仔细看，并作眉批。

现在再说说我的坐功。刚刚遇见老师时，我便按着老师的教导，学习打坐，腿也盘不起来，那是一种近乎散坐的打坐。可是坐的第二天，刚一上座，突然间觉得有一股气从尾闾那儿往上冲，就好像蒸汽机一样的强烈，这一下可真把我吓坏了。我想："糟了！这个大概就是所谓走火入魔了吧？"于是，赶紧下座，跑去告诉老师。老师说："没想到你这么一把岁数了，又结过婚，生过孩子的人，还能一打坐，就碰上这种事，真是可惜，我应该先告诉你的，你把这机会失掉了，下次若有这种情形发生，不要慌，再继续坐下去，看看还会发生什么事情。"很可惜，从那次以后，就再也没有发生过那种现象了。

在澳洲三年，后来调到菲律宾又住了一年。

这时，我的女儿正准备生第二个孩子，于是，我就赶到美国去照料她。

万里归来只为它

这一年，是一九六四年。南老师准备在阴历大年初二，举办“打七”。

听到这个消息之后，我排除了很多的困难，预备离开美国赶回台北。当时，我的女儿哭丧着脸说：“妈妈——要不是您是我的妈妈，我真要说您简直是疯了，哪有在大年除夕，把儿女孙女扔下不管，自己走了的？若是回到菲律宾跟爸爸去过年，还说得过去，可是，您这时回去，却是为了打七。这真是怎么一回事呀？”

我说：“我也不知道是怎么回事，总之，这个机会我是不愿意错过的。”

这一次，我是抱着求知、求证的心，在大年除夕万里飞回台湾。在国外几年，《楞严经》都给我翻烂了，理趣上虽然知道了不少，但在自己身心方面，却觉得毫无受用。

因此，这一次“打七”，我抱定破釜沉舟的决心，对自己说：“假使在这七天之内，我若不能证实任何东西，从此以后，我不再学佛，不再谈佛了，无论佛的教理是多深，文字多美，依然只是谈禅说法，于事又有何帮助呢？五年来我把自己整个心都挂在上面，可是抓不着！摸不到！碰不见！丢又丢不下，放又放不开，到头仍旧什么都不知道，长此下去，岂非浪费生命？”所以，当时我是抱着这种决心去打七的。我的脾气不太好，而且很执拗，老师经常说我，一个女人，怎么有这么大的霸气？应该放柔和些。

我自己倒不认为这是什么霸气，无论别人如何夸赞我，我觉得自己并不很聪明，因此，只有一个办法：勤能补拙，最好是下死功夫。所以，无论学什么东西，本着笨鸟先飞的原则，我总会比别人早一步，下多一点功夫。那么我就不会比人家落后得太远。而我学佛，起步已太迟，兼之自感老大，更深怕他生未。而又此生先休，所以才会如此的着急。

因此，我下定决心，在这七天之中，一定要把这档子事弄个清楚明白，做个最后了断！大年除夕，我赶到了台北。第二天，我补办了入境手续，向朋友借了铺盖，未通知任何亲友，只向老师拜了年，便澄心静虑的住在旅馆，准备第二天上山，到杨管北先生的别墅去“打七”。那年，打七的人仿佛都是男士，只有我一个女人。

在禅七中，一天、两天、三天……过去了，我非常的虔诚、专精。老师说的法，我心领神会地细琢磨；老师教的法门，我都认真地去参修，他要我们做什么，我就做什么。在那几天当中，我一句话也不说，一副要打官司的脸，不说也不笑。朋友们安慰我说："这事情，不能急，要慢慢来。"我劈头反驳他们说："慢慢来，等到死了再来？还是等到像您这么老了再来？"

我就像是疯狗一样，只要谁劝我，我就不客气地反驳回去。甚至于连老师的话，我若听不顺耳，也板着脸反驳。我认为只是打打坐、数数呼吸、听听经，不管理论上有多好，但是对于自己毫无补益，并不能证实什么，这岂不是依旧在拿佛法来消遣？

那时我的心情，实在太坏了，把所有的朋友都顶撞了，我不是气冲斗牛地瞪着两只眼睛发脾气，就是闭着两只眼睛生闷气，饭也不吃，觉也不睡，满脸的杀气，真像卖牛肉的样子。这是后来同参们描述我的当时神情。

到了第四天晚上，大概是有人对老师说：要是再不管她，她可能就真要发疯了。于是，老师把我叫了去。

老师说："你在闹什么呀！"

我说："太多的问题，从头到尾，我都不能解答。"

老师说："你这样，就能解决得了吗？现在，你静下来，冷静下来……一切问题都不要想，全都放下。"

我瞪着两个眼睛看着老师。

老师只是说："静下来，什么都不要想！"

我静了下来，突然间，我有如醍醐灌顶，从头顶静到足心，我立即体会到，真正体会到："狂性自歇，歇即菩提。"

一切问题立刻溶化消失，心中豁然开朗，一种说不出的欢喜、舒畅、宁静，那是难以述说的。

我高兴地说："老师，就这么简单？"

老师说："根本就不复杂！"

我说："就这么平凡？"

老师说："从来就没有隐密。"

于是老师叮嘱我："好了，就是这个意境，一直保住下去，不要睡觉，不要动，好好保住。"

老师离开后，我继续坐了许久。忽然想起，脚还没洗，牙也没刷，赶紧下座，到了浴室，清洗一番，然后，躺了下来，倒头就睡。这一觉真是睡得好香，好甜。

第二天一早老师问我："怎么样？昨天怎么样？"我告诉了老师昨夜的香甜安睡。

只见老师把眼睛一瞪，大声地说："告诉你不要睡，继续坐下去，你为什么不听？"我说："老师！我的脚没洗，牙也没刷……"

老师不等我说完，就向我吼着说："这就是你的洁癖！这就是习气！这就是业力！"骂了一大堆。

我听了，一点不觉委屈，反而心平气和地说：老师您昨天讲密勒日巴尊者的故事，当他飘在半空中下不来的时候，把他老师给的锦囊打开一看，原来只是告诉他："此时最需好饮食。"其实，此时也需好睡眠哩。老师笑了，没有再说什么。

那一整天，我坐得非常好，不必用什么法门，自然的万虑俱寂，而又充满欢喜。仿佛一切原本就是如此的。到了晚上，我刚躺下来，突然感觉下腹部自脐以下，整个热气充满，就像山里氤氲的云，翻滚弥漫，越来越密越厚，又暖又充实，忽然有一股气从密集的云层里直往上冲，顺着喉咙、唇、舌、人中、鼻子到眉尖，然后分成三叉，牢牢的，把顶门按住。我不知道这是什么，既不害怕，更不心乱，反觉得很有意思，心里想：你可以上来，你是不是也可以下去呢？这么一问，"他"就真的下去了。我又再跟"他"商量：你是不是可以再上来？

于是，这股气又上来了。

我开玩笑地问"他"：也能从后面上来吗？"他"就另分一股从后面尾闾，沿着脊椎、后脑，然后分为五支，冲了上来。这样一前一后两股气，上面各分出叉，把我的头部密密抱持住。

我摇一摇头，摇不掉"他"，但是心里要"他"上来，"他"就上来。要"他"下去，"他"就下去。我就这样的和"他"戏要了好半天，觉得有趣而又舒服，然后，我安然地睡去。

第二天清早，我几乎把"他"忘了。但是把头一摇，才发现"他"还在那儿。清清楚楚的在那儿，这一下，我知道"他"不太简单，立刻奔跑到老师的房里，报告昨天发生的事情。

老师立刻吩咐鸣钟集众，大伙儿都到了禅堂。老师向大众宣布：我们大家来庆祝叶曼——她，任脉、督脉一齐打通了。

我好奇地问："什么叫任脉？督脉？打通了又怎样？"

老师说："前面的叫任脉，后面的叫督脉。其他问题，暂时先放下，现在，你一切不要管，只是好好地保住！”

当时，我心想：老师既然如此郑重地当众宣布，当然不是走火入魔，反正我心里现在很喜悦满足，其他的由“他”去罢！

我就那样的继续坐下去，腿不累，心不乱，肚子也不饿。

一直坐到下午，发觉月经来了，而且，来得很猛，算算日子，刚刚过去几天，这恐怕真的出了毛病了，于是，赶紧去请教老师。

老师一听，高兴地说：“好哇！赶紧斩！”

我问：“斩什么？”

老师说：“斩赤龙呀！就是斩那个东西。这正是最好的时候。”

我追问：“怎么斩？”

老师说：“我又不是女人，我怎么知道如何斩？你自己现在应该自己知道了！”

说实在，斩赤龙，正和任、督二脉一样，都是我生平第一次听到，根本不知如何处置。但是，我心里一横，想着：古人说“朝闻道，夕死可矣”，死就死吧！不去管它！斩不斩的话，至多不过是血崩。所以我虽是茫然，却很安静地走开。老师突然在我身后，说：“空掉它。”回到座具，心想：空掉它？这个我做得到。对！空掉它。

刚这么一想刹那间，血就止住了，它的停住，正像它来时的突然与猛烈。

原来身上前后的两道气，在血止的同时，突然间，转变成了一道急流。原来这两道气，我是可以任意使“他”升降的，这时，“他”却自己变成一道河流，周身上下前后轮转，转动的时候，可以觉得：有个轨道，并且上面有个东西，“突！突！突！”地在轨道上奔驰，就像是火车在一条有三根铁轨的轨道上飞奔前进。

我又去报告老师：“现在血是止住了，但是身上又出了变化，任脉、督脉全没有了，它们连成一条河流，上面还有一个小火车一样的东西，‘通！通！通！’地在旋转。”

老师说：“哎呀！你怎么这样的好运气！真是瞎猫又碰上了死老鼠。这是转河车！不是转火车。”我问：“什么是河车？”

老师说：“就像那古时耕田用的河车，农夫踩在上面转动着，把木格子的水随着从下面兜上来。从前，古时候，没有火车，所以，把这个现象称为转河车。”这时，已是第六天了。

第七天，我们打七结束，大家下山。我内心充满了喜悦与满足，我并没有得到什么，只是体会了“狂性自歇，歇即菩提”的确切含义，同时，使我了解并且确信“心物一元”。从前我必须用尽各种方法在静坐中求定，还是得不到。现在一坐下，我的心自然就安定，不必用持咒、念佛、观想等等去除妄念，妄念自然没有了。至此我深深体会到心真能影响物，反过来说，物也能影响心。而心物两个东西，实在同一的。在事实上，我并无所得，只是解了“狂性自歇，歇即菩提”的真义，就有这许多的身体的变动发生。

打七结束时，我向老师叩首礼拜，很感激地说：“我流浪了二、三十年，现在，总算找到家了。从此以后，我不会再去东奔西闯，同时从现在起，我再开始吃素。”小时候吃素，是吃的儒家素。今天，吃的是佛家素。我吃素既不是要增加福德，更不是为了怕因果。如果吃素有一点点功德，这个功德就回向给我那个老同学张起钧先生。因为不是他，我不会认识老师，没有老师，我不会有今天。

从一九六五年吃素到今天，又已经有十六年了。

心如墙壁

下山以后，我曾经准备在老师住的附近，租一间房子，借此闭关一些时候。但是我不能决定，我有很多问题挤在心里，我必须静静地单独默想，于是我就去住在旅馆里，那时并没有亲友知道我回到了台北，更不知我住在哪里。只是回国时，托一位老朋友替我办理入境证，只有他知道我回来了，并且住在那里。

在整整两天中，我不接电话，不接见人，一位蒋太太，得到我的行踪后，站在我的屋门外，哭求见我一面，并为我送来食品，我却毫不动心地硬是不理。我只是专注地清理心中的所有问题。我没有走下床，也没有盥洗，就只是坐在床上，把窗帘全拉起来，不吃不喝不点灯，只是静静地想，想过去所读的书，老子、楞严、论孟以及其他不能了解的一切问题，这些问题像电影似的一幕一幕的显现，而我不必凭理解，也不靠思想，更不用分析，只是感觉的一一明白，那种意境很难解释，只是，我感觉到自己变得好聪明，仿佛那些问题不再是问题，几乎是本来就知道的。

当时，我的心里充满了感激，感激释迦牟尼佛，感激南老师，我曾经写了一封信给我的女儿，告诉她我的喜悦，我说：“粉身碎骨，难报师恩。”生我的是父母，给我第二生命的是南老师。在这几乎两整天的时间，那位替我办入境手续的朋友，对于我的自我禁闭，真是又急又气，最后他在门外下了最后通牒：“我给你办的居留只有十天的期限，你倒是延长？还是出院？必须说明白。假如以后发生任何后患，都必须由你自己去担当。”我只好把门打开。从门外射进的灯光里，他一见我，就说：“哎呀！你怎么变得像鬼一样？这是怎么回事？”我说：“我两天来，没有吃饭，没有喝水、没有洗脸，没有移动过。”他想把帘子拉开，我连忙说：“请先不要拉开帘子，我最好慢慢地见光。”这位朋友，急迫地追问着：“你到底是在这里搞些什么？”那时，我从心窝口到眉端，堵塞得满满的，就像是一堵墙，堵在那儿。整个人也像一堵墙，所以滴水不能入。

我说：“我现在堵在心里有很多的东西，我自己也不知是留下来？还是走？目前，最不能解决的，是我心里头的这一堵墙，我自己都没办法思想。”他说：“你不会打电话，问问南老师，看怎么办是好？”

我说：“南老师刚刚打完七出来，每一次打七之后，老师常说他就像去掉了半条命。所以，这个时候，我实在不忍心再去打扰他。”他就试着问我这些时候想到了什么问题，希望能说给他听。他并且要求开一盏灯，以便记下来。我把心里的一切问题，滔滔不绝的像倒水一样倾泻出来，等我把心里的话完全说出来，突然间，发现心里的这道墙，全消失了。现想一想，那是否是“心如墙壁”呢？真是非常可惜。

从他进门，一直到说完，足足有两个半钟头，于是，我换洗一番，然后，我们就外出，吃我的第一餐素斋。然后和老师通了电话，报告他，我决定回菲律宾。

老师嘱咐我：多珍重，常来信。我便飞回了菲律宾。

我慢全消　佛慢激增

从打七时候起，即使我在禁闭期间，河车一直都在身体内转动，日夜不停的转，路线很清楚，力道很强。我可以随心意的让它倒转或顺转，不去理它，它也在那里转个不停。

回到菲律宾，我先生看着我说：“你的神色好像有点不同。”我说：“是的，我好像整个的换了一个人。”他告诉我别后在使馆和家中所发生的琐碎、烦恼的事，我听了后，竟然微波不生，只是说：“这并不是什么问题，算不了什么，丢开好了。”那时候，我的内心平静得很，不会生气，也不会激动，也不大愿多说话，更不愿多见人。

这一次，我带回很多的经书，我贪婪的读书、沉思、默想、静坐。

逐渐，从台北传来了我参加“打七”的经过。于是，佛教中人希望我能到庙里去讲经。我婉辞了，因为我不知道如何讲法。于是，他们要求我只是随便谈谈我的学佛所得。在瑞妙尼师的推动下，约集了一些居士到我的家里，大家谈谈佛法，越集人越多。瑞妙尼师终于邀集了几十个人联合写信给我，请我正式开讲《心经》。每月只讲一次，上午讲完之后，下午，他们便在电台用闽南语播放。一月一次，讲了一年才把这部《心经》讲完。因为人太多，家中容不下，所以只好把讲经的场所设在瑞妙法师的灵鹫寺大殿上。同时其他庙里的师父们也要我去讲经，我老实地对他们说："我只读过两种经，一个是《心经》，一个是《楞严经》，我实在讲不出什么法，更是不会讲经。"

讲完心经，瑞妙尼师的主意办法很多，她又邀集几十位居士再联合要求讲《楞严经》。我向她开玩笑："瑞妙师，你不要我讲《楞严经》，我会把您的庙拆了的。"她说："没有关系，你就是拆了我这座庙，我也不在乎，只要你讲。"不料这番对话竟成谶语，她竟被人诬告，惹了很大的麻烦，不能在菲律宾永久居留。但是她后来到了檀香山，又赤手空拳的盖了另一座庙。她的毅力，她的见解，她的气魄，都非常人所及。

有一位有钱的华侨，有一天去庙里，正听到我讲经，他立刻提一笔钱送给我，算作对我的供养。

我说："我的演讲，在国外是卖钱的，但是弘扬佛法绝不接受任何酬劳。"

于是，大家决定把这一笔钱拿来，作为奖学金，决定经讲完后，大家做报告，把这笔钱分赠给报告最好的前三名，然后，再用得奖人的名义捐给慧炬社，并把他们的报告，在慧炬发表。

一九六五年的那次禅七，我虽然得到了一些副产品，但是对于我一点也不重要，因为那是些什么？甚至连名词都不懂，所以我并没有认为它是多么了不起，也没有把它当作一回事。而真正使我认为最大的收获，是我了解到心、物一元。

这个心真是能影响物的，它给了我很大的震撼，这才使我能够真正地知道如何安身立命了。那时，在我的思想和行为上，都有了很大的转变，所以，那些任、督二脉的打通，或是转河车、斩赤龙，以及以后的穴道跳动，我都没有放在心上。

我从小到大，不管是在家庭中或是学校里，永远受人夸奖、赞美。

俗语说："一句谎言，或是一句口号，说了三遍以后，连自己都信以为真了。"更何况人家给予的夸赞呢！

我在这些赞美声中长大，加之自己的记忆力强，过目成诵，所以，心里非常自负，不免恃才傲物。我曾大言不惭地说过：天底下的学问，除非我不发生兴趣，不想钻研，否则的话，一定不会比别人差。又有两种人我最佩服，音乐家和体育家，因为这种才能，是天赋的，我自认没有这份天赋，所以，我只有最钦佩他们。

这种自傲、自负，一直到那次禅七以后，才完全从我的心中去除。“我慢”完全消除。对着那浩无涯岸的佛法，正如德山禅师把金刚经注疏烧了之后，所说的话一样：

“穷诸玄辩，若一毫置于太虚，

竭世枢机，似一滴投于巨壑。”

这意思是说所有最奥妙的言论，比之佛法，就像一根毫毛放在太空里。把全世界的最机密、最重要的理论和方法放在一起，比之佛法，就像一滴水珠投在大山谷中。

我只了解了这一点点佛法，身上只有这么一点点的变化，这又算得了什么，至多明白了心可以影响物，到达“心能转物”，还不知要隔上多少万万里。“我慢”是确确实实的消除了。

因此我也了解了《易经》“地山谦”卦，难怪谦卦爻爻皆吉，那极真诚的谦虚，是从心底里生起的。

“我慢”消除了，“佛慢”却激长。学佛三天，佛在眼前，所谓：初生之犊不畏虎。

那时，我对于佛法除了欢喜赞叹之外，就是想把自己所懂的佛法，尽量灌输给别人，共同享受。就凭这一般无上的“佛慢”，使我勇敢地到处演讲。

大约是一九六六年，梵蒂冈教皇宣布召开大公会议，要全世界的天主教会与世界上各宗派，交接融通，共同研究思想上、宗教上以及各方面有关的意见，以便沟通文化，促进人类社会的理想与福祉。

菲律宾是个天主教国家，百分之九十以上的人都是天主教徒。菲律宾的天主教会秉承教皇的旨意，在马尼拉也召开主教会议，并邀集了各方面的人物，共同来讨论。

他们来找我谈关于东方文化的佛教与中国儒家、道家的问题，我不知轻重的，毫不考虑就答应了。

进入了会场，我愣住了，台下满满的都是天主教神父。前排坐的都是主教文化界人士，以及各使馆主管文化的外交官。台上也坐了一排戴着红帽子的大主教们，场面很伟大，气氛很庄严。

等我把讲演说完了，台上的主教们，就一个个的提出问题。说实在的，我的英文并不好，对于许多专门名词，我都不懂，还得请教他们这些专门名词的意义，然后再一个个的解答问题。

在这些个问题中，我还记得几个很好的问题。譬如在中国的古书经典上，经常提到天、天帝，而且把皇上都称为天子，虽然没有形式上的天主教，事实上那就是天主教，只是名称不同而已。

我说："中国是祭天和地的，那个天与你们的'天'不同，第一，自犹太教、基督教到回教都认为只有一个真神，那就是上帝，但是中国之天是指众神中最高的一位神。世界也不是它所造的，她只是辖管我们这个世界。在我们的正史上也从不记载世界是由谁造成的。第二，我们祭天、拜天与祭祖是一样的，中国的天，意谓着自然的表征，所以我们认为天，只是人间祸福的反应，所以说"天视自我民视，天听自我民听"，而不是天是主，我们是仆，仆只能服从主、侍奉主。而是人间的老百姓，才是真正最重要的。中国是第一个具有民主意识的民族。虽然说顺天者昌，逆天者亡，但是这个天是代表仁义和百姓的幸福，所以，顺着这个天的意旨，便能昌盛，也就是顺从大多数人的意思，为大多数人谋福利的便能昌盛，逆之而行的便灭亡。法由人兴，人不是天造的，倒是天却是人造的。

所以，皇帝之称天子，并不是如天主教所说三位一体的那位圣子，他只是代天执法的人。天有很多的天子，唯有德者居之。这个和耶稣是上帝的唯一儿子，意义完全不同。"

另外一个有趣的问题是：佛经中经常提到大梵天，可见佛亦承认有天主。

我答说："是的！大梵天是天上的某一层天的天主，而这位天主是经过无数劫的修行才成就的。比起你们所说的创造世界、日月星辰的天主，其能力地位是相差很远的。而且大梵天在佛教中的地位，并不崇高，他常来听佛说法，随众礼佛。他的境界，引用楞严经：'不作圣心，名善境界，若作圣解，即受群邪。'

佛的经典里，把古往今来的诸圣先贤们，和宗教有成就的教主们，依照他们的境界，都分列了等级，虽然都是好的境界，但是都不是究竟。"

就这样，在那次会议中，我一个个的解答他们的问题。我自己一点不紧张、不害怕，但是我的先生告诉我，他简直替我紧张死了，在旁边真是为我捏了一把冷汗。他说："你怎么能这样冒失，答应在这种场合里来讲演，万一出了丑，看你如何？"

这都是激增的"佛慢"给我的勇气，虽千万人吾往矣！

住在枯木寒崖中

我不断地讲演，勤奋地读书。身上的河车转了一段时候后，再也玩不出新鲜把戏。

我常想："这要转到什么时候为止呢？这究竟是什么东西呢？这对于我又有什么好处呢？"

后来，终于河车的转动停止了，身上有许多地方开始跳动起来，可以很清楚地看到仿佛水泡鼓起般的跳动，那时针灸还未被人注意，我后来听到穴道的分配后，回想那些跳动的地方，就是穴道的部位。河车虽然停止，但是脉络则依稀存在。而且每逢读书，有新的领悟，腹部也立刻暖气充满。

身上的一切现象，我并不在意。我所注意的是我心里的一种超越言语的安逸。贪、瞋、痴等都减少到了最低的程度。很少有世事会让我动心。无形中，我虽未受戒，却已守了很多的戒律。

我的内心静如止水，对于世事、世人，更是看不入眼，只想到众生业力太大，我是无能为力的，我只有自保清净安详，闭起眼来，少看少管少烦恼。遇有不顺眼的事，别人若问起，我也就实话实说。除非被请去讲演，我很少主动地去劝人，因为我很讨厌传福音似的弘法。

1967 年，我们调回台湾。马尼拉的佛教团体，举办了盛大的欢惜会，席开十几桌，素菜真是丰盛极了！餐后，要我致告别词，我就趁机把法师们数说了一顿。我说："我们吃素，是因为'不忍'，'不忍心'，用众生的生命来满足我们的口福，这才是吃素的原意。如今，出家人把青菜、豆腐做成素鸡、素鸭、素红烧肉、素火腿、素排骨……摆满了一桌，请问：这是吃的什么素。

我们批评《红楼梦》里的贾宝玉是'意淫'，我们这样的吃素，就是'意杀'。我们情愿把红烧鸡、红烧肉做成青菜、豆腐来吃，至少他们有不忍的心，还比这样更慈悲。"当然，我回去之后，我先生对我又是一顿责备。他认为我这个人怎么能这样的不通人情世故。

我答复他说："直心是道场。"

第二次打七——点火内外红

1968 年新正，南老师又在台北，为大家打"禅七"。

老师特地事先交代我："这一次，不要太自私的只为自己修，我要你牺牲自己，帮助几个外国人，替我做翻译。"那一年，从美国来了一位海军少将。本地有一位留学生，大家叫他"老白"。还有一位海军驻在台北的罗威特少校（他就是后来的恒观法师），他们都要来“打七”。

这三个人，全不懂中文，所以，老师要我牺牲，替他们三人翻译。位子安排好了，我就坐在他们三人的中间。老师一边讲，我就立刻翻译。这简直像联合国的翻译官。我说：“老师，我没有那么大的本事！”

老师说：“不管有没有这本事，你非做不可！”

就这样，无论是坐着说法，或是行香说法，都得同时翻译给他们听，真是很紧张，而且老师讲的时候，我要讲，老师不讲的时候，他们的问题，我还是要讲，要答复。这样过了三、四天，我的确是相当吃力，哪还有心想佛法，尽是专心想英文文法了。

特别在行香的时候，老师的香板“拍”的一响，大家一齐站立。老师就开讲，讲完之后，香板“拍”的一下，大家再继续行香，中间没有一点空档给你慢慢翻译，那是最艰难的一段，必须一边听着，一边就要马上用英文说出来，那个过程是非常紧张的。

有一天，香板一响，老师开讲了：“寒山有一首诗——

我心如明月，寒潭清皎洁，

无物可比拟，教我如何说？”

我一听，内心自喜，“对！这就是我三年来的心境，说也说不出来，原来，寒山早已经说过了。”不觉好得意，立刻译给他们听。突然听到老师震天价一声大吼：“错了！太冷！要不得，那是冰窖寒冻里！我们要：

我心如灯笼，点火内外红，

有物可比拟，明朝日出东。”

这一吼，这一偈，我整个人呆在那里，动弹不得，心不能想，口不能言，只听见他们三个人一直在催问：“老师说什么？说什么？”我被逼得无奈，只能说：“等一下！等一下！”我整个人就像一块冰，掉进了一锅滚开的热水中，我被化掉了，找不着自己了，又仿佛我在虚无缥缈中，找不到个立足处。

我心口好闷，不觉慢慢移动着身体，走向花园。那时园子里，杜鹃花都开了，在濛濛细雨中，好华丽，好庄严。突然，“牡丹亭”“游园惊梦”的几句话涌上心头：

却原来姹紫嫣红开遍

似这等都付与断井颓垣，

良辰美景奈何天！

赏心乐事谁家院？

对！这世界是这么华丽庄严，我却白白枉费了三年，住在枯木寒崖里，把良辰美景都付与断井颓垣。

这是一个大翻身，我活过来了，那是另一种的喜悦，另一种的充实。

头一次“打七”得的是心安，这一次得的是满足。我回到位子上，高兴地坐下来，坐得非常安稳。

那时灯光已暗，大家都在打坐，我也不知坐了多久，突然觉得仿佛有一把刀插进了心房，痛极了。那种痛，大约就像是得了心脏病一样的心绞痛，真是有如一把刀在不停戳刺心脏。我平时即使出汗，脸上也不出汗的，但是，那时我却感觉头上的汗珠如同黄豆粒大，就像雨珠似的，从脸上往下滴。浑身上下一点力气都没有。

我心想：好了！这一下，总算翻身了！可是这一翻，命也没有了，好在我至少没有死在清冷的寒潭里。

不久，禅堂里灯亮了，对面坐的一位医生——黄天怜教授，他一眼先看到我，以医生的直觉和本能，立刻知道我满头黄豆大汗珠，流得那么猛，一定出了事。于是，马上通知老师，一起奔向我，他们拿起我的手，为我把脉。

同时，我听到有人建议立刻叫救护车。

大家正在慌乱之际，突然那把刀刺向右边，右边大痛起来，随着又刺向后面，我说：“右面后面都疼。”

老师说：“我的天啊！你的心是在左边，右边、后面哪里有心？”

突然间，痛止住了，围绕着胸部，一根带子由左向右急转起来。我告诉了老师，老师把我的手一放，又听到他说了：“这家伙！也不知是什么运气？瞎猫碰到了死老鼠，又让她给撞上了。”

随后，腰的部分，也有一根带子转起来，然后，密处一条小圈圈也在转，接着，喉间一个较大的圈也跟着转。这四个地方都转了起来，很像马戏班里周身套上圈圈在转动的把戏一样。这与以前任、督脉打通的情形不同。这一次，就像孕妇有了十几小时的阵痛，力尽气竭以后生下了孩子后的虚脱；又像动手术，麻药渐失、神机正在恢复时的情形。我周身虚软得连一根毫毛都提不起来。

那时，傅代表的太太和其他一些人，把我连抬带捧的送到卧房里。我昏昏沉沉地睡了二十四小时，醒转后，依然起不了身，连眼睛也睁不开。

醒后，身体的带子都不再转动了。从那以后，再也没有转动过，不过偶尔依稀，还有旧路可以体会。

事后，我才知道人的身上除了中脉、左脉、右脉、奇经八脉之外，还有五轮、七轮。但是我自己知道，我身上转动的轮，并不是像大修行人，经过大修行之后所转动的轮。

我的只不过是极表面的现象，偶尔瞎猫碰上了死老鼠，撞到了那个小小的机关。学佛以来，每逢我在心路历程上有一个转变的时候，我这个色壳子就会出花样，就会变化。这些变化只告诉我一件事，心与物是一元的，心与色是不二的。释迦牟尼佛说的“心能转物，即同如来”，我只不过在理上了解到一点点，这个色身就立刻受到影响，起了变化。反过来说，物，自然也应该能够影响心。于是我同时也了解拜佛、念佛、持咒、供养、打坐……等等，一切的修行或仪式的作用，和行住坐卧都不可苟简的道理和缘由了。

同时，我深切地感到，不仅是这个心是了不起的，是很重要的；就是这个色身也很重要，很了不起，我们要藉它来修行，因为人身难得呀！

《楞严经》上的二十五圆通都是记述那二十五位得道者，依照十八界和七大，各自一门深入而证悟，他们都说的是个人修行方法和所得的证量。所谓“理无碍，事无碍，理事无碍，事事无碍”，这个“事”就包括我们这个色身的宇宙万物。所以《楞严经》上说：理则顿悟，乘悟并销，事非顿除，因次第尽。这个“因次第”便是渐除的“事”，也就是悟后起修，是需要很多的精进功夫，逐渐地一步一步修行。

所以，不要小看了这个色身，只要了解到心物一元，在修行过程中，一定会有证量显现。但是佛不准人讲神通，因为世人若专注沉迷于神通就会远离佛法的契悟，而走入邪道了。

像最近新闻界很热闹的登载林云的奇能异事，这位先生，真是一位大好人，他永远很谦虚，真诚地去帮助人解除困难。每天很多人都是去找他学结手印，学小神通，学小法术，解决困难，却没有几个人是去向他学佛法。

所以，释迦佛不准人谈神通，恐怕众生迷于神通而忘了佛法，执着神通，而认为已得究竟。事实上，不用说任、督脉打通，五轮流转，甚至于中脉通了，全身内外都见到了光明，那又有什么了不起，离成佛还差着百千万里呢！

但是，各位也不要自认为是学大乘的人，所以只肯谈正法，凡是谈到身上起的变化，便认为是邪魔外道，那也是一种执着。学佛必须理事圆融，一法不舍，只要能分辨清楚是否是究竟，便不会自囿自误了。

道心弥坚

学佛乃大丈夫的事，大丈夫是什么？正如孟子说的：“富贵不能淫，贫贱不能移，威武不能屈。”我们要以这种精神去学佛。即使全世界都信仰基督教，信者获得一切，我还是坚定地说：“我要学佛。”即使是我贫贱、穷困、颠沛流离，我也不会埋怨佛菩萨一点不加庇而起退转心。

即使陷身在独裁专制的政治统治下，虽然排斥宗教，刀搁在脖子上，我还是要说：“我要学作佛。”

学佛，不是盘起腿来，闭目打坐，便算是修行了。不是的！首先必须明白佛理，“未有仙佛不读书”。佛说法四十九年，法门如此多，法理如此深奥，我们怎能不读经，不钻研，不探讨，不思惟？

禅的原意就是思惟修。假如理趣归理趣，你还是你，把佛法从耳朵眼睛听到看到，再从嘴里吐出来，这就是所谓的“口、耳之间，才四寸”。这四寸是太短了，受用也太小了。必须把理趣吞进去，消化吸收，融合为自己的骨肉，才是真正的修行。

佛的弟子以千、万计，佛说法四十九年，围绕在佛身边的，并不是每个人都有成就。其中有机缘，有个人的精进程度，也有业力的障碍，即使是多闻强记的阿难，佛在世的时候，也并没有悟道，要摩诃迦叶点悟他。

佛法是难？是易？请看庞居士一家人的说法。庞居士说佛法好难：“难！难！难！十担麻油树上摊。”他太太认为很容易：“易！易！易！百草头上祖师意。”他的女儿却说：“也不易！也不难！饥来吃饭困来眠。”

释迦牟尼佛说法四十九年，告诉我们如何去证得，指示我们成佛的万千法门。

我经过这两次“禅七”之后，深深相信佛是真语者、实语者、如语者，不妄语音。不过我若专门只数佛的财宝，我便是自欺欺人，到头来依旧一无所成。所以在我有生之年，凡是我认为适合我的法门，我都愿意去试试。

对于生死，我并不再在意，不过只要一息尚存，我一定要好好地珍惜每一息。必须死时，我也随时可以死。我是时时可死，但是我却步步求生；因为这个身体，就像我们租赁的房屋。一个房子住了几十年，一定这儿漏雨，那儿透风。正如同这个百病丛生的身体一样。房子既然是租来的，反正迟早总是要搬家的，一旦我们必须搬家的时候，搬不去的是房地，可以带走的是房子里的家具。这房子中的家具，就是我们这辈子智慧所修得的资粮。所以生死如搬家，即使这辈子修不成，还有下辈子。再安家时，有些现成的家具，可以省许多新添置。现在，我非常相信轮回。我又很乐观，即使下辈子，变牛，变马……大概转来转去，总会有一辈子再变成人，资粮总是在那里的。所以，趁着还有清明神智的时候，还能思惟修习的时候，我要把这些资粮，尽量地好好地积聚处理保存。我很感激，感激我的机缘太好了。七、八岁的时候，便听过韩清净居士讲成唯识论，虽然我不懂，也种了善根。幼儿时，就教我母亲念《阿弥陀经》、念大悲咒，虽然我并没有信奉，并且跟佛法抗拒了三十几年，但是也在心中种下了种子。

我终于在四十几岁开始学佛了，虽然晚了几十年，总算这辈子没有空过去。这栋房子虽然日渐老旧，勉强还能够居住，所以我必须尽量加以保护，让它能够避风雨，多维持几年。即使大梁柱子要倒了，也要想办法拿东西撑一撑。窗户关不拢了，就找块木板子挡一挡，总让它不至于受到风吹雨打的侵袭，以致影响生活起居，而损坏或减少我的资粮的积聚，这就是我目前对于这个人生所安排的道路。

拿这有限的时间，用我们这微细的智力，去追求证实无涯的佛法，一天二十四小时不眠不食，还都忙不过来，那还有闲工夫去感觉无聊？去应付无聊的人？做无聊的事？惹无聊的烦恼？

人身难得，佛法难闻，善知识难遇。对于整个人生，整个世界，我们只有欢喜赞叹的份，我们不应该悲观，也不应该觉得无聊，更不应该认为这个世界亏欠了我们，薄待了我们，我们只有感激，努力，精进。

南怀瑾老师与我

——一个真理追求者36年的参悟与忏悔

李慈雄

老师，您走了，走得那么无声无息。其实您没走，因为我们处处时时感到您的存在。

记得去年中秋夜晚，我们为您举行火化仪式，那天月亮是如此皎洁、圆满和明亮，犹如一颗巨大宝珠，照耀寰宇，照耀山河大地。那天的天空，却又没有一丝云彩，清澈无比，寂静无声。恰似古德所言：千江有水千江月，万里无云万里天。您又再次示现，用天象为我们说法。自性光明，“如净琉璃，内含宝月，圆满菩提，归无所得”，圆满、清净、光明、寂灭、无生。这难道不就是您一直要我们参悟的涅槃境界吗？谁说您走了呢？谁又有像您这样的威德，能用天象为我们说法呢？

初次见面

记得36年前，我读遍了当代的物理科学，发觉解决不了心中对宇宙奥妙的困惑，当读到爱因斯坦晚年亦信宗教，就知道单靠现代科学是无法解决宇宙本体的问题，因而回到您的门下。记得第一次见您，是陪一位高中挚友来看病，在看了那位同学的病后，您问了我的名字及情况，您对我说：“你可以学佛。”当时我对学佛没有丝毫的概念，就问说，为什么可以学佛？您说：“因为你有慈悲心。”后来，没谈两句，您又进一步问我说：那个能知道我在说话的是什么？我当时被问傻了，愣在那边。隔几分钟，似有所悟，我点点头，说我懂了。您看着我说，你没有真懂！这是第一次见您。

登门拜师

隔几个月后，我正式想到您处拜师求教。记得那是一个周六的下午，您听我自陈来意后，望着我淡淡地说，我这里是要缴学费的。我也望着您说，我父亲是一般的公务员，照顾我们三兄妹念书已感吃力，没有能力再来支付额外的学费。说完后我愣在那边，舍不得走。一分钟后，您抽着烟，笑笑地说，你可以来打工顶学费啊！我听了，眼睛亮了，赶紧问说，打什么工呢？您说，扫厕所、扫地、抹地、倒茶、洗杯子。当时我马上回答，这个我可以做。您问说，你愿意吗？我说我从小妈妈就是这样教的，当然会做，也愿意做。接着您又问，什么时候开始呢？我说今天就开始吧！

此后，每个周六下午，我和陈世志就一起到您处（当时叫东西精华协会）打工。打扫完毕，向您报告，您会亲自检查是否作到位，尤其扫马桶，您会检查内壁是否刷洗干净。洗杯子，您会放在太阳光下照，看嘴唇是否印洗干净。在客人面前倒茶，一开始没经验，您会当众笑我们这些所谓台大的高材生连茶也不会倒，当时真想钻到地下，很难为情。后来出来做事，有些做事的好习惯及心态，就这样被您磨炼出来了。老师，当年您那么忙，还亲自身教，改变我们的习气，是多么怀念啊！

就这样，过了几个月，您终于说，下周开始学《史记》的《货殖列传》。我当时心里想，我到您这边是来探求宇宙奥妙的，不是想学做生意的，但既然您如此说，只有好好学习了。没想到毕业至今，一直从事企业的工作，到33岁创办斯米克集团，事实上都深深地受《货殖列传》的影响，或许您老早看出个中的因缘吧！

东西精华协会

当年的东西精华协会，是很忙碌的。您有教无类，上至达官贵人，下至贩夫走卒，皆能照应，但却忙而不乱，杂而有序。我们这些学生们就在如此环境中学习做人处事，在过程中，您也会点拨我们，常说身教与言教要合一，生活与学习要合一。有很多人生的哲理与智慧，我们就无意地吸收进去了，如“器量与胆识”，“王者师之，霸者友之”，“急事缓办，缓事急办”，“三碗面”。后来我办斯米克，在和干部沟通的《炉边谈话》中（见附录），就引用这些话。

记得，您特别提出《宝王三昧论》与《百丈大智禅师丛林要则廿条》作为会员信守。虽然二篇皆是出家人所作，却整合了儒、道、释三家，贯穿了所有的出世入世的行愿，太精要了，有谁能体会您拿这二篇作为会员信守的苦心呢？

《宝王三昧论》四明鄞江沙门妙叶集？

一、念身不求无病，身无病则贪欲易生。

二、处世不求无难，世无难则骄奢必起。

三、究心不求无障，心无障则所学躐等。

四、立行不求无魔，行无魔则誓愿不坚。

五、谋事不求易成，事易成则志存轻慢。

六、交情不求益吾，交益吾则亏损道义。

七、于人不求顺适，人顺适则心必自矜。

八、施德不求望报，德望报则意有所图。

九、见利不求沾分，利沾分则痴心亦动。

十、被抑不求申明，抑申明则怨恨滋生。

是故圣人设化，以病苦为良药，以患难为逍遥，以遮障为解脱，以群魔为法侣，以留难为成就，以敝交为资粮，以逆人为园林，以布德为弃屣，以疏利为富贵，以屈抑为行门，如是居碍反通，求通反碍，是以如来于障碍中得菩提道，至若鸯崛摩罗之辈，提婆达多之徒，皆来作逆，而我佛悉与记莂，化令成佛，岂非彼逆乃吾之顺也，彼坏乃我之成也，而今时世俗学道之人，若不先居于碍，则障碍至时不能排遣，使法王大宝由兹而失，可不惜哉！可不惜哉！

《百丈大智禅师丛林要则廿条》

丛林以无事为兴盛。修行以念佛为稳当。

精进以持戒为第一。疾病以减食为汤药。

烦恼以忍辱为菩提。是非以不辩为解脱。

留众以老成为真情。执事以尽心为有功。

语言以减少为直截。长幼以慈和为进德。

学问以勤习为入门。因果以明白为无过。

老死以无常为警策。佛事以精严为切实。

待客以至诚为供养。山门以耆旧为庄严。

凡事以预立为不劳。处众以谦恭为有礼。

遇险以不乱为定力。济物以慈悲为根本。

向历史交卷的两大课题

当时您又提出，我们这时代须向历史交卷的有两大课题：

一、如何整合儒释道和科学、宗教、哲学，使人类摆脱唯心与唯物的迷惑，从而开拓出人类当走的大道。

二、如何开拓出人类新的社会及经济发展模式，从而使人类身心能够真正的平安健康，而不是靠贪婪、消耗、掠夺、麻痹，追求所谓的经济发展。

这么多年，我一直没忘记您揭橥（zhū）的这两大课题，也一直把它作为我人生的方向与目标。

初次的接引及反复

就这样过了大半年，从秋天到了冬天。放寒假了，您要我和陈世志搬到会里住（睡课桌椅上）。一方面您好照应我们，一方面多帮忙做事。一天夜晚，客人皆走了，您把我们叫到桌前，说，你们常说自我反省，现在我要你们把自我反省的心，先放在一边，不是不要自我反省，但现在先放一边。刹那顷，所有的思绪皆放下了，但知性却清清楚楚明明白白，对外界的动静了然于心，却又无一丝杂念，正如《楞严经观音法门》所谓的："初于闻中，入流亡所，所入既寂，动静二相，了然不生。"就这样，您让我们休息了一段时间。然后，您拿永嘉大师的《证道歌》与《心经》来开示。自此，我的生命接到了源头。当夜，已过半夜，您披着衣服来看我们，看我们正在念书，您说："勇猛心易得，长远心难求，早点休息。"您是何等的慈悲啊！

第二天一早醒来，潜意识就去找昨夜的境界，那境界是那么解脱自在，安静舒适。这就坏了，愈找愈找不到，找不到心愈烦，心愈烦就更找不到。于是发觉，什么都不找，反而境界有点相契。那几天，会里很忙，境界似掉未掉。过几天，向您报告，您笑笑说："是啊！《圆觉经》说，居一切时，不起妄念；于诸妄心，亦不息灭；住妄想境，不加了知；于无了知，不辨真实。"我当时点点头，似乎懂了，但没真懂。

往后的几个月，我就一直在如此"求境界、得不到、放下、放不了"的反复循环中，个中的痛苦，恰如人饮水，冷暖自知。当时自己笨啊！没有智慧，学理不清（没真研究过），否则一跃而过！当时我的静坐修持功夫也未真用功，更谈不到上路，所以是境界来找我，不能把握住境界，也就是定力没有基础。定慧皆远远不够，反而想一步登天，不是痴人说梦话，莫名其妙的大贪欲吗

国学小组

又过几个月，我已大三下学期，我向您报告，准备找十几个大一大二的同学一起念国学，方式就如您教我们一样，每周选一晚上大家共同研习一篇文章，再讨论交流，同时交叉一些活动，如读书前一起聚餐。每一周有一轮值的主席，要准备所有的事项，他可以找人帮忙，如此也锻炼了大家做事的方法与合作的精神。

记得我们一开始是念《史记》，好像第一篇也是《货殖列传》，后来念《论语别裁》。这样一年下来，因为大家在一起的动机很单纯，只是共同学习成长，反而大家有真诚的感情。十年后，我出来创业，真正帮我的人，反而是这批同学。老子有云："知予之为取者，政之宝也。"岂是始料所及哉！

第一份工作——卖《论语别裁》

后来《论语别裁》在台北出版了，当时老古出版社第一任社长是古国治（因他的姓而取名老古），我因为自己念《论语别裁》得益甚多，又看到老古需要销售收入，所以我和当时师大的杜忠诰二人不约而同地都站出来帮忙推销。一天，我向您及古大哥报告我的推销计划，先要了20几部送人，您很诧异，但听完后，您马上同意。我是拿这廿几部《论语别裁》送廿几个社团负责人，他们自己念了不错后，再推荐给社员，用6折向老古进书，8折卖给社员，2折差价可作为社团经费，他自己个人可以留下《论语别裁》这部书。结果几个月下来，卖出几千部，大家都得好处！我常自笑说，我的第一份工作是推广您的书，恐怕最后一份工作也是推广您的书吧！

您闭关了

没多久，您宣布闭关了，就在原来您的住处。这段时间，我有几个很鲜明的记忆。

有一段时间，您每周有一晚上到佛光山台北分院讲“如何修证佛法”，每次您总是先到，那一晚，没有预先接到停电的通知，我们以为您会暂停一次，结果您头也不回的走上十楼，用蜡烛上课。您从来不对事情马虎，不对自己马虎，不对别人马虎。

又有一次，您专门出关去见在佛光山闭关的首愚法师。我记得您问他说：“抽烟有抽烟定，你知道吗？”您牺牲自己的闭关，远从台北到高雄是何等的慈悲啊！后来我大学毕业，等当兵的三个月期间，您要我把日记寄到台北，并且批复说：“空王应念我，贫子正迷家！”这是何等的棒喝啊！

进一步的参悟与忏悔

您闭关后，不能经常向您请教，我只有自己念书及练习静坐，当时主要研读《楞严大义今释》、《楞伽大义今释》、《习禅录影》、《禅秘要法》及《傅大士传录》。尤其是《楞严大义今释》，最为契合，常有“自从一读楞严后，不看人间糟粕书”之感，因为它糅合了佛法、科学与哲学，解答了我胸中许多的疑惑。但在静坐修持功夫上，我却一直不得其门而入。

还记得，《禅秘要法》只看了三分之一，我就急着去练习，没有真的全盘贯通学理及功夫次第。当时想，反正是系心一缘，只要老实地先从脚的大拇指观起，然后观到大腿的白骨，作到白骨流光，即可作为第一阶段的境界，随后，虽然作到了全身白骨流光，但却一直裹步不前。后来到 2004 年您在义乌打七时，我才问您：“全身白骨流光时如何？”您说，要进一步从“有相光”进到“无相光”，我才恍然大悟。

后来我又修准提法，明明您再三说明，要从生起次第，进到圆满次第，不要着相，才是真殊胜，但我却自以为念了多少遍的准提咒就是功德，并不懂得假若念的音声节奏不对，反而对身体的气脉有害无益。这些皆源于我的愚痴、没智慧，又不晓得及时请教，才走了这么多弯路。我真是笨啊！

就这样过了一年多似乎没有进步的日子，后来我到台中的成功岭接受预备军官的训练。可能由于体力锻炼多，身体得到恢复，同时没时间乱想，一些境界反而回来。有一夜，我半夜醒来，悟到宇宙万有皆由妄想而来，所以“色即是空，空即是色”，但能妄想的却是“觉海性澄圆，圆澄觉元妙”。宇宙万有皆是“元明照生所，所立照性亡，迷妄有虚空，依空立世界”。悟及此，当时我好高兴啊！隔后没多久，我当面向您报告，您听后说："你懂了！然后呢？"我说："系心一缘，老实修行。"您说："好啊！"

问题是，我自己从来没有真研究过什么是系心一缘。心和缘是什么关系？如何系呢？只知道系心注意到一个所缘，如明点、白骨、准提咒等，但向上一路也不去问，更不要说把理与事结合在一起，所以表面上大道理懂了，但最基本的修持功夫却不扎实。好的境界自己把握不了，只有听天由命，好像在修持，事实上在盲修瞎练而不自知。可惜哉！

又有甚者，我总在潜意识里追求一种境界，尤其给自己设定一些条件，以为达到这些条件，就可以得到怎样的境界。人世间哪有完美的条件？如此，心里便一直在纠结，所谓"心兵交战"，不得安宁。哪知道"一念清净，当下即是"，"一念不生全体现"，哪有那么多条件！我当时写信给您，报告以上心得，您回答说：你对了。但我对系心一缘还是没有参透，也不晓得问。您在等我问，我太愚痴了啊！老师，谢谢您当时没说破，您用耐心慈悲在等我们上进啊！

到斯坦福留学

在您的鼓励下，在父母的支持下，我于 1980 年到美国斯坦福念总体工程经济系统的博士。当时我的动机很单纯，想看看西方的社会与经济是如何运作的，想学习西方人文与思想的根本。因为有心深入了解美国各方面，所以除了念书外，我也到世界银行、美国国会所属的东西中心、美国电力研究院工作及实习。念书期间，我碰到两位很关心并照顾我的教授，一位叫哈门教授，一位叫邓恩教授。这两位皆在美国经济大萧条期间吃过苦头，反而对人很体谅及厚道，且看得很远，其中哈门教授还写信给您，探讨人类经济发展与心灵福祉的问题。您当时回信给他，就开宗明义地说，现代各种经济学说皆是站在一国的经济发展立场，没有根本站在全人类福祉的立场，来设计全人类经济社会发展的模式。

念书期间，因您的介绍，我认识了萧明瑾，后结为夫妻。

在美工作及您到达美国

1984 年斯坦福毕业后，我自以为对美国宏观的经济活动有所了解，想进一步深入参与一个企业的运作，于是我加入了 AT&T（美国电报及电话公司），工作地点在新泽西州，后来您于 1985 年到达美国华盛顿。您希望我迁到附近工作，于是我 1986 年工作调到华盛顿。1987 年，您找我谈话，希望我回中国，为中华民族做点事。为了到中国，我加入波士顿咨询公司（BCG），作为第一批亚洲业务开创小组的成员。1988 年我代表 BCG 负责一个世界银行援助上海工业改造的专案。于是从 1988 年 6 月开始，我开始以上海为工作地点，您也搬到香港定居讲学。

创办斯米克

在您的鼓励下，我于 1989 年离开 BCG，在当年 9 月创办了斯米克集团。斯米克是英文 CIMIC 的音译，全称是 China Industry Management & Investment Co.，中文叫中国工业管理及投资公司。后来因为太像中央的国营企业，所以取英文缩写 CIMIC，翻译成斯米克。我们全家于 1990 年就从美国加州搬到上海。当时业务主要是与国有企业合资，业务一直发展很好，美国的摩根士丹利还在 1993 年初出巨资投资斯米克。然而您在 1992 年底就提醒我说，靠与别人合资，一旦蜜月期过后会有问题，应走独资靠自己的路子，才是长期之计。

三个月后我去看您时，您又问独资搞了没有，并很生气地警告说："不搞独资，以后会有大问题。"幸亏当时您的坚持和爱护，否则我真不敢想象斯米克今天变成怎么样子。也如您所预言的，和人合资，长期合作实在不容易，这是人性所使然，非人力所能为也。问题是，您不在我们企业中，却有如此的智慧及远见来关心指导我们，这是何等的威德啊！

您曾对我们说，您一辈子处事三原则：不向现成力量靠拢，不向反对力量低头，不向反对立场妥协。这是对人情世故充分的认知，并体现独立人格，是何等的睿智与勇气啊！

您定居上海

从 2002 年开始，您开始移居上海，这是我最有福气能亲近向您就近受教的十年，每天晚饭的谈话及饭后的开示，就是最直接的受教。

2003 年开始，因古道法师及本如法师闭关专修，您为他们亲自讲述《达摩禅经》，并再三强调《达摩禅经》对修证得果的重要性。对任何想拿自己身心作为实验的对象，解脱三界的束缚的修行人来讲，《达摩禅经》是一本很重要的实验法本，但一千多年来被淹没了，它主要所讲的是罗汉成就的二甘露门，那就是阿那般那（出入息）与不净观（白骨观）。

在第一次完整地讲述阿那般那后，您考问我们，阿那般那的两个要点是什么？您先说第二个要点是“知时知量”，然后要我们回答第一个要点，我连续回答了三次，您皆不认可，也不说破，要我们继续参。后来经过一个月，我听了您讲其他的事时，恍然大悟说，第一个要点是“观出息”，您笑着说，对了！这就是您的教育法，要我们自参自悟，才是属于自己的，否则还是属于老师的，属于书本的。

其间，您常问我们，念与念的中间是什么？生与死的中间是什么？醒与梦的关系是什么？声与声的中间是什么？有一次在义乌打七时，您透露说，人死后未投胎前，中间叫中阴“身”；前声已去后声未生，当体即空，中间是中阴“身”，要先认得中阴“身”，才能进入观音法门，体会“初于闻中，入流亡所，所入既寂，动静二相，了然不生”；前念已去后念未生，当体即空，中间也是中阴“身”，要先认得中阴“身”，才能体会三际托空，恰如《楞严经》所云：汝坐道场，销落诸念，其念若尽，则诸离念，一切精明，动静不移，忆忘如一，当住此处入三摩提。

您创办太湖大学堂

2006年，89岁高龄的您移居江苏吴江的庙港（现在七都镇），创办太湖大学堂，随即马上举办“禅与生命科学的认知”的研习班，这是我第一次深刻地体认“知性”，并对阿那般那法门的十六特胜有系统性的了解！您用洞山祖师的悟道偈子来引导我们去认清“知与息”的关系：

切忌从他觅，迢迢与我疏，
我今独自往，处处得逢渠，
渠今正是我，我今不是渠，
应须恁么会，方得契如如。

并用十六特胜的“知息入”、“知息出”、“知息长短”、“知息遍身”和“除诸身行”来说明“知”的重要，真是用心良苦。研习班结束前，您再三强调“饮食男女”对修行的重要影响，尤其“饮食不调”是修行人很容易忽视的大忌。

同时，您又多次提到阿那般那的极致，是达摩祖师的老师般若多罗尊者所说的：“出息不随万缘，入息不居蕴界。”

第三次的接引及反复

“禅与生命科学的认知”研习班后，我又申请回太湖大学堂专修一段时间。我当时呈给您一份报告，说明知性是无所不在，是一切存在的根本。您看了报告，也不说什么。几天后，一天的晚参之后，您对我说，你不妨放下知性看看。当时我愣住了，觅心了不可得，因为没有觅的主体，当晚连睡意也没有了，有大解脱之感。第二天，您问我如何，我说连睡意也没有了，您笑着说，会是这样的！接下来几天，您为我们讲解三祖僧璨祖师的信心铭，其中有句：“眼若不睡，诸梦自除。”您问我们这眼是肉眼？心眼？

这一次我真体会了何谓“言语道断，心行处灭”。但魔障跟着来了。当时以为“一无所有”是究竟，不知“真空妙有，妙有真空”，更不知“如来藏”有大神力，只知守着“空掉知性”的境界，身心得不到滋润，恰是干慧的枯禅境界，结果得了感冒，又得了花粉热（皆因身心未调适所致）。当时，潜意识里还有想得神通的念头，好证明自己的体悟，结果反是修行没有真的上路。究其原因，首先修证功夫没有坚实的基础，身心得不到调适与滋润，再加见地有偏差、偏空弃有，事实上是造个空的境界而不自知，第三是潜意识的贪欲，想得神通，结果又偏差了！

半闭关专修

经过这卅多年追求真理修行的反复，我深深知道只是靠业余是没有办法真正“见道、修道、成道、宏道”，我需有足够的时间，趁老师在世可以请教，系统地研读重要的经典，同时深入地研习个中修行证道的功夫法门，尤其阿那般那与白骨观，更重要的要检查出自己的见地的偏差与贪瞋痴慢疑的困惑。

所以我于2008年春节过后，就向您正式申请到太湖大学堂半闭关专修（因俗世所需，无法全闭）。这几年，您指导我们研读了《达摩禅经》、《楞严经》、《楞伽经》、《中论》、《指月录》、《永嘉大师禅宗集》、《证道歌》、《成唯识论》、《瑜伽师地论》等等，其中不断得到法喜，见地上得到提升，不落断常，不着空有。《楞严经》上说“如来藏妙明心元，离即离非，是即非即”，您在《楞严大义今释》上解释说：“自性本体虚妙灵明的真心本元，要离开一切现象作用才能够觉得。也要不离开这一切现象作用，才能够见到它的功能。这个自性本体功能就是这一切现象作用所表现，这一切现象作用却不是自性本体。这个道理，只有自己亲证方知。”

在修证功夫上，相当得力于《达摩禅经》的阿那般那及白骨观，《永嘉大师禅宗集》的“正修止观”亦是极好的参照，然皆要持之以恒，练习纯熟，非小智小勤所能望其涯岸。

在修证过程中，种种境界，您再三叮嘱，不要执着，观出散，观出息！同时提醒，要反观能观之自性，是知性在观息，但能观的心在哪里？能知的自性是什么？息的根本是什么？是在出入息上吗？有一次我向您报告说，“知息合一在清净”。您批示说：“可以入道了。”第二天您马上考问我，何谓入道。我用达摩祖师的话回答说：“外息诸缘，内心无喘，心如墙壁，可以入道。”

然犹未到究竟，您曾经修改过洞山祖师的悟道偈子，说：

不忌从他觅，何曾与我疏，
我今无来往，处处得逢渠，
渠今不是我，我今岂是渠，
若能恁么会，略得契如如。

这又说明什么呢？

普贤行愿品

您常说：“学佛乃大丈夫事，非帝王将相所能为。”然而，您常感叹近代不少学佛的人，往往守着一个空空洞洞的境界，表面上似乎无念，似乎一无所求，事实上在无记的境界中，后生的果报是很严重的。经常如此，会变笨了，不用脑筋；变自私了，只顾自己；变懒了，没有精进勇猛心。所以您再三强调我们要发愿，誓愿证得菩提，回向众生，才不至于走偏差。

您在《一个学佛者的基本信念》一书中，详细地解读了《华严经》的普贤行愿品，同时把东方药师琉璃光如来十二大愿、西方极乐世界阿弥陀佛四十八大愿、大智文殊菩萨的十大愿、大悲观世音菩萨圆通法门与三十二应身、大愿地藏王菩萨之圣德大愿，皆放在书中，为什么？而且，在太湖大学堂的禅堂，每天的早课，一天是朗诵“普贤行愿品”，一天是朗诵《华严经》的“净行品”与“梵行品”，普贤行愿品、净行品与梵行品皆强调行愿与净念，为什么？

您常说教育是熏习，要改变习气与追究学问，唯有不断的熏习，其不然乎？经常的朗诵普贤行愿品，再加研读您的解读，反观自己，这其中的功德是不可思议的，经题不是已经给我们说了吗？《大方广佛华严经入不思议解脱境界普贤行愿品》。

有一次在修准提法，我想到普贤行愿品中的一段偈语：“于诸毛端极微中，出现三世庄严刹。十方尘刹诸毛端，我皆深入而严净。”于是一念中出现无数的准提佛母，遍满宇宙，乃悟到宇宙万有皆乃一念。您笑说，这个你也懂了。偈语最后说：“一念一切悉皆圆，成就众生清净愿，我此普贤殊胜行，无边胜福皆回向，普愿沉溺诸众生，速往无量光佛刹。”《华严经》把普贤行愿品放在最后一卷，您再三强调行愿的重要，是有深意的。

您一辈子为传承中华文化的慧命，念兹在兹，一无己私，义无反顾地教化天下。直至九十几岁高龄，仍一天作两天半用的忙于工作、教化，乃至到逝世前几天，还在为学生批示心得报告，这难道不是普贤行愿品最好的写照吗？

您在 94 岁母难日曾自述：

九四朦胧幻寄身，
存亡恍惚旧非真。
岂图苟活浮沤界，
只似灵明侍证真。

岂非已表露无遗了吗？

唯识、科学与禅

您在最近二三年，特别强调法相唯识的重要，并说，现代人类受几百年科学的影响，喜欢用逻辑分析，讲究条理清楚。纯粹只讲“即心即佛”和“心佛合一”、“心意识”，一般人是无法相契合的。因此您带我们研究《楞伽经》、《八识规矩颂》、《成唯识论》、《成唯识论证义（王肯堂着）》、《瑜伽师地论》，希望我们学生们利用法相唯识，整合佛法与科学，尤其是提升生命科学的研究及应用，跳出目前全世界纯唯物的生命科学及狭隘肤浅的认知科学及社会科学，而能使人类认知心物一元的本体，又能利用本体的大机大用，对人类的福祉有实际的帮助。

然法相唯识的研究，很容易走入名相分析的偏差，对自己的身心没有受用，也对人类文化没有真贡献。所以您再三提醒要重视窥基法师的唯识五重观：

遣虚存实

舍滥留纯

摄末归本

隐劣显胜

遣相证性

说到底，法相唯识对胜义有的研究与般若宗对毕竟空的阐发，皆是“真空妙有、妙有真空”一体的二面而已！

梦中说梦

去年五六月间，您有次理发，要我在旁边向您报告近况，我说最近做了一个梦，梦见我扶着您过一条大河，河水很湍急，我们踩着是浮动的石头，甚险。后来，梦中我一念放空，您和我就凌空而过，化成一片光明，照耀山河大地。那一段时间，我的身体状况和外面入世的事业皆很辛苦，但我进一步向您报告，我的心境恰是：舜若多性可销亡，烁迦罗心无动转，将此身心奉尘刹，是则名为报佛恩。您说：“慈雄啊！虽说梦境，那是很真实的啊！”

恒南书院及最后的交代

早在2006年，我就向您报告要在上海找地方盖太湖大学堂上海分院，作为上海弘扬中华文化的基地。第二天，您同意了，并说就叫“南怀瑾学院”。当时我也没多想，就开始筹设。到2012年春天，基本建设完成。我曾三次问您取何名，您皆说不急。去年秋天，等到所有的家具皆摆好的那天，恰是您走的那一天。天啊！这是何意啊？

记得当年为了建上海分院寻找地方时，很凑巧，路名叫恒南路，另一路叫江月路（千江有水千江月的意思），前面一条河叫友谊河（意谓东西文化的交流），左边一条河叫三友河（意谓儒释道三家）。我当时就笑了说，就定了，这么奇特的地方，您也同意，同时对大的建筑方案，包括方位皆亲自指点。太湖大学堂的很多同学也出了很多的意见，真是群策群力。结果楼盖好了，您因身体不适，不及亲自来住及讲学，是何等遗憾啊！记得 2011 年底，您就向我说，慈雄啊，房子不重要，重要的是内容。赶快盖好，不要高速公路建好，车子跑不动了。没想到，被您说中，真是忏悔啊！

您走后，我们一些同学商量，就定名叫“恒南书院”，作为永恒纪念您，并弘扬您及古今往来诸圣贤教化的场所。

记得，您生前最后一次的谈话，您要我出来弘扬中华文化，并说要结合历史、四书五经、佛法、道家等等，开创出一条大道，为人类解决问题。因为整合一切学问，不属哪一家，我就向您报告说，这是“一无是处，四不像啊”。您笑着说：“是啊！是啊！”您又说：“慈雄啊！你只要不断反省及谦虚，就不会有事的。”我说：“记住了！”等到我离开您的办公桌几步之远，您又大了嗓门说：“慈雄，你要用功！”当时您咳嗽很厉害，但又如此关心，此情此景，难以忘怀啊！

这就是您最后的交待：反省、谦虚、用功！

骂古人的忏悔

有一次，我向您报告说：唐代的永嘉大师和僧肇法师皆是旷时代般若智慧大成就者，但为什么两人皆年纪不大就走了呢？是修持功夫不到，色身没转化？或入世行愿不够，看不惯这五浊恶世，就走了？我心里对二位古德，并不以为然，您没说什么。到后来，我才知道我自己错了。永嘉大师和僧肇法师肉体走了，但他们的著作，永嘉大师的《禅宗集》和《证道歌》，僧肇法师的《肇论》，不是流传千古，影响万代吗？他们没有走啊！修持功夫，个人业报不同，如人饮水，冷暖自知，我怎能妄加评论呢？反省自己，般若、修证与行愿皆大大不足！该骂的是自己，真该忏悔啊！

病中的示现

您在 95 岁的高龄，每天仍日以继夜地教化，常常一天作两天半用，换作是一般的壮年人皆受不了，更遑论是您已 95 岁？您的病，纯粹是劳累出来的，是为众生的教化，代众生的受苦而导致的。

《维摩诘经》上维摩诘说："众生病，我乃病，众生不病，我乃不病。"您就是这样的心情，代为我们众生受苦受病。记得您在几年前回复通永师伯的函就说："不用为我找墓地，俗士有言：求仁得仁复何怨，老死何妨死路旁。"事实上，您老早已为自己选择了自己的路，也在印证普贤行愿品的精神啊！

您在最后的病中入定时，我有一个夜晚轮值守夜，凌晨时向您忏悔了36年的愚痴及不够精进，并立志未来的方向，当时闻到您的烟味，似乎您在说："我听到了，好自为之啊！"同时，您有意的拨慢时间一个小时，您在示现，以坚定我的信心啊！

南怀瑾文教基金会

您一辈子常说："视天下人为子女，视子女为天下人。"您待我们这些不成才的学生，真是就如同您的子女一样，所以您的子女有时会半开玩笑地说，他们宁可做学生，不做您的子女，因为可以得到您更多的关爱。您知道吗？您走后，您的六位子女，是多么了不起啊！他们是您的子女，更是您的真学生，他们把您留下的各种遗产（包含遗物及著作版权）全捐出来，成立一个属于全天下人的公益的"南怀瑾文教基金会"，他们如此的表现，您会感到欣慰的，他们没有辜负您的期望。

结束语——参悟与忏悔

老师，我与您结缘36年来，您不断地谆谆教诲，眼捷手快，有杀人之刀，更有活人之剑，几回生，几回死，学生我虽有不断的参悟，却因整体的学理见地不透彻，精确的功夫次第不到位，原始的贪瞋痴慢疑的习气未转化，因而一无是处、一无所成。您在去年8月，跟我说："慈雄，你还是不对的。"但您故意不说破，要我自己反省参悟。之后，因您的生病示现，引发的体悟，我向您报告说："一切万事万物，包含自身，皆从心地中来，皆回归于心地，心地无声无语，无思无为，无生无灭，能为万物主，不逐四时凋。所以一切皆从法界流，一切皆还归于法界，是实相境界，非理论境界。"您批示说："知道了！"也是没说破！

以前，每当我有心得或有问题时，能随时向您请教。以后，在不断参悟、修证与行愿的过程中，碰到解决不了的问题时，我恐怕只有大哭一场了，去问谁啊？也只有祈求您及诸佛菩萨不断地保佑与启发了。

老师，那中秋夜晚，一轮明月是那么皎洁，照遍寰宇。天际万里无云，是那么清净，默默无语。您似乎来过，影响千秋！您也似乎走了，寂默无生！

您常说，道是天下人的道，不是属于哪个人的，天道与佛法常存，有缘人自然相见。

写于南师百日忌辰前夕

（2013 年 1 月 5 日）

我与南怀瑾先生的师生情谊

王学信

2012年9月下旬，我突感内心烦躁不安，有几个夜晚虽勉强入眠，仍难安寝。每至凌晨，一夕数惊，终难再睡，遂挨至东方破晓。然心有疑惑，不知究为何故。

9月30日正值中秋佳节，心思恍惚中，我前往宣南看望九旬老母。见老母精神健旺，甚感欣慰。攀谈间，突然手机铃声骤响，是笔者好友、中国新闻社老社长郭招金先生打来的。他急切地告知笔者，南老已于昨天下午四时许圆寂，且这一消息业经另一好友处得以证实，其语气极为伤感。

南公怀瑾老师圆寂，再无可疑，听闻之下，不啻晴天霹雳。笔者脑海中顿时一片空白，怔怔地坐在那里，泪花模糊了双眼，许久，许久……笔者不停地问自己："这是真的吗？这怎么可能？怎么可能？老师还有那么多事没有做完……"

是日中秋夜，天晴气清，月光如水，洒落窗前。笔者仰望中天明月，心就像掏空了一般，援笔写下《悼南师怀瑾公二首》以寄心中的无尽思念。其小序云："壬辰中秋日，惊悉南师怀瑾公示寂，心甚悲摧，双泪潸然，情不自持。因有此咏，诗以奠之。"其七绝云："一夕中秋惊坐起，清光桂魄照窗前。南师慧炬传天下，依旧音容在世间。"其五绝云："遥念师恩重，心摧泪自潸。南师人不远，遗爱满人间。"

两诗写罢，不觉泪流满面，望着南师赠我的大幅彩色照片——照片上，老师安详地坐着，膝上放着一本打开的书，满头银发，脸上慈祥地笑着，永远温馨而慈爱。瞬时，往日如昨，历历如在眼前……

未谋师面　先结师缘

1994年的一天，我的好友史平先生来家中作客，他毕业于北大中文系古典文献专业，当时供职于国家外文局。他正负责外文局所属一家出版社编辑出版南怀瑾先生的系列著作，其中有《易经杂说》《易经系传别讲》《禅海蠡测》《禅话》《参禅日记》《道家密宗与东方神秘学》，等等。

他介绍说：“南先生是极富传奇色彩的海外著名学者，毕生致力于弘扬中华传统文化，对儒、释、道三家之学的参悟、研究极有见地。此次推出南先生系列著作对振兴中华文化很有意义。”接着，他话锋一转：“不过，现在大陆读者对南先生很不了解，甚至连名字也没听说过，各种媒体也从来没有报道过。如果你有兴趣，希望能写一篇全面介绍南先生的文章，正好也适合刊登在你们《华声报》上。”

《华声报》是国务院侨务办公室主办的中央级侨报，当时我是报社编委兼副刊部主任，于是，我对史先生说：“介绍南先生的文章登在华声报副刊上真的很合适，可惜我没有见过南先生，也很不了解，只是听好友提起过，南先生是当代佛门大居士，又是大学者。你要有现成的文章那就太好了。”

史先生说：“现成的文章真的没有，按说应该先去香港采访南先生，然后再写，可是时间又来不及，只好烦劳你老兄了。我准备些材料，你先研究研究，再决定怎么写。”我在上中学时就酷爱中华传统文化，文革后参加首届高考又读的是北师大中文系古典文学专业，因此对史平先生如此热情推荐的南先生自然产生浓厚兴趣，便爽快地答应下来。

几天后，史先生带来一批关于南先生的资料交给了我。随后，我仔细阅读了全部资料，发现尽管其中不少仅是零章碎简，但也有一些较为完整的记述和回忆片段，最可贵的是，资料内容可信度很高，这使我增添了信心。

随着对资料的深入研读，南先生迄今的人生行履清晰起来，而先生的音容笑貌也鲜活地呈现在我的脑海中。于是，我挥笔写下了文章的标题:《学界楷模、一代宗师——记中华传统文化之集大成者南怀瑾先生》。文章也如同流水般涌出——“时至今日，在海峡两岸，在日本、韩国，在东南亚，在北美、欧洲，甚至在世界上其他更多的国家和地区，南怀瑾先生依然是一位颇富神秘色彩的传奇人物，且名播遐迩，声誉日隆……”

接着，我在文中凝炼而全面地叙说了南先生的生平事迹，力争以最简约的文字、尽可能丰富的内涵，为读者提供更多的相关资讯，让人们更多地了解南先生。一连几个不眠之夜，万籁俱寂，奋笔疾书，全文终告完成。行文之时，我深深为先生的文章、道义、品格所感动、所激励，在文章的结束语中，我这样表述了自己内心最真切的感受——

“先生以七十七岁高龄犹尽全部心力度化众生，不避风霜劳苦，唯以天下为念。正是：云山苍苍，江水泱泱；先生之风，山高水长。而世人也将永远记得——在当今这个时代环境里，还有这样一位众所景仰的大师，奉献心力，继续着孔圣、释迦文佛以来的伟大教化，薪火相传，永不止息……”

该文以整版篇幅刊出，排版时，恰逢青岛市政协委员成洪章先生寄来他的大幅篆刻作品——观音菩萨造像，极为精美，遂套红作为全文衬底。报纸印出后，版面十分漂亮、醒目。这在1994年的报业，应该是个不错的创意。

史先生见到这期报纸，十分高兴，随即给南先生转去了样报。这期华声报也引起更多人的关注，不少人争相阅读，社会反响很好，而一个很高层级的机构甚至专门派人到报社买走了50份样报。不久，台北《十方》杂志又全文转载了这篇文章。为此，我深感欣慰。虽然当时尚未与先生谋面，但先生已然成为我心目中深深仰慕的老师。

香江禅坐　南师亲传

1995年6月下旬，笔者偕同曹越先生应南师之邀赴港拜访。那时尚无港澳自由行，须经由旅行社随旅游团前往，到港后脱团自行安排，到规定时间再归团返回。

6月24日，我们进入香港，当晚略事休息。次日下午，我们从下榻处乘车先到中环，抄近路从香港公园拾级而上，来到半山坚尼地道36号B座南师寓所。虽然尚属农历五月，但当地已进入夏季，一路酷热，走得我们大汗淋漓。

南师见我们如期造访，非常高兴，执手问长问短。我在《南怀瑾诗话》一书的自叙中记述了与南师的初次见面：“时维五月，岁次乙亥，余尝偕友自京赴港造访南怀瑾先生，此香港回归之前二年事也。余于南师，虽素仰盛名，却未曾谋面，故彼次初见，心中惴惴，盖恐言语之不到而礼数之未周也。孰知一经晤面，见师蔼然长者，风神俊爽，银发皤然，有儒、道、佛三家气象者。及与师执手晤谈，则觉师之手润泽轻柔，暖似三春，固知师非常人也。而‘望之俨然，即之也温’，一如晤对父母然。”

当晚在南师寓所餐毕，南师指了指我们，对在座弟子宾朋说：“他们二位从北京远道而来，今天就开讲玄奘大师的《八识规矩颂》，你们要听好哦！”接着，南师助手李淑君小姐将事先准备好的相关资料分发给大家。南师呷了一口茶，便开始娓娓讲述……

原来，玄奘大师将印度十大论师对世亲《唯识三十颂》的注释，“糅译”而成一部十卷本《成唯识论》，该论遂为法相宗唯识学重要宝典。玄奘大弟子窥基法师以该论“文广义幽”，卷帙浩繁，请奘师将眼识、耳识、鼻识、舌识、身识、意识、末那识、阿赖耶识等八识分为四章，每章作颂十二句，尽括全书要义，以体现佛法精髓，方便学人参究。佛说万法唯识，可见其论述之重要，然唯识学之难亦为佛门共识。当时能亲耳聆听南师对《八识规矩颂》的详尽解说，实为人生一大幸事。尽管此前自己对佛学接触不多，所知十分有限，但听了南师一连几个晚上的精辟、生动讲述，初学唯识，仍有如饮醍醐之感，眼界顿开。

在港数日，每天午后我们便到南师寓所禅坐。禅堂内檀香袅袅，至洁至净，细心的李淑君小姐总是先为我们准备好两个高低适合的座垫，还有放在双膝上的两条厚厚的毛巾被，避免静坐时双膝染上寒气。

第一个下午，南师先让我们上座，指导禅坐的准确坐姿，譬如全身放松，跏趺而坐，脊柱挺直，两手双叠，拇指相拄，头微垂，眼微闭。然后，要我们按安那般那法要求，外息诸缘，内心无喘，净念相继，腹式呼吸，直至定境。

曹先生已修持多年，又是中国佛学院郭元兴教授的入室弟子，一上座便双盘到位。而我仅是浅层次的初学者，只能单盘而已，坐姿也不标准。南师见状，便走过来轻轻地将我的后背和头扶到位，在我耳边轻声叮嘱：**“万缘放下，不思善恶；物来则应，过去不留；至无念无想时，即可入静。”**

那一刻，我紧绷的身心渐渐舒缓下来，脑海中的纷乱念头也渐渐消失，而南师的话语似在耳边，又像在遥远的天际……静，真的好静，四周无一点儿声息，一个半时辰过去了，竟毫无察觉。直至耳边响起老师轻轻敲击的引磬声，才徐徐睁开双眼，视线所及显得格外清亮。笔者有七绝一首记述当时情景。诗曰：“静室跏趺面壁听，纷陈杂乱却丁丁（zhēng zhēng）。如何话语轻轻入，天籁初闻第一声。”

次日午后，我们又来到禅堂静坐。大约过了一个多时辰，南师步入禅堂，看了看我们禅坐的情况。引磬声响起，我们便慢慢睁开双眼。南师对这堂静坐还比较满意，接着对我们做了诸多开示，强调：“学佛修道，最注重起心动念，也就是心的行为，否则就是空话。发心要发菩提心、慈悲心，只有功德具足，才能智慧具足，每一个行为都要看他有没有慈悲的心，就那么严格。”

曹越此前曾来港看望南老师，南师亲传他文殊菩萨准提法，所以这一堂禅坐修的便是准提法，心中一直默诵准提咒。曹越报告了他禅坐时的感受，南师特别开示他：“意识上要有这个影像——虚空即我，我即虚空，虚空与我，无二无别。如来如来，如是如是，如如不动。”

我是初学者，起初也是因为身体不好，影响工作，很想通过静坐养生祛病强身。南师对此极为体恤，告诉我："慢慢来，你腿累了、麻了，可以先下座。把腿放松，先把腿揉一下，然后腿打开，摇一摇，很舒服了，再下座。千万不要人在很紧急的时候，马上下来。你们功力不到，马上下来，这个腿将来说不定就搞别扭了。另外注意，两个腿都慢慢放开，摇一摇，手放在后面。"

在离港返京的前一天，南师再次给我们开示："真正的佛学，用现在的话来讲，是追寻自己生命的最初、原始的根本，要找到生命的根源。"接着，南师对禅坐时的出入息与人体的五大——"地、水、火、风、空"的关系作了深入阐述："呼吸就有生命，念动气就动，念不动气也不动。初步得定，念空了，气也慢慢静止，由气变成息，不出不入，这就是真气。这样一静下来，内在感觉有气的作用，每个细胞里都有气，全身都充满愉悦的快感。如此修息，然后才去修准提法。"南师还特地关照我说："为你的身体要作适当调整，禅坐时，你稍稍注意丹田，不是用力，是意识令它向内而收。"

临别时，南师叮嘱我们："回到北京后，禅坐有了一定基础，再来进一步学习。"

嘱为诗话　三载乃成

在港期间，有一天我与曹越先生及香港中国通讯社郭招金社长侍坐于南师寓所。南师赠我《金粟轩纪年诗初集》一部，当时匆匆翻阅，见南师诗作格律谨严，文词雅驯，声调铿锵，且意境深邃，颇具古人韵味，实为难得一见之佳制，便连声赞叹。赞叹之余，又深感诗集中没有注释，恐怕会影响读者对诗作的理解。南师听罢，很是赞同，对我说："原有此意，只是没有找到适合的人来做，你如果有兴趣，就来做做这个事。"

在《南怀瑾诗话》自叙中，我曾记述此事缘起："留港数日，聆师教诲，颇沾法益。忽一日，余有幸获师赠《金粟轩纪年诗初集》，此师之门弟子八年前旅居美国华府郊次所编，此中辑录怀师甫自十五至古稀之年，旧体诗作凡六百余首。余见而喜之，不忍释手，唯叹其未有注释解说，恐时人难以索解耳。师遂嘱余：'倘有兴致，可为释注，以便后学。'余惶恐中，惧学力之不逮，有辱师嘱，然无由婉拒，亦只得从命而已矣。"

临别时，南师又赠我《金粟轩诗词楹联诗话合编》《楞严大义今释》《楞伽大义今释》《禅海蠡测》等著述，以及沈德潜编选之《唐诗别裁集》《宋诗别裁集》《清诗别裁集》，王文濡编着之《评注宋元明诗》《清诗评注》，丁福保编《佛学大辞典》等参考书籍，足足装了一提包。

迨返京后，每思及师嘱，即惕惕乎朝夕，执集在手，披阅再三，反复吟咏，未尝一日稍怠。冀一窥堂奥，以为释着，至此，则反觉践诺之不易为也。南师尝对素美师姐等门生说："我不是诗人，我的诗只是兴之所至，自己拿来发抒心情和思想的感喟而已，有时是作为个人经历的记忆资料。在我的写作中，少有对虫鱼鸟兽、山川人物缠绵悱恻的情怀，又在诗词中随意羼入理性的句子，或佛道的术语。有山林羽士的蔬笋气，又有理学家们的头巾味，既不能创作新格，又不肯泥古不化，一无所是，只能说像禅师和尚们临机的偈语。"

此诚师之自谦耳，而我读师之诗，"仰之弥高，钻之弥坚；瞻之在前，忽焉在后"，此诚天籁之音，而非凡人之语也。余虽素喜古诗文，然以往既囿于见闻，且不求甚解，仅粗知大要耳，皆属浅尝。于儒、释、道三家之学，亦仅识皮毛，遑论登堂入室哉！故悔当初率尔承命，而今则无言以对，进退失据矣。

在"自叙"中，我记述了当时酝酿、思考的过程："于逡巡中，余食不甘味，寝不安席，终日惶惶，若有所失，几魂不守舍者。居有顷，一夕默坐，独对孤灯。望星月交辉，听蝉鸣聒耳，忽心中寂然，静如止水，遂豁然有省。夫必有倜傥非常之人，乃有倜傥非常之诗。欲知其诗，必知其人；而欲知其人，则必知其诗，人诗一也。"

当时感悟颇多——盖怀师经纶三教，出入百家，究天人之际，通古今之变；博闻法藏，独契心源；于禅密诸宗，深得个中三昧焉。且数十年以降，历军政文教诸界，芒鞋筇杖，足迹遍及吴越巴蜀、西康云贵、沪宁港台，及美、日、法诸国，于世出世间，云施雨化，著述等身，桃李遍天下。然师于此劫难频仍之世，每叹圣贤大道难行，而哀民生多艰；冀中华江山一统，而致天下太平。故身处尘劳而不染，视人间富贵若浮云，瑰意琦行，超然独处，惟清净贞正以自娱耳。古人每谓："举世混浊，清士乃见"，"岁寒，然后知松柏之后凋也。"想见师之为人，信然。昔太史公尝云："诗三百篇，大抵圣贤发愤之所为作也。"《毛诗·大序》亦云："诗者，志之所之也。在心为志，发言为诗。情动于中而形于言。言之不足，故嗟叹之；嗟叹之不足，故永歌之；永歌之不足，不知手之舞之，足之蹈之也。"

南师之诗作，决非风花雪月、无病呻吟之类，盖因南师幼承庭训，后得朱师味渊公、袁师焕仙公诗教传承，素秉古圣先贤之遗教，诗以载道，纪事抒怀，感时忆旧，每发乎情而止于礼义。虽指斥时弊，评说古今，亦决非疾言厉色，不失诗家温柔敦厚之旨也。且师多有禅诗偈颂，以开示僧俗四众，其意高境远，蕴籍无涯，直追古德。苏东坡赠惠通诗云："语带烟霞从古少，气含蔬笋到公无。"其此之谓乎？于是，再次品读师之诗，则恰如青山迭翠、处处花开；瀛岛鲸波，飞珠溅玉；身入宝山，所在皆珍也。

斯时，每夕独坐，余即卷舒素笺，挥毫走笔，旁搜远绍，探幽发微。于每一诗，先行解题，其次销文言为语体，继而逐句逐联讲说其意，终则总括全诗主旨，及此中之大义微言，而行文则以浅显文言叙之，冀其与诗之风格相近也。

其间，余夙患之肝疾多次发病，险象迭生，肝部亦呈弥漫性病变。经权威专家检测，确诊为中晚期肝硬化，且无逆转之可能。对此，余复辗转多家医院，中医、西医均为之束手，称仅可延缓，而决无治愈之可能。

南师闻讯则忧心默念，每坚嘱颐养病体，不可操劳过甚，静坐养生，持之以恒，或可助一臂之力。南师的呵护、关注，使我倍感温暖，也坚定了我战胜宿疾的信心。于是，我谨遵师嘱，每天单位工作结束后，晚上仅用两个小时做诗集释注，之后于子夜时分便静心禅坐，心无旁骛。如此日复一日，凡三历寒暑，沉疴渐痊而终无大碍，《南怀瑾诗话》初稿亦始告完成。其时，余心之快慰，殊难以言语道也。

两赴香江　修订书稿

1999年8月1日中午1时许，我乘京九直通车直达香港九龙红磡火车站，再搭计程车赶赴南师寓所。此次赴港，系秉师命前来修订《南怀瑾诗话》书稿。

到了公寓门口，一按门铃。开门的是一位不相识的年轻女佣，后来知道她新来不久，叫度威，是印度尼西亚人。客房早已收拾好了，被子、床单都很整洁，棕红色地板擦得锃亮，空调、除湿器都开着，显得格外清爽宜人。我坐在客厅的茶几旁，品尝着刚沏好的台湾高山乌龙茶，环顾四周，努力回忆着四年前的印象，比较着有哪些变化。

与四年前一样，在这间大而典雅的会客厅兼餐厅，靠近厨房一侧，摆放着大圆餐桌。客厅右面是深棕色电视组合柜，内有大屏幕索尼彩电及录像、音响设备。组合柜上供着释迦牟尼佛、药师如来、文殊菩萨、观音菩萨、地藏菩萨、孔子等或铜、或玉、或瓷的精美造像，正中供养两朵玲珑剔透的水晶莲花，熠熠闪光。墙壁上悬一大幅水墨淋漓的墨荷图，上题"一花一世界，一叶一如来"。客厅左面靠近一张三座红木沙发椅处，是一长型餐桌，墙上悬挂一幅身着红袍的钟馗图，两边是左宗棠的行书对联："哦成诗句花生吻，倾尽葵心日愈高。”

最引人注目的要算客厅的正面了，那是全落地玻璃窗，窗外是摆放花草的阳台，视野极为开阔。透过玻璃窗，近处的香港公园和远处沿着维多利亚湾鳞次栉比的高楼大厦，尽数奔来眼底。每当夜幕降临，灯火璀璨，煞是壮观。

下午六时许，屋门轻轻推开了，怀师走进门来，我赶紧上前和老师握手问好。怀师慈祥地笑着，双手暖而轻柔，一切都宛若四年前，霎时，一般热流涌入心田。

晚上七点半，是雷打不动的晚餐时间，客人们也都陆续到齐了。其中有上次结识的马有慧、彭嘉恒夫妇，香港大学经济学院高级讲师赵海英博士，刚经怀师介绍相识的香港中文大学吴毓武教授，陈美玲小姐，以及怀师的小儿子南国熙和他的夫人何碧娟小姐等，共十余人。

大圆桌上，杯盘齐整，饭热菜香，而另一长桌上则是全素斋饭，那是给几位尼师和吃素的人士准备的。怀师笑着招呼大家入座，并拉我坐在他老人家的右侧，这以后几乎成了我的专座。席间，怀师不时招呼大家添菜添饭，虽然满桌菜肴有十几大盘，但怀师只拣几样浅尝而已，主食则是两小碗红薯小米稀饭，而且全天仅此一餐。早餐不食，中午只吃少许略放些盐的炒花生米。

餐罢茶叙，大家边喝着热热的红茶，谈论着当天世界各地及大陆港台各类新闻，而新来的客人往往应怀师和大家的要求，介绍些当地的新鲜事、流行的小笑话和相关资讯。这时，怀师总要燃上一支“三五”牌香烟，慢慢吸着，微笑着倾听人家热闹的交流，不时插上几句幽默的话语。每当听到各种有趣的事或最新流传的笑话，大家便开心地笑起来，而怀师的笑声最爽朗，也最富感染力。于是，整个会客厅洋溢着温馨、祥和的氛围。

当天，怀师没有安排讲课，餐叙到十点半左右结束，客人们相继告辞，怀师则乘电梯回到上一层住处。会客厅顿时安静下来，我站在落地窗前，眺望着香港霓虹闪烁、灯光灿然的夜景，激动的心情久久难以平静。

翌日清晨，怀师秘书室的宏忍尼师便把打印好的《南怀瑾诗话》初稿送了过来。此前，老古文化事业公司总编辑刘雨虹老师到京公干，曾先后几次将完成的书稿带回香港，陆续由宏忍师录入了电脑。

于是，全书的修订工作便开始了。说来还是有点儿复杂，要对每首诗当时的历史、社会背景，南师的行履所及，心中的所想所思，以及所涉及的人、事掌故全面梳理、把握，文字上则要务求精准、典雅、畅达。鉴于南师的不少诗作直接涉及儒学、佛学、道学等内容，在诠释时更要严谨、到位，不可有丝毫马虎，对禅诗中所蕴含之禅意、禅境更需细细体味，准确阐释，不可错解。因此，全书的修订过程便成了我进一步深入、全面学习和研讨的难得机遇。最为难得的是，随侍南师左右，可时时请益，故而不少疑难迎刃而解，而每改完部分书稿，即呈南师审阅，直至成为定稿。偶有因时势人物之异同而暂付阙如者，则待他日而尽其详也。

在港修订书稿，除中间回京处理工作事务之外，前后共历时三个月。在南师寓所，白天很安静，极适宜读书写作。每天下午四时许，专门来做晚餐的珍姐便会从菜场拎来大包小袋的食材，动作麻利地烧菜做饭。六时以后，怀师以及访客们陆续到来，寓所便充满欢声笑语，重又热闹起来。

居港三个月，因修订书稿所需，读书不少，且南师耳提面命，获益良多，而所知遇之各界贤达先进，于此书多有劝勉。其中尤以宏忍尼师者，每遇书稿改易，辄不殚其劳，即时输入电脑，且心细如发，获助良多。余深谢之，唯觉殊难为报耳。

书将付梓，余仍惴惴，恐其疏漏，所在仍多。且南师诗作犹有诸多佳什散失各地，未暇搜辑，故无完璧之美，仍有遗珠之憾。俟其后，当假以时日，拾遗补阙，修订再版，则余心庶几稍慰焉。

随侍师侧　如沐春风

随侍怀师左右，亲聆教诲，时时如沐春风，而怀师精神之健旺，体力之充盈，思维之敏捷，尤令人叹为观止。虽然每日工作紧张而烦冗，且多做少眠，然怀师风貌多年如故，不能不说是个奇迹。在怀师身上既体现着儒家“知行合一”的躬行履践理念，也体现着大乘佛法“定慧等持”的力行功夫，其中还蕴含着中华传统文化固有之仁爱、宽厚、坦诚、包容、礼让、谦恭……

在怀师会客厅，有一个很大的镶着玻璃的壁柜，里面分有很多层，摆满了各种各样的中成药，约有数百种之多。其中多数是台北顺兴堂的产品，也有不少内地中药厂的知名品牌药，还有几种是怀师亲自勘验古方配制的。只要见到来客患有病痛，怀师便随手或命身边工作人员取出适量对症药物，请患者服下。临行时，还要备出几天的药量，请患者带回去服用。

有一天，香港亚视董事兼行政总裁封先生来访，他患有很重的感冒，可巧坐在我身边。当夜，我便觉得鼻塞声重，体倦神疲，清涕不止，身软无力。次日，怀师见状，即命身边工作人员找出对症药物，嘱我按时服下。这是怀师亲自配制的专治感冒的中药制剂，呈棕褐色粉末状，并佐以顺兴堂的小柴胡汤、清鼻汤片剂。仅服用几次后，感冒即霍然而愈。

怀师见我伏案工作和看书时间太长，担心我的眼睛过于疲劳而影响视力，几次嘱我要注意眼睛的适当休息。一次餐后茶叙，怀师特地将自己对眼睛的按摩保健法教给我和在座诸位。怀师边讲边示范，如何从晴明穴按摩到攒竹穴、承泣穴、玉枕穴，再按摩到太阳穴，一连演示了两遍。大家兴致盎然地纷纷练习，直到每个人都学会了，怀师这才放心。

后来，怀师又嘱咐赵海英陪我去配了一副茶色水晶养目镜。那天是下午，在迦南眼镜店耽搁的时间长了些，可巧外边又下起了淅淅沥沥的小雨，待赶回来，已是黄昏时分，身上颇感有些阴冷。此时，怀师在会客厅里慢慢地喝着热茶，马有慧小姐来得早，正陪老师说话。怀师得知眼镜已经配好，嘱我平时常戴，以调养目力。

这时，马有慧笑吟吟地告诉我们，赶快去品尝老师今天亲手做的牛肉汤。我尝了一小碗，牛肉炖的又软又烂，汤很鲜美，而且清而不混，味道真是好极了。其他几个人喝了也赞叹，认为非厨艺高手做不出此等美味。喝完牛肉汤，顿时身上暖烘烘的，望着窗外的秋雨，我想，怀师所做牛肉汤，驱寒祛湿，补中益气，此非寻常肉汤，分明寓有保健养生之内涵也。

天气转凉，怀师出入便戴上了帽子，一顶是象牙白的圆形小帽，一顶是灰黑色船形帽，不时更换，别具风度。怀师对大家说，天冷时一定要戴上帽子保暖，否则元阳之气易从头顶散失，诱发感冒或肠胃不适。听到怀师的教诲，从此，每当天气寒冷之时，我便找出一顶小帽戴上，不敢懈怠。

九月初的一天，我曾和怀师身边工作人员欧阳哲去过一次菜场，看到三根不粗的大葱捆在一起竟标价 10 港元，吓了我一跳。待到 10 月底我再次由京赴港时，特意从北京带去一大捆山东大葱，约有 20 多斤重。此外，还带去一些我上山下乡时情有独钟的云南酸菜。

有一天，我想起所带酸菜，正好可给怀师和大家换换口味。云南这种酸菜极有特色，专以昆明周围区县盛产之两尺多高的苦菜腌制而成，辅以多种云南特有香料，又香、又酸、又辣，且口味纯正，久藏不坏。该酸菜食用便捷，既可开袋即食作为佐餐小菜，又可炒肉，或做羹汤。

次日晚餐前，我把酸菜细细切碎，起热油锅，再放入葱末、姜末，略一煸炒，待香味溢出，放进酸菜，煸炒几下，加适量清水。待汤滚上十几滚，再放盐、味精少许，一盆热气腾腾的酸菜汤即告完成。

我将酸菜汤端上桌，向怀师及在座诸位简单介绍了一下。这时，坐在怀师身边的马有慧小姐马上给老师盛了一小碗，怀师尝了两口，连声赞道："这个好，这个好。"这餐饭，怀师吃得很舒畅，连鼻尖都沁出了细小的汗珠。

12 月上旬，刘雨虹老师赴京办完事，返回台北前在港暂作停留。一天，她突发奇想，建议与我合作给怀师和大家做一次红焖羊肉。我一听，觉得这个主意不错，祖国医学素有"药食同源"之说，而羊肉"补气益虚，温中暖下"，正是初冬补益佳品。

翌日上午，欧阳哲便到菜场买回了羊肉，连皮带骨，非常新鲜，而且都剁成了块儿，做起来很方便。刘老师很谦虚，说她没做过红焖羊肉，请我来主理，她打下手。下午时分，我们便一起操作起来，先用花椒水将羊肉适当浸泡、洗净，除去膻气，再将羊肉及葱段、姜片、蒜瓣、花椒、八角等调料放至锅内，加白糖少许及适量黄酒、酱油腌制。约半小时后，兑适量清水，用武火将汤烧开，旋改文火慢慢煨制。一个半小时后，肉香飘溢，酌加精盐，再焖煮 20 分钟左右，即大功告成。

晚餐时，一小锅鲜香酥烂的红焖羊肉端上席面。大家举箸品尝，纷纷赞美，怀师边吃边夸赞道："这个羊肉做得好。"到后来，怀师又站起身去夹羊肉，不料锅内已空空如也。看到老师兴犹未尽，我直后悔这次羊肉做少了。我想，下次如果要做，一定得多做一些。

在港三月，我和李淑君小姐、赵海英博士曾先后三次给怀师和大家包饺子，前后两次都不错，唯独第二次出了点儿纰漏。因为白菜馅攥出去的汁不到位，虽然菜、肉比例都合适，但拌出的饺子馅含水量偏高，先包出的饺子便有些塌底，致使饺子的破皮率上升。尽管怀师夸奖馅儿很香，但我脸上仍一阵阵发热，现在回想起来仍遗憾不已。

师恩难报　勉力前行

在怀师身边，会时时感受到老师的关爱，虽然只是小事，却久久镌刻在脑际，难以忘怀。其不言之教，恰似"随风潜入夜"的滴滴春雨，给人以心灵上的滋润和启迪。

记得在八月酷暑之时，怀师怕我换洗衣物不够，特地嘱儿媳何碧媚小姐陪我到香港知名商家选购适合的T恤衫等衣物。入秋天凉，怀师担心我喝凉茶脾胃受寒，又命欧阳哲购回一对双层高真空不锈钢保温杯给我使用，又嘱我回京时将其中一只带给夫人。怀师叮嘱：“茶不能喝凉的，以入口不烫为宜。另外，绿茶，也就是生茶，不可喝的过浓过多，会把胃喝寒。铁观音、老茶、红茶可以适当多喝一些。”我酷喜喝茶，但很不讲究，且最爱酽茶，若干年前，确有两次因秋后乱喝凉茶而突发急性胃炎的教训。听师教诲，顿感其中学问之深，其后便谨遵师教一改往日陋习。

我在《南怀瑾诗话》自叙中曾记述：“余在港，师呵护有加，心常感佩。而每侍坐，师之纵论中外古今，指点学理法奥，关注国运民生，瞩目中华文化，则每令余铭感五内，如沐春风云。”此中诸多细节，多至不可胜数。

一次茶叙，怀师取出荷兰著名汉学家高罗佩所著《狄公全传》，又名《大唐狄仁杰断案传奇》，向在座诸位热情推荐：“这书写得好，值得一看。高罗佩很了不起，虽然是外国人，但比很多中国人更了解中国。”怀师接着问我看过没有，我虽然久仰高罗佩大名，但近年忙于杂务，读书甚少，故只闻其名，未读其书，只好惭愧地回答：“听说这书写得极精彩，只是还没有读过。”怀师慈祥地笑着说：“抽出点儿空看看，就算是休息吧。不过，这书只要拿起来，就放不下了。”

其后几天，我几乎一口气将这套长达140万字的《狄公全传》看完，书中鲜明生动的人物形象、跌宕起伏的人物命运、扣人心弦的故事情节，的确引人入胜。更难能可贵的是，作者是荷兰人，所写虽是中国古代公案题材，却熔东西方文化于一炉，突破中国古典小说在语言、人物、情节上的程序化、类型化藩篱，成功展示出唐代中国人物命运与风俗的多彩长卷，堪称大家手笔。

我想，怀师热情推荐高罗佩和他的《狄公全传》，决非偶然。作为杰出的汉学家，高罗佩著述宏富，通15种语言，尤精于汉语，毕生热爱中国和中华传统文化。而几个世纪以来，像高罗佩这样对中华民族始终怀有真挚友好感情，致力东西方文化交流的欧美人士，如利玛窦、南怀仁、金尼阁、马若瑟、熊三拔、拉铁摩尔、郎世宁、伏尔泰、歌德、莱布尼兹、托尔斯泰、普希金、李约瑟、费正清等等，难以数计。他们热爱并高度推崇中华传统文化，这和近一个多世纪以来某些国人弃本民族文化若敝屣的极端态度恰成鲜明对比，也足以发人深省。

怀师素来认为，中华传统文化乃中华民族之根，倘将此根拔去，我中华民族何以自立于世界民族之林？且中华传统文化作为世界文明宝藏之瑰宝，博大精深，源远流长，必将在未来光大于世，这一人类文化发展之大势任何人也阻挡不了。然而，令怀师极为感慨的是，自二十世纪初以来，中华传统文化日见式微，斯文扫地，学术思想更是非驴非马，混杂不堪，令民众无所适从。有鉴于此，怀师矢志弘扬中华传统学术，并致力于东西方文化交流，不惮其劳，奋勉前行，教化遍及海内外。也许，正因为如此，当怀师见到高罗佩所著《狄公全传》，想见其特立独行，才学卓异，自然是"身无彩凤双飞翼，心有灵犀一点通"，"于我心有戚戚焉"了。

茶叙时，怀师有时兴之所至，也会讲述一些禅宗公案，如朗州刺史李翱，见药山惟俨禅师，问如何是道。师以手指上下说："懂吗？"回答："不懂。"师说："云在青天水在瓶。"李翱有省遂欣然作礼，述一偈云："炼得身形似鹤形，千株松下两函经。我来问道无余话，云在青天水在瓶。"怀师强调这正是南禅古德接引学人之法，个中深意颇值得细细参究。

一次茶叙，怀师讲解完六祖慧能的"一宿觉"弟子永嘉玄觉的《证道歌》，提议大家一起诵读一遍。于是，座中一位先生敲起竹板，大家放开喉咙，齐声念诵："君不见，绝学无为闲道人，不除妄想不求真。无明实性即佛性，幻化空身即法身。……顿觉了，如来禅，六度万行体中圆。梦里明明有六趣，觉后空空无大千……"客厅里，音声朗朗，其乐也融融。

某次茶叙，怀师忆及六世达赖仓央嘉措的凄美爱情故事，颇为感慨，对他的66首情诗深表推崇。国民政府蒙藏委员会委员曾缄先生曾将其译成66首七言绝句，刊于20世纪三十年代末《西康建设》月刊，并附《布达拉宫词》长篇古风一首。怀师当年皆可记诵，今虽不可全记，仍吟出数首，供大家体会，其一云："曾虑多情损梵行，入山有恐误倾城。世间安得双全法，不负如来不负卿。"对曾缄《布达拉宫词》亦高度推许，怀师随口吟出结尾四句："买丝不绣阿底峡，有酒不酹宗喀巴。尽回大地花千万，供养情天一喇嘛。"吟罢，啧啧称叹。

怀师曾谈及五代时期吴越国主钱镠的文治武功，认为他"少任侠"，是大唐忠臣，在治理吴越期间，该地区物阜民丰，四境安宁，文事兴盛，堪称乱世中难得的一方净土。同时，他的诗作颇具文采，曾受到大诗人苏东坡的褒扬，其诗中多有佳句，如"陌上花开蝴蝶飞"以及"遗民几度垂垂老，游女还歌缓缓归"，等等，可惜后人对他研究得很不够。此外，怀师对明清时的绍兴师爷文化现象很感兴趣，认为就此课题深入研讨，可以写出一篇很精彩的博士论文。

是年12月中旬，《南怀瑾诗话》书稿改定，我不得不惜别南师，离港返京。回京后时常忆及在怀师身边的种种难忘情景，相继撰写了《走近南怀瑾》《在南怀瑾身边》《南怀瑾先生二三事》《南怀瑾先生与儿童诵读古诗文活动》等几篇文章刊于《华声月报》，后被多家海内外媒体转载。

2006年，我在1994年所撰文章基础上又增添了老师其后几年的重要活动内容，作为封面人物专题文章刊载于《海内与海外》杂志，题为“杏坛春意暖，教化满人间——记国学大师南怀瑾先生”。该文很快被中国佛协主办的《佛教文化》杂志和纽约《中外论坛》杂志全文转载，产生了良好的社会反响。

尽管不在怀师身边，但怀师不时会有新书寄来，我也时刻惦念他老人家。2010年初夏，我专程前往吴江庙港太湖大学堂看望老师。谢锦扬老师先陪我参观了大学堂的书库、禅堂、讲堂，以及南师手创之吴江太湖国际实验学校。晚餐时与老师餐叙，见怀师精神矍铄，健谈如初，心中十分欣喜。餐罢，怀师命我讲一段孟子，作为学生怎敢在老师面前卖弄，然师命难违，就权当小测验吧。我翻开《孟子》讲了一段，见怀师微笑颔首，心知已勉强过关，这才松了口气。太湖大学堂给我留下难忘的记忆，与老师话别后，我随手写下一首七言绝句：“楼宇荫浓草木长，书城坟典墨犹香。太湖万顷春波绿，无尽清风入讲堂。”

谁知，此次看望老师，竟是最后一面。2012年中秋前一日下午四时许，怀师于十日大定后，奄然迁化。每一念及，我心悲摧，然忆及六祖慧能所云“诸佛出现，犹示涅槃；有来有去，理亦常然”，便有些须宽慰，唯愿怀师乘愿再来，再续师生前缘。因以一颂志之：**“南师怀公，教我群生；百年一日，竭虑殚精；光风霁月，沛乎苍溟；虚空无尽，其愿无穷；冀我中华，早日复兴。”**

因为老师，所以光华

——尹衍梁先生忆南师

南怀瑾对于全球化过程中资本主义物化人心的现状，做了很多阐述。所以终身学习，终身修心成为现代人需要去做的事情，他曾说："今日的世界，物质文明发达，表面上来看，是历史上最幸福的时代，但是人们为了生存的竞争而忙碌，为了战争的毁灭而惶恐，为了欲海的难填而烦恼。在精神上，也可以说是历史上最痛苦的时代。人是莫名其妙的生下来，无可奈何地活着，最后是不知所以然地死掉。我们的人类正面临着一个新的危机。"

"我常说，现在是精神病开始的时代，我发现很多年轻的孩子们精神都有问题了，归结起来是教育的问题，一个国家、社会的兴衰成败，重点在文化，在教育。"

南怀瑾的这些话，也给素有"第一台商"之称的台湾润泰集团总裁尹衍梁留下了深刻的记忆。自 20 世纪 80 年代通过年轻时的好友李传洪介绍，认识了旅居香港的南怀瑾后，命中注定尹衍梁的人生路会烙上南怀瑾的印记。

祖籍山东日照的尹衍梁 20 世纪 50 年代初出生在台湾台北，父亲尹书田是著名的纺织企业家，时称"格子布专家"、"牛仔布大王"。尹衍梁少时顽劣，被父亲送至彰化进德中学接受感化院般住校读书教育。后因一场跟校外人士打架的冲突，通过老师王金平的搭救与"隐匿不报"，改变了一生。遂考上成功高中夜间部，再进中国文化大学史学系，以最后一名毕业。26 岁进入社会后突然开窍，对学问及研究开始有兴趣。1982 年从台湾大学商学研究所毕业，1986 年获得台湾政治大学企业管理博士。从一个顽劣子弟到社会栋梁的转变，实际上是人心的转变，其间，南怀瑾起了很大作用。

1989 年，尹衍梁带着忐忑不安的归乡心情，和台北私立薇阁中小学董事长李传洪一起踏上中国内地的土地。他此行的目的是，带着国学大师南怀瑾对中国内地的第一个投资愿望——兴建金温铁路前来，他们要展开全线 250 公里的踏勘工作。这一次行程，为他铺上一条通往中国内地政经人脉的平顺道路，国学大师南怀瑾成为他可以顺利打进中国内地的最关键人物。

尹衍梁认为，南怀瑾好广结善缘，从抗日战争中投笔从戎、跃马西南，帮助那里的少数民族同胞，到后来支持国家建设、支持希望工程，南怀瑾从来都是为了大义、大道去布施善缘，没有功利性在里面，或者将自己的功名放在最后，完全是出自本性的驱使。相比之下，他觉得在这一点上，自己与老师差距甚远。

受老师这种对众生关爱的大义之影响，尹衍梁带着自己与南怀瑾的第二个愿望在中国奖励高等教育。在尹衍梁到内地投资考察的过程中，发现内地高等教育水平还有待提高，于是主动提出想捐赠一笔钱，作为对高校优秀人才的鼓励。南怀瑾闻之欣然，对他支持教育事业、支持人才培养的意愿大加赞赏，通过与内地方面协商联系，终于使得“光华奖学金”在内地高校实行。原本发放对象仅北大、清华与内蒙古大学，其后则奖励了多达三十多所大学院校，是当时首度遍及中国高等教育的奖学金，而捐助者竟是一名来自台湾的商人。光华奖学金让尹衍梁在内地一炮而红。

1989 年，尹衍梁又捐资 1000 万美元在中国最有影响的北京大学兴办了光华管理学院。这所饱含南怀瑾办学理念的商学院，已经成为国内一流的商学机构。

“光华”这个名字的寓意，就是光大中华。十多年来，北大光华管理学院已成为中国各省市高考状元心中的第一志愿，每年从光华管理学院毕业的学生有三四千人。如国家副主席李源潮、黑龙江省长陆昊等都在光华学习过。至今领过光华奖学金的内地学生有近 10 万人，如海协会会长陈德铭就拿过光华奖学金。

虽然尹衍梁表明从事教育事业仅为兴趣，并无私心，但他的投入也让他在商业上获得许多“意外”收获，如大润发在上海展店的第一张批文，也是上海市当时最后一张执照，其经办官员便是曾经从尹衍梁手中领过光华奖学金的毕业生。其实，种善因获得善果都是自然成事而已。这就是南怀瑾商业智慧的高深但人人可学的境界。

尹衍梁说，老师笔耕不辍、著述颇丰，还经常给弟子开示，对弟子的一言一行都言传身教、以身作则。到太湖学堂之后老师已经是 90 高龄的老人，但他仍然公开授课达五十多次，让数千中外学子有机会当面聆听精彩纷呈的演讲。演讲内容涉及中国传统文化与认知科学、生命科学等，令人敬佩折服。这就是老师给人的力量。捐助光华是尹衍梁在老师鼓励和影响下的一个选择，虽然老师走了，但他的人格魅力和学识影响将永远传承并发扬光大。

朱清时教授忆南怀瑾老师

王国平

南方科技大学校长朱清时教授2004年第一次见到南怀瑾先生时，对其著述思想一无所知，“我只知道有这么个人。”但是3个半小时的长谈几乎改变了朱清时的处世态度。

此后，科学家朱清时开始探索科学与禅道的关系。“发现现代物理的主流学说，正好是佛学在两千年前所讲的。”在南怀瑾先生的推荐下，朱清时参加了2009年第二届世界佛教论坛，并担任佛学与科学分会场的主席。在会上，他发表了题为《物理学进入禅境缘起性空》的演讲。

自2004年那次见面后近10年来，朱清时每年都去拜访南怀瑾先生4到5次，“这样的老人见一次，少一次，我珍视每一次与他的见面机会。”

“一个彻底的科学家，到了一定程度，都会发现人的认识是有极限的，人类只是生物进化的一个阶段。科学家要找办法突破这种极限，首先必须提高大脑的感知和认识能力，而佛学能让人在禅定状态下，安静地思考。这个状态下，大脑成了超导体。”

朱清时觉得，南怀瑾让他的心“找到了宁静，逐渐把很多事情放下。不再恐惧什么事，不会在意困难和打击。使我能不为个人得失忧虑，一心去追求我所认为的真理”。

朱清时坦承：“南怀瑾先生最不喜欢别人一见他就说崇拜你啊，书写得好啊之类奉承的话。”朱清时在太湖大学堂遇见不少与他一样的著名大学校长、企业家、文化人，“也有很多求见而不得的。”南怀瑾也曾自我解嘲说：“我的生活就是三陪：陪吃饭，陪聊天，陪照相。”

南怀瑾常常会“骂企业家”。朱清时遇见过几次，南怀瑾对前来学禅的企业家直言：“要学禅，先把财富都甩掉。”并向来访者讲了一个故事：曾经有一位收藏金银财宝的人，背着一袋子钱财去学禅。半路遇见一和尚，带其去寻禅学大师，上了一艘船。船行至河中央，和尚让其爬上桅杆看看还有多远，在桅杆上，他看到和尚将其钱财抛入河中。懊恼之后，此人才感悟到这么做正是为其学禅所做的准备。

朱清时最近一次登门拜访南怀瑾先生是2012年9月22日。这次拜访不同于以往，前一天朱清时收到短信，南老师因感冒引发肺炎，病情转重，朱清时接到短信后，便立即出发赶往庙港。9月29日下午6时，朱清时再次收到短信，得知“南老师圆寂”的消息。在朱清时看来，这位老者影响了几代人，包括他自己。“我想我们失去了一位老师，一位在当今社会为我们引路的提灯人。”他说。

人们称南怀瑾为国学大师、中国传统文化的积极传播者、实业家，但这些标签用于他身上，似乎都不算准确。他幼承庭训，少习诸子百家，精通儒释道等，却没有一心成为学界权威；他在政界声名鹊起，享誉两岸三地，却对政治有一种先天的敏感，始终保持合理距离；他长袖善舞，虽时而在经贸领域度化，但从不沾染铜臭味。

早年，一个朋友把南怀瑾的八字拿给一个很有名的算命先生。这个算命先生看过“八字”以后，认为这个人的命很有点“王气”、“霸气”，但不是真正的帝王。他根据南老师的“八字”推断出南老师一生的命运：“身无分文，富可敌国；手无金印，权倾天下。”南怀瑾的一生正印证了这十六个字。

回忆起近10年前，朱清时通过中科大的一位教授引荐，结识南怀瑾先生，从此拜在南师门下。“当时我很迷茫，我觉得当今大学生缺少信仰，没有道德底线。”在与南怀瑾畅谈了一个下午后，朱清时“备受启发”，南怀瑾让他发现中国传统文化有很多宝贵的东西。“现在人们觉得人死如灯灭，做了坏事也没什么，因为反正人到最后都是要死的，在心里没有可以敬畏的东西，因此也就没有道德底线。”南怀瑾先生用一个故事向朱清时讲了这个道理：唐太宗时，大概有390个死刑犯，唐太宗下令把死刑犯放回家过年和家人团圆，过完年再回来。第二年，所有的死刑犯都回来了。因为当时唐朝佛教盛行，人们相信因果报应，有所敬畏。“但是这种事情可能不会发生在当代。”

南怀瑾先生一生致力于弘扬儒释道等中国传统文化，但在学术领域内，他的一些观点也受到质疑。朱清时说，“南老师学识广博，而他的专著很多都是学生用课堂录音整理发表的，口头的东西里面难免有一些不能确定的东西，有一些错误。”朱清时认为不能以考据的心态来臧否南怀瑾，“他最大的功劳是对中国传统文化的传承。他让这么多人发现中国传统文化值得学习，让人们对传统文化感兴趣，有感情，从中受益，改变人生。从这一点来看，他的历史地位颠扑不破。”

以下是朱清时教授与川籍作家王国平先生的对话（2012年8月2日上午10时35分至11时52分）：

朱清时：我先给你看这把扇子，这上面写的是：“一日清闲自在仙，六神和合报平安；丹田有宝休寻道，对境无心莫问禅。”这是到峨眉山去之前，刘正成写的，背面是刘正兴画的峨眉山。

王国平：这种情况很少见，两兄弟，一个写字，一个画画，都是大家，而且书画合璧，非常难得，值得珍藏。朱校长，我想先请您谈一下您的学术背景。

朱清时：我在大学时期是学核物理的，文革中间的1968年，分到青海山川机床铸造厂当工人，当了5年工人之后，在青海的一个研究所工作，那个研究所是搞化学的，从此以后，我就变成了一个化学家。有幸的是，文革中间，胡耀邦他们组织中科院一些重大课题，追赶世界先进科技动向的时候，当时全国的科研院所全都瘫痪了，只有青海的还活跃着，所以从1974年开始，我们就开始做重大科技项目，一年后，我做了这个项目的负责人。改革开放之前的1977年，就决定了第一批送我出国，1978年在浙江大学学英语，1979年到美国去了，后来回国后在大连化学物理研究所，1991年当选院士，当时还叫学部委员。1994年调到中国科技大学，1996年，开始当副校长，1998年开始当校长。你知道，我现在在南方科技大学，当校长。

王国平：作为一个搞化学物理研究的科学家，你是什么时候开始接受传统文化熏陶和训练的？

朱清时：很小的时候，我就开始接受传统文化，我父亲朱穆雍是华西协和大学毕业的，学社会学的。我父亲那个时候学社会学，解放后，被认为是伪科学，所以后来被分配到财政局当会计，一直埋没了他的一生，都没有搞过社会学。有一次我把一本《中国名人大辞典》给他看，里面有很多人都是他的同学，他非常感慨。他主要是错过了一次好的机会，当时华西是教会学校，准备安排他们班七个人去美国留学，但那时，我母亲已经生下了我的两个哥哥，家里就不希望他去，到处活动，帮他在省财政局谋了一个职务。到一解放，他就变成了国民党政府工作人员，就不再当作知识分子，这是一步错棋。但是他一生吧，非常喜欢文学，喜欢中国传统文化，所以我从他那里受到了感染，尽管我学理工科，但是我内心深处同我父亲一样，热爱中国的传统文化，就如这把扇子，代表了当代的中国艺术，这是我人文科学的背景。

王国平：你第一次接触南老师的作品是什么时候？

朱清时：我见到南老师是2004年，第一次。我以前也没有接触过他的作品，因为一直在搞理工科，到我当中科大校长时，内心就起了一种愿望，就是中国社会需要一种信仰来支撑。我看现在的学生和我们以前不一样，跟过去我们当学生的状态不一样，我们以前读书的时候，心中有一种信仰在支撑，所以学习跟自己的个人修养很容易（被）教育和提升。现在的学生很难了，主要是因为他们没有信仰支撑。所以那个时候，我对中国佛学有了一种内心的尊重，佛学不管怎么样，它教人行善，它教人畏惧因果，对社会是一件好事。虽然我是一个自然科学家，也很想用现代自然科学发展的各种成果把佛学当初预言的自然界的各种情况两者联系起来，做一个对比，所以我就去拜访南老师去了。有人给我介绍说，南老师可能是，不仅是中国传统文化，而且是佛学最高水平的代表，那个时候我还没有真正读过南老师的书。2004年，我就去上海拜访南老师去了。

王国平：当时是谁陪您去的？

朱清时：是中科大的一个教授，他跟南老师很熟悉。从那次见了南老师之后，我突然就发现，我们社会中还有这样一个人，他对古今的了解可以说没有人可比，没有人可及，他的智慧从我们这一代人来看，只能仰视，他随口而出的这些诗词和佛学的偈颂都是用诗词形式的，这些东西对我们来讲，都是高深莫测的。

自从这次见面以后，我心中就有一个愿望，像这样一个，已经再也找不出第二个智慧的老人啊，见一次就少一次，我不能失去这个机会。所以从那一年开始，我一有机会就到他这里来。2004年7月下旬，我应他的邀请，以中科大和太湖大学堂（筹）的名义联合举办了一次认知与生命科学的研讨会。在太湖边的一个酒店里，为期10天，围绕认知科学与生命科学的主题，结合传统文化和现代科学做了研讨，这次课程有录像在。

从那次研讨会以后，我就发现了南老师的另一面，其实他这个人啊，是非常尊重科学的，尽管他对佛学了解很深，但是他始终相信科学和佛学是一回事，因为佛学跟科学都在解释宇宙，只不过用不同的方法而已，他认为佛陀释迦牟尼当时讲经的时候，是设法用当时科学的最高成就来讲的，比如《楞严经》等都是用了当时最高的科学成就来讲，他相信佛陀生在当代，一定会用当代最高自然科学成就来重新讲经，他一直这样看。

这次研讨会，把我、南老师与太湖大学堂紧紧联系在一起，并且促成我定下了一生的一个目标，就是把自然科学和佛学深奥的道理比较起来，看看中间有多少地方能够有联系。我们共同的愿望是，希望参考佛学等传统文化，开辟自然科学研究的思路与方法。同时，用自然科学去解释佛学的道理，启迪大家的思维与反思。这样呢，能够便于把佛学的真实道理重新在社会上普及，现在的社会信仰佛学实际上有一种畸形，等于所谓的求神问佛，就是自己买很多香，堆很多钱，去贿赂佛菩萨，这种功利心太强了。

在那之后，我到这里来，南老师也给我们讲过多次经，讲过《成唯识论》《楞伽经》，这是最接近自然科学的了，讲过《楞严经》，讲过《达摩禅经》，这都是我自己亲自听过的，还讲过好些，因为我没有长时间在这里，错过了。可以从整理的中间看出一部分，大多数都没有整理出来。那个时候，几年前，南老师风采迷人，他这个人精力充沛，记忆力非常好，每次都是一讲就是两三个小时，说两个小时，实际上都延长到三个小时，而且有的时候是上午、下午、晚上接着讲，随口就背诵很多诗词歌赋和偈颂，这让很多年轻人吃惊。

王国平：对啊，我第一次见南老师的时候，南老师曾说，朱清时的名字就是从一首诗中来的，他随口就背出了杜牧的那首《将赴吴兴登乐游原一绝》："清时有味是无能，闲爱孤云静爱僧。欲把一麾江海去，乐游原上望昭陵。"

朱清时：我第一次来的时候，他听到这个名字就跟我讲起了这首诗，在我一生遇到的人当中，这是能够如此的唯一一人。我自己当然知道这个名字怎么来的，这是我父亲告诉我的。此外没有人知道"清时"有什么典故，唯有他，第一次听到我的名字，就想起了这首诗，马上就说出来了。这两年，他劳累过度，操心太多，身体变差了，尤其眼睛不太好。这几天，你看我都不怎么打扰他。

王国平：能有机会经常听老师讲课，您这十年是非常荣幸的。

朱清时：对，所以我很庆幸。从跟他的接触中间，我受到了很多感染和影响，特别是佛学，我这十年比过去进步了不知多少。我现在比较清楚，佛学确实如南老师说的，当初是当作一门科学来研究的。但是佛学研究不是用近现代自然科学的方法，近现代自然科学的方法是培根他们开始的，是用实验来验证真理，就是任何真理必须通过实验来验证，这个实验不管谁来做，只要程序一样都会做出一样的结果，然后再加上亚里斯多德开始的形式逻辑和推理，这两者结合起来，就是现代科学的注释。

但是佛学不是，佛学没有用靠外部实验的方法，佛学用的是心身内在实证的方法，实证是每个人靠自己的感悟和直觉去证明。直觉这个东西啊，实际上是人类认知世界的另一种方法，是很有效的。只不过呢？现代的人直觉越来越少，因为依赖外在的东西太多，因为杂念和欲望太多。就像大家都过分依赖于计算机和算盘一样，心算能力越来越差。

王国平：中国过去几千年都依赖于直觉。

朱清时：都靠直觉，在释迦牟尼那个时代，人的直觉一定比现在人强得多，就像我年轻时候的心算能力比现在年轻人强得多一样，那个时候连计算器都没有，所以你要算什么东西，包括很大位数字的乘法，都要靠心算，现在连1位数的乘法都要计算机，所以大家心算能力都退化了。一样道理，现在啊，因为科学的发展，大家都借助实验来验证东西了，很少再用直觉的方法了。

第二个呢，直觉的方法是靠内心通过很强的感悟能力来认识事物的。直觉的方法要认识好的话，人一定要很安静，使你的内心没有噪音。大脑是思维借助的一个工具，也如同存储数据的硬盘之一，它就像一个超导体一样，超导体就是导体电阻变为零的时候，这时候大脑的电场特别强，一点很小的信号都可以捕捉住。所以，我相信，在释迦牟尼时代，他们的心与大脑极为安静，就像我们看到的超导体一样，所以能够捕捉到很多我们现在看来高深莫测，神妙难以理解的这些现象。比如他们认为宇宙是怎么产生的，人是怎么产生的，各种唯识的理论，都是他们靠直觉和心身实证得出来的。

南老师是对的，释迦牟尼和他的弟子们研究佛学，是当作科学一样来研究的，他们追求的是宇宙和人生的真理。如果把我们现在用自然科学的最高成就认识到的宇宙，和释迦牟尼佛经中他们所认识到的宇宙做一种比较，相信是件很有意思的事。我这十年，我在庙港，在南老师身边，请教他的问题基本上就主要围绕这个中心。我这一生，发表过的研究论文有300多篇，只有一篇文章现在影响最大，就是《物理学步入禅境》这篇文章，广为流传，影响很大，以至于国外有些人认为我是佛教徒。

看到我在创办南方科技大学过程中的种种艰难险阻，南老师由开始的支持，逐渐变为反对，他希望我集中精力，写科普文章，可以更广泛地影响社会，培养普罗大众的科学素养，在民间洒下科学研究的种子。我想等我把南科大的工作做完，我会完成我这一生中最后的一个使命，写科普文章，我不会牵强附会的去比较。而是想把自然科学的最新成就，原汁原味的写清楚，凡是有文化的人都能看懂，又可以把佛学所讲的宇宙和人的事情做一些对比。

王国平：我想，您可能与季羡林、任继愈等有些交往，我想听听您对这些大师的看法。

朱清时：这么说吧，现在南老师对佛学和佛经的理解水平，国内找不到任何人可以与他相比，比如我以前跟他学过《成唯识论》，现在我正在读《瑜伽师地论》，这两部经书都是玄奘法师主持翻译或总结的（《成唯识论》是玄奘法师汇集总结印度唯识十大论师观点的著作），当时是用唐代语言，而且玄奘法师是用直译的，唐代的人看起来就很吃力，现代人就更吃力啦。可是南老师会给你讲得深入浅出。

再比如，有很多佛经的语言都是唐代的语言，现代人如果望文生义的话，就完全搞错了。比如《楞严经》中的“觉海性澄圆，圆澄觉元妙”，其中两个字“元妙”，很多人看到这个元字，就以为是元始的、元创的、元初的、元本的，南老师一讲就懂了，当时为了避讳唐玄宗名字中的玄，而将“玄妙”的玄字改成元代替，一说玄妙，大家都知道了。

王国平：南老师是大智慧。

朱清时：对，这种事情谁知道，只有南老师的大智慧，结合现代的知识来深入浅出地阐释经文，人们才可以理解。我还可以举很多例子，我相信，近代很少有人能够像他这样对佛经有如此深刻的理解。

王国平：其实，南老师的学问远不止于佛学，儒、释、道三家学问在他身上真正实现了融会贯通。

朱清时：是的，南老师最重要的著作是《论语别裁》，大家对《论语》理解的比较多，只不过南老师是站在一个更高的高度来理解它。对佛经理解的人就很少了，他给我们讲《达摩禅经》，也是一样，那是晋代的语言，都是五字一句的偈颂，一般的人，特别是没有修证过的人很难理解，我相信中国找不出第二个人能把这个经理解得这么深刻，所以我做了很多的笔记，我想的是再也没有人可以解释得这么好。

你也知道，现在中国的佛教界也比较乱，所以我后来有一个发愿，就像你写的一样，我就是想把四川佛教界的青年领袖，请一些来，在南老师这里得到一些感染，至少得到我的感受，知道佛经难在什么地方，知道应该从哪里入门去学习它，结果我只把宗性法师请过来，还有好几个我都请过，结果都是这个事，那个事，没有来。你也知道，到这里来，也不容易，所以都没有成行。以至于我这次到峨眉山去，我见了他们的文物局长、博物馆长，他也知道我的努力，我在峨眉山、乐山等大寺院，请他们的主持去，都没有去，他也觉得不好意思。

王国平：他们错过了这种千载难逢的机缘啊。

朱清时；对，他们没有意识到这个事情的重要性，他们现在完全能对付，因为现在的佛家都停留在表面，大家都是拜拜佛，说两句偈子，信众都对他们很佩服了。现在有谁能够把一部经讲透讲到底啊，很少了，没有人能及了。

造就南老师这样的高度有几个原因：第一、他本人是个天赋很高的神童，很年轻的时候，智力就很高，在温州地区是很有名的神童。第二、他十八、九岁就入川，当时，全国文化界人都在四川避难，所以用他的话说，本来他只能仰视的人，现在都可以做朋友了。对吧，他从他们这里学到了很多，而且，也有很多条件，比如这些人带来了很多经书和资料，很多人一辈子都没有这种机缘。都是天造就的，这些条件要同时具备的机会太少了。第三、他在四川很快就厌倦了当官，他曾经做过少将参议，中央军校政治教官。

他在当政治教官之前，有一段历史很重要。那就是他在凉山屯边垦荒的历史，这一段相当精彩。他 1937 年入川后，曾经没有饭吃，当时他住在一个庙子里，庙里的和尚是彭州人。他出家前很有才，和地主的女儿恋爱了，可是受到家庭的阻挠，后来两个人就私奔了，不久就被地主家的人抓回去了，抓回以后，就把女的活埋了，男的就痛不欲生，既想复仇，又想自杀，都没有成功，后来经人劝说，他就抛弃红尘出家了。出家之后，他的母亲就跟着他，服侍他。这个时候，南老师正寄住在庙里，所以这个母亲既服侍儿子，也做饭给南老师吃。所以南老师一直很感谢这对母子，后来，大陆改革开放以后，南老师要报答恩人，首先要找的就是这两个人，一直没有找到，这段是南老师最刻骨铭心的事情。还有呢？南老师在到中央军校之前，曾经在大小凉山地区领导一个“大小凉山垦殖公司”，他自任总经理兼自卫团总指挥，也就是司令官。这个队伍里有土匪、军阀和招募来的兵，他确实有这种才华，二十多岁就当司令，自称北汉王，那个万人瞩目服从的滋味很迷人，但他很快就警醒了。后来，南老师认为这条路不可为，就放弃了兵权，挂印而去。此后有一段时间他曾经很潦倒，跟随他的二三个人中有人生病了，大家钱花光了，没饭吃。南老师就到一个报社去找工作。那个时候报社很小，总编辑说：“你能来干什么？”南老师：“我能打扫卫生。”总编辑说：“那你做做看。”他就做卫生，总编辑看他的气质，判断他是读书人，就讲出来，请他写篇文章，一看，写的不错啊，就留下来，不做卫生了，做了真正的编辑，他熬夜的习惯就是由这个时期的工作习惯而来。后来，温州同乡张冲（张淮南）介绍他到成都中央军校（黄埔军校后身）学习，然后任政治教官。

王国平：这一段，目前很多公开的资料上很少提及，因为大家都不知道这段往事，最多就引用南老师的几首屯边诗。

朱清时：这一段历史既精彩，也很重要。我要说的是，像他这种机会在和平时期哪里有啊？二十多岁就当少将，当司令，这种经历谁有啊，不可能啊！只有大变乱时期才有。后来，南老师到峨眉山闭关三年，阅读《大藏经》。下山后，他在乐山张怀恕家里住了一段时间，阅读《永乐大典》和《四库备要》。像他一生遇见的这种机缘很少，他古文功底很好，当时四川遍地都是高人，然后又能读到《大藏经》《永乐大典》《四库备要》，想请教人也很容易。还有 1949 年后，他去了台湾。而国内的学者经历了一二十年的动乱，还搞什么学问啊，自保都有问题。所以说，你说季羡林啊这些，我们不说天赋，就是机遇他们也没有南老师多，他们几十年时间都在时代变乱中荒废了。

王国平：他们几十年时光都在反省、检查、批斗中度过。

朱清时：所以，我们很珍惜他们，是因为像他们这样的学者太少了。但是，南老师在台湾，很多重要的经典都可以读到，很多大学者也云集台湾，很多书和资料都能接触到，这样，他比国内的佛学家又高了一筹。加上他的性情，他一生不从政、不当官、不去惹闲事，潜心学问，所以沉淀到现在，我想可能是千古一人了。

当然，我们不说跟春秋战国时期的老子、庄子相比，但是至少五百年来没有过这种人。中国有很多天资跟他差不多，机会跟他差不多的人，但是心不静，因为太平时期都想当官，都想成就功名，所以呢，他可能是几百年来第一人。他对儒释道都有精深的理解，儒家的理解，他是高人一筹，但是还不是他最重要的，他对佛学和佛经的理解，现在可能找不到第二人了。原因就在于佛经本身，很多是魏晋和唐代的语言，当时的人读来已经是晦涩难懂，何况现代人，这需要非常深的学问才能解释得非常准确。这十年我非常珍惜他讲佛经的机会，他不讲，别人都是望文生义，只有他讲了，别人才会服。

王国平：我一直很尊崇季羡林、任继愈他们，但是呢，我认为季羡林先生对国学研究不多，他主要方向是东方语言学，擅长的是吐火罗文、巴利文、梵文等，任继愈先生主要研究的是世界宗教史，反而不以传统文化见长。

朱清时：南老师就把这几个学问贯通起来了。国学受佛学的影响很大，而中国的佛学又受中国的国学影响很大，老庄等影响了中国的佛学，才产生了中国的禅宗。道家更是如此，道家没有统一的理论，但是其修行方法和理论跟佛学、老庄更有关系。所以中国的儒释道融合在一起了，季羡林、任继愈都是大家，但是第一，他们不是神童，特别是季羡林自己就很老实，他不认为自己天资本高，他靠的是苦学。任继愈先生在红尘中工作太久，他自己就说，他不信佛，也没有任何宗教信仰，这样的人再来研究佛学很难。佛学是这么一个东西，我刚才说过佛学研究方法是直觉与实证，当这种修养到达一定深度以后，你才能明白很多事物的真相是什么。你修养没有到的时候，再精彩的讲经，你也会把它当作噪音。这一点跟自然科学正好相反。

问学三十载

——忆南怀瑾老师的身教言传

吴琼恩
（台湾著名学者，《海峡评论》杂志社社长）

到了20世纪80年代，西方物理学家终于发现，当代物理学的世界观与东方文化的源头预设相同，换言之，人类的科学家体会到，越是新颖的物理学世界观，越与中国传统儒释道精神相通。这种认识已经十分了不起，改变了学术研究的知识论和方法论的基础；但在南怀瑾先生这样的有修有悟者看来，只是“见识”到人类心性之学的开端，尚未进入知行合一的“见地”境界。此所以“南门”（南老之学有教无类，无所谓门派之见，此乃勉强用之）特重实践，行以求知之学。

大约1982年的春天，由于曾读过南老师的书，听说周勋男先生与老师认识很久，就在周兄的引见下初识南师。当时我在国民党中央文化工作会，从事理论工作。那时我知道南老师在台北信义路的复青大厦，每天都有川流不息的访客，王升将军说南老师那儿是“人民公社”，各路人马常来常往，或来听课，或来吃饭喝茶，听南老师讲古今中外的事，的确受益匪浅。当时南老师下午正在讲“中国文化大系”，晚上讲《楞严经》，听课者只付一些场地清洁费。南老师授课有教无类，幽默风趣，他不走学院派的老路，独树一帜，因材施教。

20世纪80年代初，老师给不少党政军要人开课讲《左传》等，但竟引起了某些人的疑虑，称南老师为“新政学系领袖”。南老师终于在1985年7月5日离开台湾，前往美国，落脚华府，恰与美国的FBI为邻。

在80年代初期，台湾青年寻找思想出路，开始流行新马克思主义。海峡这边的台湾人，对中国传统文化的心性之学尚缺信心，在日渐富裕下，政治反对派只知要争取言论自由，却昧于文化尚不成熟，无自律的涵养，造成后遗症不容小觑，迄今仍然难治。

而在中国大陆，却因文革而打压孔孟心性之学，改革开放后，年轻人只看到美国表面繁荣富足的一面，却未体会孔孟心性之学，不是唯心唯物二元概念可以分析理解的东西，只羡慕美国表面上的繁荣富足，却不能认知到后来可能造成金融海啸的危机。中国自鸦片战争后一百多年来，为救国图存，只知求实用快速地解除危机，却无一套长治久安的文化策略。迄今仍是如此，做中国梦，却不见深度和广度的论述。

南老师的心性之学，是治国长治久安之策。试看“二战”结束后，从凯恩斯的经济政策，到80年代海耶克的自由政策，人类的经济前景陷于一片迷惘。经济问题已非经济政策所能解，这是涉及人类方方面面的系统工程，而且是复杂的系统工程。

所谓心性之学，乃是基于人类除了实用科技之学外，必须面对的社会规范之学，能使人“有耻且格”，不单像法治仅使“民免而无耻”。现代人几乎已无羞耻感，甚或到了麻木不仁的地步，只顾自己生命的存在活动，茫然于如何与他人互动，更不知真实的情感是何物。

南老师的心性之学，教人从日常生活的起心动念开始。像斯米克集体的李慈雄，在台大电机系二年级时，在南老师那儿打工并扫厕所，南师甚至告诉他杯子要如何洗，才能洗净杯口的唇印。

当年我寄赠南老师《新马克思主义座谈记录》时，不久就收到他的来信，表示收到并致谢意。南老师旅居香港时，有一次曾说，要介绍我认识几位大陆的大学校长，我以为南老师只是轻松地说说而已。没想到半年后，我又到香港去，南老师见到我，立即亲笔写了五张介绍信，真让我震惊不已，世俗中人，有谁那么“闲话一句”，仍然信守不渝？这些年来的经验，寄赠一本好书送人，对方一点相应皆没有，让人觉得好像多此一举。

这些事说明了，一个人的良知良能，本自具足，不需要逻辑推理，你如果能将心比心，具足直观的能力，自然会知道应有所回应。可现代人接受逻辑推理的能力愈来愈强，却在一开始就丢弃了人与人之间那种“敏锐的直觉（仁）”，丢弃了你那本具固有的良知良能，因而凡事从自我中心出发，言行举止只不过是内心长期累积的“错误意识”的投射，如何能与他人有效沟通呢？

南老师的心性之学可贵正在此，他不在乎他人以逻辑理论来骂他，对心性之学没有真参实修的人，出口即是“错误意识”的投射，所以南老师从来不予辩驳。现在笔者在此多言，若南老师在世，必笑我多此一举。

南老师热爱民族，关心中华文化的复兴。在1988年旅居香港时，有一次我与舍弟琼埒路经香港去看老师，当时他说，尹衍梁先生请他出任光华基金会董事长，资助大陆青年学生读书。后来北京大学也盖了光华大楼，其他大学受益于光华奖学金者亦不计其数，20多年后的今天，开花结果造福一个时代的青年，迄今仍然不赘。南老师的事功岂仅这一点点？他在台湾时已启人无数，致力于延续中华文化的命脉。

在1988年1月20日左右，南老师要我到华府走一趟，并赠500美金机票费用。我记得当日一下飞机，到达南老师住所后，休息一会儿，他即邀我政大政研所博士班肄业的学长张炳文作陪，亲自教我打坐与数息观40分钟。

我们在华府停留两夜三天，观看《济公活佛》录像带，回德州前，南老师在门口要亲自教我一个咒语，我正严肃地洗耳恭听时，他老人家亲口传授："要多拍马屁。"我顿时恍然大悟。1988年1月底南老师迁居香港，我在华府时，竟然一点动静皆不知，南老师的行事作风巧妙有如此者。

1988年3月8日，我通过了博士论文口试。4月初返台时，南老师有两句话，要我请苏志诚转达"总统"："一是少说话有利，多说不利；二是无为而治有利，有为不利。"事后观之，"总统"全然违背南老师的建议。后来有关两岸密使事件，亦不了了之，南老师十分失望。之后乃赠笔者墨宝，上书清张船山句：

今古茫茫貉一丘，功名常笑烂羊头。
戏拈银笔传高士，醉掷金貂上酒楼。
未老已沾秋气味，有生如被梦勾留。
此身可是无仙骨，石火光中闹不休。

老师的墨宝，活泼洒脱有仙气，我视如无价珍宝，亦真实体会到他对两岸关系的关怀与无奈。

至于后来南老师移居上海，2006年后常住太湖大学堂，往来宾客中，看热闹、抢拍、与南师合照者众，众生相自然如此。亦所以见孔子"吾非斯人之徒与而谁与"，诚不我欺，从此深深体会到，南老师是如何的无可奈何了。

德泽辉光　永照寰宇

——微斯人吾谁与归　追思吾师南怀公

闫修篆

刘向《汉书·礼乐志》说："人有男女之情，妒忌之别，为制婚姻之礼；有交接长幼之序，为制乡饮之礼；有哀死思远之情，为制丧祭之礼……婚姻之礼废，则夫妇之道苦，而淫辟之罪多；乡饮之礼废，则长幼之序乱，而争斗之狱繁；丧祭之礼废，则骨肉之恩薄，而背死忘先者众……"德哲斯宾格勒亦谓："当世界进入都会时代时，高楼连霄而不见天口，名誉、地位、美色、金钱皆可治，乃至伦理、道德，也要论斤计两，问值几何了？女人不以做母亲为荣，却希望做丈夫的伴侣，甚至诺拉、娜娜亦所在皆是……"人类文化之堕落，似乎也是有志一同的，然亦未若吾华之为甚。吾人于此可透文化也者之个中消息。

南师毕生以复兴中华文化为职志，一言一行，莫不以文化为依归。蚤夜以思，概自西风东渐，言国是者，莫不以"求变"为第一要义，视"变"为济时救世之灵丹妙药。世人或以传统为落伍，于是乎有所谓：全盘西化者，咸以"尽变固常"以为快。仁义道德随风而靡，文化亦荡然几乎息矣！师惑之悯，欲力挽狂澜，冀拯文化于万一，先生每曰："礼坏乐崩，非二三君子者以为之倡，乃能易风俗、而正人心"。语谓一时教人以口，百世教人以书。南师遂攘臂奋起，力挽狂澜，乃成《论语别裁》《孟子旁通》《老子他说》《易经杂说》等典籍，深入浅出，以轻松之阐述，成一家之言，破世俗之迷，赋我文化以全新面貌、生命与精神。集儒、释、道诸家之精神于一炉，深入浅出，旁征博引，"至广至精，为近百年来我学术界所未臻"。一时蔚为风气，天下景从，为中华传统文化，留其一脉薪传。谓吾师为中流砥柱，暗室明灯，洵非虚语！

南师对文化精神、典籍薪传之忧心，可说殚精竭虑、不遗余力。末学于2003年出版之《皇极经世今说》（半部三册数若干万言），盖尊老师之嘱咐与其督促，始得付梓问世，并蒙南师亲为赐序，感何如之。

缘修纂于1979年元月，军旅生涯结束后，又糊里糊涂地步入商场，虚掷其二十多年岁月。午夜梦回，颇多感触。加以国内政坛社会，乌云弥漫，阴霾沉沉，因兴浮海之念。客中日长，有幸“闲坐小窗读周易”，遂萌集《周易》百家注之遐思。南师闻悉我的想法，嘱乡长刘雨虹老师告我，《易经》著作，已汗牛充栋，而得透羲皇消息者不多，未若《皇极经世》之久湮无问者。并寄来机票，嘱纂赴港一晤。之后，为了搜集《皇极》资料，遂有美国国会图书馆、哈佛燕京图书馆之行，得以睹其典藏，获益匪浅。鼎儿并为摄影，提供意见，《经世》书历时五载始成。实赖吾师之鞭策指导，先贤康节先生之绝世奇构，文化瑰宝，始得重现于世。

南师以谦冲自牧，未曾以长者自居，有来求见者，拜揖则必回揖，若跪则必跪地拜（佛氏初入门，或学资浅者，对其长者，往往行跪拜礼），未尝受人一拜。谦称其所言皆诓，不足为训，后果听者自负云云。其谦不为师之风范、美德，尤足令人起敬，每谦称其学不足为师，故未尝有学生。实则感叹吾侪之质陋、器窳，不堪忝列门墙。徒望万仞宫墙、龙章象魏，纂自以蓬蒿榆柳，不敢自列师门墙而遗人笑柄也！

观今之世，人颇唯“物”是逐，文化堕落亦已甚矣！人类之苦难，亦与时俱增。此乃吾师所以悸惮而不怿以者、念兹在兹、奔走于途之所由者，亦师之所以长太息者！

老师集毕生心血与精力，著书立说以燃烧自己，照亮天下，诚所谓大菩萨道！老师年已九十有五，固不如齐彭之修也，然师之著书立说，德育教化，泽被苍生，功在民族，庸计其年之修、寿之齐乎？！

昔哲邵子（康节）有言：“天地之道备于人，万物之道备于身，众妙之道备于神。天下之能事毕矣。”此吾所以为师悼者。

辞曰：

太湖泱泱　吴山苍苍

先生之学　日月齐光

学生：闫修纂叩悼

在跟随怀师的日子里

魏承思

9月30日，中秋月圆时，正是南怀瑾先生荼毗之夜。我不忍看恩师化为一缕青烟，从庙港回到香港家中。在他的遗像前，供一束鲜花，点一支清香，跏趺而坐，诵经追思。惺惺寂寂之中，仿佛见到他老人家像往常一样笑容可掬地向我走来。近二十年来跟随怀师的一桩桩往事、一幕幕旧景浮上心头。

初识南怀瑾

最初知道南怀瑾这个名字是在1980年初，刚刚开始接触佛学。香港何泽霖老居士寄来他的佛学著作。1988年，友人向我介绍刘雨虹老师，说她是代表南怀瑾来接洽复旦大学出版社，计划出版怀师的书，我这才知道他在香港定居。当时出版海外图书需经宣传部审批，而我正在上海市委宣传部工作。我就说，若出版佛教类图书还要由宗教局会签，而一般是不会获准的。你们不如先出南怀瑾的文化类著作，例如《论语别裁》等。后来他们采纳了我的意见，我也和新闻出版处的同事打了招呼，促成了南师著作的顺利登陆。

不久我也负笈远游了。1994年，我到了香港，遍寻南怀瑾未遇。在一个“海归”聚会的场合偶遇赵海英博士，说是可以带我去见怀师，真是喜出望外。一个周末的傍晚，到了坚尼地道怀师的会客处，一房间的人在那里等候。

当晚在饭桌上，客人们出于对怀师的恭敬之心而慎言谨行。我生性豪放不拘，因而酒酣之余放言高论。想必当晚海英是为我捏一把汗的。不料向怀师告辞时，他竟说：“你是个有匪气的文人。我喜欢你这样的年轻人。今后不用通报随时上来吃饭聊天。”从此我登堂入室，成了怀师饭桌上的“常委”，每个周末都会准时去坚尼地道。

领上学佛路

我在大学时代就接触佛教，但只是当作一门学问来研究。虽然早年出版了几本佛学著作，充其量也不过是“口头禅”而已。1996年春节前，怀师让海英通知我，大年初一去他的寓所“打禅七”。海英告诉我，那是极个别入室弟子才享有的待遇。我却不识趣地回绝：“家有高堂稚子，已经订机票要回家过年。”其实，长期受科学主义的浸润，我当时对禅坐一类的佛门实修不以为然。那时候，我在《明报》主笔政，每天下午3点钟进报馆，次日凌晨一两点钟下班，睡五六个小时就要起床“炒股票”，每星期还要起一个大早赶到沙田的中文大学去修博士课程。长期如此使我精疲力尽，面容憔悴。怀师见状对我说：“尽管你不信佛，打坐对身体也是有好处的，不妨试试。”我就这样半信半疑地跟着大家学起禅坐来。坚持了大半年果有起色，还是那么沉重的负荷，但朋友再见面时都说我面色红润，判若两人。从此我就坚持不懈地打坐。每年春节也都留在香港，跟随怀师“打禅七”了。

1997年的一天，怀师把我叫去个别谈话，说看我是个可造之才，要传我“心地法门”，说此法真能修成的人不多，望我持之以恒。他还说，你十多年后也许会出家。若如此，则必成一代大法师。其实，我一直没有真正弄懂“心地法门”是怎么一回事，更没有动过出家的念头。两三年前和怀师旧话重提，他老人家听罢哈哈大笑，说当时见我仍将佛法当学问，想把我哄进佛门。知道我功名心切，不用此番话忽悠我，我岂肯认真实修。怀师就是这样因材施教，根据各人不同秉性根器，施以不同诱导之法，从不认为有一种适合任何人的不二法门。

传统文化的当代弘扬者

2000年，老友来新国先生和陈知涯将军打算出版《南怀瑾全集》。怀师指定我来写序言，我义不容辞地接受了下来。动笔之前，最难的是究竟如何给他定位。怀师一生行迹奇特，常情莫测。因而，有人称他为国学大师、易学大师，有人称他为佛学大师、禅宗大师、密宗上师，也有人称他为当代道家。这些称谓皆似是而非，因为每一种说法都只涉及他学问人生的一个侧面，怀师也从未以此自居。

我曾经在文章中称其为“当代大隐”。中国自古以来就有一派高人，如鬼谷子、陶渊明、孙思邈等，他们虽然对世事洞若观火，却宁可选择闲云野鹤的人生，而不愿出将入相，食官家俸禄。古人又有“小隐隐于山，大隐隐于市”的说法。做一个周旋于市井俗人之间而能出污泥而不染的隐士，当然比避居山野更难了。在我看来，南怀瑾实为这样一个隐士。可是怀师并不认同这样一种人生定位。后来想想也确实不妥。怀师一生为续中国传统文化的命脉而奔波，其人生岂能用一个“隐”字概括？

我决定先花半年多时间，将南怀瑾已出版的全部著作重温一遍。温故知新，所得甚丰，怀师的学问兼及儒、释、道三家，很难说究竟偏于哪一家。准确地说，他是中国传统文化的当代弘扬者。对这样一个人生定位，怀师是认可的。因此，当我据此写成上万字的《南怀瑾全集前言》送交他审阅时，他一字未改地嘱咐送交付印。

太湖大学堂

进入新世纪后，怀师很想在大陆找一个清静之地叶落归根。我们几个学生在杭州、苏州东山、上海淀山湖等处看过好几块地，皆有不妥。怀师归心似箭，一次去吴江庙港镇参观一位台商老学生的工厂时，亲见太湖之滨风景如画，当场就拍板买下 300 亩滩涂地，计划在此造屋归隐。

庙港那块地的建设一波三折，耗费了他不少心血。2006 年总算初具规模，他决定从上海移居太湖之滨，创办“太湖大学堂”。大学堂创办不久，怀师问我，那么大一块地方要拿来做什么用？嘱我草拟一份发展规划。我提出了一个包括研究所、南怀瑾著作编译所、大讲堂、网上传统文化教学中心和海外汉学家进修中心等在内的宏大计划。怀师对此不置可否，只是问我：“谁来做这些事呢？现在还有这么些能用的人才吗？”后来我又提出，我们这一代人的国学都是半路出家，成不了气候，应该从小培养。不如仿效民国的无锡国专，在这里办一所国学专门学校，每年从贫困地区招收 20 名天资聪敏的失学儿童，学制 10 年，专教他们经史子集。10 年后这 200 名毕业生中，或许能造就十多个真正的国学大师，使传统文化得以薪火相传，不绝如缕。他们的生活费用可以由我们这些老学生认领。怀师对我这个寓慈善于教育之中的倡议非常赞成，派我去和苏州负责教育的副市长朱永新商谈。朱市长听我讲完整套设想后便说：想法不错，但不遵照教育部颁发的教学大纲，只教国学的话，是违反国家九年制“义务教育法”的违法行为。最后只能放弃这个念头，改由师姐李素美母女出面，办了一所“吴江国际实验学校”，在政府规定的教学大纲之外，增加了一些国学内容而已。

2008 年夏，我来到他身边常住。早晨坐禅，下午读书，晚上听他讲经。生活十分悠闲平静，怀师也很开心，像个老顽童似的常常迸出很多念头。一会儿说，要养几头毛驴，和我一人骑上一头，在湖堤上柳荫下溜达。一会儿又说，在湖边建个亭子，可以和我一起在亭子里赏月，让古道师吹箫，看我喝得一醉方休。甚至还在大学堂开了个咖啡馆，结果开了几天没人光顾，都是他老人家掏钱在那里请我们几个学生喝咖啡。玩够了，咖啡馆也就无疾而终。

9月初，吴江国际实验学校开学，招收了四十多名5岁到9岁的学童。怀师命我教他们《千字文》和《幼学琼林》，说是帮助孩子们打好国学基础。他还亲自上了几堂示范课。学校教师的古文基础不好，我就在放学后给老师和大学堂的员工们讲《古文观止》。大家学得很有兴趣，传到怀师耳朵。有一天晚饭后，他说："现在很多人想读佛经，可是连起码的古文基础都没有，怎么读得懂佛经呢？不如我们办个国学经典导读讲习班，让承思去领着他们学点古文。"12月的第一个周末，讲习班在上海虹桥迎宾馆开学。那天怀师很关切，怕我太学究气，学员们会听不下去，就派了好几个大学堂的师兄弟来旁听。几乎每隔一小时就打电话过来，询问课堂状况。直到我一口气讲了8个小时，学生们还不肯散场，怀师才如释重负，当晚开心得笑不拢口。

我在20年后回到上海讲学的消息传开了。2009年6月，复旦大学校友读书会和宗教研究所邀请我去做一次讲演。我告诉怀师，1989年6月，我曾在复旦大学做过一次"禅与人生"的讲演，但那时讲的是口头禅。如今有了一点实修的体会，还想以同样的题目去讲一次。怀师极力赞成，还顺口吟诵了唐人王播的两首诗："二十年前此院游，木兰花发院新修。而今再到经行处，树老无花僧白头。""上堂已了各西东，惭愧阇黎饭后钟。二十年来尘扑面，如今始得碧纱笼！"教我以此作开场白。演讲完毕，听众要求到大学堂跟着学禅修。我回去向怀师报告，他说："如果他们答应三个条件：一、禅修7日每天坚持坐禅9支香；二、7日内专心禅修，不准使用电脑手机和外界联系，脑子里还想着生意经；三、吃素7日。我就亲自带大家禅修。"我对复旦禅学会的负责人一说，他们当即表示愿意遵守。

9月13日到19日，一百多人齐聚太湖大学堂学禅修。怀师不辞辛劳亲自带领大家，打破日常起居时间，从早到晚在禅堂里。头一天，怀师让大家先看了两段录像：一段是今日中国寺院里僧人禅修的画面：七扭八歪；另一段是现时日本寺院里僧人禅修画面：气宇轩昂。对比之下，怀师说："禅宗本是中国传统文化的一部分。如今东瀛邻国还保留着，难道在中国到了我们这一代就要失传了吗？"说到痛处，老泪纵横。这是他最后一次主持禅修。

南怀瑾的饭桌

从台湾到美国，再到香港，最后落脚吴江，怀师的生活起居是很有规律的。晚上10点以后从饭厅回住处看书；深夜到凌晨禅坐；上午七八点睡觉，12点后起床；下午到办公室处理公私事务，审阅书稿，答复来自四面八方的书信；晚上6点到饭厅接待访客，在饭桌上和大家谈天说地，也是他一天中唯一一次进食。数十年如一日都是这么过来的。饭桌成为怀师了解外部世界的一个窗口。

1983年，台湾发生一件震撼当时政坛的大事，就是“十信”案。这一事件的余波竟迫使南怀瑾远走他乡。怀师身在北美，仍时时不忘故国河山，密切注视着海峡两岸的时局发展。他的寓所旁有一条小河，故大家称此地为“兰溪讲堂”。当时到这里来听怀师讲学的人不仅来自台湾，许多大陆留学生和访问学者也慕名而来。怀师的饭桌成为两岸中国人隔绝40年后第一个彼此交流的私人空间。当时，中国大陆正在如火如荼地推行改革开放。南怀瑾认为，大陆将来应该走的路是“共产主义的理想、社会主义的福利、资本主义的经营和中国文化的精神”。他常对大陆留学生说：“大陆对外开放应该再推迟10年。先等老百姓丰衣足食，再解放思想。否则人民会失去礼义而一切向钱看。如果能一步一步有计划地开放，集体制还能为国家经济发展出大的利益，中国就更容易走向富强。”

怀师到香港后，我成为坚尼地道饭桌上的“常委”，亲眼目睹了饭桌上来客的聚散。那时候，怀师的门户很松，三教九流，只要有熟人带路，一般就能上他的饭桌。怀师是有教无类，对来客不起任何分别心，只是不愿见记者。名记者陆铿和卜少夫都是怀师的故交，曾经托我传话想见他。怀师一口回绝，说他们见面后一定会在报刊上舞文弄墨。当然还有其他怀师坚决不想见的不速之客。曾有一次，我到了坚尼地道寓所门口，见有一位年轻人跪在地上，身旁放着一个大花篮。门房说是来求见南怀瑾的。我见了师兄弟们问是怎么一回事，他们告诉我：此人自称是大陆来的画家，老师的“粉丝”。因为没有熟人介绍，不明他的底细，就没允许他上来。结果他就来这一套，已经连续下跪3天了。怀师知道后很生气，说这分明是强人所难，要我非见他不可的意思。越这样就越不想见，谁知他安什么心。

通常客人们来了，坐下，吃饭，聊天。饭桌上，怀师对来客提出的各种问题，总是有问必答，不厌其烦。有时候引用一段先哲的话，有时候背诵一段古人的诗词，意思都在其中了。怀师惊人的记忆力，无一例外地给来人留下深刻印象。有一次，我带文学家刘再复去做客。怀师问他最近在做什么。再复说在研究《红楼梦》。怀师说喜欢书里的诗词，随即一首首地背诵起《红楼梦》里的诗词来。又说更喜欢太平天国石达开的诗，有豪气，居然一口气背诵了好几首冷僻的石达开诗词。

2006 年定居吴江庙港后，南怀瑾的饭桌自然成为太湖大学堂的中心。怀师年纪越来越大，想见他的人也越来越多，不得不有人把关。一般人也就不容易成为他的座上客了。除了从前的老学生，此时的来客往往非富即贵。有党政官员，有富商大款，还有被带来表演特异功能的。他们中很少有真来寻师问道的，都是来问神通、问官运、问财路、问婚姻、问长寿，简直把他当活神仙了。更多的人只是慕名而来，扯上他合张影，就可以拿出去炫耀自己是“南怀瑾的弟子”。对于这些来来往往的人，怀师很无奈，常说自己是“陪吃饭，陪聊天，陪笑脸”的“三陪老人”。但他总是以佛家的慈悲语、和善语、柔软语使来客生喜乐之心。不过，怀师对客人也有严厉的时候。有一次，我带某银行的几个高层去见他。他们送给怀师一套 18K 金雕刻的《心经》。然后说，准备在市场上以每套 3 万元人民币的价格发行。怀师当即严厉地说：“你们既然送来了，我不好拒绝。这里是一张 3 万元的支票，就算我买下来了。但你们用佛经来赚钱，将来是要背因果的。”来人就这样被不客气地打发走了。事后他严肃地说：违背教理戒律的行为必须指出来。我们绝不能用佛法做人情！

向怀师告别

2010 年 5 月初，“资治通鉴讲习班”第二次集会前，我的右眼突然模糊起来。集会结束后，回到香港就去养和医院眼科就诊。医生检查后告诉我是视网膜脱落，已严重到有失明危险，必须当天住院动手术。当我在电话中把这个消息告诉怀师时，听说他老人家心急如焚。8 月里我给他写了一封长信，想离开大学堂，留在香港养病。他当即回信极表赞成。

2010年9月初，我回大学堂去搬家。临行前，怀师把我叫到寝室中深谈。他说：“未来的两年里，你也许有一场大难。要躲过这场灾难，就在家一边养病，一边好好专修吧。想学佛要先学好做人，改善你自己的修为，尤其是要少造口业，再不要出口伤人。

至于修行中遇到问题，今后可以和我书信问答。我的时日也无多了。在大陆学生中，你是和我感情最深的。我走后，这里（指大学堂）也就散了。你就好自为之吧！今后出去弘法，不要学我。我年轻时曾经发愿：弘法不收供养。但这个时代的人对不花钱的都以为不是好东西，不会认真听进去的。我自己学佛的路，是从《大宝积经》开始，由《楞严经》深入的。希望你循着我走过的路踏踏实实地前行。"

朝夕相处了整整两年，如今要离开怀师了。听着他老人家语重心长的临别赠言，我的泪水忍不住直淌。这两年里学到最多的正是怀师如何做人。他常说做人要佛为心，道为骨，儒为表。其实，佛心就是一颗善心，对任何人慈悲为怀，不起分别心；道骨就是无为而无不为的清高风骨；儒表就是温良恭俭让的言行举止。这些做人标准写在纸上，但现实中有几人做到？

回家后的两年里，我把学佛变为生活重心，坚持每天拜佛禅坐诵经念咒。十天半月给怀师写一份学佛报告，汇报每天的修行中的感悟，提出种种疑惑和问题。怀师总是及时回复，给我答疑解惑，加以鼓励和鞭策。我过一两个月也会去大学堂拜望他。今年6月7日到9日是最后一次见面。接连三天，怀师下午在办公室里给我开示修行中遇到的问题。他拿出一本刚出版的新着《瑜伽师地论声闻地讲录》，要我回去认真研读，说书内讲的都是实修道理，对我有用。他还鼓励我坚持修证佛法，将来可以直追欧阳竟无一班人，"因为你可以有他们的学识，他们不肯像你一样实修。"我说，"老师，你又在忽悠我了，是怕我放弃吗？无论如何，我还是会循着这条路走下去的。"晚饭后，我还是像往常那样坐在怀师边上谈天说地。

8月13日，我打算去大学堂，怀师让马秘书转告：老师感冒，我去了他就要招呼我，希望这次不要去。我顿时觉得他这次一定病得不轻，因为20年来从来没有一次不想我去看他的。8月16日，我在报告中问他，读完了12遍《楞严经》，接下去应该读哪一部经。4天后，他在报告上最后一次批示："最近气运不对，我也在维摩病中，深深业力之感，不可说不可说啊，无法与不知者言也。你从那年开始学佛，凭我深切的记忆，你真正发心想修行学佛，散散漫漫的还不到两年。承蒙信任，你恳切读《大宝积经》后，我希望你先能做到精读《楞严经》100遍，希望在10年、20年中贯通事理、证得真如，此话早已有所说明，只是你并不留意。我从青葱学道，身心投入出世修证法门，至今95岁，经常自惭闇顿，对于《楞伽》、《楞严》二经，我从数十年身心投入求证的功力，尚不敢说是望及涯际。你这个话已经问过我三次以上，我都有所答复，或微笑而轻答，实际上语重心长，都已说得明白了。你如果对此有疑，今后10年、20年中，希望你深入《华严经》、《瑜伽师地论》二部大经论去吧。我老了，再没精力多说了，言尽于此，抱歉。”怀师以前对我说话从未如此严厉过，最初有点难受。反复读了很多遍，才体会怀师对我的拳拳之心。但只以为他是对我爱之深，责之切，没想到乃是最后遗言。

9月2日，我写报告回复怀师的批评，回顾了专修两年来的历程。5日，怀师请秘书回话：“现在四大违和，这篇报告要严重答复的，所以不要着急。慢慢来。”但最后没有等来他老人家的片言只语。怀师会怎样答复？这将是够我参一辈子的话头了。怀师走前最后吟诵的诗句是：“人历长途倦老眼，事多失意怕深谈。”他是带着对世事的无奈西去的。

陈峰先生：我的老师南怀瑾

撰文：陈焱

南怀瑾先生是对海航的企业文化产生重要影响的一代国学大家，他对中国文化坚定的信念深刻地影响了海航的文化。

去年启用的海口海航总部大楼，侧面看像一个竖起来的巨大的大拇指。不知是有意还是无意，海航从创建到今天近 20 年的骄人业绩，的确值得夸赞。身着中式白色短袖装的海航董事长陈峰，在他的办公室里热情地招呼我们这些访客，并特意点上一炷香，香气在古香古色的房间里弥漫。

陈峰的办公室分里外两间，外间处理公务，里间是陈峰的修养身心之所，书架上摆着经史子集，墙上挂着南怀瑾先生赠他的条幅。书案上杂陈笔墨纸砚，还有一张他和南怀瑾的合影照片，照片拍摄于十几年前海航创建初期，南怀瑾先生一袭白袍，道貌清癯，陈峰正值壮年，身材略微发福，不像眼前的清瘦模样。陈峰说，结缘南怀瑾老师之后，自己的身心都有大变化。

海航员工从进入公司的第一天起，都要学习依据南怀瑾《论语别裁》改编的《中国传统文化导读》和由南怀瑾作序的《员工守则》，也必须熟记南怀瑾参与制定的海航“同仁共勉十条”。海航的每个员工都知道，陈峰热衷中国传统文化，他是南怀瑾的学生。坊间甚至流传，他是南怀瑾的关门弟子。对此陈峰说：“南先生从来没有关门，我也称不上他的弟子。我只能说我是曾经向南老师求教过的一个学生，是千百万学生中的一个。读他的书，得到一些理念，万分不及其一。”

陈峰认为，南怀瑾不是那种搞宗教法程的人，不设门墙，不搞什么学派，他宣扬的是学术思想，弘扬的是传统文化，他是天下人的老师。

划时代的国学大师

《云端·新华航空》：作为现代企业的海航，为什么要在企业文化里面大力提倡传统文化？南怀瑾先生对海航企业文化的形成有怎样的影响？

陈峰：南怀瑾先生是对海航的企业文化产生重要影响的一代国学大家，他对中国文化坚定的信念深刻地影响了海航的文化。

一个企业，一个长久不衰的卓越企业，一定有深厚的文化底蕴，特别是百年老店。因此，作为中国本土生长的企业，一定有根植于这个民族历史中的传统文化。在这个大背景下，海航在构造自己的企业文化当中，必然要寻找中国文化的根基的东西。而南怀瑾先生是中国文化的大家，我认为他是中国传统文化在近百年来一个划时代的代表。

从“五四”运动开始，也可以再长一点，从晚清开始，中国沦为殖民地半殖民地，受尽欺辱。中国人在文化思考当中有点迷失，认为中国的落后是因为中国传统文化的桎梏，于是大量吸收西方文化来寻求自己的发展之路。这对不对呢？当然有它的历史进步性。但是经过近百年历史的反复考虑，今天中国再一次复兴起来，在这种大的历史背景下，南怀瑾先生所开创的对中国文化再一次的宣扬和他的学术思想，对推动中国传统文化的复兴，具有重要的历史开拓作用。

我和南老师结缘，还是在海航初创时期。首先我用他的《论语别裁》改编成了《中国传统文化导读》，教人做人做事。接着要求每位员工背诵“同仁共勉十条”，这是来自于唐朝百丈禅师的“丛林要则二十条”，例如：“同仁共勉十条”的第一条“团体以和睦为兴盛”，就是从里面来的。我们把其中与在家人无关的东西去掉，例如，“修行以念佛为稳当，寺院以老旧为庄严”等，这都是我跟南怀瑾先生面对面讨论出来的，形成了我们在家人为人处世的原则。

在海航发展的过程中，南怀瑾先生还经常向我们推荐书籍，例如：我们把他推荐的《菜根谭》作为海航管理干部必修读本，还有《捕蛇者说》、《梓人传》等等，这些都对海航干部的成长产生了极为重要和深远的影响。

《云端·新华航空》：您怎样评价南怀瑾先生的学说？

陈峰：我归纳南怀瑾先生是两句话：“三教法主，百家门师。”他是儒、释、道三家的集大成者，他把中国文化的三大支柱用非常浅显的语言揭示出来，使“深者不觉其浅，浅者不觉其深”。他起着现代鸠摩罗什和玄奘法师的作用，把三大家融会贯通，使中国文化的精髓得以宣扬。应当说南怀瑾先生影响了一代人甚至几代人。我用三句话、十二个字概括南怀瑾先生的学术思想：“身心性命，宇宙万有，内修外用。”实际上中国文化的三大家都是解决这些问题，回答了人与宇宙自然的关系，回答了追求生命至理的人关心的“人从哪儿来到哪儿去”，回答了中国文化的包容性和追求社会和谐的内涵。

南怀瑾先生的方法，我们概括为“佛心、道骨、儒表”。佛心，发心造福于天下众生；道骨，人们在世间当中，对自身的修养要遵循道教文化；儒表，说的是做人模式。

中国传统文化的“商道”精神

《云端·新华航空》：您曾说过，纵观中国工商精神，所缺憾的正是中华传统文化精神的贫弱。怎么理解这句话？

陈峰：一般来说，中国企业当中勤勉的人很多，然而承古圣先贤的大志向、大胸怀、大智慧、大作为的人太少。南怀瑾先生的中国传统文化集大成的学术思想，构成了海航企业文化重要的支撑部分。当然，我们在学习中国传统文化的同时，也吸收了西方的现代管理思想，例如，我们的企业理念“诚信、业绩、创新”，就来自国际大牌企业的经营理念。所以，海航的企业文化是中西合璧。

我们跟南怀瑾先生结缘以后，大量运用他对我们的指导，构成了今天海航具有很强竞争能力的企业文化，我称之为海航的软实力。这对构造海航 20 年健康持续发展，对我们的员工队伍建设和干部队伍建设产生重要影响，也构成了海航事业中国传统文化的“商道”精神——“计利当计天下之大利”。中国文化的“商道”精神，是一种企业自身、他人和社会融为一体的利益。我认为海航的企业文化代表了中国文化的“商道”精神，实际为今天的人类商业发展开启了一个重要的商业文明。海航的宿命和海航的使命，我们的世界级卓越企业，我们的海航精神，都源于对中国文化“商道”精神的理解和运用。

人类危机及解决之道

《云端·新华航空》：进入 21 世纪，人类陷入普遍的精神危机，这是什么原因造成的？

陈峰：二百多年来，人类被四种思潮所左右：一种是达尔文的生物进化论，物竞天择，激烈竞争，实际上有竞争，还有和解，人类不能光投入竞争；第二是凯恩斯的消费理论，消费刺激生产，问题就来了，高消费、超前消费、负债消费，地球快受不了了；第三是弗洛伊德的性心理学，人类心里的那点事，现在被网络技术变为虚拟世界，人类的21世纪是精神病的世纪，人类被现代科技文明、物质文明搞得身心不得平衡；第四是马克思的社会学理论，实际上马克思的理论完全正确，但是有一个前提，只有物质的极大丰富和精神的巨大提高，才能支撑福利社会和现代社会的构架。现在欧洲国家确实是物质丰富了，福利社会来了，但精神没发展，全成懒汉了。

因此，我认为现在人类遇到了一个巨大的危机，就是人类在物质文明、科技文明当中，如何找到迷失的自我的问题。人类的商业——公司的怪物出现以后，确实给人类带来很多利益，财富的急剧增长，就业增多，等等，但公司的怪物也把人的自私、贪婪放大到极点，数次金融危机全是公司造成的。

《云端·新华航空》：面对人类的精神危机，中国传统文化能不能开出解决之道？

陈峰：首先我觉得，人类在物质文明和科技文明面前，如何把握自身，把握自己的欲望，能够实现人与自然、人与社会、人与生命的和谐，是更大的进步文明对人类的挑战；第二，人类对商业文明要有反思，人类需要有公司，但必须是卓越的公司，是造福于人类的幸福与世界的和平的公司。这就带来了全人类和中国发展在现阶段的一个巨大的精神挑战，中国突然富了，但没解决精神问题，人们在欲望面前，在享受面前，迷失了自我。同时，中国企业家这个阶层，在短短三十年当中成长起来，但是对财富的认知，对人的生命价值的认知并不清楚。

海航在这方面做得比较多，我们在锲而不舍地推进自己的文化。我认为可以用两句话来解决人类面临的危机：一句话叫“以经典为伴，与圣人同行”，学习人类的优秀文化，以古代的圣贤为榜样，调整人们的精神状态；第二句话“从静开始，从止入门”，对内心的调养，吸取儒、释、道三家，不光是佛家，也有道家，也有儒家，例如王阳明的心学实际上都存在静心问题，人能在纷乱当中，通过静心取得知行合一，宁静致远。这种平静带来的智慧和定力，都是人类重要的身心调养和身心健康的方法。静坐，是一种身心修炼方法，除此之外，使心灵宁静的方法还有很多，根据众生的根器不同，可以选择不同的方法，有的选择祈祷，有的选择读书，等等。

南怀瑾老师的精神遗产

《云端·新华航空》：对于南怀瑾先生的逝世，我们感到非常惋惜。人生大事莫过于生死，您怎样看待死这件事？

陈峰：按照宇宙的规律，从佛法的观点，成、住、坏、空无人可免，只要是物质世界、有形世界一定有这样的规律，不过长短而已。当然中国道家有一种长生不老术，但是从本质来看，宇宙有形世界都存在这个规律，生生灭灭，灭灭生生，生生不息，这是一个规律。所以南先生不例外，连释迦牟尼都不例外。

我想，一个人的逝去是自然规律，死去的是他的生理的形态，但是他留给这个世间的、永存的是精神。南怀瑾先生留给世间太多的宝贵财富了，世人称之为“南学”。我认为它对今天的中华民族伟大复兴和重塑中华民族伟大的文化，都会起到积极的作用。另外，对今天中国对世界的贡献也有积极的作用。一个大国仅仅是它的物质、经济的贡献，还不能称其为大国，还要讲文化。我认为中国传统文化将是给人类带来新的文明的东西。

永远怀念南公怀瑾太老师

王路霧

突接南公驾鹤的消息，深感悲恸！我家五十多年祖孙三代人都得近侍聆教于南公实为幸事，我们对南公的深深怀念真是难以言表。

家父王凤峤，自抗日从军后在20世纪40年代末南渡台湾，50年代在台北工作时，与许多老长官常去听南公讲学，并由朋友介绍拜识南公，师从学习近五十年，交契甚厚，多次追随南公于佛学中闭关打七等活动。家父师从溥心畬公学习书画四十年，后亦求教于大书法家朱玖莹、丁治盘诸公，于书法一道颇有心得，被南公命为十方禅林书法教师，并成为南公的书手，屡屡奉命为南公著作拜题书名，为南公应各地之请撰写的厅堂庙宇文章、对联作法书。我有儿子后，南公即为儿子王麒赐字“天禄”；南公题赠家父的自作诗行书条幅至今在我家珍藏。

八十年代台湾与大陆恢复往来，我家前去台湾探望父亲，回大陆时，父亲命我在香港转机时去拜谒南公，当日下午我惴惴地到了中环南公府门首，南公其时恰在回家路上，到楼门口识出了我，笑着唤我一声“潞霖，你来了”，一笑一语，打消了我见到久已仰慕的南公的紧张不安。南公见到我很高兴，领我到家，很亲切地留饭聊了一晚，临别还赠我许多著作，还带给我家人许多礼物……很是感念南公的平易近人与关怀。此次拜见后，更坚定了我向南公求学的心志，使我之后的学识境界获得飞升。前几年我父亲往生，南公安排台北道场做七七法事，安排学生全力照顾我家，令我感念终生。

21世纪，南公在太湖之畔创建了弘扬深播儒释道国学精华的太湖大学堂，我即偕儿子前往拜老师祖归宗求学。下午在讲堂听南公讲法，傍晚南公见到麒儿很高兴，说“你的字还是二十多年前我给你起的”，与我们合影留念。餐后麒儿陪老人家看电视休息，南公说：“会客厅中挂的中堂大荷花画上还是你父亲题的字，对联是四十年前你父亲写的，跟我四十年了……你们去看看做个纪念。”由南公的学生宏忍法师、福枝兄陪我们去会客楼观瞻，看到大会客厅中庭悬挂的荷花图是旅居屏东的台湾大画家刘子仁乡伯的水墨画，我父亲在其上书写“一花一世界，一叶一如来”；另一会客室的佛龛两侧悬挂的则是1969年南公撰文、父亲作隶书的对联“上下五千年，纵横十万里；经纶三大教，出入百家言”，此联初挂在南公台北道场，后由南公一直随身带至美国南公学院、香港南公寓所，复带至新建的太湖大学堂，历时四十年，周游地球一圈。南公赠麒儿书刊时慈祥地谆谆教诲，临别时，南公一再对我说：“我很怀念凤峤！”殷殷之情，感人至深！

后几年麒儿在苏州工作，能时常去参拜看望太师爷，南公赐麒儿很多书物，并予深情教诲，给予很大期望。

师从南公学习的二十年中，我深切感到太老师的学识是“云在山头，登上山头云更远；月在海中，拨开水面月更深”，真正的“博大精深”！南公研究教授学问不囿于形式，极深艰涩的道理用极浅明易懂的话语讲授给大众，使大众获益极多，为传播普及国学、佛学做出了不可磨灭的伟大贡献。大道播于寰宇，实为现当代儒佛道学第一人的国宝级人物，为世人敬仰。

南太老师的往生讯息使我们都陷入深深的悲痛之中，我们永远牢记太老师的教诲，永远感激怀念南公太老师！

让生命破壳而出

——迟到的忏悔

吕松涛

老师：

您虽然已经离去，但我知道您始终与我们在一起，您与万物一体，无所在无所不在。两年前，您就让我把自己的经历写出来；今年3月份，您还嘱我，一定在八月底完稿。有一次在理发室，您说：“你这本书干脆就叫《忏悔录》吧！虽然卢梭也有《忏悔录》，那又何妨？”随后您又嘱咐，让我写一部分就交来，您就改一部分。可我一拖再拖，没想到竟成为终生憾事！

2012年9月4日我去美国时，虽知道老师身体欠安，但总以为，老师怎么会有问题呢？我们还期待着老师百岁时开讲密法。9月17日，宏达给我电话说，若美国无要事，速回！我这才深感事态严重。9月19日，我从纽约赶到太湖大学堂后，方知老师已然闭关。9月29日，老师安然辞世。在老师临终前竟不能见一面，我懊悔至极。每每回想与老师相处的日子，历历在目，不断反思、不断忏悔，但更多的是感激。老师是大医王，把我心中的魔障清除，让我重生，找到生命之“命”，找到安身立命之本；亦忏悔多年来自己所造诸业，今日给老师再写报告，一并倾诉。

忏悔一，公司人员曾盗用师名宣传产品，有辱师之圣名；

忏悔二，师殷盼学生长期学修于大学堂，而学生每以俗事延误，有负师之厚望；

忏悔三，虽自1996年遍读师之著作，却未能体悟其中深髓，贪嗔痴之心未改，致使造诸恶业，屡战屡败；

忏悔四，与老师相识之后，不能深信老师点化，奉教而行，往往事后才感到老师之智慧，有负师之教诲；

忏悔五，未能按师言以“江村市隐”为公司总部，未能做到师之期望，运筹帷幄，决胜千里，有负师之灼见；

忏悔六，未能主动去完整系统地参师之话头，不能完全与师相应；

忏悔七，老师多次期望学生发愿，但总是愿力不足，有愧师之深心；

忏悔八，未能于八月前完成所嘱之作，深负师之所嘱。

此时此刻，老师殷切的期望，如闪电般的机锋，大海般深邃的智慧与博学，特别是老师无缘大悲的情怀，普度天下的愿力，一一涌上心头；老师那种洒脱自如、谈笑风生、智慧泉涌、豪迈古今的举止和风范历历在目。

今日再向老师写一份心得，未来在自己的人生旅途中不断向老师交答卷吧！

结　缘

1996年年底，我读了老师的《易经杂说》，被深深吸引，从此一发而不可收，把老师所有的书都买来，一一阅读，儒家、道家都还看得懂，涉及佛家的《禅海蠡测》、《楞严大义今释》等就看不懂了，因而对老师更加着迷和敬仰，心想今生若能有幸拜访大师，亲聆指教，则“朝闻道，夕死可矣”。

2002年4月后，出于对老师的无限崇仰之情，参加了几次老师学生主持的禅七。后来，中国文化书院副院长陈越光先生说他与老师很熟，我说可否引见？他说等有机会吧，但一晃三年就过去了。

2006年3月5日，越光先生来上海告诉我：今天下午一起去长发花园拜见老师。当时我非常激动，我们到后，老师从其他房间进来，步伐轻盈，声音洪亮，神色飞扬。

大家坐定后，越光向老师介绍了我，不到十分钟，几位工作人员神色有变，他们小声说：“就是他，就是他！”我感到莫名其妙。他们问我：“你就是绿谷公司的吗？”我说是，他们就从房间里拿出一叠报纸，我一看脸色顿红，原来是我公司销售人员在宣传产品时说老师吃了我们的保健品身体特别好，并在文中以老师的口吻赞扬了产品功效。我真是无地自容，当时地上有洞一定会钻进去，心想：今生肯定与老师无缘了。他们几个学生本来要找我打官司，被老师阻止了。这时老师说：原来是你呀，今天自投罗网。老师又对其他几位学长说，今天见面说开了，都是朋友，这事以后不要再提了。后来老师曾在饭桌上用这一段调侃我说：“松涛，你还欠我广告费！”我回应：“老师，您开个价吧，反正这个世界上也没有参考价。”老师哈哈大笑。此情此景，历历在目，想起来总是心痛。

后来老师留我们吃晚饭。吃饭时，我向老师介绍了绿谷公司做中医药，我认为中医药未来在慢性病治疗领域没有对手。老师表示赞同，并问：中医药的问题何在？我说中医药的土壤是中国文化，但中国文化这个土壤已被沙漠化，只有老师您这里才能把中国文化的根恢复。老师又一次表示赞同。老师接着问："我的书读过几本？"我说能见到的书都读了，一小部分读不懂。老师说："你说的是实话，但又过高估计自己了，你是大部分读不懂。"这时我问老师："这个时代变化太快，随机应变太累。"老师笑着点头默许，然后说道："你没有找到以不变应万变的'一'，当然你现在也听不懂。"

老师这一句话已经点中了我心中的最要害处。老师又说："你有没有坚信的东西？"我说没有。老师说："你没有人生的宗旨和纲领，当然只能在红尘里乱滚。"我听后茫然。饭后，老师让我们学打坐。结束后，我与越光向老师辞行，老师对我说："你把手机号码留下，以后每晚七点，可以到这里吃饭。"我听完后心中石头落地，如逢大赦。

自从老师准许我随时晚上见面后，前后七年来，耳提面命听老师教诲，向老师汇报心得体会，向老师请教几次创业几次失败的原因，体悟老师不断的点化……一切仿佛就在昨天。

迷 惘

见老师前，三次创业，三次归零。

变革的时代给了我创业的冲动。1991 年 11 月，我带着怀了孩子的太太和全部家当，踏上了南去珠海的列车，开始了创业的征途。

从经营大排档开始，炒地皮赚得了第一桶金，不到两年的时间我竟积累了巨额财富。1994 年 7 月公司迁到上海，与珠海一位朋友合资成立一家公司。

我自以为能力无边，一切以资金的积累为目的，先收购了一家欠债两亿元的公司，由此开始东借西挪，公司迅速膨胀，项目涉及房产、制药、食品、计算机等，形成资产五亿元规模的公司，但其中 80% 以上为负债。由于朋友南方出事，上海的资金链突然断裂，二十多家金融机构索债，曾一天内有十三张传票，非金融机构甚至到家里讨债。到了 1996 年 12 月，公司还剩下八千八百万的债务、五万元现金、一个药品的销售代理权，当时的我身陷绝境。到了除夕夜晚，我在黄浦江岸来回徘徊，想一死了之。

后来想开后，我于 1997 年年初注册了上海绿谷集团，开始了第二次创业。不到一年的时间，公司又重新崛起，销售额超过四亿元，成为中国抗癌药领域的龙头企业。

1999年年底，公司刚形成规模，与我一起创业的六位股东突然提出分家，公司又迅速跌到赔钱的境地。

2000年年初，我开始了第三次创业。用六年时间，公司由开始时的一百多人扩大到九千余人，销售额突破二十亿元，同时又建立了一个直销队伍等着申请执照，绿谷成为中医药领域极有影响的企业。

虽然公司有大量的现金流，看似红红火火，但没有使命与责任，只有金钱与利益，夸大宣传，做一些假、大、空的违规广告，为获取利益无所不用其极，野蛮竞争，不择手段，甚至对客户不负责任，频频遭媒体曝光，并不断遭主管部门查处。我感到出事是早晚的事。

果然，2007年4月30日，国家药监局关闭了绿谷西安药厂。

2008年1月12日，中央电视台新闻联播对绿谷进行了长达五分钟的曝光。数百家媒体聚焦绿谷，全国各相关主管部门开始对绿谷严查。我的第三次创业降至冰点，整个公司人去楼空，一个相当规模的公司又一次归零。

破　壳

2006年7月1日至7日，太湖大学堂第一次正式开课——“禅与生命科学的认知”，我有幸参加。

老师的课真是天籁之声，每次开讲我都去参加。有一次，我对老师说，这么多年来，我很会挣钱，我是一个舞剑高手，却没有方向，不知杀谁？老师说：“项庄舞剑，意在沛公，你心里没有沛公。”

2006年11月，彼德？圣吉带着国际上三十多位管理及生命科学专家到大学堂听课，老师对“生命”两字作了独到的解释：生命是由“生”和“命”两个字组成，“生”是存活，“命”是理念、灵魂，精神层面的东西。我突然意识到自己的问题是有“生”而无“命”。人类最古老的问题：我是谁？我从哪里来？我到底要做什么？成了我心中挥之不去的问题，不断思考、参究之后，“命”已在我内心萌动。

我向老师请教，我几次创业都很快成功，但总是又很快失去，别人都说挣钱难，我则感觉很容易，但就是守不住。怎样才能跳出成与败的周期？2006年11月14日下午4点，老师在办公室为我单独开示，问我为什么要学佛。我回答说，多年前看您书中提到佛学是大智慧，像《孙子兵法》一样，想学做事的谋略。老师说：“谋略是世智辩聪，不是大智慧，直心是道场。”我说：“第一次见老师，老师说，做人要有愿力，后来想发愿力，但自己总觉得每次发愿力都是假的。”老师说：“见地、定力、愿力是统一的，没有见地，不会有定力和愿力。”我又说：“我现在是有‘生’而无‘命’，希望能在老师处找到安身立命之所在。”老师说：“空了才有，空了，智慧才能出来。老子说：‘万物芸芸，各归其根，归根曰静，静曰复命。’”

老师慈悲，又详细地教我如何打坐。在定中，老师进一步开示《金刚经》上说的“应无所住而生其心”。接着又说“一切有为法，如梦幻泡影，如雾亦如电，应作如是观”。当老师说完这四句话，真如醍醐灌顶，我突然感到整个身体像解开化掉一样，所谓自己的事业离我如此的遥远，真如梦幻一样支离破碎，像泥一样融化在水里。

对老师那次开示，我总结在《生命的苏醒》报告里，不是我苏醒，而是我要挣开精神的枷锁，摆脱无助的状态。2006年我对公司正做的一切感到脸红、痛心，我想逃离，寻找生命中的“命”，我向老师要求到太湖大学堂闭关一年，闭门思过，当场得到老师的准许。

2007年2月18日大年初一，怀着求索人生答案的急切心情，带着不破不立的决心，我从上海自己开车到了太湖大学堂，开始了为期一年的闭关。现在我还清楚地记得，老师亲自嘱咐永会师和亲证师在禅堂帮我布置一切。

从2月18日起，我每天上午三小时打坐，下午四小时，晚上两小时。由于我没有系统的佛学基础，老师从最基本的禅定开始教，每天上课。亲证师对我讲，老师实际是给你一个人讲课，我们陪读。我下定决心，决不能愧对老师，用一年的时间拿出成果来。老师每天晚上上课，有时下午亦讲。2007年春节，大部分从世界各地来过节的同学都在正月十五前回去了，我经常一个人在禅堂打坐，老师不定期来检查，我每天晚上睡觉时两腿都抬不起来，从原来每支香坐四十分钟，到5月份每次已可坐一个半小时至两小时。

在闭关期间，公司的业务亦如我所料，最终还是出事了。老师说，你出去几天处理吧。有次回来后，老师让我闭黑关（关在一个没有任何光线的房子中）。一年来，随着不断听课、打坐，我愈加感到自己过去罪孽深重。在一次给老师写的报告里说，我原来为了卖药不得不看病，但现在是为了看病不得不卖药。这种转换看似简单，但是价值观彻底颠覆了。

有一天我突然领悟到：公司存在的理由是把别人的病治好！如此浅显的道理，过去为什么竟然都没有意识到？但在老师处突然意识到了，企业存在的理由是为客户创造价值。过去总是挂在嘴上，说得都很漂亮，但却没有真正意识到。在闭关期间，佛经我渐渐能够看懂些了，又大量看了老师对佛道等的阐释文字，才知道过去是背道而驰，所以公司的业务总是麻烦不断，到处失火。这一年，我在老师处得到的最大收获是人生价值观的彻底转换，为他人才能为自己，但这时的为他人还是从自己出发。

2008 年 1 月份，公司出事后，若没有老师的耳提面命，我面对整个大厦的倾倒，根本不知如何应对。有一次老师给我说，要学会观心，你心里烦恼时，那个知道你烦恼的东西是不动的。即使我听懂了，也没有做到。

整个 2007 年到 2008 年，我几乎是在两条战线上进行着最艰难的修炼，一个是在大学堂的禅堂，一个是在社会上的禅堂。

2008 年公司轰然倒塌，给了我前所未有的冲击。这两年像割肉一样，把我身上的肉一块块割下，空剩一副白骨。随着公司业务一项项的倒塌，逼得我不得不放下，几乎被剥夺到残忍的程度，真是“驱耕夫之牛，夺饥人之食”。我自认为不笨，也足够勤奋，但为什么会不断地成功，又不断地失败？问题到底出在哪里？天欲亡我，是我自为之？

我是谁？我从哪里来？我向哪里去？我的命到底在哪里？带着这个越来越紧的话头，2008 年 11 月初我去了美国。老师给别人说，松涛想不通，去“避运”去了。

刚到美国，我从理性上对自己以往的发展经营不断自我批判，从用人、决策、管理、经营诸方面反省自己。虽说得出一些结论，但自己总难满意。老师对我的状态十分关心。一天，宏达向我转告老师的话：不要搞道理，多念准提咒。于是，我就既不看书，也不默想，平时就念准提咒，每天四小时打坐，参话头——“我错在哪里？”

12 月初的一天，我突然参明白四个字：“心不在焉。”是呀，十几年来，自己在没有方向地打拼，只有外在的努力，没有做与自己内心相契的事。做中医药始终“心不在焉”，没有真正的愿力，心不在中医药，当然更没有为客户着想，一切从自己出发，所有事情就很难合于“道”了。

命在哪里？命应在向上一路的地方！

在内外夹攻下（外是公司风雨，内是老师牵引），我感到自己必须要有完全的新生。

这几年的挫折，恰好促使我迅速获得新生。

反观公司历史，我才发现公司从来没有真正的使命与责任，一切都是从金钱出发，没有愿力，没有目标，没有与患者心心相应，对人或事的判断处处扭曲，不能合于中医药产业发展的规律，也没有合于道的策略，自私自利，怎能不败？不是“心不在焉”，而是“心不是焉”。新生是超越所有的过去，是质变，是破茧以后的化蝶。

2009年春节回国后，我立即开启了第四次创业的历程，重整人马，实事求是，依道而行，从关心患者出发，关心员工，一切都如顺水行舟，公司回归正轨，业务突飞猛进，一日千里。我彻底理解了自助天助的真意，理解了何为势如破竹。到2012年，整个公司用短短四年的时间，规模不但超过2006年，而且拥有着无比广阔的前景。

特别值得一提的是，因为没钱，我在2008年几乎放弃了中医“四诊仪”的开发。老师鼓励我说，你砸锅卖铁当裤子，也要坚持搞下去。现在四诊仪已研发成功，是中医现代化革命性的产品，未来将对人类健康起重大作用。若没有老师，亦没有今天的四诊仪了，老师洞若观火的智慧，摘叶飞针的妙手，可见一斑。

2008年之前，每次去北京，不管天气如何，我总感觉是阴天。现在，一切心安理得，真是心里没有贼，不怕鬼敲门。得道与失道竟是天壤之别！

若没有老师的教诲和加持，根本不可能绝处逢生。我在2008年12月给老师写的《大死之后的活》报告，是精神上开始活了，没想到思路一转，人生亦活了。

我自以为都参清楚了。虽然标榜大死之后的“活”，但是在2009年继续发展事业的过程中，发现所干的事还不是我要找的命，自己的力量感觉还没有激发起来，没有生机勃勃之感。

求　道

从2009年上半年开始，我一边重新创业，一边在老师处参学。随着修行的深入，有两个矛盾困扰着我：（一）修道和事业孰轻孰重？（二）现在公司只是重生，并没有真正找到“命”的感觉，愿力还没有真正出来，只是按规律办事。在2009年11月17日《转换生命的轨道》报告中，我写出了困惑但没把问题说清，老师批示“了心不易”。当晚又给了一个话头，老师说：“你为啥找不到命？还有一个心结没有打开。”我问老师是什么，师说：“禅师还会给你答案？自己参！”

2010年大部分时间我还是在老师处用功，间或处理些公司事务。有天晚餐时，老师点评一位历史人物说“利他不够”，对我深有触动，在9月19日的心得报告《逐渐清晰的大球》中我写道：“预见能力不是对现实事物走势的判断，不是一种聪明智慧对客观事物的洞察，它来源于真正想使人们生活发生改观的愿望。若不能与众生产生共鸣，若不能为众生疾苦而忧心忡忡，若没有改善众生疾苦的急切愿望，没有对待众生的慈悲心怀，外在的功用又有何意义？永远只是一种世智辨聪的小计，永远只是一种隔靴搔痒的举动而已。”

我自以为参破了那个心结，破了小我，但只是理上解决，事上不彻底，虽然我认为又翻了一层，但还是一个空的愿力。

2011年3月份开始，随着“江村市隐”的建成使用，我基本上都在大学堂学修。老师开始领导大家研究唯识学，几乎每天都讲。我上午学习，下午打坐，晚上听课，老师说我这段时间突飞猛进。有次送老师回主楼，我问老师：“佛法是否真的包容生命科学、认知科学、心理学等？”师说：“当然！这是个大宝贝，可惜你们没有愿力。”我向老师表示决心真正深入研究唯识，融合现代生命科学、认知科学等；准备花三到五年时间，搞透《瑜伽师地论》。老师听后十分欣慰，送我两套《瑜伽师地论》，并说可在上海家里和江村市隐各放一套。

2011年7月15日晚，老师对唯识学习的小结，如黄钟大吕，直指人心，我对“不动地前才舍藏，金刚道后异熟空”突有一种体悟。7月20日晚，老师在讲“识者识所识”时，我深有感悟，随后写成报告《打破玻璃始见真》。

2011年7月23日晚，老师把我的报告念给大家，并用同安察禅师《十玄颂》第十颂给我开示。我此刻才知，原来此前我所有的境界总是“鹭鸶立雪非同白，明月芦花不似他”。老师又强调最后两句：“殷勤为唱玄中曲，空里蟾光撮得么？”老师说：“撮得——参！”又给了一个大话头。

2011年7月26日在米兰机场，我突然想到了两首诗——明白前：“清明时节雨纷纷，路上行人欲断魂。借问酒家何处有？牧童遥指杏花村。”明白后：“春眠不觉晓，处处闻啼鸟。夜来风雨声，花落知多少。”这实际上是对7月15日感悟的进一步强化，但还是没有“撮得”。

整个2011年，我多半是在大学堂度过的。除了唯识课，老师还讲了不少中国文化经典，如关于经世致用，讲了《尚书・大禹谟》、《素书》等。

江村市隐是老师始终牵挂的，在江村市隐的建设过程中，老师多次关心并亲自验收和题名，还嘱咐我说：以后你将公司总部放在江村市隐，以后我会在这里讲授生命科学的课程。我曾问老师为何起此名，老师说："参！"

2011 年 12 月初，我给老师写了《二十年转身》的报告，我以为自己参明白了"空里蟾光撮得么"，其实并没参透。

发　愿

2011 年下半年，老师就让我抓紧把自己的一段经历写下来。

2012 年春节后，老师几次见我都说要严重地谈一次，直拖到 5 月 20 日下午。那天的谈话气氛凝重，老师问我："你未来到底想做什么？"我说："我未来想走老师的路，传播中国文化，像老师一样发愿。"老师说："你的愿力还理解不了我的愿力。"我说是。老师说："这个话题是谈最后一次，以后不再谈了。"我听后马上哭了，老师也流泪了。我立即向老师叩了三个头，当时以为老师只是严肃的鼓励，现在看来都是走前的交代，老师何等的慈悲！

"你的愿力不是我的愿力！"与老师的这次谈话，促使我对愿力这个话头又进一步深参。

8 月 13 日，老师身体欠安，还让宏忍师给我发信息："以后可以让宏忍师带着大家学习《难经》，老师旁边给以指导。"我当时在京出差，看到信息不禁潸然泪下。8 月 26 日，我又去看老师，老师未下楼。大家在餐厅吃饭时，老师又让宏忍师给我一本《徐灵台医学全集》让我学习。拿到书后我百感交集，深深感受到了一颗圣者之心！

2012 年 9 月 19 日，我回大学堂后，老师已闭关，同学们在学堂里为老师护关，默默为老师祈祷。9 月 21 日，我为老师守夜护关到黎明时，自己哭了一个小时，老师一生太苦了，愿力太大了，太慈悲了。为了弘扬中国文化，受了多少罪，吃了多少苦，遭受多少的委屈！连学生亦求啊，求学生学习，求学生发愿，求学生进步。

从 9 月 19 日到 10 月 5 日，我把老师的书都拿出来系统地浏览，好像突然看懂老师了。有人误解老师，说老师的学术没有体系，他们哪里了解老师的完整体系啊！老师的学问就是生命智慧之学，他为天下人修了一条完整的生命修炼之路——通向人心之路。老师把中国文化及世界文化推向高峰，老师的学问体系里，理、法、方、药俱全，并疗效神奇，世人若想提高自己，还向哪里找？老师岂止是千古一人！老师说：佛为心，道为骨，儒为表，大度看世界；技在手，能在身，思在脑，从容过生活。老师的学问就是内圣外王之道。

有人说老师只是做了传统文化的解释工作，有人说老师只是学问渊博，这都不对。老师不是“我注六经”，而是“六经注我”。老师贯通古今中外，只是借他人而抒发自己心性而已。谁又能像老师那样自由往来于儒、释、道、武、医、诸子百家？老师亦是不往不来，参透古今天地，如如不动，无所从来，无所从去。

老师去世后的日子里，所有的同学都好像成熟了。很多人在谈老师身后事时，自然也把自己的尾巴露出来。老师像一盏明灯，谁有杂念，立显原形；老师像熊熊大火，只要有私心的飞蛾，马上被烧掉，真是动念即乖。跟老师那种完全无私的普度天下的宏愿相比，所有人都显得渺小。老师去世没有交代就是最好的交代，老师的去世给所有人上了一课，亦给所有人一个永远要参的话头。

老师一生为天下人“殷勤为唱玄中曲”，为的是让天下人撮得空里蟾光，老师的愿力哪里是我辈所能了解的。孟子说：“可欲之谓善，有诸己之谓信，充实之谓美，充实而有光辉之谓大，大而化之之谓圣，圣而不可知之之谓神。”两千年前的孟子为老师提前做了结论，伟哉老师！

回想老师2006年11月给我的开示：“见地、定力、愿力是统一的，没有见地，不会有定力和愿力。”老师说安身立命之所在：“空了才有，空了，智慧才能出来。”我第一次见老师，老师告诉我要找那个万变之中不变的“一”，在第一次见面和第一次开示时全部告诉我答案了，最初的就是最终的。

我对老师所有的书籍进行系统阅读，我读出老师的书是生命智慧之学。到这个时候，我真正对生命智慧之学有体悟了：一个是对老师生命之学的系统理解；二是我对老师止于至善的感受；三是有诸己之谓信的体验。真正的人生就像“主谓宾”，大多人只有主语（自我）没有宾语（他人），为什么没有宾语（他人）？是因为没有谓语（见地、定力、愿力）。生命是“生”加“命”，是“主谓宾”合一。历经数年的参悟，今天我才算找到“命”之所在，原来命就是一个人，找到一个“一”并一生去叩拜，而这个“一”就是万法归一的道，是精益求精、向上一路的道啊！只有这样才心无恐惧，无忧颠倒梦想，才能一口吞尽西江水，才能搅长河为酥酪、变大地为黄金，才能铁臂担道义，妙手着文章，从而盖天盖地去，才能真正体悟大雄宝殿之大雄真义，出世入世又有何妨？老师终于让我的生命破壳而出了。

老师这些年对我“殷勤为唱玄中曲”，亦不断关心我：“空里蟾光撮得吗？”老师也许正以慈祥的目光注视着我：“空里蟾光撮得么”我亦向老师会心一笑。

老师与天地同在，万古长存！

2012年12月

孙冕先生：忘年交眼中的南怀瑾老师

撰文：邵聪

南怀瑾一个人成就一部传奇。

关于他的争论，比如是否称得上是“国学大师”，从未停止，也不曾升级，争论总是以发起者的悄然退下作为收场。不用辩驳，无须回应，岿然不动的事实是，师从他的学生人数大过想象，而众学生当中，多数为当下各行各业的佼佼者。

孙冕，《新周刊》社长，是其中之一。他称南怀瑾为“老师”，严格来讲，很难准确界定这段师生关系，说是忘年之交或者类似父子更为妥恰。

《新周刊》创刊前后，孙冕通过朋友结识了南怀瑾。“我跟老师之间的缘分跟别人不一样。”

跟老师“撒娇”

孙冕在媒体这片“江湖”里是首屈一指的前辈人物，人称“老爷子”。事实上，“老爷子”是个爱作诗的“老顽童”。即使在南怀瑾面前他依然想说什么就说什么，想做什么就做什么，而其他学生，不管身居何职，在老师面前总是毕恭毕敬。

“我从来没把他当成圣人，就像孩子跟父亲一样，虽然见面机会并不多，但经常在老师面前‘撒娇’。”年近花甲的孙冕提到向恩师“撒娇”，不禁让人心头一乐，每个人表达尊敬的方式都不一样，不管几岁，有一个可艾萨克娇的对象终究是幸运的。

有一次，南怀瑾的一位弟子看着孙冕说：“哎哟，这个人很有桃花运。”孙冕故意问老师：“老师，我有桃花运吗？”南怀瑾说：“春天来了，什么花都开了，何止桃花。”

听孙冕讲这些小“笑料”的时候，南怀瑾先生辞世半月有余，不管是不是“国学大师”，哪怕只是一位普通的长者离开后，身边的人回忆起他，过往都还依然生动鲜活，历历在目，多么温馨。对逝者最深刻的纪念是把与他有关的点点滴滴都留在生者的脑海里，记在心上。

孙冕回忆着与老师相处的细节，讲到有趣的地方哈哈大笑，仿佛老师从未离开，也永远不会走远一样。

孙冕喜欢写诗，南怀瑾经常被他的诗逗得很开心。一次孙冕在老师膝前借着酒兴“耍赖”，在餐巾纸上为老师写了一首打油诗：两杯黄酒一根烟，经纶如织藏笑颜，长眉似云卷世道，垂耳懒听早成仙。老师乐极了，抄笔写下，并将末句改成“垂耳懒听孙冕言”。这幅“真迹”当然作为“耍赖”的战利品，由孙冕珍藏了。

大多数的普通读者，无论是否崇拜南怀瑾，是否认同他的教育理念，都鲜有机会接触到这样生活化的他。“国学大师”、“圣人”只是一个名号，又有几个人真正了解这些名号下那个人或亲切或严肃，抑或其他呢？

加持之恩

孙冕实在是一个太“有料”的人了。他的身上，除了《新周刊》、写诗这样的标签以外，还有登山。

2003 年，孙冕进藏“转山”，过程中扭伤了脚，坐在神山岗仁波齐脚下，撕开衣服捆绑膝盖和脚。偶然发现身边有块脚印形状的石头，石头有个横切面，横切面上红色的纹路勾勒出脚丫的形状，分明是仙人的脚印，“这块石头只配送给南师。”

后来，孙冕把这块奇特的石头从西藏背到香港，亲手交给南怀瑾，“老师，这是天意，在神山脚下给你带只神仙的脚印！”老师无比高兴，把它放到神龛上。那年是马年。

传说中那座神山也是属马的，佛教徒认为神山是宇宙的中心，那年转神山一圈等于十三圈。在马年，把神山脚下的“脚印”赠给老师，自然意义非凡。

2010 年，孙冕登珠峰，快离开大本营时，竟然拾得一块白头褐底的石头，酷似一只“白头靴”，孙冕把它背回来，送到太湖大学堂给老师。“当年那神仙脚不能光脚丫，我给它配了只靴！”

最珍贵的礼物只送给最敬重的老师，恩师在孙冕心中的地位不言而喻。

出发登珠峰前，孙冕曾专门拜访南怀瑾，“我相信见他是给自己加持内心的力量。戴着南师特意送给我的一个护身符，我进山了，经历了一次脱胎换骨的磨炼和修炼。”？

做个好人

2012年9月29日，南怀瑾去世。孙冕赶着送他最后一程。“我扑在那里，跟老师说，我要做一个好人，做一个对社会有贡献的人。”

一个阅历丰富、事业成功的“老爷子”说出这样一句话，必然是有过深刻的领悟。经历了“为自己活”之后，看清了本质，最终还是“为他人活”。

孙冕目前正在推动“关爱老兵”一事，帮助生活困难的老兵，甚至为老兵养老送终。“老师的德才和他对中国传统文化的贡献，都是留给我们的财富。有幸向他学习，在人生中坚持做自己，对社会做一点事，也算是传承老师的恩泽。发挥出自己本能的力量，做个有用的人。”

说到“关爱老兵”的事，孙冕哽咽了，“我最难受的是，下山后没有去见老师，没有把正在做的‘关爱老兵’的事跟他说，这事我必须坚定地做到底。去台湾、美国的时候给老师买了礼物，还准备了茶叶，打算给他送去，没想到，老师走了……”

孙冕原本想的是，把自己正在做的公益事业告诉老师，从老师那里寻找一种能量。人生总有遗憾，“相信老师在天之灵也会听到的。”

孙冕觉得做南怀瑾的学生不一定是天天坐在那里一本本地读书，而是感受到老师传播的能量，把它化为行动，再传播出去。

无论是学生、忘年交，还是类似父子，结缘南怀瑾都是一件可喜的事情。在中国，乃至地球上的其他地方，都还有着南怀瑾的其他学生，但愿每个人都按自己的理解“做个好人”，足矣。至于其他，只是不同人站在特定立场上各自的观点，并存即可。

南怀瑾老师支持中华吟诵文化传承纪事

徐健顺

吟诵，是汉语文传统的诵读方式，也是主要的创作方式，也是三千年来中国的学校的教学方法，也是乐教和诗教的主流。不吟诵，难以真正深入掌握汉语文。自一百年前“朗诵”从西方传入中国，吟诵慢慢随着私塾一起退出了教育系统，然而也是自那时候起，就有一大批著名学者、教育家在大声呼吁吟诵归来！

很多学者着书撰文，申明吟诵的价值，比如：赵元任、唐文治、钱基博、黄仲苏、刘半农、萧友梅、朱谦之、唐钺、洪深、任半塘、俞平伯、叶圣陶、朱自清、郭绍虞、杨荫浏、钱仲联、朱东润、赵朴初、周谷城、臧克家等等。1946年北大曾奉命为台湾收复后推行普通话的对策召开专题研讨会，魏建功、黎锦熙、冯至、顾随、朱光潜、朱自清、俞平伯、周祖谟、阴法鲁等与会二十二位著名学者一致指明：吟诵！这个会议记录在发表时题名为《吟诵与教育》。记录人语言学家周定一先生，今年99岁，尚在人间。

中华吟诵学会在筹备期间和成立后，得到了许多著名学者、教育家、国学名宿的鼎力支持。如周有光、叶嘉莹、冯其庸、钱绍武、霍松林、戴逸、刘衍文、刘崇德、屠岸、林东海、鲁国尧、范敬宜、苏民、朱季海、周退密、唐孝威、陈长林、程毅中、李西安等等，这些前辈学者都出任了中华吟诵学会的专家委员。其中，国学大师南怀瑾先生是非常突出的一位。我们在筹备期间，与南先生素不相识，但在把我们的工作资料寄去后，南先生立刻对我们的吟诵抢救、研究和推广工作给予了充分的肯定，并录音、题词、捐款、接见，宣传学会的工作，给了我们巨大的鼓励和支持。

南怀瑾先生对中华吟诵学会鼓励和支持的事迹：

1、我们本来不认识南老，也没有任何人帮我们介绍给南老。我们只是得到了南老秘书室的一个电子信箱，就冒昧地发了一封信，向南老介绍了我们的工作情况，并邀请南老参加2009年10月在北京举行的“中华吟诵周”活动。没想到南老秘书室第二天就回复了，回复信件如下：

徐健顺先生：

来函敬悉，近期繁忙无暇答复，见谅。南师口头答复，由秘书室记录如下：

非常高兴你们做这个事。希望吟诵与学习要联起来，与读古今中外的书联起来，外文的书过去传统也是吟诵的。我很想来参加你们的活动，但是年纪大了，老来行路先愁远，不可能前往了。不过，你们如有机会到这里来玩，很欢迎。非常感谢！

专此即颂

时安

己丑年秋分（公元二〇〇九年九月廿三日）秘书室敬上

2、二十天以后，即2009年10月11日，南老寄给了我们一批他自己搜集的吟诵资料，包括他的一些文章、讲演中涉及吟诵部分的文字（加注：见博文《南怀瑾老师说“吟诵”》)，以及一些吟诵录音。又十天之后，张尚德先生去太湖大学堂拜见南老，南老即命于席上采录了张老的吟诵，命秘书室发给我们。下面是秘书室的来信：

徐健顺先生：

附件是张尚德教授昨晚吟诗的录音，给你们吟诵学会做参考，他是湖南湘潭人，今年78岁，台湾达摩书院创办人。

尚德教授吟诵的第二首诗是南怀瑾先生昔年所作：浮生自苦不从容，睡起依然日又红。贫富不知闲是福，几人肯唱大江东。

另外，请问快递的资料收到否？

祝好

南怀瑾先生秘书室

2009年10月21日

3、2009年年末，南老提出希望听听唐文治先生的吟诵录音，我们随即把唐先生录音和其他一些珍贵资料寄了过去，南老非常高兴，赞赏了我们的抢救工作。2010年1月18日，南老为即将成立的中华吟诵学会题词“江山代有才人出，各领风骚五百年”（见上图）。

4、2010年9月，我们向南老提出希望去拜见他，并采录其吟诵。南老随即答应，秘书室的回信如下：

徐健顺先生：

收到寄来的吟诵光盘和信，已经呈报南师。谢谢！你们何时到附近（如上海或苏州、杭州），可顺便来太湖大学堂，提前告知时间段，要刚好南师也在此地。人数不要多，不超过5人。祝节日好！

南怀瑾先生秘书室敬上

2010年9月23日

2010年10月18日，学会秘书长徐健顺、常务理事陈琴（广州小学语文特级师）、常务理事许石林（深圳商报记者）、王霄蛟（首师大博士）及中央电视台摄像周聪一起，去太湖大学堂拜见了南老。南老留我们吃晚饭，对我们的工作非常赞赏，并给了我们莫大的鼓励。

南老说："吟诵的抢救和传承，非常重要，我一直就知道很重要，但是没有人做，现在你们做起来了，很好，现在是开始的时候，很困难，以后一定会好起来的。"当时在场的还有几位美籍华人，南老对他的秘书们和这几位华人说："你们都要支持他们推广吟诵。"

饭后，南老召集了学堂的全体老师，听我们对吟诵做了简单的介绍。随后，南老也系统地阐述了他对吟诵的看法，吟诵的历史，并边讲解边示范了几首吟诵。整个时间达四个小时。因为我们的采录还没有完成，南老跟我们相约再找时间再来继续采录。

5、2010年11月9日，南老通过秘书来信说："南师看你们经费困难，他个人要捐一点款给中华吟诵学会，准备明天汇款。捐赠不多，聊表支持。别人知道南师捐助了，也会受影响跟上的。"随即向学会捐赠了2万元。

6、2011年5月，南老表示愿意接受中华吟诵学会在暑假组织一批校长到太湖大学堂观摩教学，并继续采录他的吟诵。

7、2011年5月拜访南怀瑾先生时，南先生关于吟诵的谈话摘要：

现在讲吟诵，就是读书的方法，读书一定要读出来，嘴巴不发声就不叫读书，而叫看书。我们小的时候读书一定要读出声来。读书就是诗、书、礼、乐、春秋五经中的"乐"，而《乐经》早就失传了。

我们小的时候要学音韵，而学音韵必须要学声律。我们念唐诗宋词必须要懂音韵学。音韵学是很深的一门学问。我们中国的音韵学要远早于西方，而且比西方也更高明。

我们小时候读古书是要唱出来的。

读书唱诵是很健康的，把心里所有的烦恼都赶跑了，就不会像现在人一样去自杀了，另外还会有利于老人的养生。总之有很多很多的好处。

8、陈琴老师记述的此次拜见南老的片断：

我问南师："您小时候念书是怎么样念的呀？您在您的书中或报告中举了很多例子，老说'我们小时候读书是唱来着，老师一说读啊，我们就开始唱起来，有滋有味地念着……'您还说，你们小时候读书读到大肠里去了，读到骨子里去了，成了营养，而现在的人读书一会就忘记了……我实在非常想了解您的那个读法，到底是怎么样的呀？"

南师哈哈大笑，说："我不懂你们现在讲的这个吟诵不吟诵的，我就知道我们小时候不是现在这样读书的。等会我们先让宏忍法师给你们示范一下，你们说的那个吟诵呀，就是我们说的读书方法。不过，我们那时候不叫吟诵，就是叫读书……"

南师接着让我们示范一下现在的吟诵，徐健顺老师就吟诵了好几首诗，我提议他吟诵一下《橘颂》。徐老师吟诵完了之后，一定让我给南师吟诵几首。在座的都是造诣极深的泰斗，我哪敢吟诵几首之多，为了答卷顺利进行，只好硬着头皮站起来。一起来，脑子就一片空白，但看着南师期待的目光，我忽然有了主意，就说："我其实对吟诵所知也甚少，就吟诵一首《诗经》中的《木瓜》，感谢南师今晚的盛情款待。"

一曲刚罢，掌声四起。我不好意思地说："南师，您在书中例举过杜甫的《兵车行》，还例举过杜牧的《清明》，我很想听听您是怎样吟诵这两首诗的。"

南师笑笑，说："你刚才吟诵的《木瓜》，他们（用手一指在座的人）都不晓得是什么啦。"他环顾四周，大声问："是吧？这首诗，你们好多人都不知道是《诗经》里的吧？"停了停，他又对我说："你的那个湖南调很明显，我听出来了，是很熟悉的湖南人口音。那个音，很好听的！"

南师指了指坐在另一桌的宏忍法师，说："你来板书，我就讲讲吟诵是怎么回事。这个语音学，现在知道的人太少了，我们小时候都要学的，一学就会的。可是，现在都成了很深奥的学问了。研究音律学的赵元任先生走了后，就很少有人会了。我们小时候读书，这是一定要学的，要不，那个切音就不会啦。"

每讲一个例子，南师都随口吟诵出一些诗句来佐证，两块黑板，由宏忍法师和德众先生分别负责板书，以便整个大厅的人都能看到。宏忍法师写错了一个，南师马上纠正。我暗暗佩服老先生的眼力。

看得出，为了此次采录工作，南师和接待的负责人都是做了功课的，他们很慎重地对待这件事。宏忍法师还另外复印吟诵资料，包括我基本看不懂的切音练习题，她示范教我们发音。

最令我震撼的是南师，他讲到音律练习时，发“嗡——翁——瓮”音和“洪——哄——轰”等音时，真是声若洪钟，音正腔圆，大厅里回荡着他清脆的声音，耳际的余音久久不散。你很难想到这是一个93岁高龄的老人发出来的声音，气势如壮年，音清如少儿。

南师吟诵了好几首诗，包括《兵车行》，我终于理解他说的读书读到心坎里去的意思了。那样的读书，确实是不容易忘记的，如歌如泣，如诗如乐，真正的读书就该是这样的呀。

（中华吟诵学会）

在中国的“太庙”拜访南怀瑾先生

朱永新

3月17日下午3点，去吴江拜访南怀瑾先生。

南怀瑾先生对于我来说有一些神秘。曾经读过写他的《狂言十二辞》：“以亦仙亦佛之才，处半人半鬼之世，治不古不今之学，当谈玄实用之间，具侠义宿儒之行，入无赖学者之林，挟王霸纵横之术，居乞士隐沦之位，誉之则尊如菩萨，毁之则贬为蟊贼，书空咄咄悲人我，弭劫无方唤奈何。”有人称他为国学大师、易学大师；有人写他是佛学大师、禅宗大师、密宗上师；甚至有人称他为当代道家、现代隐士，说他是世界上第一流、最高明的江湖术士；更有人称他是“这个虚浮的网络时代里一位人人可以求教的旷世贤师”。

一路上，头脑里在回忆先生的简历：1918年，出生于浙江温州书香人家。幼年接受私塾教育，12~17岁之间已遍读诸子百家。少年习武，精通拳术剑道。青年时访求多位高僧隐士，为禅宗大德盐亭老人袁焕仙弟子。后入川，任教于中央军校，并在金陵大学研究所研究社会福利学。离校后专研佛学，遍阅《大藏经》。1945年，远走康藏，参访密宗上师，被承认为合格密宗上师。离藏后赴昆明，讲学于云南大学，后又讲学于四川大学。1947年返乡，归隐于杭州。后在江西庐山天池寺附近结茅庐清修。1949年去台湾，1985年旅居美国，1988年回香港居住。2006年在苏州吴江庙港定居至今。

一个小时不到，就到了庙港。经过了太浦河上的一座大桥，有拐弯不远的地方，有几栋虽然不起眼但是很特别的建筑。我想，这应该就是先生的住所了。走近一看，在围墙的尽头，有一个大门，边上有“太湖大学堂”五个大字。

张耀明兄与先生的助手小马迎候我入门。学堂很大，占地约300亩。一期已经完成主楼与讲堂。小马带我们沿学堂参观，从学校的道路走上太湖大堤，堤上的树已经开始露出嫩芽，晚霞映在北边的太浦河上和南边的桃树林中，许多小动物在草丛中悠闲地漫步，一种宁静的美，自然的美，让我们有一些神秘的感觉。马先生说：“不假，这里真是神仙居住之地。”他告诉我们，当时勘测地形的时候，飞机仪器就在先生现在居住的主楼上面失灵了。

5点钟左右，马先生去安排其他事情，请一位师傅带我们参观两栋建筑。先参观讲堂，又叫禅堂，是先生讲学、弟子修行的地方。进门脱鞋，因为有地热装置，一点儿也不感到冷。大堂里有人在打坐修禅，我们小心翼翼地上楼，有闭关室，有治疗室，有洗浴室，还有桑拿的房间。无线网络覆盖，非常先进。在楼上看前面的草坪，一幅太极图映入眼中。

因为江南多雨，讲堂与主楼用回廊连接。主楼客厅是刘子仁的画，王凤峤题词“一花一世界，一叶一如来”。据说以前是挂在香港的客厅中的。二楼是各种讨论室与房间。其间布置了许多古代与近现代的名家书画。三楼是图书馆，据说藏书有25万册以上，经过国家的特别批准全部从美国带来。马先生告诉我们，这些书南先生大部分读过，许多能够背诵。南先生的工作室也在三楼，有一尊佛像供奉在中间。还有一个非常特别的中药房。据说，有弟子、客人患病，先生经常自己配药帮助治疗。

6点不到，当我们回到客厅的时候，先生已经在那里“工作”——为送给我们的书题款了。先生精神非常好，不时开着玩笑。当不清楚要送书的人是男是女的时候，他就问：“公的还是母的？”我们一边聊着，先生一边写着，一口气签了几十本书。他笑着说：“你们看，我在做苦工呢！”

我问先生为什么选择庙港作为他人生的归宿。他笑着说：这里是中国的“太庙”啊！我们不解。因为太庙是古代王室祭祀祖先的地方，先生为什么说这里是中国的“太庙”呢？先生说：太湖的庙港，简称不就是“太庙”吗？先生说，这里原来是一个鸟也不拉屎的地方，是太湖边一个低洼的水塘。1999年11月18日，他的一个在吴江投资的学生邀请他来庙港。当时的吴江市委书记汝留根铺了长长的红地毯迎接他，让他非常感动。而汝书记的名片更是让他大吃一惊：你不是要我永远留在这里吗？

他的学生陪同他在太湖大堤上走了一圈，来了感觉。他说，将来在这里骑着小骡子，读书修行，一定非常美好。于是，经过6年的建设，填土、种树、修路、造桥、养花、喂禽，大学堂初具规模。

6点半以后，我们移师餐厅。先生坚持让我们先行，他说这是中国人起码的礼节。90岁的老人，可以说是健步如飞，谈笑风生。到了餐厅，一副先生非常喜欢的对联映入眼帘：开张天岸马，奇逸人中龙。先生说，这是宋代的神仙陈抟（希夷）的作品。

餐厅里有近30人吃饭。有北京的、上海的、台北的，有著名跨国公司的老板，也有行政官员，还有一位80岁的先生的老学生张尚德教授专门从台北赶来。先生笑着说：我这里就是“人民公社”！张教授讲了他当时拜访先生的故事。那时他是个穷学生，穿着一双“天不知地知”的皮鞋向先生请教。先生也是穷困潦倒，但是还是接受了他，管他吃饭。去年他身体不好，动手术前像小孩子一样给先生打电话说：“老师，我怕！”先生安慰。最后他对先生说：“开刀的是你不是我！”竟然不再害怕。

先生对中国文化的问题特别有感情。他说，文化是民族的根本。国家灭亡了还可以复国，文化灭亡了，就彻底地完蛋了。他看见我穿的是西装，说，你这个是西方海盗的东西！中国人现在连衣服也没有了！韩国的服装是我们明朝的，日本的和服是唐朝的。我们为什么没有自己的“衣冠”了呢？谈到年代，南先生说，正溯历法，从黄帝算起，也有4700年了，为什么要丢掉它而用西方的纪元呢？他说，苏州的文化基础非常厚实，苏州人会管理钱，项怀城、金人庆都是苏州人，国民党时期也是苏州人管银行的。他告诫我：要警惕苏州变得没有文化呀！

南先生对教育问题也是非常关注。他说，教育的问题太多了！现在第一流的家庭受的教育是最末等的。一个孩子六个人爱，什么事情都不会做，什么都不懂。将来的生活都可能有困难！他强调读书尤其是朗诵。听说我在做的新教育实验有“营造书香校园”的行动和“晨颂、午读、暮省”的生活方式，他非常高兴，马上让工作人员拿来他指导编写的《儿童中国文化导读》《中国文化断层重整工程》《儿童西方文化导读》等书。他告诉我，他的书基本上是17岁以前读的。“早期的阅读非常重要。”他还请张教授现场演示了如何诵读中国的传统诗词，这样的吟唱，在我们的教育中也几乎看不见了。

不知不觉，三个小时就要过去了。先生怕大家没有吃饱，又特意吩咐做了面条让大家吃。最后合影，先生邀请我在他喜欢的对联前留影，让我非常感动。大师的随和、幽默和博学，让我们大开眼界。我为苏州能够留驻这样的大师而自豪。

南公的悲心：修行直指

杜忠诰

1998年3月，我为南老师的新作《原本大学微言》打字稿，进行最后校对。对于南老师将旧说《大学》‘三纲八目’改为‘四纲、七证、八目’中的‘四纲’部分，义有未安，以为有待商榷。因而前后修书两通，申述鄙意。隔了不久，南师回复了一封传真函：“此事一言可尽，但亦难一言而尽。倘能因此南来，面言其详，或当可释于怀也。”？我心知南师好意相邀，自己也觉得久违师教，茅塞已深，有必要再去让老师用他那超高倍数的照妖镜照一照，以便对治改进。于是就摒挡琐务，到香港去了。

在大伙儿用餐时，老师还半开玩笑地说：“忠诰这回到香港，是来跟我吵架的。”到了第三天午后，老师唤我到他的办公室去，单独与我面谈时。南师却说他知道我修行不得力，特地借着这个机会，“骗”我到香港来玩玩。“什么问题不问题，都是妄念，都是次要的。修行上路了，一切问题自然会迎刃而解。”

回到台北以后，在一个偶然的机缘里，见到南师昔日用毛笔所书清朝诗人吴梅村的一首诗：

饱食经何用，难全不朽名；
秦灭遭鼠盗，鲁壁串取生；
刀笔偏无害，神仙岂易成；
故留残缺处，付与竖儒争。

一时恍然若失，方知南师所说“一言可尽，但亦难一言而尽”的真意。不过，这已是后话了。

且说老师那天，还传授给我一个修行法门。要我两眼向前平视，不要用力，向前盯着，把眼神向后回收，就这样张着眼睛像木鸡般地看着前面。并要我有问题就问，如果没有问题就这么坐下去。我记得当时只问了一个问题：“这跟庄子所说‘以神遇，不以目视’，是不是一样？”南师答说：“差不多！接近。”我一直误以为，‘盯着’就是盯住一个东西，于是我也就这么‘差不多’地张着眼睛坐了下去。我第一次知道，原来打坐也可以不合上眼皮呢！

在习坐中，老师跟我谈了很多话，也给了我不少开示。当南师说到："趁我还在，可以为你带带路。我走了，谁带你路啊！"我宛如迷途知返的羔羊，顿时泪如雨下，悲怆不已。嗣后，也着实依法用了一大段工夫。由于定慧力之不足，当时自认为没有什么问题，没能多问。然而，插头似乎插得不太准确，再加上日常俗务的牵缠，以致渐渐走失，工夫又无甚长进了。

这回来香港，老师听了我报告中的引述，发现他教给我的"看光法"，被我误解了，狠狠地数落了我一顿："我上次告诉你的，你什么要点都没有抓到，白跑一趟。总的问题，在你不懂佛学。"要我重新来过，他老人家则不厌其烦地重新现场指导。

老师为了破除我对于"双盘打坐比较有效"的执着，还刻意要我把原本双盘坐着的两腿松开，就以小腿与大腿垂直的姿势，两眼向前平视地坐在沙发前沿上。

"意识要忘掉，看的注意力拿掉，也不管眼睛了。眼珠不动，眼皮慢慢闭拢起来，眼珠还是前面，难就是眼珠子不是盯着前面。眼皮慢慢闭拢，自然一片光明中嘛！是不是？是，你不答复我。不是，再问。这一回再不要搞错了。自然一片光明中，看的观念拿掉了，注意力拿掉！眼珠子还是盯住的！对不对？这个时候轻松吧！不对，你问喔！放开！不要守在头里头，没有眼睛嘛！连身体。无眼、耳、鼻、舌、身、意，一切都没有，注意力也没有。你就利用这个物理世界自然光跟自己合一，身心内外，一片光明，就完了嘛！也没有身体感觉，也不要理。当时告诉你这个，没有眼睛，眼珠子还是对住前面，最后忘了眼珠子。眼不要注意去看，自然在一片光明中。如果夜里，黑色黑光，白色白光，光色变化，都是境界，不理，你自然与虚空合一了嘛！这是有相的虚空喔！先跟有相的虚空合一。这一下你轻松愉快吧！比什么都好。什么气脉，什么拙火？那些狗屁话，一概不理，都在其中了！不一定盘腿。你这样一定，三天五天，几个钟头，你身心整个的起大变化，不要管他好不好，那就好得不得了了。跟虚空合一，跟光明合一。光就是我，我就是光。外面形体的肉体四大都放掉，与虚空合一。光，物理上，现代自然科学也知道，它是不生不灭的。不要看了，看的意识拿掉。它黑色来的黑光，白色白光，都是色相的变化。所以色即是空，空即是色。色不异空空不异色。你就懂了嘛！就悟进去了嘛！色不异空，空不异色，光色是空的嘛！你有个空的境界，抓住了，这一点是根本。色即是空，空即是色，这不是清清楚楚吗？"

"好！你信得过，你明天走，认确实一点。不然你回去又变了，不骂你又不行了，又变出来，又走冤枉路了！什么准提法，一切最后圆满次第都证入了！所有来的问题，要问的，都是妄念，都丢掉就好了。这个时候，管他咒不咒，佛不佛呢！”

“再来，你刚才动（念）了一下，不行了！重新张开，不要慌！等于利用眼球为擦头，定住。不看。注意力拿掉，把眼识这个习气拿掉，然后证入一片自然光中，就好了。你就这么定下去。就这样，话也不要跟你多讲了。忘掉，身体忘掉，连脑袋也忘掉，眼睛也忘掉。都丢，念头更要丢，丢得越彻底，丢得，唉呀！也没有什么‘彻底’，都是形容词。都丢完了嘛！禅宗说‘放下’，放下就是丢嘛！”

“这不是定吗？盘个什么屁的腿啊？连眼睛、头脑都不要了，还管什么样的腿？”

“你跟虚空合一，跟光明合一。光就是我，我就是光。连基督教你翻开《新约全书》都说：‘神就是光，光就是神。’连他都懂，你们学佛的反而不懂。放开！越大越好。也没有故意去做什么大小的分别，这个言语的方便话，不能听。像我的书也不能看，连我的语言也不要听。到了这个时候，一切皆空，还听个屁啊！”

不知怎的，忽于此际生起一念，感觉双手散放着（未结手印），疑有未安。轻轻叩问：“手？”

“嗯！又来了！什么‘手’啊？啐！那么无智！你不是讲四大皆空吗？还有个‘手’？真的那么笨啊？都会，都懂。四大皆空了，还有个‘手’！哎哟！还我的眼我的头呢！教你注意一片光明，与虚空合一。”

“咄！你现在还有一个问题，你拼命抓住眼睛，眼珠子了！还在那里搞，又笨了！一证入，那个情况一来就知道了嘛！还抓这个干么？又来了！你的问题就在这里，这就是你杜忠诰要命的习气。”

老师眼捷手快，一针见血。我不自觉地冒出了两句：“正是！正是！”

“你赶快丢！眼珠也不是看的。眼珠子同照相机一样，是照着的。那个能够知道是什么的，那个心的第六意识分别，这个拿掉！”

“你开着眼睛也可以啊！与一片自然光合一。忘记了身体，忘记眼睛，与光合一。光是不生不死的，在自然科学里头，光是不生不灭的。不过，你现在看到的光，还是光色，不要着色。所以叫阿弥陀佛，是无量寿光。无量寿，寿就是寿命，它不生不死，所以无量寿、无量光。也没有边际，不在内、外、中间，一片光明中。这样懂了吗？懂了，就不要讲话了。夜里黑色黑光，白色白光，慢慢你晓得光色，就不管了。光能同你的性能一样，你只要不起分别，它就自然如如不动了嘛！所以叫‘如如不动’，‘如如’，两个形容词，还有个什么叫‘如如’啊？好像没有动了。这一回你再弄不清楚，你下一次来，一进门就打屁股。”

“不敢来了。”我的名言习气又发作了。

“那也随便你喽！”老师只好这么说。

“再弄不对，不敢来了。”我不得不再补上一句。

“这一下你弄对了没有？”

“嗯。”语气笃定。

“你还真有妄念，还讲话呢！连这个都丢掉，赶快丢！你的问题就出在这里。你不是看过《六祖坛经》吗？‘不思善，不思恶’，好的也丢，坏的也丢。都抛光，就住在与虚空光明合一中。这懂了吧！不思善，不思恶，你还有个分别呢！一下跟人家辩论起来了，毛病！善恶都不思，善恶两头都有思！这一下你舒服啊？你不要答复我，还是这个话，不对再问。”

“还要放！无我了嘛。无人相，无我相，不是理论。只是一放，你就到了。无人相，无我相，无众生相，无寿者相，就完了。过去心不可得，一个念头来，过去了嘛！未来心不可得，念头没有起，当然不可得。现在心不可得当下就空了，听过了就完了嘛！好了，不给你多讲了。费力气！你再拿不到，你就完蛋了。”

“嗯——-，又来了！丢！喜怒哀乐都丢。你《中庸》忘记了？‘喜怒哀乐之未发，谓之中；发而皆中节，谓之和’，怎么中节呢？起来就把它空掉了。‘致中和，天地位焉，万物育焉。’《中庸》都给你讲完了。不要给情绪动了！‘天命之谓性，率性之谓道，修道之谓教。道也者，不可须臾离也。可离，非道也。’你管它悲欢喜乐来，都是一扫而光。一个《中庸》，一个《大学》，就完了嘛！这几句话，就完了嘛！‘夫妇之愚，可以与知焉。及其至也，虽圣人亦有所不知焉。’你都会呀！你师大毕业的。”

正在这身心与虚空光明合而为一的当儿，忽然感到悲欣交集，眼泪不自觉地滑滚了下来。这时候，老师又说：“嗯！这下你又被悲感困住了！丢掉！看光去。不是看，体会光去。悲感怎么来的呢？有人问过佛陀，有些人明白了，大哭，有些大笑。佛说那些堕落短暂的菩萨，过去修行，已经知道了，现在迷住了，堕落了。一下子明白了，会大哭。为什么？觉得我怎么那么笨啊！把自己的东西丢掉。那堕落久了的菩萨，明白了，哈哈大笑。这些都是情绪。《中庸》说：‘喜怒哀乐之未发谓之中，发而皆中节谓之和’。中节，要节制，要把它停掉。‘致中和，天地位焉，万物育焉。’跟虚空合一。《中庸》

都讲了，就那么简单，比佛法还要明白。你懂了佛法，儒家这才懂了。现在我背《中庸》给你听，你懂了吧！懂了就信得过。一信就拉倒了，一路下去了。”

“至于生理上变化，什么流汗啊！光明啊！你爱去玩弄，这多呢！打坐时，你搞气脉，什么‘唵’、‘阿’、‘吽’的把呼吸闭住，一个人在那里做劳动而已，没有什么两样。”

“还有一点吩咐你，什么‘吸一口气，闭住’，那是笨办法，不对的。出世法是什么？你碰到那个不对的，呼一口气，鼻子呼出来了，切断了，不呼也不吸，那个是对的。你看！现在我跟你讲，你在境界中，不呼也不吸，这个是对的。不是吸进来，不对的，有呼吸就不对了。念头动了，呼吸就动；念头不动，呼吸也不动。”

“现在你体会一下，放空！念空了，呼吸也不动，这个是对的。呼吸是生灭法，有来有去都不是。不要努力在看光！名称叫看光，不是去看。不要分别去看了。眉毛展开，笑！嘿——，假笑，慢慢真笑了，弥勒菩萨都在笑中。搞清楚了吧！搞清楚，等一下我就离开，办我的私人事情去了。特别卖给你一个下午，就这样了。再不要迷途了。”

“这样你懂了吧！你就定住。还早呢！能够定住一个钟头更好。现在唯一的事，记住！在一片光中，这个境界里头，光没有了，一片空。抓住。然后记住一个偈子，六祖的师兄的偈子，‘身是菩提树，心如明镜台，时时勤拂拭’，一切都扫光，‘勿使惹尘埃’就对了，就那么简单！‘身是菩提树’，你这样坐，身是菩提树。‘心如明镜台’，有杂念来，善念恶念，一切皆扫。‘时时勤拂拭，勿使惹尘埃’。到了究竟，就是六祖那个偈子：‘菩提本无树，明镜亦非台。本来无一物，何处惹尘埃。’不要扫它，它也空。念头不要你去空它的，它来空你的，没有一个感觉，没有一个知觉可以停留的，都是无常。空你的，不是你去空它。你去空它，已经是个妄念了。这样懂了吧！你空个屁啊？它本来空你的，它不停留的。你就明白了嘛！”

老师看我已经大致上了路，便暂时回去办别的事去了。直到约莫六七点左右，才又回来。坐定后，接着又提示我说：

“准提法是修功德，修福德资粮，你可以念，可以修。你多去看看，我们老古印的《参学旨要》这本书，有刘洙源的《佛法要领》《禅修法要》《永嘉证道歌》《永嘉禅宗集》，你走这条路是正路。你这个年龄，把老古出版的《参学旨要》好好抱到，把刘洙源初步的可以丢开了。你也可以看，一时就证入了。这样懂了没有？费了我很多的口舌！不过，也是空的。嘿——，都没有事的。‘本来无一物，何处惹尘埃？’它来空你的，不是你去空它的。”

“生灭法一切无常，能够知道的这个，不在身体内，也不在外面、中间。这个没有变动，你年轻知道，也是这个；现在老了知道，也是这个。没有写字以前也是这个，写字以后也是这个。”

老师就这样不惜眉毛扫地，苦口婆心，开示了这么多，这么详尽。尽管南师最后提示要我阅读的书我大半都已读过，但不可否认的，我并未全部吃透它，还必须虚心再读。晚饭后，我终于带着得无所得的行囊，拜别南老师，回到台北。我告诉自己，迷时师度，悟了自度。路头认准了，正好用功。若再因循放逸，简直对不起天地鬼神了！古德有言：“枯木崖前岔路多，行人到此尽蹉跎”，老师的这些话，固然是针对我个人的修行问题而发，但那天同堂听讲的，除了宏忍师以外，还有其他很多人。如今我不避烦冗，将南师的殷切开示写实记出。希望读到此文的朋友们，也能一样同沾法益。

智慧、豁达、超越

——台湾后辈忆南怀瑾二三事

林甦 何自力

“他是豁达的，当然很有智慧，他也更是超越的，超越文化的局限……”作为南怀瑾先生在台湾的后辈，与南家两代相交的曾王君，在台北用这样几个词来形容他记忆里的南先生。

曾王君现任曾子南文化基金会董事长，现常年往来于两岸。其父为台湾堪舆名家曾子南，曾王君留学美国与南怀瑾幼子南国熙交为挚友，返台后又常去南家流连玩耍，因而有缘聆听南怀瑾先生教诲。

时隔30年余年，他犹记得当年自己甫返台时，南怀瑾先生对自己说的一番话：

“你们这一代人，不要因为去了美国念书，就觉得美国好得不得了。我刚从美国离开，不想呆了。要想办法放下自己，不要只想着追求财富，只想着追求自己的理想。一定要在二十一世纪之前，去大陆看一看，那个地方是有可能成为一个伟大国家的地方。”

当时适值20世纪80年代初期，两岸隔阂未通、难于往来。另一方面，台湾社会对美国风气的崇拜却是方兴未艾，对这位留美归来的青年而言，此番话振聋发聩。

“你们要到大陆去，不要留在台湾。南先生这样对我说。”曾王君当时质疑，“大陆那么落后……”

而南怀瑾回答：“正因为落后，才会有好的开始。因为她的文化，历史，全世界没有一个国家可以超越，但她的近代史又是这么糟糕，这么让人看不起。生在这个时代，我很痛苦。不管世界怎么看中国，中国在21世纪都会成为一个伟大的国家。你们这一代可以看到，我即使能看到，也就是能看到刚刚开始那一点点。所以也感受不了。”

20世纪八十年代末，南怀瑾筹资兴建金温铁路，也许这段话可以作为此举的一个最好注解。这番对话后不久，曾王君就赴大陆经商。此后二十余年，南先生也往来于两岸及香港等地，先后旅居上海、苏州等地，但一直罕逢晤面机会。直至上月末，南先生以95岁高龄在苏州太湖大学堂辞世。

在记忆里，南怀瑾先生留给曾王君的印象也是一位豁达爽朗的长辈。“我记得，那时候他差不多有70多岁，我们几个晚辈和他一起到外面吃饭，他那么有学问，我自然会有些压力。”曾王君说，“令我惊讶的是，先生却说我想抽烟，把烟拿来。”

“我问先生要点什么菜？”他说，“还要吃什么，有鱼有肉就可以。”“肉您吃吗？”南先生回答说：“我什么时候跟你说过我吃素？我从来就不吃素的，你们不要以为研究佛学的人就得吃素。没有这样的事情，我是从营养的角度思考的。”

在曾王君看来，南先生没有被任何一种知识，或者是一种文化所束缚的。“他年纪大，可和我们在一起的时候，却像个小孩子，很活泼。饭桌上看他抽烟，是觉得很爽的样子。他曾闭关两次，又写了那么多传统文化的书，但在他身上我们却看不到传统文化的后遗症，不做作。”

南怀瑾的著作，多冠以别裁（《论语别裁》）、他说（《老子他说》）、别讲（《易经系传别讲》）为名，行文直白诙谐、不拘泥于考据，时有学人以治学不严谨非之。但从“别裁”、“他说”、“别讲”中，也正可以看出南先生对待传统文化的超越态度。

他逝世的消息传出后，一位网友在跟帖中这样评述：“南怀瑾先生把深奥的传统文化哲理融入生动的现实生活中，他给人们的不是教条，而是知行合一的道理和应用……他对中华文化的贡献是巨大的。”

在与南怀瑾先生父子的交往中，曾王君也看到了他身上更多普通人的真实侧面。

他讲起一个小故事：某年，南先生的母亲已近百岁高龄。南先生告诉所有子女，今年奶奶生日的时候，你们全部都要回去祝寿。家人当然最后都聚齐了，但奇怪的是他自己没去。而生日作完不久，其母就去世了。

“我的理解是，他还是希望自己对于母亲的回忆，可以存留在少年离家时母亲的形象。母亲已是百年高龄，那样一幅老迈的样子，不忍相睹。”

作为大学者的南怀瑾，在子女面前是一个怎样的父亲？曾王君告诉记者：南先生的子女很多，不过都是一些普通百姓而已。南先生认识不少的政商界名流，但从来没听说为子女谋过什么好处。

“我常同他小儿子（即南国熙）一同聊天，说起他父亲年轻的时候很帅，对于子女也疏于照顾，他是很有些想法，不认为他这个爹就是为了照顾他们这几个小孩子。但看他写了这么多的书，便想这个人也不属于我，是属于整个社会的。”曾王君说。

要相信中华文化的力量

——追思南怀瑾先生

南存辉

2012年中秋月圆前夕，族伯父、恩师南怀瑾先生圆寂于苏州吴江太湖大学堂。怀师一生功德言，青史自有公论。而老师对晚生后辈耳提面命、谆谆教诲的和蔼音容，宛在眼前。

记得2011年中秋，我去拜望老师的路上，给他发短信，说起在安吉高山搞现代农业，助山民脱贫，自己在山上种了些有机果蔬奉上，并写了一份短信清单。相见之后，老师很高兴，当着大家的面说："存辉是我看到第一个会用礼单的人，礼单是中国文化，古人送礼一定有礼单的。你怎么知道用礼单？"怀师吾道不孤的喜悦溢于言表，命秘书取出一尊佛像相赠，说是"今天特别高兴要给存辉奖励"。

中华文化以诗礼传家，同学告诉我，老师每见文化复兴迹象，纵是细微之处，也必大喜过望。怀师一生念兹在兹，唯恐我华夏文化绝学不续，行而不远。每逢有领导前去拜望，怀师总是对他们强调，世界强大民族之间的竞争，最终争的是意识形态，也就是文化内核的较量。

一次，怀师以好莱坞电影为譬喻，说明西方文化是如何吸取中国文化，通过各种现代化手段起到教化众生、凝聚民族精神的作用与方向的。领导好奇地问："老人家也喜欢看电影？"怀师答道："是啊，电影我很爱看的。《盗梦空间》你们看了吗？看得懂吗？"随后深入浅出讲解了这部美国大片和《阿凡达》中所隐含的西方人认识世界的视角和方法，汲取了中国文化的一些精髓比如"意识"、"空间"等。

西方有人对中华文化有"原地踏步"一说，怀师则谆谆告诫我们，旧邦有新命，要相信中华文化的力量，不可墨守成规，不光诵读经典，更要身体力行。

《论语》记载曾子的一句话："慎终追远，民德归厚矣。"一般训诂都解作隆重丧葬、孝敬祖先，能增进民间道德。而怀师引用佛教中"菩萨畏因，凡夫畏果"的思想解释这句话，认为终是指结果，远是指导致结果的最初起因。一个人要想好的结果，不如有好的开始，圣人们非常重视一件事情的动机，从根源上消除形成争议的起因，道德风尚自然醇厚起来。老师援释入儒，信手拈来，不抱成见，不袭前人，不拘门户，这种面对经典的态度令后学受益匪浅。

我读《论语》“四十不惑，五十而知天命”，联系到企业经营中的一些事情，有所感悟，特地到老师处请益，“四十不惑”中的“不惑”到底是不会惑还是不要惑？怀师问：“你看呢？”我答，我四十岁的时候，以为人生四十就不会迷惑了，到了现在将近五十才发现，四十岁事业初成，面临各种选择，各种诱惑，这句话解作四十岁的时候不要迷惑更好。老师笑称：“答比问好。”他鼓励后学用自己特有的生命体验去理解经典，不做亦步亦趋的句读之儒。

怀师不光解读、提倡中华文化，更身体力行。访客上门，怀师一概肃立迎客，我去请益，老师则安坐，笑称：“存辉是我侄儿，按礼我不起身了。”南氏先祖避靖康之难，自河洛南渡瓯江，先墓厝于乐清盘石，年久失修，想要重新修葺，但先墓所在的山上，到处是坟，后辈想要改建，其他人不肯迁移，僵持住了，当地政府也很难处理。后来，难题报到南师那里，有一次我去见他，老师吩咐我，跟领导讲，这个坟呢，是要修的。但矛盾怎么解决？他说，中国人安土重迁，我们的祖先是祖先，人家的祖先也是祖先，我们把自己祖先的坟修好，安好，让别人的祖先迁走，就不安了。还是都不用迁了，安就好。且若有孤坟，也把它修好。“己所不欲，勿施于人”的忠恕之道，很多人耳熟能详，但少有人能有怀师这样大智慧去身体力行。

怀师将传道、授业作为对子侄辈最大的爱护。一次，老师问我几岁了，我告知他四十多，怀师以罕见的严肃口气说：“四十多岁，你赶快给我回来学习！”当时我还不知道原因，差不多一年后，我与怀师幼子国熙一起吃饭的时候，国熙对我说，老师讲过，男的在六八四十八岁之前，女的在七七四十九岁之前，如果坐下来学习打坐，效果会很好，过了这年龄段再修习就很吃力，要加倍努力才有效果。“老师骂过你一次，也骂过我一次，到了这个年龄还不知道坐下来修行。”

前不久我去欧洲出差，不小心被风吹了，头痛，到医院做检查查不出任何问题。给老师发信息请教怎么办，老师让秘书回了四个字：要命速回。我遵师命提前请假回国，直接去了太湖大学堂。老人家见到我，连说“回来就好，回来就好”。手哆哆嗦嗦从长衫里掏出一小包药，叫我赶紧吃掉。吩咐我拿一件高领棉袄穿上，围好围巾，戴好帽子在蒲团上打坐。“你从现在开始，哪里都不允许去，老老实实在这里住几天，好了再走。”随后又是推拿，又是放血，待我身体恢复，向南师告辞，老师问我：“什么时候回来学习？”我答：“等我回去把事情交代好就来。”他很高兴：“交代好就来啊！”

第二天早上起来吃饭，很多同学问我：“听说你要回书院来学习，不走了？”

“听谁说的？”

“老师说的。”

现在想来，真是愧悔莫及。老师殷殷盼我放下一切，赶紧回来读书修习。我是答应他，外面的事情安顿好后再来，可是外面事情一时是办不完的啊，老师却以为我马上就要回来了。

想起那年去大学堂拜老师九十大寿的下午，在书院打坐，湖山清净，不觉物我两忘，溘然入定。四个时辰过后，老师特遣国熙叫我面示，嘱我整个下午打坐劳顿，晚上还有客人应酬，开个房间休息，不要坐太久了。

“存辉回来！存辉回来！”言犹在耳，我师已去，对此明月，岂不泫然？

南怀瑾先生致力的事业：重续中国文化之根

——彼得·圣吉谈南怀瑾先生

钟国兴

中国文化大师南怀瑾先生已经驾鹤西去。为了悼念南先生，他的学生彼得·圣吉专程来华，表示要继续南先生未竟的事业。究竟是什么让这东西方两位杰出人士结为师生之缘？这位拜南怀瑾为师十五年之久的学生向老师学到了什么？他的收获对我们有何启迪？请看彼得·圣吉的老朋友、中央党校报刊社常务副总编辑钟国兴和他的再次对话。

为什么做南怀瑾先生的学生

钟国兴：去年您和我说过，今年约我一起去拜访南怀瑾先生，我一直想着这件事。没想到南先生忽然离我们而去，这让我感到非常遗憾。您作为一个外国的学习型组织倡导者，是因为什么机缘认识南怀瑾先生的？

彼得·圣吉：我和南先生是1995年在香港，通过一位台湾的朋友介绍相识，这位台湾的朋友是系统动力学的教授。1997年我参加了南先生的静思活动，这是一次非常特殊的活动，因为在南先生那里这是第一次通过翻译来展开的静思。记得当时有人不理解，问南先生为什么要专门为我增加翻译环节，南先生说："因为我上辈子欠他的。"

钟国兴：老先生智慧而且幽默。您和南先生的师生关系以及深厚的情谊从此建立起来了，记得您说过每年都和南先生见面，这让许多人都"羡慕嫉妒恨"啊。您被称为"学习型组织理论之父"，而且被美国商业周刊评为"有史以来世界十大管理大师"之一，从国际上的名声来说比南先生还响亮，从影响力来说比南先生还大。那么您对南先生为什么那么尊敬，甘当他的学生？

彼得·圣吉：1997年6月我和南先生展开了第一次深度交流，开始认识他的很多学生。他的学生是非常多元化的，来自社会各界，他们都是真正的实践者。我欣赏南先生的原因，在于南先生对中国儒释道文化研究非常深厚，对这个世界的事情了解很深。我和南先生的谈话，奇妙之处在于，我们所交流的不同话题是随意流动的，在这个过程中，会发现我们既能和深刻的传统思想，又能和当下一切联系得非常紧密。其实对于我和他的交往最重要的原因就在于，南先生对于人类的发展与成长的深度关注和他的思考与当下世界是紧密联系的。

从1997年的静思活动开始，我基本上每年至少要见南先生一次，在过去的七八年里，我每年要见他两次。我们之间通过信件也有来往，我也会写一些报告心得，他也会回复我。他在香港的时候，我去过，后来他搬到上海，我就去上海拜访他。在上海的时候，我们就开始了太湖大学堂的筹划，我也去过当时的场地，参与了设计。

钟国兴：在对人类命运的深度关怀和对当下世界的关注上，您和南先生是非常一致的。除此之外您成为他的学生还有别的原因吗？

彼得·圣吉：其实我找到南老师不是偶然的，我最初开始修禅是我在上大学的时候。我是在洛杉矶长大的，我在那儿最好的朋友是日本人，所以我和东方文明的接触有很长很长的时间。东方文明的印度、中国、日本等，我觉得这些文明是相通的、相互依赖的。我一开始对生意、对商业组织感兴趣，原因就是商业组织非常关键之处在于思考相互间依赖的关系和生存的动力。

那么我们再回头去看这段经历，那就是让我在看我最感兴趣的问题时看得清楚了很多。为什么人类那么困惑？真要从根本上解决这些困惑的话，什么样的事情必须发生？这些更深层的、更本源的问题是如何在我们社会的其他组织里反映和暴露出来的，比如企业组织、教育组织？

我们现在再去看南老师的这些著作，他的早期著作其实很艰深，不太容易读懂，因为这些都是从他过去三十年的修炼中形成的。但是随着时间的演进，他最近十年和十五年的写作，更多的是和儒家和孔子相结合。我想他是试图通过这种努力来告诉中国人，儒家学说本身就是一个修炼，它不仅仅是关于制度规则行为的内容，它本身就是一个修炼。同时也告诉大家，一个社会的不同组织究竟应该是什么样子的，应该是如何组成的，这包括商业组织、教育组织，还有其他组织。

寻求解决心灵问题之道

钟国兴：我知道您的汉语水平是只会说“谢谢”和“再见”，但是我知道您在南先生的影响下对东方文化有了很深的理解。

彼得·圣吉：中国文化让我觉得最神奇的地方，比如说道家的学说，道家是讲人和自然的关系，讲人和自然的能量；还有佛教的这种生命根本之讨论，人的觉悟；在这两个学说中间，还有一个儒家的学说，探讨的就是我们如何去生活。所以在讨论太湖这个地方应该叫什么的时候，大家有各种各样的想法，很多人说应该把它建成“南怀瑾中心”，南老师说不行。最后把它叫做大学堂，实际上就是想昭示他的一个想法，他的工作最重要的一个地方也在于此，就是把儒释道如何融合起来，最终探讨的是我们如何生活。所以很显然，对于我来说，在整个世界里，没有人能像南老师那样成为我的老师。我在这个世界上可以找到很多宗教方面相关的大师，但是他们都不会有南老师这样对于当代世界有这么深度的研究。我可以在商业界找到许多在管理方面很有研究的人，但是他们对于人类、对于人的意识也没有这么深入的理解。

钟国兴：中国的文化中儒释道都有终极关怀精神，但是侧重点不同，把它们打通，让他们融合，在现代社会中进行解读，从而在深层次上影响人心和社会，这是一项令人崇敬的事业。

彼得·圣吉：所以我刚才讲的是从我的体会来说的。如果超越我的角度去想这个事，我的感觉是这个世界必须在人的意识上有深层的变化，这个世界才能产生变化，但同时这个世界的不同组织机构也必须发生变化，这两个系统必须同时变化，光是意识的变化是不够的。比如管理商业组织，就像我在《第五项修炼》里面讲的，组织处于现在的行为，就是因为我们每个人是现在的这样一个行为状态。有很多很多书都讲了如何提升管理的效率和效益，但是这些书和研究很少涉及我们如何产生真正的意识的角度。这就是为什么没有什么真正的变化产生。我们仅仅是效率上的提高，我们有一些新的改善的方法，但是从来都没有真正接触到这种变化的核心。南老师曾经和我说过，中国没有企业家。

钟国兴：他老人家为什么说中国没有企业家，我们社会上可是把搞企业的都叫做企业家啊！

彼得·圣吉：我就问他，您这么说是什么意思？中国应该有上百万的企业家啊。他说，不是这样的，那些人只是希望挣很多钱的人。在中国的传统文明里，企业家是要去改善社会的。当然我们可以写好多书去探讨，怎么去提高效率，怎么去融资，怎么去把企业管理好，但是如果我们不谈做企业的本意，不谈做企业的精神，什么都不会改变。

钟国兴：说得太对了，不管是什么家，都要有担当，没有担当只是一个层次较低的人，而不是“家”，更说不上是“大家”。

彼得·圣吉：我们有这样的习惯，看这个世界总是把它看成是一大堆分散和分类的个人。今天我们在做 IDEALS 项目最终的总结的时候，有三十多位在场，里面有市长，有其他政府官员，还有一些企业的领导者，他们都说这个项目最重要的就是大家一起营造出来的气氛。当中有很多人说，我们互相都是老师。他们很多都问了很多很深的个人的问题，很多人都说他们在其他的场合和其他做生意的人都不会谈这个问题，因为这些问题都很个人，都很深。在这里面大家都注意到了一种精神上的变化。当然在过去的四五个月里面，他们也做过这样的静思，但是 IDEALS 项目的目的是挑战他们作为企业领导和领导者的能力。这个部分一直就是我们工作的核心，就是人们先有内心的变化，再投射到日常工作当中产生变化。

怎样成为一个好的领导者

钟国兴：要营造一种“场”或者一种氛围，首先要改变心灵，特别是改变自己的内心世界。这让我想起我们党内经常说的一句话：在改造客观世界的同时，必须改造主观世界。

彼得·圣吉：这也是南老师曾经说过好多次的话：你要想成为一个领导人，你首先要是一个人。如果说我从南老师那里得到什么，在管理上得到什么，那就是如果你想成为一个企业的领导，你就要完全地、彻底地、毫不犹豫地关注你作为一个人的成长。要做到这一点，你必须把你的修炼和你每天的工作紧密联系在一起，每天都联系起来，不管是学校、企业还是政府，这是件非常艰难的事情。所以大家会问，如何把这些联系在一起呢？其实在讨论当中，他们已经提出了很多这样的问题，就是如何把他们自己内心产生的这种变化真正和他们每天的工作联系在一起。他们讨论如何在工作中能用一种更深层次的欣赏去倾听，他们说到开始学会欣赏和感谢周围的人，特别是他们的员工。这就是我从南老师那里学的第一件事，做管理这件事就是教化自己的实践。当你是一个老师，或者其他的管理人员的时候，你对别人的生活有着巨大的影响。你意识到这一点了吗？大多数人没有意识到。大家都把注意力放在做事上，放在新产品上，放在需要教的课程上，忘记了实际上他们是在跟人打交道，尤其是他们忘记了如果从人的角度出发去做这件事，可以产生非常积极和良好的影响。你可以把它说成是管理的精神，我觉得这个就是儒家学说的核心。

钟国兴：这是我听到的一个学习型组织专家对儒家学说的解读，您的解读对于中国的企业家和领导干部应该有独到的启示。看来东西方文化的结合和融汇太有必要了。

彼得·圣吉：是的。在我和南老师的关系当中另外一个很重要的方面，就是这个世界。我在这些年中总是追问他关于中国的传统文化，中国的事情。他会跟我说，你的工作不是中国，你的工作是这个世界。我一直觉得他的工作有两个最基本的方面，首先他的工作是和中国有关。上周他的学生宏达讲到为什么南老师是一个在中国历史上非常重要的人物，他谈到南老师写了很多很多书，而且很多很多人可以读到这些书。南老师在做这些事的时候，正好是中国文化的根被切断的时候，我想这就是南老师工作的目的，让中国的文化能够重新生根。

重续中国文化之根

钟国兴：让中国文化重新生根，听到这句话以后，让我的心底里有一种震撼。特别是从一个外国朋友的口中说出，对不起，我的眼睛有些湿润了。您接着讲。

彼得·圣吉：在过去两百年当中，中国在文化根源上面临三个挑战：第一个挑战就是西方列强对于中国的入侵，使中国变成了一个殖民地的国家，在所有的地方，一个殖民地国家最严重的事情就是殖民地的人民觉得自己是劣等人。第二个挑战就是二战结束之后二三十年的时间，为了彻底消灭中国阶级的差别，彻底破坏了中国的文化。第三个挑战，我认为对中国的根威胁最大的就是今天，是消费主义，是全球的现代化。这样的过程就是建立在人们对于物质享乐的追求上。我看到南老师工作的目的，就是想帮助人们保留、保护这个根，然后重新建立这个根，尤其是面对正在进行和发生的这个威胁的情况下。

钟国兴：重新建根，何其重要，又谈何容易啊！对于中国来说，要怎么来做呢？

彼得·圣吉：我们刚才说的重新建立根的这个过程需要在全球社会的这样一个环境

中进行，这也是南老师努力的一个重要方面。

我个人的观点是，对于中国来说，首要的问题是，我们对世界的贡献是什么，我们如何能够对所有的人类生命，包括地球上所有的生命做出最大的贡献。我和您也讨论过这个问题，从邓小平时代开始，大家关注的地方就是我们怎么可以做出点东西来，我们怎么进入世贸组织，我们怎么能够成为经济和政治上强大的国家，这个事情已经一直在做了。现在的问题是，我们和我们的文化如何能够为全世界做出贡献。当然这不是要让全世界的人都变成儒教的信仰者，而是从我们的文化出发，从儒释道出发，如何能够让全世界的人都有更好的生活。所以为什么南老师会收我这个外国人做学生，我想他就是觉得他的努力不仅仅和中国有关，也是和世界有关。

钟国兴："我们的文化"，从您的表达方式上可以感受到对中国文化的认同和感情。这让我们为中国文化感到自豪，也让我们对中国文化的深层魅力体悟不够而感到惭愧。您接着谈南老师努力做的事情。

彼得·圣吉：南老师还有一个很重要的感兴趣研究的方向，大家其实不太关注，是科学。奥托先生在 1999 年访华的时候问南老师说，我们是不是处在一个新的精神时代的开始？南老师说，是这样的，但是这个新的精神时代和过去的精神时代不同，因为它会是一种融合，是过去的传统精神与科学的融合。因为在 20 世纪的科学里面有很多很重要的洞察，其实到了今天还没有被充分地了解。更加神秘的其实就是我们的生命，宇宙中最伟大的能量就是生命的能量，生命的能量也就是中国传统文化当中说的"气"。南老师曾经跟我谈到过，他认为这个世界上所有的不同能量的形式，动力的、重力的、电磁力的，强相互作用、弱相互作用，所有的这些都是物理的，都是有限的，宇宙中真正无限的能量形式就是生命的能量形式。他也谈到说，当人类真正理解了生命的能量，人类本身就会发生变化。

钟国兴：因为您的时间安排我们的谈话必须结束了。能否简单地对您所讲的做个总结？

彼得·圣吉：好。南老师让我们看到：应该共同去关注的是人的发展、人的成长和人的净化，再有就是我们当代的世界，人的意识与物理世界的融合，人的心与世界的重新融合。

“大散关”里的南怀瑾

卞毓方

究竟是哪一种因缘，哪一种？让南怀瑾在耄耋之年落户吴江——临来之前，这念头折磨了我不止三朝五夕。是日，2010 年 12 月 20，晚餐桌上，南怀瑾笑指斜对而坐的汝留根先生（吴江市原市委书记），说：“是他把我骗来的。”

骗？怎么个骗法？

南怀瑾说：“1999 年，那时我在香港，一个学生在苏州投资，带我去玩，途中经过吴江，地方官得到讯息，务必请我留足小驻。我下车一看，嗬！铺在面前的是红地毯，垂立两旁的是‘文武百官’，为首的一位递过名片，上面印着‘汝留根’！我一愣，心想不妙，这不是要把我留下来吗？客随主便，当了客人，就要听主人摆布。先是宴请，然后安排游览，游到太湖一个地方——就是这里了，名叫庙港，四望烟波浩森，草木蔚秀，我心里一动，说：‘若是能在这儿，骑骑驴，读读书，多好！’汝留根汝大书记立马搔我心窝，他说：‘您要是喜欢这儿，这地就划给您！’哈，我这就中了他的圈套啰。”

汝留根随即就“骗”展开反驳，一时间，唇枪舌剑，你来我往，饭桌上，只听他俩针锋相对，互揭老底。看得出，若说是骗，也是甜甜蜜蜜的骗，以及心甘情愿的被骗。

坐在汝留根左手的，是吴江市原市长、原政协主席，不言而喻，他们俩，也参与策划了“骗南”事件。如今，两人年过花甲任到期，又相继从岗位上退了下来。退是退了，也没闲着，搞了一个老干部活动中心，叫“常青园”。南怀瑾听罢名儿，把头直摇：“不好，不好！这名字要改！”“改什么！”汝留根出面辩解：“起都起好了，大家都能接受，老同志嘛，安养晚年，长葆青春。”南怀瑾莞然投去一瞥：“你不要跟我抬杠，在这场合，叫‘常青’不如叫‘常春’。”有人于是想起美国的常青藤盟校，亦叫常春藤盟校。有人又提议莫如改“晚晴”。南怀瑾搁下纸烟，拊掌喝彩：“‘晚晴’好！李商隐的诗，‘天意怜幽草，人间重晚晴’，这个贴切。”

坐在南怀瑾左侧的，是吴江“静思园”园主陈金根。他给南老带来一对木化石盆景。南老说：“你那个园林，汝书记常跟我说，搞得很好，你这园林是带不走的，它属于社会，属于后人，你做了件好事。但是，我一直没敢去，你知道我为什么不敢去吗？我怕你又给我铺红地毯啊！你保证不铺？你现在说不算数，到时候你一铺我就又中你们的圈套了。你老早送我一块灵璧石，我收了，搁在园里。今天这个盆景，我无论如何不能要。”

陈金根说：“今天这个也很好。”

南怀瑾摆手：“越是好，越不能要。宝贝放在家里，招贼啊。莫如你放在园里，供大家欣赏。再说，你读过《水浒传》就晓得，宋徽宗喜欢玩奇石异木，结果把国家玩丢了。”

“宋徽宗是玩物丧志，您和他不同，您是玩物励志。”

“随你怎么说，我就是不要。”南怀瑾把目光转向对面的一位年轻女士，问金根：“这是你的千金？她在干什么？”

“女儿在静思园，跟着我干……”陈金根话才说到一半，南怀瑾随即打断：“要不得，要不得！先让她到别人公司去，听人家管，挨人家训，从最基层干起，取得经验，学得本事，然后再回来接你的班。”

“您说的是，她以前受过磨练，今后还会让她受更大的磨练。”

“还有，你那个静思园啊，要是让我干，我就不开放，奇峰怪石，嘉卉异木，可望而不可即，这样才有神秘感，身价更高，一开放，就落入商业模式，心理上就打了折扣。”

陈金根苦笑：“您是谁啊，您大名鼎鼎，就像您这太湖大学堂，越是不开放，别人越是要来。我要是不开放，谁知道我搞的是什么名堂啊，谁也不会来啊！”

众人哈哈大笑。在座的还有陈金根的公子，一望而知也是少年新锐，南怀瑾就和他谈20世纪70年代，他在台湾做出的预言：中国要转运了，两百年的大运，比康乾盛世还要强。你们年轻人正好赶上。

晚饭设在太湖大学堂的餐厅，事先通知为6：00开始，我们一行，5：40到达。餐室清雅而宽敞，壁上挂了五代宋初陈抟的对联：“开张天岸马，奇逸人中龙”，以及清朝雍正皇帝的手书：“博问广采”、“知人则哲”。6：00整，南先生飘然而至，他头戴黑色瓜皮小帽，身穿蓝色长袍，慈眉善目，见客就合掌致礼。

宾主入座。南先生面前只有一小碗粥，一只蟹壳（是他老家温州产的蝤蠓，在蟹族中，唯有蝤蠓属于温性），他很少动筷，却不停地燃吸纸烟，边讲，边吸，一会儿一支。陈金根跟我说过，当年他初次拜见南老，询问长寿的秘诀，南老回答：“少吃饭，多抽烟。”这当然是笑谈。南先生的弟子刘雨虹对此作过解释，她说，南师早年在峨眉山闭关，那里人迹罕至，山气清新，呼吸十分畅快，及至而后下山，复闻“人”味，顿觉浊臭刺鼻，不堪忍受，万般无奈之下，才想到用烟气驱赶“人”味——如是积久成习；不过，他是只抽不吸，烟气在嘴里转个圈，就又吐出来了。

轮到我请教了——我坐在南先生的右侧，中间隔着他的助理马宏达——我提到今年在兰州作的一次报告，论题之一为“几乎所有长寿的学术大师都具有道家情怀”；内中就拿南先生作例子。南先生的相貌，完全称得上“仙风道骨”，我说，古人为什么不讲“仙风儒骨”、“仙风佛骨”，而偏偏讲“仙风道骨”呢？可见，道家的精髓，更加符合天道、人道。

南先生颔首：“你是读书的。”

我又提到南先生的两次闭关，先是在峨眉山，继而在台北市，我特别看重第二次，闹市而能闭关，需要十二分的定力。

南先生接话：“我现在还在闭关，是闭大散关。”

南先生这里说的“大散关”，我只能从字面理解，强调无拘无束，自由自在。这又使我想起他的两句诗：“拄杖横挑风月去，由来出入一身轻。”

饭后摆上茶点，我拈起两粒糖果，对马助理说：“拿回去给我的小孙子，让他沾点老寿星的福气。”我的声音很轻，南先生竟然听见了，立刻吩咐马助理：“给小孩子多拿点礼品。”等等又耳语：“把那……也拿来。”谜底揭开，除了糖果，还有一支雪茄。南先生对我说：“卞先生不喝酒，不抽烟，这支雪茄，是我从美国带回来的，也是最后一支了，价值二百多美元，戒烟用的，送你做个纪念。”说着做含烟顾盼状。

太湖大学堂南怀瑾先生追思会

让宝贵精神财富发扬光大

（苏州市副市长、吴江市委书记徐明2012年10月19日）

南怀瑾先生以95高寿和精深修为，在先生倾心打造的太湖大学堂，安详辞世。噩耗传出，哀思如潮。今天，我们在这里，一道追思南先生，再次表达对先生的深切怀念和崇高敬意！

南先生学识渊博、著作等身，致力于传播中华优秀传统文化，修身治学、知行合一，开启智慧、弘扬文明，言传身教、别出心裁。先生的思想，融贯古今，成煌煌之一派。学界称先生“上下五千年，纵横十万里；经纶三大教，出入百家言”，但先生却自谦“一无所长、一无是处”。正如先贤所谓，大象无形，大音希声，大道至简。

数千年来，从春秋私学，至汉唐精舍，以及此后闻名遐迩的宋元明清书院，贤哲大儒结庐讲学，是中华文化薪火相传、生生不息的重要途径。新的千年伊始，南先生以耄耋之年，结缘吴江，在烟波浩渺的太湖之畔、庙港之角，创办太湖大学堂，弘扬“承前启后，继往开来”的文化教育精神，致广大、尽精微，力行不辍、春风化雨、桃李芬芳。“为天地立心，为生民立命，为往圣继绝学，为万世开太平”，学堂之大，在于先生。先生的湖畔讲学，也成就了百年来，吴江大地上继南社雅集、江村调查之后，第三件影响十分广泛而深远的文化盛事，这是中华文化之幸，更是吴江之幸。

南先生生前，我曾有幸多次聆听他的谆谆教诲，先生亲切随和、幽默健谈，让人每每豁然开朗、如沐春风，此时此刻，犹在耳畔心头。我从先生身上所获教益颇多，对先生的崇敬之意，更是难以言表。

吴江是南先生亲自选择的人生归宿地。作为吴江名誉市民，先生对吴江感情甚深、贡献长久，吴江人民真诚感谢先生，吴江人民永远铭记和怀念先生。我们真诚希望，也全力支持，在南先生的讲学和辞世之地，建设南先生纪念馆，供世人瞻仰和缅怀，让南先生的宝贵精神财富不断发扬光大，让南先生的学术事业继续传承，也使之成为神州大地上一座永久保存的文化地标。

“大度看世界，从容过生活。”先生此去，如同远游；身归寂静，音容长在。先生的嘉言善行，惠及当世，亦将泽被后人。先生将永远活在所有爱他、敬他的人的心中，将永远活在传承国学经典、促进中华文化伟大复兴的历史长河之中。

先生的境界，让人仰之弥高，钻之弥坚。

青山巍巍，绿水滔滔；先生之风，山高水长！

愿这块文化宝地代有相传

（吴江市委原书记、太湖大学堂顾问汝留根）

今天，本人与大家怀着同样悲哀的心情缅怀南师怀瑾先生在吴江的往日。南师怀瑾先生近日仙逝，吴江上下为之悲哀，江城大地为之失色，中国大地又一颗文化巨星瞬间闪失，真可谓是悲痛之至。

生老病死虽说是自然法则，理应顺变，但在本人的情感上仍无以平静，难以顺变。记得 12 年前，为争取南师定居吴江实为不易。吴江虽名不见经传，但硬是从澳门、杭州、上海、北京等强人之手中争夺胜出，曾引发外界对吴江的好奇。

平心而论，南师光临吴江应当说向子平夫妇功不可没，是有功之臣，为南师定居吴江做出了应尽的努力。当然，南师定居吴江，也是由于南师与吴江的不解之缘。

南师在日，本人虽拜谒寥寥，但受南师的教益匪浅。人的一生总有酸甜苦辣、五味杂陈之感，每到这种转折交替之时，南师总是以墨宝相赠，在为官、做人、做事上予以指点教诲，使本人每在关键时刻总受到有针对性和哲理性的人生引导和启发。南师的关爱，我的感激之情难以言表。

今天南师虽逝，但愿南师在天之灵一如既往倾情吴江，使南师亲自开辟的这块文化宝地代有相传，辉煌永存。今天南师虽逝，但南师倾注毕生精力所弘扬的中华文化精神常在，南师为中华文化的传承必将在中国大地承前启后、继往开来。

南师为地方发展带来深远影响

（七都镇党委书记查旭东）

此刻，站在您的遗像前，千言万语涌上心头，您的谆谆教诲历历在目，有太多的话想对您说，可无论怎样表达，都不足以抑制我心中永远的痛。

7月大学堂一别，说好改日再来，不料竟成永别。今天，我们在这里追思缅怀您的道德、事业，您毕生致力于弘扬中华传统文化的道德人格、身体力行倡导改进教育、教化人心的崇高风范，居功至伟。

2006年，太湖大学堂建成，您便长年定居于此，89岁开始结庐授课，堪称佳话。6年来，您以九旬高龄，公开授课50余次，受教者无数；一年365天，读书修行育人，从无怠懈。

在太湖大学堂，国学文化薪火相传。七都（庙港）则有幸成为您实践心愿之地，同时，借由您的影响，沉淀着这一方水土的历史文化，将您的文化精神实践于社会发展之中，为地方的发展带来深远的影响。

您对这一块土地上的历史文化渊源十分了解和重视。您说过，这里曾是吴文化的一个中心，佛家思想、儒家文化兴盛，对于七都在传承这些优秀文化上的作为，您也都给予了最积极的支持。

2011年，七都镇以区域内优秀文化、自然生态资源，建设太湖浦江源国家水利风景区，您闻讯十分欣喜，不仅亲笔题写景区名，而且为景区的定位出谋划策———希望能将七都（庙港）的传统文化资源进行挖掘与整理，使其在现实中得以传承与弘扬。对于今年5月以来七都镇开展的推选“七都孝贤”活动，您更给予了高度的关注和评价，认为这是传统文化在新时代中的实践与发扬，意义深远。

2012年，七都镇决定恢复重建曾经的太湖文化标志之一——老太庙文化广场。这个文化广场将吴文化、太湖文化、宗教文化融为一体，集中展示。这个广场，作为一个人文文化的载体，将启发人们效法先贤，人人从我做起，点亮自己，照亮别人，共同建设美好家园与社会。

而这样一个文化项目，正是在您的大力支持与推动下，才得以顺利实现的。您亲自关心指点老太庙文化广场的选址、设计，亲笔为“老太庙”题词，您和太湖大学堂的同学们共襄盛举，还为广场建设捐资350万余元，其中更有您自己100万元的稿费。您曾对我说：“哪怕只有一块钱，你就可以动工了，我会全力支持你。”

六年来，您在七都（庙港）的日日夜夜，影响着这块土地，也影响着这块土地上的每一个人。

您的辞世，是中华民族的巨大损失，更是七都人民的永远之痛，您离开了我们，而您的精神与事业永存！

他把最精彩的岁月留在吴江（答谢词）

（太湖大学堂李传洪董事长）

多谢你们对老师的缅怀。

西方有一首诗，说生命像一首诗，在于他的内容，不在于他的长短。

我们敬爱的南师 19 岁离开家乡到杭州读书，先后到过台湾、香港以及欧美等地。在我追随南老师的 30 年岁月里，觉得老师最丰沛的岁月、最丰沛的内容、最精彩的晚年是在吴江，在这块土地上度过的。

在这里，从一砖一瓦、一草一木、一针一线上都可以看到南老师的心血；在长廊上好像还能看到老师的背影；在这讲台上，老师的讲课还历历在目。老师常留在我们心里，老师的话语犹在耳际。

虽然在吴江只有短短 6 年，对老师来说，却是在营造一个圣地，他的光和热温暖了整个大学堂和整个世界。感谢吴江历届领导和在座各位的高瞻远瞩，你们真心、实意、用心地支持老师营造的千秋事业。

我代表太湖大学堂向各位致以最崇高的敬意。我相信，回顾这段岁月，我们会庆幸没有虚度此生，我们会永远向前迈进。

怀师，我心中的明灯

刘方安
（原新华社香港分社宣传部副部长）

今年 9 月 29 日，我的恩师南怀瑾先生在江苏吴江太湖大学堂仙逝。消息传来，天地同悲。回顾恩师对我十八年的谆谆教导，不禁悲从中来，无限怀念他对我的恩情。

记得是在 1994 年，香港文汇报王大兆先生领我到坚尼地道 36 号 B 座去拜会南师，老师寓所内当时高朋满座，他迎过来劈头一句话："哈哈，刘方安，你是来上贼船啊！"我赶紧迎上去施礼并说："老师，您是慈航善渡。"他哈哈大笑对我说："你倒也机敏。"

我在香港工作期间，南老师除了对我经常开示之外，还不时赐字教育我。1994 年冬，南老师赐给我的第一幅字是：沉潜静定；世事正须高着眼，宦情不厌少低头。落款竟是方安弟正。据老师的助理说，这种称呼在老师赐字中是少见的。

老师还应我请求给我写过大同篇，并来信谦虚地说书法非他所长。

2000 年年初我在新华社香港分社任上奉调回内地任职时，老师还给我赠送了两幅《东晋时诗》、一幅郑月波老人的国画《耕读图》，并在画的左上角亲自题诗一首：八十高龄作手春，辛勤耕读老天真。东西融汇创新格，三百年来第一人。

为了鼓励我退休后宏扬中华文化，指导我与友人创办中华文化传播学院，老师为我亲题院名，为院办杂志《国学论衡》也亲笔题了字。南老师还鼓励我学佛，他指出，毛泽东主席曾经说过，释迦牟尼佛不当王子创建佛教，他解救众生于苦难之中的宗旨与我们共产党人是一致的。

后来由南老师指引，我到深圳弘法寺拜方丈印顺大和尚为师，在弘法寺文化中心当义工，以南怀瑾老师开示为戒做事做人，每有收获，内心充满法喜。

南老师，我想念您！

感恩南师

李　伟

我是个严重的强直性脊柱炎患者，是南老师的书与讲座改变了我，从一个几近瘫痪的病人，改造成一个城市投资顾问机构的合伙人，都是南师的佛法软化了我的性格，改变了我的思维方式，使我在与病魔做斗争中得到全面发展，使自己从一个社会负担改变为一个对社会有用的人。感谢南师。

2001年时，我的强直性脊柱炎强烈发作，身体僵直如尸。经过近两年按摩、推拿、针灸均不见效，身体每况愈下。那时的我，走路极度困难，双臂被压迫，双手抬不过肩，手无缚鸡之力。可我正是壮年（近四十）啊，家庭的责任激励我不能这样倒下去。大夫告诉我不要运动，能够保持胯骨不僵直，不瘫痪，就是奇迹。我不听邪，坚持要改变自己的命运，在坚持一两年运动之后，想通过坐禅的方式调整自己的内部，来改进自己的状况。于是在朋友的推荐下，我从《南禅七日》开始了我的禅修之旅。

我分别读了南老师的《如何修证佛法》、《定慧初修》、《圆觉经略说》、《金刚经说什么》、《楞严大义今释》等大多数著作，并身体力行，亲身体悟，修证佛法。从南老师的一言一行，我逐渐体会，不改变自己倔强的性格，病是不可能见好的。老师的著作就是我的精神食粮，改变性格，能够拿得起来放得下，是我逐渐修炼自己的指南。经过两年左右的修炼，我的病情明显好转，每天翻烧饼睡不着觉的状况得到明显改观，逐渐体会到南老师讲的“知止定静安虑得”的修证境界，体会了“知幻即离，不做方便，离幻即觉，亦无渐次”的方法。在修证境界一度难于再提高的时候，朋友建议我读读您讲的普贤菩萨的大愿，我逐渐理解了，发愿在修证佛法中的作用，也在生活和工作中逐渐理解消化。我真正理解了发大愿和企业愿景对企业的意义。这是在修证中真正体会到的，因此在践行愿景中也一帆风顺。南老师讲的《易经》，道家对我生活和工作的帮助也很大，平衡、中庸这样一些我过去很瞧不起的词逐渐进入我的视野，并成为我指导顾问工作的重要法则，经济学中的“纳什均衡”，与道家和《易经》的阴阳平衡简直就是绝配。这使得我在把握中国管理和西方管理中如鱼得水。

感恩南师，他是我生活事业工作的导师。南师虽然仙逝，但他老人家留给我的不仅仅是几本书，几张光盘，重要的是做人的思想方法。南师使我从绝境中走出，走出一片自己的天地，改变了性格，改变了思维，改变了看问题的角度。再一次感谢南师，祝老人家一路走好。

万古常青，心发永续

——纪念南怀瑾老师

许晓晖
（香港特区政府民政事务局副局长）

8月以来，心系南师，至中秋前夜，护持小组传来老师往生消息，心沉泪凝。

二十五年前，有缘幸遇老师著作，每次捧读文章，心中总充满感恩宁静，像细听一位学贯古今的慈爱长辈，娓娓道出自身用生命经验实证的人生故事，领受一位胸怀家国的智勇严师，谆谆倾囊相授，训诲后学。

南师近百年人生，透视着20世纪中华民族的苦难，从清朝易权、北洋军阀，至党派纷争、外国侵略，生命历尽波澜，十九岁便离家带兵作战保卫家国，终其一生，为国为民，以担当天下的胸怀魄力，言传身教，推动中华文化的复兴承传，刚健不息。

“上下五千年，纵横十万里；经纶三大教，出入百家言”的南师，在书中常勉励后学：“立国之本是文化，文化的基础在文学，文学的基础在诗词。”“一个国家民族的文化中心，就是自己的历史。”寄语大家要读书、学史、修行；要明德、亲民、至善、自利利他，成就智慧。鼓励大家发心“立德、立功、立言”，同时“功成，名遂，身退”。大道至简，就是好好做人，好好生活，好好修行，做一个利己利人的人；而且，成功不必在己，一生以德为本，也就是南师以身作则、言传身教的写照。

先生毕生致力弘扬中华文化、促进东西文化交流、推动两岸互动。南师一生，二五年华辞军校官位，潜心修炼，此后一甲子的岁月，先后在各大学讲授传统文化，开办文化教育事业，投资医药农业科技，倡设金温铁路，促成光华奖学金，推动儿童阅读中外经典，建立太湖大学堂，以讲学、着书、办学、兴教，沟通古今中外文化，期把西方科学与中国人文文明相结合，振兴中华。其影响所及，仅以“儿童读经”活动为例，至今儿童经典阅读已在全国几千所幼儿园、小学推行，边疆落后地区更多；在社区以外，香港有近四十所幼儿园、小学，得热心团体推动，亦正较有系统地展开。千万儿童和家庭从中获益，与经典同行，从传统中获取力量。

书里的南师让人钦佩，生活中的老师更令人敬仰。读世间书，友天下士；为法忘己，慈悲为怀；心如赤子，幽默风趣；克己勤俭，一衣青衫四十载。无忘饭桌旁的老师，处处如慈母般关心叮嘱学生；修行上又以最简单直接的“知止定静安虑得”的道理，指导学生持之以恒；每谈至兴高采烈处，老师总意气豪迈地拍案；讲述平生、唱诵古诗如《天净沙？秋思》时，感怀国难期间“断肠人在天涯”的那份悲凉，那老泪纵横之态，催人泪下，闻者无不深感老师“无缘大慈，同体大悲”的宽广心怀。老师自小喜欢道家陈抟写的字，“开张天岸马，奇逸人中龙”，就挂在老师用膳处正中，恰似其传奇一生的精彩剪影。

近两月我一直在重读老师著作，见文如面，音容宛在，老师两个期许深深烙印在每个人心头。“今天我个人觉得最悲哀的是，所有中国人读到中国文化都是一片茫然，自己仓库里头有太多宝贝，可是却把钥匙搞丢了，打不开这个仓库，讲起文化前途，觉得很难过、很悲哀，棒子交不下去，不晓得怎么办……”“所有的宗教要把门打开，把宗教的外衣脱掉，把内容公开地与大家讨论研究，去掉宗教的形式，研究宗教的内涵，21 世纪人文社会才可以站得住……”

老师离去了，其他前辈高德近年也相继辞世，作为后学，定当要立志，更自知、精进、勤勉，用心学习担起自己和下一代的文化责任，为中华文化、世界文化尽心努力。尤其在我们香港这南方一隅，南师以外，不少大德都曾居此地，深耕我们的传统文化，我们更有责任去薪火相传，继承传扬先哲们厚重的人文精神。

怀念南师与一众高德，大家可以携手进一步推动儿童中外经典阅读，共同弘扬传统文化，热心朋友建议倡导明年为“儿童读书年”，以及每年举办“传统文化艺术节”。集各方之力，深信我们的下一代将能打好更扎实的文化基础，立足传统，放眼世界，以告慰先生，让心灯相续，同愿同行。

南师北斗鹤归去

——忆南怀瑾老师

郑宇民

送南老，正值中秋夜，格外的静，十分的悲，大学堂的空气，让人的心在悸动中收紧再收紧。低垂的月亮很苍白，升腾的青烟很肃穆，我一直在看，那一缕缕的青烟会不会显化出南老的身影。我根本不相信南老已经离开我们，南老是在闭关，南老的佛心道骨儒表就在面前；前不久，他还为我们吟诵苏曼殊的“满山红叶女郎樵”；前不久，他还教我们读《史逸》，读《增广智囊补》，不曾想今天，却是“拄杖芒鞋几劫灰，英雄菩萨两嗟伤”。

告别仪式很简短，文明办的领导致悼词，他称南老是大学问家，是永远的精神导师。我一直认为，南怀瑾先生是大家，是传播运用的大家，是把经典文化大众化的导师。而南老则认为自己只是“个体户”，办的是“私塾”。他坚持，中国文化的传承必须与时俱进，经世致用，并依此改变大众的生存状态、行事方法和价值取向。他认为，传统文化的引导运用重于训诂考证，反对把中国传统典籍的研究引入狭窄的学术胡同，他说这无异于钻地洞。为此，他不免受质疑，南老说，夏虫不可以语冰。他不遗余力，让圣人走下神坛，让大众走近经典，让传统走向普及共享。

一

我经常和民营企业家一道去听南老的讲座。他说民营企业家的幸福指数很低，辛苦指数很高，发财了不幸福，发达了不快乐，白天当老板，晚上睡地板，中午还要盯牢创业板。他们追求目标物质化，其实是文化贫乏，中国的市场经济如果缺少文化干预，缺少文明指引，就成了西瓜皮，滑到哪里算哪里。

他把他阐释的财富观传导给民营企业家，他说自古以来财富为五家所有：一是皇家所有；二是盗贼所有；三是去病所有；四是灾害所有；五是恶子所有。如果把财富的去路搞明白了，来路的追逐也没有必要太执着了。他希望企业家不要过分追逐财富，而要有责任担当。

我认识南老是因为金温铁路。20 世纪 90 年代初，他倡导用民资民建的办法启动修建工程，他的弟子觉得这个项目赔钱，不肯出资，他就叫弟子面壁反思。三天后，弟子向南师报告心得：企业家立身处世，还有比赚钱更有意义的事，比如，修铁路。

太湖大学堂南老告别仪式的草坪上，自发跪着许多人，其中不乏著名的企业家。他们双手合十，哀哀抽泣……也许，今生再也没有严师要求他们面壁思过，但他们的脑子里已经刻下了反省思过检点慎行的标尺，“敬畏”二字已经成了前行的路牌警示。他们不会再有奉师命修铁路的机会，但是，他们还得修，修来路，修去路，修心路……

二

夜寒阵阵袭来，月亮渐行渐远。光是冷的，影是冷的，心也是冷的。我不断打寒战，脑子里断断续续地浮想起南老平时对于我人生的指点。

南老多次说到人生苦短，但是更苦折腾；安时处顺，珍惜此生，不可折腾，不管是折腾人家还是折腾自己都是不安生。有一次，南存辉与我一道前往庙港，他向老人家报告，乐清家乡宗亲想修一下宗墓，有人动议把周边的无主坟墓平掉，把新近入土的坟墓迁走。南老听了连连摇手，他说，地上拆迁已经够遭罪了，不能再搞二茬罪，死人入土为安，死人世界是平等的，有钱人没钱人都是死，不要再分三六九等了，我们的宗姓要与外姓和谐相处，都迁走了太冷清。要修就大家一起修了。

南老的善、南老的民本思想和民生情结，藏于内、溢于外、融于身行与传导的统一之中。去年 10 月 6 日，我去看望南老，刚好有个美国的弟子来汇报施食的心得。南老教导他说，施食就是普济，普济是有实际内容的，对吃不上饭的人和其他无食源的生命进行施食，这是最基础的普济行为。佛门把生存空间分为上三道、下三道，施食主要对于下三道，还包括不能转世为人的猪狗猫。如果不施食，它们就会来敲你的窗门。他又跟我说，上下三道是佛家语，其实是借喻社会阶层划分，要注重“下三道”，对最底层的生命生存给予最集中的关注，只有把弱势群体妥为安置，社会才会和谐，当政者就不怕半夜来敲门。

南老实践入世有两条路径，一是大众行识，二是智慧资政。他对中华传统文化的传导是双向并行、交互作用的。太湖大学堂，也是个精神“大食堂”，一到开饭时间，士农工商儒释道各色人等，都会齐聚一起，谈古论今，纵横捭阖。在这里，序长不序爵，求学不求利，是精神聚餐、智慧聚餐。也正因为此，有许多政界的朋友，成了南老智慧资政的客体。

南老是一个有民族责任感的学问家。他说他是“爹不亲娘不爱”的“弃儿”，但是他“敬爹孝娘”，他答应担任两岸和谈桥梁，为的是中华民族和睦；他建言献计，为的是国家富强，他的国学智慧，是参政资政的财富源泉。去年 8 月，香港有人问他，竞选交替怎么办，他念了李贺的杂言诗《休洗红》，“洗多红色淡”，“洗多红在水”……言下之意，要注重更替中各得其所，新红旧里都是一件衣，千万不能撕破了。

像任何造诣精湛的大家一样，南老的国学智慧从不用来抨击人，而只用来点化人。他说，我不是武僧，贤者不打嘴仗，智者不用武斗。治国之道在于得人，要真正尊重真正的有识之士，这两个“真正”很重要，必须是真尊重，必须是真有识。他举例，朱元璋当年主持一项工程久拖不下，高人托梦要他取用学儒的心肝，朱元璋就动了杀戮的念头，马皇后闻讯赶来说，错矣，儒者的心肝就是儒者的心胸文章，让最有心胸最有见地的有识之士参与其事，事即成矣。

南老的智慧心胸是一般人很难企及的，他的经历阅历是一般人很难比拟的，他用体认讲功课，用阅历做指引，用人生做学问，学识比学历重要，学养比学识重要，弘扬比学养重要。阅历是学养的基本积累，心胸是阅历的主要库容，践行是弘扬的具体路径。我们达不到南老的境界，但可以体悟南老的境界。

三

池座上堆满木柴，火把摇曳，一点就着；一时间，烟火升腾，香气缭绕，原先无云的月空，堆积起一团团祥云；灯火映照，泪光齐集，人们完全被笼罩在一个智者仁者勇者营造的境界里，斋心服形，游外弘内。

南老，我们看见您的微笑了，看见您的招手了，看见了您的坦然，看见了您的挂念，您真的就这样走了？您交给我的许多事，还没有做到；您说给我的许多话，还没有参透。每当您与我谈话的时候，我就会真切地感受到慈亲的温暖，但是，我没有好好孝敬过您。我只给您带家乡的盘菜，只给您送土制的月饼，我无知地运用了您无私给予我的无穷点化，却没有珍惜与您在一起的日子。您说，会常想念我，可是，如今您撇开我，只留下我想念您……

我清楚地记得，那一年打“血燕”（工商局打击造假问题），您说，打得好，很佩服，别让人家欺负我们没文化。您提醒我：要小心哟，注意安全！您告诫说：不能太直，“堂堂之阵，正正之旗”有时扛不动。您亲笔题写了诫勉：“世事正须高着眼，宦情不厌少低头。”

此时此刻，我低着头，把鲜花一枝枝插在南老的去路上，我想告诉南老，百合花是您乘愿的信使，马蹄莲是您回家的指引，您要常回家看看。

您在去年8月和10月两次指示我去看看中印庵。我知道，您于1947年前后在那里闭关，您有很深的灵峰情结，您交给我一组诗，是您当年离开中印庵时的旧作：“铜驼血泪渍苍苔，拄杖芒鞋几劫灰。记取灵峰峰上色，风尘何日鹤归来。”这些尘封多年的浮海别离诗，意味着您思乡的心在萌动，我感受到了这份萌动，我多么希望让您老如愿，游子还乡，在曾经的静室，在灵峰的高处，诵经著述吟诗抒怀。“黄昏鹤去梅魂冷，一杵钟声亿万家”，我知道，这是您吟咏了60年、寄托了60年的愿望；“国计家筹都不了，入山何处白云深”？我知道，您这是问天、问乡、问路。我心无遗，我力不及，我为您探路，我会再去中印庵，为您找回当年的您。

四

灯灭了吗？人散了吗？我独自一人来到禅堂，那里寂静得如同另外一个世界，无眼耳鼻舌身意，只听到一声重重的叹息；我又独自一人来到食堂，南老的座椅还在，两个靠垫，相向虚立，原先，它们是多么充实，多么丰盈。

我一遍遍地抚摸着座椅的扶手，我喃喃地说，南老，您还在的，您只是闭关，您只是远行。我们等您，等您乘愿回来。我们还在这里听课，还在这里广采博闻，还带上家乡的盘菜，还送您土制的月饼，还在这里念诵心得文章，一定会见到您的，在大学堂，在中印庵，在梦觉时，在未来世界……

尽心耕耘慰师魂

——缅怀桂馨之友南怀瑾老师

樊英
（北京桂馨慈善基金会）

2012年9月30日凌晨从网上看到南怀瑾老师逝世的消息，30日中午消息得到证实。此后的几天，重新翻阅南师的书籍和授课笔记，回忆与他相见的不多的时刻，重新被他慈悲、博学、幽默、自在的生命状态打动。心中一直萦绕着对这个可亲、可敬、可爱的老人美好而伤逝的情愫……

20年前在朋友的书架上看到《论语别裁》，被封面上穿着蓝布长衫一脸慈祥的先生吸引，翻开出版说明，知道了此乃台湾著名学者南怀瑾先生。此后两年又看到先生写的《禅话》。那时候正痴迷于瑜伽，对一切相关书籍都有极强的求知心。于是《禅话》便成为我认真读过的先生的第二本书。再后来因为工作关系，结识了正在德国攻读博士学位的台湾朋友韦萱，她毕业于台大哲学系，信奉佛教。我们曾一起走访内蒙古北部的草原小学，那些日子白天工作，晚上便蜷缩在冰冷的被窝里听她讲佛学知识到深夜以至黎明。她回到德国后，寄给我一纸箱佛教相关的书籍。也是那时候，我对学问博大精深，融贯古今，教化涵盖儒、释、道，更及于医卜天文、诗词歌赋的大师级人物南怀瑾先生有了更多的了解。

2008年9月在北京筹备桂馨慈善基金会期间，听基金会发起人康典先生说他已经请南怀瑾老师为基金会题字。这个消息给我的应该是一种惊喜和鼓舞，原来自己敬重的康先生跟高山仰止的南怀瑾先生还有着师生之谊。10月份我们收到了南老师给基金会和“桂馨书屋”的题字。直到后来，我才知道这份善缘带给桂馨和我本人的幸运及福报是多么深厚。

2010年早春2月，一个细雨濛濛的下午，在康典先生的带领下，我们前往坐落在江苏庙港的太湖大学堂，拜访仰慕已久的南怀瑾老师。南老师的秘书宏达老师将我们迎入开放式的客厅，刚一落座，便看到走廊一头一位穿着蓝布长衫，鹤发童颜、举止大雅的老人满面春风地向我们走来。人未走近，清朗的笑语已经传入耳畔。在距离康先生两三米的地方，老人便提起手杖，拱着双手，笑盈盈地对康先生说“王爷来了，欢迎欢迎”。大家迎上去，南老师握住康先生的手，同时微笑着客气地向康先生身边的我们点头示意。大家一起坐下，南老师跟康先生寒暄起来。先是兴高采烈地评价了康先生的就职演说，又关切地询问康先生刚受命接手的企业如何渡过难关，并由此讲到金融领域面临的问题。那天稍后时间还有两位台湾客人到访，南老师为我们双方做了介绍，请大家围桌而坐，拿出自家烤制的台湾茶点，要了咖啡请大家喝下午茶。记得当时我说不喝咖啡，南老师笑着对我说：“咖啡很好，我掏钱请客，不喝白不喝。”说着递到我面前一杯。浓郁厚重的咖啡香气和着升腾的热气扑面而至，身体立刻温暖起来。看着眼前几位佛心道骨的儒雅君子，听他们谈笑风生博古论今，坐在桌子一角的我感受到一种可心的宁静。

那天，我们带了反映桂馨基金会工作成果和项目实施情况的纪录片《一路同行》请老师观赏。纪录片真实记录了四川、河南两所山区小学师生的生活学习场景，以及基金会“桂馨书屋”项目和大学生志愿者在山区小学的工作情况。于是，农村小孩子的读书和传统文化的重建问题便成为那天晚上一个重要的话题。南老师提了一些问题，也讲起儿时读书的感受，强调文化重建必须从儿童抓起，通过读书，特别是阅读经典与前人沟通，从前人的智慧中吸取思想养料，使文化传统得到延续。南老师还介绍了儿童读经运动，就是提倡教十五、六岁以前的孩子读书、背书。读诵的内容，包括中国传统文化儒家、道家和部分佛家的书。南老师说，不管四书五经，或是其他古书，任何一段，教小孩子像唱歌一样，很轻松愉快地背诵，偶尔稍稍讲一点。这样背下去以后一辈子都忘不掉，一辈子都有用。当晚我们观摩了太湖国际实验学校的晚间读经课程。临行时南老师跟我们说如果桂馨做农村老师的国学培训，大学堂愿意提供支持和帮助。

离开大学堂已是夜深人静时。回程路上，我一直在想南老师所言的教育，那是一种以率先垂范、身教言传、潜移默化去影响启发他人，自觉改善自己，好好做人，好好做事的教育，究其本质应该是分享。桂馨在乡村教育实践和日常工作中遵循和提倡的正是这样的理念——鼓励充满生命力和创造性的给予，鼓励大家分享欢乐、兴趣、理解力、知识、幽默和悲伤，通过这种给予唤起他人身上的生命力，从而达到生命的互相激发和共同成长。我想，这大概是桂馨创办人与南师在信念上一脉相承的缘分所在吧。

那之后的“桂馨书屋”建设中，我们增加了南老师指导编写的《儿童中国文化导读》等传统文化书籍的捐赠，在部分山区小学争取到低年级学生经典诵读课程的固定时间，还尝试在“桂馨书屋悦读周”及“桂馨拓展课堂”上增加了活动环节，用我们微薄的力量和不断增长的信心，平实地为“做人做事”的教育寻找可行、可及、可努力的道路。事实证明，我们脚踏实地的努力，也得到了越来越多的共鸣和支持。

直到今天，那个冷峭春天里大学堂温暖的下午茶、静穆的观影会和热闹的晚餐座谈，以及贯穿了始终的孩子和教育的话题都还清晰地留在我的记忆里。以至于我坚定地相信，当那个慈祥睿智的长衫老人走近我们时，“桂馨”这个刚满周岁的孩子便得到了善妙的加持。

2010年“五一”之后，我被推荐进入“太湖大学堂经史合参首期班”学习，有幸得到南老师的开示。那段时间的学习，对我本人和桂馨的公益事业而言，都开启了新的生命之泉和能量。大学堂的老师和经史合参班的一些同学后来成为桂馨公益项目的捐赠人和合作伙伴，共同以慈善的方式帮助社会最底层那些有需要的孩子们，使他们享受阅读的快乐，带给他们希望。

2012年正月二十，在康先生的安排下，我带了基金会策划、拍摄并获得国家广电总局电影发行放映许可证的纪录片《老师》去拜见南老师。当晚，在宁静肃穆的太湖大学堂演讲大厅做了放映。从演讲厅回到客厅，南老师坐在圆桌旁，身边围坐了很多人，有人在谈论禅修和生命科学，也有人在谈论《老师》这部影片。南老师看我过来，便对着我说：“过来，过来，樊梨花（老师这样叫我），坐这里，你的胃病好些没有？”我坐到南老师旁边的座位上，告诉老师胃病只是偶尔发作一下，没有问题啦。南老师向在座的各位介绍起桂馨，说当初“康熙字典”（戏称康先生）找他给基金会题字，他只是觉得这个“王爷”想用更多的时间做公益了，没想到三年的时间，“王爷”能做这么大的功德。宏达老师也在旁边介绍我们的工作情况。南老师接着说：“大家都在说《老师》拍得好，你们下乡怎么走啊？”我告诉他，先坐火车再换各种类型的汽车或船。老师说太辛苦了，找人给你们捐车。话音未落，坐在老师对面的一位先生说捐给我们一辆吉普。老师马上说：“不能太耗油，善款不能用在这些地方。车子不一定是新的，但要节能的，还要能走山路……”

看着眼前这位神采奕奕的老人，我的心里无限敬佩和感慨。他喜欢大家叫他老师，多年来执着于传道授业解惑。他努力做着认知科学、生命科学与传统文化相结合的研究与传播工作，想化解人类在这个时代所面临的危机。老师曾说“我们虽失望，但不能绝望”，“凡事我但尽心，成功不必在我”，“只问耕耘，不问收获”，这何尝不是我们这份工作所必需的情怀呢？

我跟南老师讲了桂馨这一年所做的事情，特别是《老师》这部耗时8个月拍摄的纪录片所记录的那些人和事，以及拍摄过程中发生的各种故事。南老师认真地听着，时而点头赞许，时而提几个问题，时而大笑着开几句玩笑。最后他说：“樊梨花，这件事情做得好，你们在做功德啊！”宏达老师接着说：“老师，你看她的笑是发自内心的，这就是做功德做的呀。”老师接过话说：“是的，是的，只有做功德才会有这样的笑容啊！”那天我们聊到很晚。临别时，老师要我常来大学堂跟大家讲讲桂馨做的那些事儿，不要一年只来一次。南老师的弟子宏忍法师走过来递给我一个纸袋，里面有她捐赠的善款和从台湾带来的胃药，她细心告诉我如何服用。宏达老师送我出来，提醒我光盘和书出版后要拿到大学堂一些。

回到北京，康先生转发了宏达老师的信息：“电影何时公映？很好的片子，赚了我们很多眼泪。”“老师视力不佳，看了（确切的说是听了）片子也流泪了。”“保重！老师很赞赏您做的这些事！”两天后，我们又接到太湖大学堂薛先生的电话，告诉我他要捐赠500本图书和一万块钱，接着他身边的其他人也开始捐书和汇款。不久，太湖大学堂捐赠的800多本图书发往湖北长阳的三所桂馨书屋小学。2012年夏天，由太湖大学堂爱心人士捐赠的“桂馨书屋”在河南嵩县的下蛮峪小学落成使用。

2012年8月23日，我收到宏达老师的信息，告知南老师要为桂馨捐款。这是南老师的著作权和肖像权被侵权后的维权所得，南老师将此款全部捐赠给了公益事业。9月上旬，几笔捐款先后入账。我们与宏达老师多次往返邮件讨论如何使用老师的善款。我们希望用这笔善款设立一个针对乡村一线教师的专项基金，用以倡导和鼓励回归本质的教育，即解放心灵，激发生命活力，让生命不断成长，最终成为真正的人的教育。正在我们商量如何为专项基金设定宗旨、实施细则和项目流程时，传来老师仙逝的消息，悲痛之余，深感责任之重。康先生在给我的信息中也写道：“他在走之前给我们安排了这样一笔善款……这是一份难得的殊荣。”的确，我们唯有让老师的善款发挥最大的效用，才对得起老师给桂馨的厚爱，才对得起老师不朽的师魂。

祈愿耕耘了一辈子的南老师获得自由自在的安息！

祈愿尽心努力的桂馨用耕耘慰藉南师不朽的师魂！

与南怀瑾先生对话：山不矜高自及天

老范行军

笔者读《论语》的年代，因为适逢“文革”嘛，很多人都在批判孔夫子。当然，那本作者为“工农兵大学生”的《论语批注》也是批判之作。后来读了《论语别裁》，记住了作者叫南怀瑾。再后来，看到彼得·圣吉(《第五项修炼》的作者）与南先生的对话，突发奇想：何时可以向南先生讨教？再翻《论语》，看到孔夫子云“学而时习之”的“时”，猛然意识到讨教是可以随时的。2012 年 9 月 29 日，南先生走了，这篇请教之作算是一次怀念吧。

正己而后正人

老范行军：南老师博古通今，深谙帝王之道，对现代领导学也是领悟深邃。我们的话题不妨就从如何做领导开始吧。

南怀瑾：如何做领导？说难也难，说简单也简单。简而言之：领导要会用人。

老范行军：这话不错。可是，也在于谁说。我说了，那些领导就不听；南老师说了，那些领导就倾听。

南怀瑾：我说的人家也未必听，还是拿古人的话来说吧。曾子就提出过一个原则：“用师者王，用友者霸，用徒者亡。”这话值得当今的领导者借鉴。像周武王用姜太公，将其尊为尚父，这就是“用师”。做领导的非常谦虚，找一个“师”来“用”，便“王天下”大功告成了。至于齐桓公用管仲，汉高祖用陈平、张良之流，刘备用诸葛亮，等等，都是“用友者霸”的好例子。至于“用徒者亡”，是指专用那些服从的、听命的、乖乖的人，这样的领导最后必然失败。

老范行军：遗憾的是，现在的很多领导未必用心去领教曾子的话。在我的经验里，很多领导者都喜欢用言听计从的下属。当然了，这样的下属善于察言观色，也会捧人，将领导捧得晕晕乎乎的。

南怀瑾：是啊，有的领导者就是被下属捧坏了。作为一个领导，如果下属都给你鼓掌，都说你的话正确，都对你竖起大拇指，你可就要好好考虑一下了。孔子说“非助我也”，因为这样对自己是没有帮助的。真正有帮助的一定是那些不同的意见。一个领导者必须能够倾听接纳不同的声音。当然，人是很容易上了恭维的当的，所以，领导者要做一个明白人。

老范行军：老子言：“知人者智，自知之明。”

南怀瑾：能够知人，才是有大智慧的人；能够认识自己的人，才是个明白人。其实，反观自身，我们都不大了解自己，反而对别人了解得一清二楚。所以说，“明白人”并不多，识己就更难啦。

老范行军：还有很多领导者是“知远不知近”，对身边的人总是放松警惕，甚至姑息纵容，结果坏事了。

南怀瑾：这样的教训历史上是很多的，可惜我们不知道吸取。很多时候整垮你的往往不是敌人，而是你身边最亲信的人。当然了，有的时候这些人并非有意为之，而是他们无意犯了一个错误，或太多的错误，结果便是帮你拆了台。

老范行军：这些都是身为领导者所要认真对待和防范的……我们看到很多董事长、总裁、部长、主任等，在办公室的墙上挂着大大的“忍”，南老师如何看这个“忍”字？

南怀瑾：墙上挂着的“忍”没用，心里能容“忍”才行。孔子曰“小不忍，则乱大谋”，这话有两个意思，第一种意思就是忍耐、包容，这个大家都懂。第二种意思是做事要有忍劲，能够沉得住气，狠做决断。有时候只有当机立断才能成事，否则以后就会有麻烦。

老范行军：孔夫子的这句“小不忍，则乱大谋”的后一层意思，很有意义。

南怀瑾：简而言之，姑且可以分开来运用：处事的时候，“忍”字可做“决断”用；对人的时候，“忍”字应该做“忍耐”、“包容”的意思来用。

老范行军：作为领导，不但要能忍，而且还要会忍。佛陀说“一切法得成于忍”，您也说过“忍人所不能忍，行人所不能行”。

南怀瑾：做领导的第一个修养就是容忍。有些领导对下属管得太琐碎了，这就不行；还有一些领导，眼睛盯着下属的缺点，这更不好。领导者度量要大，能够对有理取闹的行为包容原谅。再有，下属各有短长，领导者如果希望大家都与自己一个样，那事情就不要做了，也不可能做成。领导者要宽容他者，严于律己……再说得开一点，做领导的，懂得就是懂得，不懂就是不懂，这就是最高智慧。不要硬充自己懂，否则就是真愚蠢。

老范行军：事无巨细的领导者令人生厌。高明的领导只要掌握大方向，剩下的事情可以交给别人去做。说白了，就是放手放权。你对别人放心，才能有闲心考虑那些你应该考虑的大事。

南怀瑾：对头啊。真正的领导者便是善于用人，不一定自己什么都懂得。当然，要像孔子说的才好，“多闻，择其善者而从之”。再有，领导者要能够担当，对自己的错误不要推卸责任，更不要推给下属；即使下属犯错了，也要敢于揽过。一个成功的领导者，要担负起所有人的痛苦，绝对不把自己的痛苦放在别人的肩头上。

老范行军：一说领导之道，很多领导者习惯翻阅国外的那些《领导学》、《领导力》著作，其实，很多道理我们古人早就讲过了。南老师一直致力于将国学的智慧发扬光大，在此，您再简单地把古人阐述的“王者之道”说一说吧。

南怀瑾：老子说“不自见故明，不自是故彰，不自伐故有功，不自矜故长”。人，本来就需要随时自省，老子为什么说“不自见故明”呢？这是告诫人不可固执己见，若始终坚持主观成见，反而“自障”了。领导者千万不要轻易犯这个错误。即使事业有成，也不可得意忘形，须有“不自见”的觉悟，才能更加明白事理。这就需要多方听取别人的建议，把众人的智慧集中为自己的智慧，这样，个人的智慧就更大了，也就合乎“不自见故明”的道理了。

老范行军：“不自伐故有功，不自矜故长”比较好理解，简言之，一不要贪功，因为群众的眼睛是雪亮的；二不要傲慢，虚心才能成长。

南怀瑾：就应该是这个样子。做了领导还要“己欲立而立人，己欲达而达人”，就是说，你要能自己站起来，也要能使别人也站起来；你自己将来要通达、有前途，也不能忘记了他人的前程。同样地，领导者率先垂范，累了；员工们辛勤劳作，也累了……领导者应该从最浅近、最平凡的生活当中理解群众。再有，领导者要一切为人之先，诚如子曰“先之，劳之”，自己要站在艰难、困苦与辛劳的前面，领先担负；利益方面也是先让之于他人。这也就是老子说的“外其身而后身存”，实际上最后成功的还是自己。这是领导“先之”的道理。

老范行军：子贡曾求问孔子如何做君子，子曰“先行其言，而后从之”，这也就是告诫做领导的少说空话，把行动摆到言论前面。你先做给众人看看，起个示范作用，大家自然也会追随你。

南怀瑾：领导者“先之”了，也就能“正己而后正人”了。自己先求得端正，然后方可正人。所以，孔子就对季文子说：“子帅以正，孰敢不正？”

行云流水，义所当为

老范行军：身为领导者也好，作为老百姓也罢，都属芸芸众生，都有一个无法回避的问题：如何做人？或者说，如何做到自己高兴，别人也满意？

南怀瑾：老子讲过“曲则全”，这不失为做人处世与自利利人之道。我们为人处事，如能善于运用曲线，只需巧妙一转，便可事事顺意了。换言之，做人要讲艺术，学会善用“曲线的美”。还有更高一点儿的境界，也是老子讲的“处无为之事”，一切作为，应如行云流水，义所当为，又恰如雁过长空，风来竹面，不着丝毫痕迹，不有纤芥在胸中。

老范行军：大雁飞得太高了，老百姓高攀不起；寒冷地带的人又看不到竹子，难解风情；流水嘛，又过于自然常见，我们如何从中领悟其做人的奥妙？

南怀瑾：那些圣人都善于用水来作比喻：老子讲“上善若水，水利万物而不争，处众人之所恶，故几于道”，这是老子拿水与物不争的一面来说明它几近于道的修为。释迦牟尼佛用“大海不容死尸”说明水性至洁。从表面上看，虽能藏垢纳污，但始终水净沙明，晶莹剔透，至净至刚，不为外物所污染。

老范行军：就我个人理解，最为经典的，就是孔子观水，慨叹“逝者如斯夫”了。

南怀瑾：其实，孔子的这句未必是慨叹，流水虽是不断地过去，却具有“不舍昼夜”的勇迈古今的精神。人的行为若能做到如水一样善于自处而甘居下地，那就是“居善地”；心境养到像水一样，善于容纳百川的深沉渊默，那就是“心善渊”；行为修到同水一样助长万物的生命，那就是“与善仁”；说话学到如潮水一样准则有信，那就是“言善信”；立身处世像水一样持平正衡，那就是“正善治”；担当做事像水一样调剂融和，那就是“事善能”；把握机会，及时而动，做到同水一样随着动荡的趋势而动荡，跟着静止的状态而安详澄止，那就是“动善时”；再配合最基本的原则，与物无争，与世不争，那便永无过患而安然出顺，犹如天地之道的似乎至私而起无私的妙用了。

老范行军：那就是善哉了。

南怀瑾：我们若从儒、佛、道三家圣哲对水的赞誉来看，正好可以看出儒家的精进利生、道家的谦下养生、佛家的圣洁无生。这是三面古镜，可以自明人生的趋向，也可以在某一时间、某一地位，指点人们如何用这面宝镜自照、自知、自处。

老范行军：水静如镜，也可净心。

南怀瑾：庄子曾借用孔子的话说“人莫鉴于流水，而鉴于止水”。这话的意思是说，水流动时不能反照到自身，当水静止澄清时才可以作为镜子来用。是啊，人的心理状况永远像一股流水，心波识浪不能停息，永远不能悟道，也不能得道。人要认识自己，必须把心中的杂念、妄念去除，才可以明心见性。

学问深时意气平

老范行军：时下，尽管人们心气浮躁，但还是有很多人在静水之旁，想平心静气做点学问的。南老师有何指教？

南怀瑾：这个不用我说，孔子早有“学而时习之”的感悟。记住：随时随地的生活都是我们的书本和教育。学问的宗旨就是要随时注重“时”和“习”。尤其是这个“习”，要多向人家请教，接受前人的经验，加以自己从经验中得来的，便是学问。

老范行军：正如孔子说，“见贤思齐焉，见不贤而内省也”。

南怀瑾：你看，孔子说得很全面了。所以，古人的东西还是要多看一些，多背一些，多诵一些，并铭刻于心。做学问贵在坚持。外国人敬佩中国功夫，什么叫功夫？我认为方法加上时间，再加上经验，就等于功夫。有方法没有时间练习，怎么会有功夫？任何一种功夫都需要持之以恒。孔子引用《易经》的话告诉我们，“不恒其德，或承之羞”，如果做事情、修德行，没有恒心，做做停停，三天打鱼两天晒网的，终归没有好结果。

老范行军：做学问必须要“恒”下一条心，不可东张西望，好高骛远。

南怀瑾：老子说“企者不立，跨者不行”。你瞧瞧吧，这“企者不立”就是踮起脚尖来，站不了多久。而这“跨者不行”是说跨开大步走路，也只能是暂时的、偶然的，不可能持久。老子的这两句话正是批评某些人的好高骛远——“企者”就是好高，“跨者”就是骛远。没有做好基础的、浅近的，便要向高的远的地方去追求，不是自找苦吃，就是甘愿自毁。

老范行军：当下人们浮躁的一个生动表现就是得意忘形。

南怀瑾：也难怪，因为这些人还是没有见过大世面的。古往今来，站在顶峰上的人，总是觉得自己很平凡。

老范行军：这让我想起苏格拉底对人说的一句话："你们把我看成有学问的人，真笑话！我什么都不懂。"

南怀瑾：正所谓"学问深时意气平"了。俗语说得好，"半罐水叮当响，满罐水不响"。如果觉得自己很了不起，比别人都高明，那就完了。

老范行军：说到做学问，老生常谈的就是先学做人。如今，年轻人喜欢独立，即使家境宽裕，也要离开父母，到外面租房住，理由之一就是孔子的那句话——"三十而立"，这还是应该鼓励的吧。

南怀瑾：孔子还说"不患无位，患所以立"，一个人不怕没有地位，就怕自己没有什么东西站得起来，因此要建立根本。用道家的话来说："立德、立功、立言"——这是很难的成就。总的说来，"独立"要有真实的本领，自己站得起来才能称为"立"。

老范行军：很多人的"立"还只是表面的。

南怀瑾：人，自强才能自立。有的时候，站得起来就要站起来，站不起来就得见机振作。可是，许多人在站不起来时不肯爬，爬不动时又不肯躺下，还觉得自己仍然是站着的，那样就很可怜了。

老范行军：这样的人往往怨天尤人，用眼泪换取同情或者赞助，希望别人慷慨相助，化解自己的困难。

南怀瑾：天下不会有这等好事。自强独立才是唯一的生存之道。

老范行军：要自立，当自信。

南怀瑾：是这样。没有自信心是不行的。我们看《荆轲列传》的描述，有一次荆轲去看一位剑术高手，他举起剑来，剑术高手却一动不动，两只眼睛盯着荆轲，结果，荆轲还剑入鞘，转头就走。因为那位高手的眼睛已经练就了一种特有的刚毅之气——宁静、自信的精神，把对手克服了。所以说，信心不可无。如果先失信心，必然后接失败。

澹泊明志，宁静致远

老范行军：国外有一本书，叫《思考，快与慢》——那么，到底该快还是该慢，这真是个问题。小的时候城市里还通火车，就见路口的栏杆上写着"宁停三分，不抢一秒”，话倒是不错。可是如今世界遽变，你慢半拍起跑再想追赶都来不及了，可是圣贤却告诉人们“三思而后行”。

南怀瑾：你说的圣贤就是孔夫子了。《论语》中说：“季文子三思而行。子闻之曰：再，斯可矣！”这话的关键是后半部。有一种解释说，做事情要特别小心，想三次都不够，子曰“再斯可矣”，只要再想一次就可以了。其实，孔子认为这个季文子想得太多了。做人做事诚然要小心，但“三思而后行”，的确考虑得太多了。有些事情，考虑一下，再考虑一下，就可以了，如果再考虑第三次，很可能犹豫不决，再也不会去做了。谨慎没有错，过分谨慎就变成了小器。所以，孔子主张，何必三思而后行，再思就可以了。

老范行军：原来如此之“再”矣。看来，古人的东西还是要体悟深刻才好。不过，庄子又谈到“动之徐生”，让我们学会过“慢生活”，不要着急。

南怀瑾：“动之徐生”也是我们做人做事的法则。一切要悠然“徐生”，慢慢地来。要态度从容，怡然自得，万万不可气急败坏，自乱阵脚。不过，太懒散的人应该快两拍，否则本来就已经拖拖拉拉，再慢一拍就永远赶不上时代。和社会脱了节，再想追，火车已经跑远了。

老范行军：“徐生”在这个时代，更为需要。

南怀瑾：如今，几乎每个人都是天天分秒必争，忙忙碌碌，东跑西颠，不知为了什么，好像疯狂大赛车一般，在拼命，在玩命。这要不得。比如做生意，要“动之徐赚”。慢慢地赚，细水长流，钱永远有你的份儿；一下子赚饱了，成了暴发户，下次没得赚，这个生意就不好玩了。

老范行军：有人说，不玩命不行，要致富、要成功必须只争朝夕，哪怕不择手段，否则人生就没有乐趣了。

南怀瑾：人生的乐趣并不是物质上的丰富，采取非法的、不道德的手段获得财富更是极为可耻的。孔子说，“不义而富且贵，于我如浮云”。这个比喻妙极了。我们要注意一个现象：天上的浮云是一下子聚在一起，又一下子散开的，最后连影子都没有。可是一般人看不清楚，志得意满之时看到功名富贵如云一样集在一起，可是没有想到它接着也会散去。所以人生一切都是浮云，聚散不定，看通了这一点，才能不受物质的诱惑、虚荣的惑乱。

老范行军：不过，真正的财富确实可以给人带来很多快乐。

南怀瑾：物质条件好，可以影响到自己的心情与思想，但有着高度精神修养的人，同样可以用寂寞之心去转变环境。如孔子说颜回："贤哉！回也。一箪食，一瓢饮，在陋巷，人不堪其忧，回也不改其乐。贤哉回也！"

老范行军：那颗宁静、寂寞的心去哪里找寻呢？

南怀瑾：一个人如果能够把心安定下来，自然会有一种宁静的感受，身心愉悦。尤其每天活在极度的忙碌紧张当中，只要得到片刻的宁静，就会觉得是很大的享受了。但有些人就是习惯于忙碌紧张的生活，一旦无事可做，安静下来了，反而觉得寂寞无比，坐卧不安了，甚至自生悲哀之感。依我看来，这种人比喜欢宁静、寂寞的人，至少超过三分之一。

老范行军：我觉得还要多。大多数人很难做到诸葛亮的那句千古名言"澹泊明志，宁静致远"。

南怀瑾：这个需要特别注意：这两句话的要点，首先在于"澹泊明志"的"澹泊"上，既肯澹泊，又甘于澹泊，甚至享受澹泊，当然就可以"宁静致远"了。

老范行军：做到这一点，确实不易。

南怀瑾：宋儒朱熹有诗一首："昨夜江边春水生，艨艟巨舰一毛轻。向来枉费推移力，此日中流自在行。"

老范行军：这首诗形象生动，意境开阔，尤其是后两句，都是朱熹的经验之谈。

南怀瑾：是啊，这是他从几十年的学问与修养中慢慢体会出来的。他以一个景象来描写这一境界：心里的烦恼、忧愁，就像江上一艘搁浅的大船一样，怎么也拖不动，但慢慢等到了春天，河水渐渐涨高了，船自然就浮起来了。这也就是说，等到修养到了相当程度的时候，便是"此日中流自在行"的境界了。

有求则苦，无欲则刚

老范行军：吾辈还要静心忍耐，定心修炼呀。

南怀瑾：还需要放心，也就是把一颗心放下来。

老范行军：说到放心，恐怕更难。你看人们都是把东西拿起来容易，放下来困难，像割肉似的舍不得。

南怀瑾：那还是没有到时候，到时候就都放下了。不信，只要到妇产科去看一看，每个婴儿都是四个手指头握住一个大拇指，握得死死的。这人一生下来，就想抓取。可是再到殡仪馆去瞧一瞧，那些人的手都是张开的。人生下来就想抓东西，到头来什么也抓不住，抓不住，就松开了。

老范行军：这两种形态意义非凡。

南怀瑾：我们再看猴子偷苞谷，左摘一个挟在右腋下，右摘一个，挟在左腋下。左右不停地摘，又不断地掉，最后走出苞谷田，手中只拿到一个。如果遇到人了，一紧张恐怕连最后一个也丢了。人生一路就是摘苞谷，最后都不是自己的。所以，还是要学会放下，别等到了最后，一点都不潇洒。

老范行军：人们为什么放不下？为什么潇洒不起来？

南怀瑾：我讲一个故事吧。相传乾隆皇帝游江南，站在江苏的金山寺，看见长江上有许多船来来往往，便问一个老和尚："老和尚，你在这里住了多少年？"老和尚不知道此人就是当今圣上，回话："住了几十年。"乾隆再问："几十年来看见每天来往的有多少只船？"老和尚说："只看到两艘船。"乾隆惊奇地问："这是什么意思？为何几十年来只看到两艘船？"老和尚说："人生只有两艘船，一艘为名，一艘为利。"

老范行军：名利所累，也怨不得谁。

南怀瑾：司马迁所谓"天下熙熙，皆为利来；天下攘攘，皆为利往"，真是不朽的名言。但"名利本为浮世重，古今能有几人抛"呢？

老范行军：南老师有句名言："有求则苦，无欲则刚。"

南怀瑾：这是我当年送给一个学生的。这"有求则苦"是佛家的思想；这"无欲则刚"是儒家的思想。如果你什么都不求，只想成圣人、成佛、成仙，也是蛮苦的呀！所以，有求就苦，人到无求品自高，要到一切无欲才真能刚正，才可以做一个顶天立地的人。

老范行军：无欲也就放下了，也会拿捏好进退。

南怀瑾："亢龙有悔"，所谓"亢龙"是高亢。这个很重要，每个人都要注意。学了《易经》，做人做事，不要过头，过头就是亢；只知道进而不知道退，只知道存而不知道亡，只知道得而不知道失去，就是亢。所以我们要懂得"进退存亡得失"六个字。

老范行军：做到了这六个字，也就做到了宠辱不惊吧。

南怀瑾：宠，是得意的总表相；辱，是失意的总代号。当一个人在成名、成功的时候，如果平素不具有淡泊名利的真修养，一旦得意，便会欣喜若狂，喜极而泣，自然会惊震心态，甚至得意忘形。

老范行军：与宠相比，受辱与失意都不惊，更难能可贵。所以，人还是要看开才好。

南怀瑾：我幼年时读《昔时贤文》，就见到“有酒有肉皆兄弟，患难何曾见一人”，“贫居闹市无人问，富在深山有远亲”，这正是成年以后勘破世俗常态的预告。在一般人来说，那是势利。其实，人与人的交往、人际事物的交流，势利是常态。纯粹只讲道义，不顾势利，反而非常态。

老范行军：这样说来，人走茶凉，也是可以理解的了，而且需要看淡这种必然的“茶凉”。

南怀瑾：人生的得意与失意、荣宠与羞辱，古今中外，在官场、在情场是看得最为明显的地方。不经绚烂，哪里知道平淡的可贵；不经荣耀，又哪里知道平凡的可爱。

老范行军：总的来说，久历风波、遍尝荣华之后，还是平淡从容为好。

南怀瑾：范蠡有句名言，“大名之下，难以久居”。有名有钱，都算不得人生的大好事。但是世界上的人，都在拼命追求名利和权位。只有在名利、权势上打过滚的人，才会比较清醒一点。但也都到了“尸居余气”的时候，太阳也立刻要下山了！

老范行军：人们不尚安贫乐道，所以总吃后悔药。

南怀瑾：老子说“功遂，身退，天之道”。后世有人感到意犹未尽，又在里面加了两字一句，成了“功成，名遂，身退，天之道”了。

老范行军：何谓“天之道”？

南怀瑾：如果仔细观察天道，日月经天，昼出夜没，夜出昼没，寒来暑往，秋去冬来，都是“功遂，身退”的正常现象。植物世界如草木花果，都是默默无言完成了它的生命任务，静悄悄地消逝，了无痕迹。动物世界生生不息，一代交替一代，谁又能不自然地退出生命的行列呢？只有人类的心不肯死，不肯罢休，永远想在不可把捉中冀求把捉，在不可能永久占有中妄图占有。违背自然，何其可悲！

老范行军：人生如何才美满？

南怀瑾：其实，丑也是美，缺就是满。人生最好的境界是“不欲盈”。李商隐说“此情可待成追忆，只是当时已惘然”，情爱如此，名利如此，权势也如此。如果什么事情都圆满了，也就没有什么味道了，留一点遗憾，才会有美感。而正因为不盈不满，才有老子所言“夫！为不盈，故能蔽不新成”。“蔽”，就是保护很好的旧东西。由于东西永远是旧的，是原来的样子，一直小心使用，并没有坏，因此才能敝旧而更新。俗话说，旧的不去，新的不来。

老范行军：这一点，曾国藩看得透彻，晚年给书房命名为“求缺斋”。

南怀瑾：这个世界就是一个缺憾的世界。有的人想不通，有的人就想通了，就像曾国藩，要求自己有缺憾，不要求圆满。太圆满也就完了，不能再圆满了。所以，做人做事要留一点缺憾。

水唯能下方成海，山不矜高自及天

老范行军：今天本来想请教南老师更多的问题，但没有不散的筵席，这也是一种缺憾吧。最后，请南老师随便说点什么吧。

南怀瑾：我还是借古人的话来说吧——水唯能下方成海，山不矜高自及天。

我知道的南怀瑾先生

高令印
（厦门大学哲学系教授）

得知南怀瑾先生于2012年9月29日在苏州逝世，心里怅然！我和南先生有所交往，珍藏其墨宝、合照等，其文化学术思想对我有较大的影响。

我很早就研读南先生的文化学术著述，至为尊崇。1992年5月底，我应邀赴台湾出席“朱熹学术会议”，首先想到的是到台北访问南先生的事迹。我到南先生在台北的大本营信义路“十方禅林”待了3天。1969年11月，南先生在台北成立“东西精华协会”总会，自任会长。1980年1月，协会创办“十方丛林书院”，南先生的著述多是在这里演讲由学生记录整理出版的。

南先生的学生首愚法师住持“十方禅林”，他向我介绍南先生的事迹，陪我到其新竹峨嵋道场演讲，并将南先生的书赠送给我。此后，我全面习研南先生的著述，对其文化学术思想有了比较深入的认识。

1994年初，南先生应邀出席厦门南普陀寺禅堂落成典礼。刚好我和厦门大学图书馆馆长孙晋华教授等申办的“厦门市佛教文化学会”得到市民政局批准不久。我们聘请南先生为名誉会长，并请其书题“厦门市佛教文化学会”会名和拟创办的《佛教与文化》刊物名。南先生欣然应允，予以书题，并和妙湛老法师与我、孙晋华教授四人合影留念。

当时，《厦门日报》、《人民日报》（海外版）、《华声报》等多家报刊报道：“台湾国学大师南怀瑾先生为厦门市佛教文化学会名誉会长。”我们在一起时，南先生拍着妙湛老法师的肩膀对我说：“学会需要钱向他要。”慈祥的妙湛老法师笑而应之。

南先生文化学术思想的特点，一是独树一帜。南先生曾说：“你讲你的，我讲我的，我没有时间同你争个谁是谁非。”他抛开传统的朱熹注释和历来的学者观点，以经释经，闯出自己的路子。在他的客厅里挂着自己撰写的对联：“上下五千年，纵横十万里；经纶三大教，出入百家言。”

二是南先生对中华文化三大形态儒、释、道皆精通和贯通。一般认为，他偏重于佛学，其实，他对道学（道家、道教）也极为精通和甚有体认。他在《道藏缘启》中说："中国文化之中坚，实为道家之学术思想。"他把道学融合于儒、佛之学里，推崇道家人物讲"天人合一"，像天地一样，只讲奉献，不讲索取、回报，以及他们的"成功、名遂、身退"的思想。

《论语别裁》别裁了什么？

薛 健

一、初识南怀瑾和他的书

小时候，当我幼学启蒙时正值大陆文革，“四书五经”是被列为“大毒草”批判的，禁书当然不允许看，也见不到。我知道孔子这个人是从父亲嘴里听到的，他只读了三年私塾，文化程度勉强能读报，再加上特殊的政治环境，使得他不能引导孩子读经史，只能讲些断续的故事：古代有个了不起的人，叫孔子，有学生三千……

到了20世纪70年代末，文革结束，我正值高二。“封、资、修”的书籍不断解禁，孔孟的形象不断还原。第一次接触《论语》，是从别人嘴里听到的一句“学而时习之，不亦说乎”。而且讲这个“说”字当快乐的“悦”字解。当时我感觉很困惑，天天做作业，不是复习就是预习，哪来的愉悦？后来才知道，这是《论语》第一篇《学而》里的第一句。但含义拿不准，就翻阅各种教科书和几种《论语》章疏，但不看还好，看后让我更加困惑：“学习知识并按一定的时间去温习它，不也是很高兴的吗？”或者“学习了而时常温习，不也高兴吗！”能看到的注解大都如此，大同小异。

按照这种注解我又有了新的困惑：其一，学习新知识必须按时去复习，这种道理小学生都懂得的，今天上新课学了新内容，课后不温习肯定不行；而且大小考试前，都得进行反复的复习。一个民族至圣讲这种小孩子都懂的道理，我就觉得不合常理：假如是这样，那人人都是圣贤，因为这种道理人人都懂嘛。所以，这种注解我就觉得不能让人信服；其二，从人性的角度，学习本身已经是苦差事了，还要不断温习、复习，一个孩子整天搞在这里头，他能不抗议、忍气吞声地去做就不错了，你还硬说这是“很高兴的事”，一代圣贤能讲这样违反人性的话吗？这个困惑直到读了南怀瑾先生的《论语别裁》，才得以释解。我将此书视为瑰宝，爱不释手，以为天下人都会和我一样地喜欢这本书。因此，当我看到海峡两岸一些学者对南怀瑾的误解、曲解和非议诋毁时，感到极为诧异和震惊。

上世纪末，我应聘到大学任教，除了弄好专业、上好课之外，想多读些书，但又不知道该先读些什么。于是，就有朋友给我推荐说，一定要看南怀瑾的书，这是我第一次知道有个南怀瑾。直到有一天，一位多年学道的吴姓朋友给我介绍南怀瑾，并极力推荐他的书，说此翁不仅学问好，而且重视实修实证，几十年来知行合一。闻听此言，我当即决定买一套《南怀瑾选集》，一看便被吸引住了，而且一发不可收拾。拿到《南怀瑾选集》，由于好奇，先看了《论语别裁》和《金刚经说什么》。但后者是围绕第一义谛讲形而上道的，所以对其精髓大义当时不能知晓。但它和《论语别裁》有着一样的风格，都是通俗易懂、深入浅出。南怀瑾先生对每一章或长或短的评论、札记和解说，旁征博引、引经据典，给我留下深刻的印象，也让我切切实实增长了许多学识。在此，我想先就《论语别裁》作些浅略的评论和解说。

首先，这本书的定位，是本《论语》的讲录，不是学者书斋笔耕的学术专著，而且是十五年历程中三四次讲课录音整理的合成。重申这一点很重要。从我的教学工作经历知道，演讲和讲课时说的是口语，故而表达很随性、很率真，即使被录音整理成文，其风格不变。毋庸讳言，与在书斋经过充分构思酝酿的笔耕之作相比，该书文辞略欠秩序和严谨，其中细节上的谬误，字词上的差池在所难免，这是事实。就像某位学友所言："南师的《论语别裁》，整书讲述信手拈来，关乎大意，不求细节，举例繁多，古今中外，想到说到，犹如聊天。但缺乏严谨的学术秩序……"我认为，这是就书的风格结构、体例形式和个别细节而言的，无关乎语义内涵。

而且，我发现同样的文字南怀瑾有时会有不同的讲法，甚至抛开汉字标准注解，其目的是能让听的人懂他的"别裁"之意。当然，这也是引来非议的原因。根据我多年的授课体会，正是因为很投入地讲课，以及课堂讲述时的随性、率性，才使得很多经过理性构思后会泯灭的东西得以真实地表达出来。关于这一点，没有亲历的人生体验，是不太了解的。

关于南怀瑾和他的书，历史学家李伟国有如下感悟："南怀瑾在讲解中调动其平生读书、实践、阅世、思考、教人所得之深厚学养和独到观点，游乎经史子集之中，博征佛、道乃至西方宗教学术观点，不论出世入世，评比精义，正说反说，更提示出入禅道的旨意，且以通俗话语，深入浅出，为读者开启智慧之门户。"

二、千古注解《论语》重训诂而忽义理

自汉以来，对《论语》的注解，不计其数。比较著名的有汉代诸儒注释的《集解》、《义疏》，唐代的《论语笔解》(韩愈、李翱)和宋儒《集注》，以及近现代的《论语正义》(刘宝楠)、《论语译注》(杨伯峻)和《论语今读》(李泽厚)等等。以上诸注虽有褒贬和争议，不过就是围绕征引、考据和训诂之类。从没有像《论语别裁》这样，一改千古惯例通则、甩开辞章训诂而着重把圣贤经典的义理还原出来。以往各种《论语》笺注，专主章句字词、纠缠枝节末微而忽于义理，将孔子要说的根本大义丢掉了，这叫舍本逐末。此其一。

其二，古今众多的《论语》章疏，均工于章句的训诂译注，严谨刻板而只重考据。南怀瑾不重走辩词释义的训诂路子，因为各种《论语》章疏都反复注解过了，他着重于纠正、别裁语义内涵的谬误。南怀瑾的讲解风格是不离文字，但又不拘泥于就字说字、就文解文，而是从义理的角度，再现其精髓实质。因此，有时不去计较章句字词原释如何，而是将整个章句的语义直接结合事例引申了，他是活讲活用，所以不死摘死译。

不仅如此，南怀瑾的阐释有别于任何一位注解《论语》学者的是，他既不困于原文章句，又能根据该章句的内容需要，有针对性地为读者(听者)插入原文中直接或间接涉及到的历史事件和人物，增加了读者对全面准确理解该章句所必须知道的历史文化背景和社会俚俗。这些是南怀瑾不同于一般学者注解《论语》的一个特别之处。

更要命的是，论语的要旨、孔子学说的核心和精髓是在义理上，不在章句文辞上，只是借助文字表述和示意而已。譬如孔子的“吾道一以贯之”，如果在文字上死盯死解这个“一”，就不可能有结果，甚至越解越远。所以，解经须尊“不离文字，不执文字，而为道用”的古训，对于经典义理的把握是要这样入手的。不能用训诂一般古文古籍的方法来注解《论语》、《大学》和《中庸》这样的经典。

正因为如此，南怀瑾讲述《论语》时，才把重心放在对义理的阐释上，以还原《论语》真正的内涵和孔子的原意。这是南怀瑾注解《论语》于一般学者不同的根本之处。此外，他还善于结合当前社会实际，引以为用。加之其蕴意深邃而妙趣横生的讲解，就使得《论语别裁》“在众多的《论语》章疏中是尤为新颖，别具一格的。”这样风靡两岸、脍炙人口的好书，却也引来争议最大、质疑之声不断。而且“向来强调专业主义、执着于细节真伪对错的两岸学者均不以为贵；不仅长期忽视之，甚至还一直蔑视之。”(薛仁

明《南怀瑾的学问与修行》）这不能不让人感到遗憾和痛惜。

汉唐以来，注解《论语》几乎都偏重训诂词章、训注章句，而把孔子学说最根本的东西丢掉了。从汉代郑玄所作的《论语注》，到曹魏时何晏基于郑玄注解多重训诂、集《论语》诸家训注而作《论语集解》，再到朱熹的《论语集注》，直至近代各种《论语》章疏，无不沿袭辞章训诂之路。即便如此，其中也不乏谬误，所以南怀瑾先生才直言“从唐宋以后，乃至远从汉唐以来，许多要点，就一直讲解错了”。这些在《论语别裁》中基本得到了纠正，这是该书最为宝贵之处，所以很重要。

在上述的各种注疏中，即使其中有释解义理的，要么依然“依文解义”；要么依译注者的主观臆测。如唐代韩愈、李翱等，其所谓“冲破‘疏不破注’的解经戒律，大胆指斥前儒在《论语》字词训诂、文意解读方面的失察之处。主张越汉儒而直承孔孟，舍汉魏旧注而直究经文本义。”于是，竟然把《论语》的精髓、孔子学说的核心“仁”，直究为“博爱之谓仁”，韩愈如此的“直承孔孟”，却成为千古以来，诠释孔子义理且影响最大最久的谬解之一。所以，南怀瑾称“这是韩愈的思想，不是孔子的思想”。

到宋儒时，问题就更大了，因为孔孟真正的思想“几千年来，有些是后人的解释错了，尤其是宋儒的理学家为然”（南怀瑾先生语）。因此，朱熹的《论语集注》虽也杂糅汉、唐众说，保存大量汉人的旧注，但亦有很多朱熹本人的“己意”，已经不是章句原意了。所以南先生说“这一解释错，整个光辉的孔孟思想被蒙上一层非常厚重的阴影，因此后人要推倒孔孟思想”。

比如，本文开始讲的《学而》篇的第一句“学而时习之，不亦说乎”，这句话的本意是学习以后要去不断的实践它，学以致用不是件很开心的事吗？看孔子多开放，他不提倡死读书，啃书本。可朱熹却将它解释成学了要去温习它，完全变了意思。还有，将“贤贤易色”的“色”解作“好色”“女色”。仅从以上数例，可见从汉唐到宋明理学，其篡改有多深，因此国人长期读这样的译注不能知晓真正的儒家学说，都学了宋儒的假儒学、假道学了。

明末清初，所谓的训诂考据之学“朴学”，在与宋明理学的对立中发展起来，虽“世薄程、朱”，但“家道许（慎）、郑（玄）”。以汉儒经说为宗，亦从训诂入手，专主审订文献，详细考论经、史、子、集的辨别、校勘、注疏和文字诠释。这些朴学家不但专意以考据治经，甚至发展到“穷研文字声义相应之奥”。这个传承一直到民国的几位国学泰斗，如章太炎、王国维、梁启超、陈寅恪等诸先生。其中，章太炎先生又被称为近现代著名朴学大师，主张学问重史实依据，解经由文字入手，以音韵通训诂，以训诂通义理。这几位国学大师，在考据治经、文史哲研究和考古方面，颇有造诣、成就斐然，有目共睹。只是这样沿袭旧制老路，以训诂入手治学，用考据之法来诠释儒家经典，何以解得真义理？故而，没能像南怀瑾先生那样直涉经论核心和孔子学说的根本。

当代海峡两岸虽然有几位从事传统文化研究的著名学者，声称自己是从义理角度研究发挥孔子的，但遗憾的是，诸君亦未明了真实的内涵。仅举一例，譬如某作《论语心得》上总结说："大家知道，儒家理论的核心和最最精髓的东西，除了'恕'字以外，还有一个是'仁'字。"此君所说的"儒家核心和最最精髓的东西"居然有二个（一个是"恕"；一个是"仁"），姑且不论她这"二"的问题。把"仁"作为最最精髓的东西没有错，但接下来对"仁"是如何解的呢？这位学者举了《颜渊》篇12.22章句的樊迟问仁，她说："孔子的学生樊迟曾经毕恭毕敬地去问老师什么叫仁？老师只告诉他两个字：'爱人'。爱别人就叫'仁'"。其实，此君忽略了"樊迟问仁，子曰：爱人"后面还有一句"樊迟未达"。可见，孔子的答复是针对樊迟的程度而言的，是圣贤依对象自身程度而采取的对治教育法，是因材施教的话，而非彻底语。此君如此认定爱别人就叫"仁"，把孔子应机施教的方便之语当成"儒家的核心和最最精髓的东西"，这是典型的断章取义。当代其他几位学者亦依文解义，谬解误读。令人堪忧的是，诸君如此解经，岂能不谬？以此见解说于百家讲坛，四处演讲，岂不误人子弟？

《颜渊》篇总共有四处问仁的对话，四处不同的人问的，孔子作了四个不同的答复。令人感叹的是，这位学者所说的"儒家理论的核心和最最精髓的东西"，其实就在《颜渊》篇开头"第一段讲内在的修养，形而上的'克己复礼'，教诲的对象，是得孔门道统真传的颜渊"（南怀瑾先生语）。孔子答复的原文是"克己复礼为仁。一日克己复礼，天下归仁焉"，其他三个答复都是"讲到外用的对象"，就是孔子因材施教的话。所以，南先生说"我们读书，要透过语意，要透过语文内涵的意义，找出思想、道理的真谛，这才叫学问"。由此可见，千古以来用训诂之法依文解义，或用主观臆测推断，怎么能够了解《论语》的精髓，如何知晓孔子学说的真谛呢

三、为孔子平反洗冤

由上述可知，南怀瑾先生别裁《论语》，为孔子正名的意义之大了。正像上节所说：由于汉唐以来，特别是宋儒的理学家把《论语》解释错了，不仅使孔孟思想被人曲解，也使得孔孟的形象被人扭曲了。因此，后人要推倒孔孟思想，进而造成许多人对“四书五经”特别是《论语》和孔子的误解、反感。所以“讨厌四书五经的情形，是无以复加了，而问题出在四书五经的孔孟思想被讲解错了”（南怀瑾先生语）。

时至今日，孔孟思想虽然没有被推倒，但却对孔子学说的精髓义理，注释家们大多曲解错解，或断章取义。经过历代儒者左释右解，特别是宋明理学家们这样一搞，使得千年以来，人们对孔子的印象是冰冷刻板、不苟言笑、不近人情，甚至是迂腐——因为圣贤之人是不能随意说笑、玩闹的，也不能生气、发脾气，甚至不能有作为正常人应有的情感和欲望。一句话，不能有喜怒哀乐，所以已经失去了孔子原本真正的面目。我无意为南怀瑾辩护，因为他一生所做所行，自有公论；也不是刻意美化孔子，因为既然是至圣，当然是知行完备、至善之人，一个才德全尽的圣人何须我来美化？我只想辨明真相，还其本来面目而已。

其实，孔子很开明、很通人性，活泼幽默而多有言笑；比我们一般人更亲切随和，更懂人情、善解人意，而且情怀博大。我们来看看《公冶长》篇的5.8章句：“孟武伯问：子路仁乎？子曰：不知也。又问。子曰：由也，千乘之国，可使治其赋也；不知其仁也。”这里的语句辞章近乎白话，无须笺注。所以，南怀瑾更不去逐文逐句地翻译，而是直奔本句对话双方所谈的内容“仁”。

“首先孟武伯问子路的学问有没有达到仁的境界，也就是说是否达到以仁道入世的程度？孔子说：‘不知也。’”然后，南先生根据孔子和孟武伯说话的语境和当时的对话场景，给我们提示了孔子对孟武伯的问话，不好正面作答的隐衷：“孔子说的是一句幽默的答辞，不肯定的话。”对于孔子不肯定的答话，孔子为什么有不好正面作答的隐衷，钱穆先生也有释解：“不知也：仁道至大，仁德至高，孔子不以轻许人，故说不知。”

由此可见，钱穆先生也看到了这一点，绝不是南怀瑾的个人随意发挥。接着，南先生用现实中的人情事理举例说：“等于有人来问我们说，你认为你的学生某某的能力，能不能当省主席？我们也许答复他，这个我不晓得。”无论是当时课堂的听众还是读者，听（读）到这里，一下就进入了对话者的语境和场景，这对准确明了孔子话语的内涵至关重要。

南先生又深入一步，把一个有很高修养的人，面对别人来征询自己学生如何时的心态描述了出来："也许我们的心里认为这个学生的本事，还超过了这个地位，但口头上不能这样吹；也许我们认为这个学生当科员的本事都不够，也不能说得他太难堪了，否则害他没有前途、没有饭吃，我只有说不知道。"

每当我读到这里，真的赞叹孔子的虚怀若谷和善解人意的情怀，也感佩南怀瑾先生深懂孔子此句的仁善心境！——自己的学生再好、再超群，"口头上也不能这样吹"，这是谦虚；自己的学生差很多，比别人认为的低很多，"也不能说得他太难堪了……"，是慈悲啊！所以，孔子才说"不知也"。但孔子只是就"仁"的修养境界而言，才说"不知也"，但他还是准确告诉了孟武伯，子路具体的才智与能力，那就是"由也，千乘之国，可使治其赋也"。

南先生接着说："所以孔子说'不知道'这句话时，是带着笑容说的，就是不作肯定答复，当然语意中隐含了子路还没有达到仁的境界的意思。"并谦虚地说："这是我对这个'不知也'含义的看法。"这显然是南先生一再想表明的，只是他个人的看法，没有说孔子的话就是这个意思，不强迫别人接受，更没有否认别人而以为自己的正确，这也是"别裁"的另一个含义。

其实，孔子也有和我们一样的地方，偶尔也率性而为地玩笑一下，《阳货》篇17.4章句就是一个典型实例。他有个学生叫言偃，字子游。子游去武城做官了，孔子就到那儿去了。我们先来看原文："子之武城，闻弦歌之声，夫子莞尔而笑曰：割鸡焉用牛刀？子游对曰……子曰：二三子！偃之言是也，前言戏之耳！"南先生融情融景地讲解到："一次孔子到了那里，听到弦歌之声……孔子嘴巴一咧，这么一笑说，子游真滑稽，在这样一个小地方，用这种高级教育来教育老百姓……过于小题大做了！"

子游质询孔子说，先生呀，以前您不是常这样教导我们的嘛，"君子学道则爱人，小人学道则易使也"这个话，是你教育我们的！但人家实践了，你不能笑人家呀，我应该教育他们啊！孔子看子游当真了，于是就说，是是是，马上收回了刚才的话，并告诉其他弟子："子游的话是对的，我刚才是开玩笑说笑话的。"这就是真实的孔子，他率性地说、率性地笑，也没有固执己见，更没有一副道学的面孔。这和人们受旧说误导而想象的孔子完全不一样。

所以，南先生接着告诉我们："我们不必像古人一样，把孔子塑造得那么好，孔子也是人，有时候也会说个笑话。或者不经过大脑说话的时候也是有的。”我们越是看到孔子真实的地方，便越觉得孔子可爱。

此外，还要说说《论语》和其他古籍里的“子曰”“诗云”了。就《论语》而言，这种全篇一律的记述，可能是由于当时的书面文风和行文规范，它只能这样记述为“子曰”“诗云”。至于在什么环境、什么语境下曰的，当时曰者的心情、语气，以及具体“云”的什么，都要由读者自己去品读。除《论语别裁》能够依据具体情形和曰者语境而灵活地讲述外，从古至今，几乎所有《论语》笺注对“子曰”“诗云”释义，要么是“孔子说”、要么是“先生说”。我很理解先人们对圣贤话语注解的谨慎，不敢越雷池半步。问题是，圣人也是人呀，他不可能、也不应该是不管什么场合什么情形，都像机器人一样，用一个语气、一个腔调说话吧，更不可能是永远一丝不苟板着脸的。

除了开玩笑，孔子时常也会感慨一下。譬如《公冶长》篇 5.11 章句：“子曰：吾未见刚者……”南先生就这样译述：“孔子有一天在感叹，他说我始终没有看见过一个够得上刚强的人。”细读原文，明显看出孔子确实是在有感而发，南先生没有死扣字句为：“孔子说……”,《论语别裁》在这些细微方面，相较其他笺注也算上是又“别”了一点。

正因为南怀瑾能够结合孔子在每一章句讲话的环境、语气，才使得该书读起来活泼泼、有生气，里面人物也都感觉像“活”了一样，这也是该书大受读者欢迎的原因之一。也终于明白南先生说的，如果把《论语》的对话场景还原出来，每一章句都是一部精彩的话剧和影视剧。只可惜难能找到有如此高修养的人来演呀。由此可以看出，南怀瑾先生在研读和讲述《论语》时，不会死抠文字语句，停留在文的层面；他一定会结合该章句说话者的身份、语境，事件的背景和所针对的特定的人和事，立体地、完整地展现出来。这一点是其他学者型的知识分子所不能及的，当然，这也是他们不能接受的，所以才指责为“随口乱说”而大加诛伐的。

南怀瑾的别裁和讲述，彻底改变了人们对儒家和孔子刻板的印象，再现了一个活泼、通达，还会开玩笑的真实孔子。其意义不仅使孔子得到了正名和平反，而且对于重新激起民众研习中国文化、重新认识儒家和孔子，起到非常重要的作用。正像学者余世存说的：“他打通了庙堂和江湖，让普通大众对传统文化有了亲切感，为大众提供了一种入门的可能性。”也正因为如此，“南怀瑾做了中国传统读书人、学院读书人不愿意做、不屑于做，今天看来也没有能力去做的事情。”因而，“他把传统文化用一种深入浅出的语言和比较通俗的方法传递给现代的读者。”从而改变了长期以来把传统经典学问只放在讲坛上、学院里面，没有推向大众的状况，使束之高阁的传统学说以平实的、常人的语言表述出来，完成了儒释道教义和传统学说的趣味化、大众化和世俗化。余先生进而总结道："我们大陆知识分子没有完成文化现代化、知识现代化的任务，大众对世俗化的知识、学问是有需求的，所以南先生的著作填补了这个空白。"

南怀瑾不仅博学，注重实修实证，更主要的一点是，他是开悟之人，对儒释道三家学说的核心——"心性"透彻明了。深明儒释道经论言说差异下的根本核心是一样的、相通的，都是讲心性的问题。因此，南先生才能把《论语》解释得那么生动和通达，这也是南怀瑾不同于一般学者的最根本的地方。从古自今，除了南怀瑾没有人这样解读过《论语》，所以是《论语》"别裁"。难怪海峡两岸的一些学者们"一看就大吃一惊"了。

南怀瑾先生的国学体系

陈全林

南怀瑾先生仙逝以后，国人纪念这位世纪老人、国学大师，20 世纪 90 年代初先生的作品刚引进大陆时，有人断言将会有“南学”出现，像学术界研究《红楼梦》的学问叫“红学”，研究王阳明的学问叫“王学”。“南学”的研究早就开始了。我应邀撰述一篇梳理南先生国学体系的文章，是难题，非难题。难者，我旅行在外，身边没有书籍可参考；不难，在于我用 22 年的时间遍读南先生的著作和写南先生的著作，成竹在胸。

何为国学？中华民族固有的文化学术的总和就是国学。其主干是儒释（佛）道三学，还包括中医学、古典文学、诸子百家之学、史学、数术方技，其中包括天文、地理、数学、养生之道等古代“自然国学”。研究国学的人很多，但对国学大本如“儒、释（佛）道、中医学、古典文学、诸子百家之学、史学、数术方技、武术”等都有研究、都有成就的人不多，有则必为通家，必为大师，必为旷世奇才。仅儒释道医，通一家皆可成大家乃至大师，何况都要精通。中国文化有个好处，能“一通百通”，一通百通的前提是修行得道，具超凡之见地，有圣神之境界，就能对百家之学豁然贯通，皆达本质。南先生正是以修行开悟的国学大师。

很多治国学的人是专才，不是全才、通才。专门研究道学、专门研究儒学、专门研究佛学的专家成千上万，在各自的领域里都有成就。每一门下又有很多细致的专科，即便道学，有专门研究道家的，有研究道教的，有研究道教思想的，有研究道教史的，有专究方术的，有研究丹道的；即便儒学，有研究孔孟之道的，有研究宋明理学的，有研究陆王心学的；研究佛学，有研究禅宗的，有研究密宗的，有研究哲学的，有研究修法的；研究历史，有研究通史的，有研究断代史的。或青年成名，著作风行；或皓首穷经，乃有所成。南先生在五十岁前对这些学问，大本已立，以佛为心、以道为骨、以儒为表来建立他的国学体系，他打比喻说：儒家是粮食店，道家是中药店，佛家是百货店，作为中国人，都是人生不可或缺的。

南先生讲经说法，以佛家为主，他是佛门居士，参禅开悟，讲佛经以禅宗经典为主，所讲《金刚经》《维摩经》《圆觉经》《楞严经》《楞伽经》《心经》都是禅宗推许的经典，与实修禅定、开悟见性有关，而他影响最广泛、被中国社会科学院教授戈国龙先生读过十七遍的《如何修证佛法》，也以禅宗为核心讲解佛法的修证原理，参同儒道，究元决疑。南先生对《法华经》、《华严经》及净土宗经典如《阿弥陀经》、《无量寿经》避而不讲，有的是因为篇幅太长，不容易讲述，如《华严经》，他只选了《普贤菩萨行愿品》来讲；有的是因为经典里的神奇世界、超凡境界很难讲述，如《法华经》、《华严经》，而净土经典宗教气息非常浓，讲究信仰。南先生重点讲禅宗经典，注重开悟，注重见地，见性起修，先证法身，但得其本，不愁其末。

南先生最看重的作品是《禅海蠡测》，先生用文言撰述，不像其他作品多是先生讲经，弟子录音整理而成。南先生讲经多，讲论少，讲律更少，“论”讲了汉地高僧所著《宗镜录》，依然是禅宗经典，也讲了印度菩萨所著《现观庄严论》。南先生讲佛法的同时参同儒道，便于读者理解。南先生还讲过佛教史。

南先生注重唯识宗，在于唯识的精细与如理分析，有助于学佛者系统地了解佛法的基本原理和心法世界。但南先生讲唯识的作品遭到很多质疑，可能与先生“以禅宗之心，解唯识之意”有关，在理解上和注重唯识名相的学者有分歧。

南先生讲道家经典，一是讲道家哲学的根本经典《老子》、《庄子》、《列子》，重在阐发道家的哲学精华。南先生讲了一部道教很看重的修仙经典《参同契》，还讲了《黄帝内经》里的部分内容以及《素书》、《长短经》等经世谋略之学，一般归到道家，至少本源上是道家。南先生也讲过道教史。公平而论，南先生讲得最精彩的是《老》《庄》《列》，最畅销的是《老子他说》，佛儒参同，经史参解，传道解惑，诠释老子的思想精华。南先生讲仙道的作品明显不及他讲禅宗的精彩，先生对仙道的研究逊色于禅宗。有些丹道精华未揭示出来。南先生讲道学，重在道家哲学与经世致用之道。

先生于儒学开讲了《论语》《孟子》《大学》，《论语别裁》是先生最看重的书，也是先生作品中最畅销、最受学界质疑的作品，同样是南先生最能传播中华文化精神的作品，为圣人传心，修身为本，淑世为怀，经史参解，大有为孔子思想正本清源之意。南先生讲过《易经》，《易经》在儒家被视为群经之首，道家则推许其为根本经典。南先生没有展开讲《易经》全文，而是讲孔子注《易》的“十翼”里最重要的《系辞传》上下篇，讲述儒家本体论、方法论。《系辞》被一些学者认为是先秦道家作品，像《周易参同契》等修道经典大量引用《系辞》的思想构建修仙的理论体系，《系辞》与修道的实践有关，与形而上道的探索有关，南先生讲《系辞》时结合道教、佛家对本体的探索和修行，阐幽发微。先生的《易经系传别讲》是一部重要著作，可是被很多读南先生作品的人忽视了，一是很多人喜欢《易经》体系的占卜方术，但先生避而不讲，直接讲系辞所表达的《易经》最核心的哲学是什么，讲天道不讲数术。再者，很多人对八卦等没有学习，使这本书读来困难，这是本书不及《金刚经说什么》《如何修证佛法》《老子他说》《论语别裁》畅销的原因。

南先生对密宗的经典讲了《现观庄严论》、《解深密经》外，没有太多开示，他对西藏祖师们的经典著作没有过多讲述，推崇宗喀巴的《菩提道次第论》，他将密宗很多法门、学理散化到其他经典的讲述中。他和洋弟子探讨过密宗大师如密勒日巴、益西措嘉佛母的传记，借此讲了很多密宗的修持理法，这就是《现代学佛者的修证对话》一书，非常精彩，有助实修。

南先生懂得很多“杂学”如占卜、武术、中医、仙剑、奇门，以及其他佛道、民间的方术，但他不怎么用，也不轻易开示，这些杂学中他对中医和武术公开传授得比较多，医武通道，可以养生，可以筑基。他还旁及小说、野史、笔记、诗词，讲课时总能妙语连出，故事阐理，诗词点缀。让人在会心一笑中参悟真理。

南先生对正史、野史都很留意，很注重以历史的经验参悟经典的意蕴。对史学经典，先生用功最深的还是《战国策》、《史记》等。经史合证，三教参同，是南先生讲学的特点，也是他博学所成，信手拈来，皆成文章。

纵观南先生讲学的特点，以经典用世、经世、济世、救世，重在思想文化。先生的修为，以佛为体，以儒道为用，构建了博大精深的国学体系。南先生说法，是讲大课，具有随意性，先生的作品多是讲学录音整理，难免有随意发挥、个别地方不精准或者理解有误或值得商榷的地方，很正常的。如，先生在讲解《孟子》里“为长者折枝，非不能也，是不为也”，把“折枝”解为“为长者折下一段树枝”，也能讲得通。但一般把“折枝”解为“折肢”，是为长者行礼如鞠躬。两者都通，后者更合理。这些不重要，是末梢不是大本，南先生以他的修行和正见，以他伟大的发心和超凡的智慧，所确立的大本是正确无误的，他的方向是时代方向，眼光是世界眼光，精神是中华精神。

南先生这样的通家、大家，现代罕见，即便古代也很罕见。就说明儒王阳明和清儒曾国藩，是五百年来立功、立德、立言的伟人，对儒释道都有心得，但王阳明对道教的研究重在仙道和为人处世的谋略，对佛学汲取禅宗思想和教化修行方式，他早年浸淫佛道，中年以儒为本，自成一家，中晚年对佛道颇有偏见，并不圆融；曾国藩对儒道研究精深，道学主要用于谋略和修身，对佛法的研究相对薄弱，没有做到三教通达，学贯百家。南怀瑾先生的国学修养（注意，我说的是“国学修养”）也超越了他的老师们如袁焕仙、虚云大师。近代很多大师学问很高，贡献巨大，但不圆满。如虚云、印光大师对道教多有微词，道学大师陈撄宁对佛教也有批评，近代新儒家三大宗师马一浮、梁漱溟、熊十力都对佛法深有研究，但三老对道学道教的研究就不及佛学，远未圆通。

放眼五百年来的国学领域，南怀瑾先生是打破了学术局限、宗教局限的圆通之人，心中没有门派之见、宗教之争，有的是中华文化精神，有的是“大一统”的王者气度。在他的心中只有文化、真理，没有宗派。这是南怀瑾先生的国学特色。第二点，他以修行人、得道者、开悟者、救世者的智慧和慈悲来看世间、看问题的本质，担当重任，尽其形寿，不退初心。他是伟大学者，也是伟大行者，这是他超越很多学者的地方。很多学者虽然治国学，治佛学道学，但没有实修的证量和境界，以凡夫心，测圣人量，何能得真？何能透彻？何见真谛？何得受用？很多学者，佛道之学和做人处事是两张皮，烦恼不断，未得受用。南先生“以身作证，自得受用”，于佛于道于密于医于武皆有修证，皆有体验，皆有成就，注定了南先生之讲经与众不同，多了深邃的、本质的生命体验，远离了文字相，远离了琐碎的考证等，直达本质，这是南先生著作的过人之处。

南先生的国学有体有用，有本有末，对于数术等国学之末，皆有涉猎，慧而不用，不挟术以惊世，不借异以骇俗。重道本，不重术法；重德性，不重功夫；重见地，不重神异；重实修，不重玄谈。以人道立基而修佛道慧命，以形而下探形而上，见性起修，力求安全，最终的目的不是个人的成佛成仙，而是以广大心弘扬中华文化，点亮民族文化的火炬以照亮世界，促进人类的和平与幸福。儒释道文化中，国人应该阅读的最基本的经典南先生都有讲述，先生的作品，可以看作打开国学大门的钥匙，读者依之登堂入室，自得受用。

南先生具有世界眼光，不排斥西学，主动学习西学，努力沟通中西方文化的交流，但他看到了西学的弊端；不过分推崇国学，看到了国学里的阴暗。他是一位智者，提倡实修实证，身体力行，经世致用。道与术并用，智与谋同成。治学问，弟子满天下，著作等身高；做企业，计天下之利，察民生之情。他不单纯是一个学者，还是一位实干家、实业家，以东方哲学指导经营，身在财富外，心在大道之中。这些具体的事功是他的国学体系极其重要的一部分。自南宋以来浙江“永嘉学派”注重事功，南先生的骨子里深受家乡千年事功思想的影响。建老古文化出版公司、修金温铁路、建太湖大学堂，都是他的事功，但这不是最重要的，最重要的是他建立了不朽的文化事功，那就是“南学”。“南学”只是方便称呼的名相，先生的学问，到底还是国学。

南先生不尚玄谈，不尚空谈，求真务实，胸怀天下，这是做人、治学、立业、修道最基础的修为，也是最高的境界。南先生常说最高深的也是最基础的。先生仙逝后批评质疑之声不断，窃以为，南先生得的是大本，讲的是大本，而批他的人批的是末梢。这是一个缺乏大师的时代，而一个百年大师又绝尘而去；这是一个娱乐时代，缺乏关怀、缺乏同情和慈悲的时代；这是一个质疑一切、唯我独尊的时代；这是一个能把严肃问题娱乐化的时代；这是一个衰退的时代，空虚的时代，也是一个孕育未来的时代。我们保存大师的精神财富、文化遗产，也就是为中华文明保存未来可以燎原的火种，照亮空虚时代的天空，给黑暗以光明。某些学人在南先生辞世后忙着批判他，那意味着良知的丧失，在毁坏文化、精神、良知的同时还在毁坏慧命。我们要站出来发扬南先生的精神，高举南先生留下来的火炬，分光传灯，薪火相续，代代传承，光芒照耀，这是民族之福、国家之幸。

南怀瑾先生是这个时代这个世道的“文化良心”，保赤子之心，茫茫人海，嚷嚷尘世，悠悠百年，拳拳诚心，先生始终如一，终得大成，是学人之楷模，民族之精英。先生为人谦和，处世低调，平易近人，和光同尘，真得国学大本者也，儒释道的精神在他的身上和谐体现。

南先生的教诲与法身永存，著作与声名并久。

第三部分

心交感通 人间挽歌 人道之路 薪火相传

精神的导师 文化的法主

——在南师怀瑾先生祭奠告别仪式上代表学生的发言

周瑞金
（太湖大学堂教务长）

我们最敬爱、最慈悲、最智慧的南师怀瑾先生，在壬辰年中秋月圆花满之夜，离我们而去法界净土。作为跟随老师多年的老学生，此时此刻，都会追忆起六年前，也是中秋月圆之夜，就在刚落成的太湖大学堂，老师白天为我们开示生命科学，夜晚与我们一起欢声笑语，共度佳节，感受教化，备受启迪。今天，碧空净洗，皓月圆明，天地在冥冥之中启示我们，老师宏深誓愿，救度众生，弘扬中华优秀传统文化，已经功德圆满。

我们所有学生今天都深深感念老师的教化之恩。他是一盏明灯，点燃了我们每一个同学的心。他毕生呕心沥血，不辞劳苦，为我们怎样做人、怎样做事，指明了一条正确修炼的人生之路。老师，就是我们精神的导师、文化的法主。

我从20世纪八十年代末九十年代初，读到老师的著作，深深敬佩老师以现代眼光弘扬传统文化，指点世界，借鉴历史，评论人生，切中时弊，令人醍醐灌顶，深受教益。我曾写了《奇书、奇人、奇功》一文，在大陆最早地全面介绍老师，被汪道涵先生推荐给中央最高领导阅读。当时，老师正在香港寓所主导国共两党和谈，为后来达成“九二共识”，打下了坚实的基础。

老师在台湾、香港，培育了一批虔诚的弟子。从香港来到大陆，老师已近九十高龄，他慈悲为怀，精神矍铄，创建太湖大学堂，创办吴江国际实验学校，举办各种讲座论坛，极力弘扬传统文化，潜心探究生命科学。一大批中外学生都在这里聆听老师的教诲，感受老师的熏陶。老师的耳提面命，弘道扬法，循循善诱，让我们沐浴在无限温暖的巍巍师恩之中，激励着我们不断提升道德修养和人格水平。

老师的肉体走了，老师的精神永存。老师是中华传统文化的集大成者，上下五千年，纵横十万里，经纶三大教，出入百家言。我据此拟了一副挽联，概括老师一生的精神和业绩：

上联：**世外高士儒释道禅净密宏深誓愿圣绩远播救度无边众生堪称当代维摩；**

下联：**域中奇人军政经教科文筚路蓝缕甚多建树造福中华子孙史载功业千秋。**

千言万语难以表达我们对老师的惜别、敬爱、感恩之情。我们誓愿认认真真地践行老师的精神和品格，老老实实地遵照老师的教导做人做事。老师的事业永在！老师的智慧长存！我们一定要做到：事师如师在，道业永相续！

老师，走好！我们永远怀念您！

感言

马宏达

（根据2012年10月12日谈话记录稿修订增补）

昨晚和彼得·圣吉聊天，他说这次我们大家是否可以毕业了？他希望大家各自努力，传承从老师这里学到的东西。他从开始找到老师，一直到今年，十五年中，每年都来向老师求教，也获得了扎扎实实的收获与成长。他这次发愿把老师的学问和著述进一步传到西方去，传到世界去。他说中国文化对西方乃至全世界是很有帮助的，尤其这个时代和未来，世界充满了危机，非常需要借鉴中国传统文化诸多宝贵的思想与经验。就拿管理学来说，如果只是寄托于规则和利益管理，而不是大家各自以内心观照和修养为立足之本，就不是真正好的管理。

我跟彼得开玩笑，不过也是真话，我说现在谈毕业还早呢。老师这一次，给所有见过面或没有见过面的学生留了一张考卷，这是一个非常大的人生考题，我们每个人要用几十年或者余生，去回答这个考卷，等将来见老师，自己去交卷，那个时候才知道自己打多少分，是否可以毕业了。所以将来我们走的每一步，自己心里所思所想，所作所为，其实都是在答这一份考试卷。

讲到大家最关心的老师身后最重要的事情——传承，我有一个看法，老师的学问是儒释道三家，诸子百家都通的，不限于任何一家。但是不妨碍我们借鉴佛家的经验来思考。释迦牟尼佛走了以后，身后事最重要的是什么东西？不是世俗认为的财产，或者什么其他的东西，而是佛经，就是经典，因为佛陀一辈子智慧的结晶就记录在经典中，经典是法的载体。因此，他走之后，最重要的事就是五百罗汉结集经典，然后留传到后世。那么佛像、寺庙、出家人或者在家的居士，也是重点，但是没有那么重要，一切都围绕着经典的传承、法的传承。固然说人能弘道，但是人也能乱道，见解之争，派别之争，衣钵之争，真伪莫辨乃至欺世盗名，历史上诸如此类故事不少。以人为核心的弊端很多，变量很多，不确定性很多，寿命也很短暂。而经典的传承更长久，更稳定，诈伪的机会少。所谓“经”，就是贯穿历史而常在的东西。所以，佛涅槃后，结集经典最为重要，传承经典最为核心，即便是“以戒为师”的训示，也是以律藏经典为本。不论什么人弘法，也都离不开一个原则——“依文解义，三世佛冤。离经一字，允为魔说。”所以说，传承的核心在于经典。

老师当然不属于哪一家，他是没有门派的。而且老师也没把自己的著作或著述当做经典，但是不妨碍我们借鉴佛家历史经验来认识问题，理解老师身后最重要的事是传承，传承的核心在于经典。其实老师比释迦牟尼佛幸运，因为他在世的时候，自己可以主导，出版自己的讲课纪录，或自己写的书。在老师走前，他的著述大部分已经集结出版完成了，只有三四本他要出的书尚未出版，而尚未出版的这几本书，他已经亲自审查定稿了，即将出版。其中一本讲《中庸》的，他早已亲自写好稿子，准备放在最后出版的。这是比释迦牟尼佛幸运的地方，同时也可以说是老师的明智，因为提前集结了，而且经过他本人的认可，认定过了。佛陀身后的经典结集，有好几次，除了第一次以外，争议很多，因为没有佛陀或佛陀亲自认可的大阿罗汉主持，无法给予最权威的认定。这是讲老师走后最重要的，是传承，而不是别的什么。传承的核心，是经典，是他的著述。这些著述，借用佛家的话说，就是法身舍利，就是老师的化身。

当然，对于老师的课与著述，也同样适用四依四不依原则：“依法不依人，依义不依语，依智不依识，依了义不依不了意。”这四条原则，其实对于读古今中外任何书或文章、听任何人讲话或上课，都同样适用。否则就不是智慧之学，而是盲从与迷信了。

至于传承的另一方面——著作的推广，老师出版的著作，从台湾开始，到香港，到大陆，几十年来没有做过宣传，没有做过广告，完全是靠读者自己的口碑，老师也不接受任何的记者采访，根本就没有去推广，可是不胫而走，读者满天下。他的书在市场上是畅销书、长销书，几十年了，一直如此。未来呢？我想还是会一样。所以推广著作不是问题，天下人自然会推广。可以说，老师的化身就在每个读者面前，他的法身舍利就在他著作里面。能够吸收多少，受益多少，就靠每个人自己的智慧与努力了。

开始的时候，我以为只有老一代的人会喜欢他的书，后来发现年轻也是一样，现在十几岁的孩子，二十几岁的人，一直到九十几岁的人，各年龄段都有南师著作的读者。我看将来也会是这样。

所以不用担心传承，天下人自会传承。当然我们也是天下人之一，每人自己有多少能力，有多少心力，只要各尽所能就好了。我们幸运，亲近老师多些，感受老师的身教很多，但是各人能够从中成长多少，就看自己的智慧了。有缘亲近老师，是我们的幸运，但并不代表“一人得道，鸡犬升天”。否则这个世界上早就没有众生了，早就被古来圣贤度尽了。老师是增上缘，每个人终究要自觉自度，自负其责。

其实这次老师给大家上了最成功的一次课，他用人生最后阶段，在这么短的时间内，牵动了这么多人的心，不光是中国，还有国际上的华人朋友和外国朋友，他这次的课，受众范围最广，触动大家最深，无数人在这个过程之中，反思、反省，甚至忏悔、发愿，要改变自己，要做功德的，大有人在，太多了。看了“怀师”网页的文章、留言，很感人，很多真让人佩服。而这些文章、留言，绝大部分是我们不认识的人写下的。所以说，天下人自然会传播老师的学问和教化。

不止一次有人提出“南门”、“南门弟子”的概念，老师当场表示，他一直反对这些门户观念。他一直强调，道是天下的公道。他一生的学问，是来自于读古今中外一切经典书籍，以及他一生的经历，跟一切人从一切事中学到的东西，所以才能如此渊博，而且不困在书生气上。如果困在门户门派之见，那就太有限了。所以他深恶痛绝门户之见。他也引用过这句话：“佛教徒是释迦牟尼佛的罪人，道士是老庄的罪人，儒生是孔孟的罪人……”一旦设立了门户，学生一代代传承下去，难免把自己的意思加在前人身上，或把前人神化、偶像化，会导致曲解、误解、歪曲、误导，直至失败。

再说，历史上诸子百家的任何一个大家，有说过要开一个宗派吗？孔子说过“我是儒家”吗？老子说过“我是道家”吗？都没有，这是后人加上去的。所有的圣贤，他们是海纳百川，没有门户之见，所谓“君子不器”，没有边界的，这样才能成其大。老师也没有什么“南门”“南学”等等观念，这些观念都太狭隘了。真正的圣人，他的胸怀，他的学问，是没有边际的；没有设定门户，也没有设定学生和非学生的界限。天下人愿意读他的书的，愿意接受他教化的，都是他的学生。他说一个人如果不尊师重道，那是混蛋。可是如果把自己当作老师，那是自己昏了头。听到有人在外面以他的学生、弟子为名招摇，老师反复讲他没有一个学生。听到有人在外声称是他的关门弟子，他听了笑说自己从未开过门，何来关门弟子。老师对学生定的标准非常之高，可以说无人能及。同时老师也非常谦虚，与大家都是朋友，他永远不居于师位，而是永远处于学人之位，向一切人学习，也声明不要把他和他的学问当作标准。他说谁有心得，谁心里清楚，不必搞形式上的师生这一套，这些俗套后患不少。

所以我觉得不用担心传承问题、门户问题，倒是大家要借这个机会好好地用功，好好地自我反省，好好地成长，这样老师这一课就更有效果了。大家一时难过的情绪，也许会持续一、两个月，或者是一年、两年，悲伤不舍，但是情绪过去之后呢？大家是不是照旧，该混的混，该玩的玩？如果还是旧习气在主导我们的心，悲伤与怀念又有什么用？我们有缘亲近老师，他的身教我们接触得最多，所以我们更应该先把自己做人做事的修养做好，否则谈不到传承。

老师已经努力了七八十年，在他八十三岁的时候，力排众议，定了这一块土地要盖这个书院——太湖大学堂（做成人教育），然后亲自设计，大兴土木，推进工程，然后八十九岁正式开学，讲学不辍，亲任校长与导师到最后。书院是以一位导师为本，导师与学生生活在一起，身教言传，耳濡目染，师生有如父母与子女。当然，“子女”是否成人成才，要看子女的天分与努力。可以说，书院的灵魂就是导师，书院就等于导师。但导师不等于书院，导师只等于他自己和他的学问与行履，他的学问与行谊是天下为公的。老师在九十一岁的时候，为探索儿童综合素质养成教育经验，又创办了一个儿童教育机构——吴江太湖国际实验学校，在老师的指导下，很多人参与进来，付出了不少努力。当然，老师说盖这片地方，办这两个学校，与过去办其他文化教育机构一样，也都是暂时一用飞鸿踏雪的方便花样而已，重点不在于这些机构本身，而在于推动国家与社会对文化教育事业的反省与重建、继往与开来。

老师每天做事至少十几个小时，应对出家在家各种人、各种事，没有节假日，数十年如一日。这个话很容易一下就听过去了，实际设身处地体验一下，谁受得了？那真是大苦行！这么大的年纪，这一份宏愿，这个雄心壮志，还大办教育！八九十岁还能讲课的人，已经很难找到了，有人来上海听课的时候曾说，他认为这个年纪的人不可能会讲课，结果看到老师还跟年轻人一样，觉得非常不可思议。这六年之间他讲了太多的课啊！还有每天晚上茶余饭后，跟客人或者学生聊天的时候，其实都是在上课。他有时候会针砭一下客人，都在影响人，来的这些人不管是什么阶层，什么地位，很多是各界的菁英，对他们来说，老师的影响是一年半年，甚至更长的时间。他们的一点改变，会影响很多人。老师是随时在做教育，随时严格要求自己。

譬如他要抽烟，我们要帮他点烟都不可以，他走路拿着包包，我们要帮他拿也不可以。他不要任何人侍候的，他说我有手有脚，都好好的，为什么要别人侍候？这就是身教。至于言教，很多平常的谈话也是传道，这是我们的幸运，有这样的因缘亲近他。但是我们改变了多少呢？那是我们自己的事了。总之，回忆过去他的身教言传，反省自己，去改变自己的习气，是向老师学习的最起码着眼点。譬如老师最重要的著作，是他自己所写的《禅海蠡测》，那是他智慧的结晶，可是他为什么强调《论语别裁》、《原本大学微言》这些呢？《论语别裁》侧重在做人做事上，做人做事本身就是习气转变的过程，也是习气暴露的过程。理论讲得再好、地位再高、财富再多、名气再大也没有用，重点是你做人做事时的反应，才是最关键的。教育的核心在这里，教育的瓶颈也在这里。教知识和技术是容易的，但传授知识与技术不过是教育的外围而已。转变习气、开发本有的智慧，才是教育最核心的目标，但往往也是教育最无能为力的地方。即便遇到再伟大的老师，这个积习的转变与智慧的觉醒，根本上也还要靠自觉。自己不自觉改变，一百个释迦牟尼和孔子在身边也没用。

南师用自己的身教言传去启发大家，但是真正的改变来自于每人的自觉，自己的反省。不论释迦牟尼佛，还是孔孟、老庄、耶稣，他们亲自教化而有心得的人不过是少数，不肖弟子和糟糕学生也不乏其人，提婆达多害释迦牟尼佛，犹大害耶稣，这些故事的背后，是人性习气的刚强难调。倘若糟糕习气再叠加了利益关系和欲望，那就更加糟糕了。所以说圣人不能改变所有的人。实话说，没有谁改变了谁，只能是影响而已。教育就是影响、熏陶，但影响、熏陶也只能是外部作用。外部土壤再好，内在种子如果有问题，也不会结出好果子。所以，真正的改变，要靠自觉，只有自觉才能真正改变自己。所以要谈传承，先从自觉改变习气入手，否则不要谈传承。

天下的人为什么那么感念老师呢？这些天来有多少没有见过面的人，为他而流泪，一个人在短时间内牵动了亿万人的心，这靠的是什么？靠所谓的学术吗？或者靠新闻媒体的宣传吗？都不是。那是他的教化，打动了人们的心，不同程度地启发了人们，带动了人们内心与生活的转变，乃至于家庭的转变，人们发自内心真诚地感念他。看了这些留言，这些文章，我有这样的体会，老师真正地影响了时代与历史，未来因为他的启发而改变的人，会越来越多，认识到中国文化之博大精深的人也会越来越多。

所以，老师三教百家融会贯通，推动东西方精华文化融合，这是前无古人的。

另外，中国和印度几千年来，知识分子写的文章、讲的话，老百姓不懂，因此知识分子与普罗大众是脱节的。大众生活在传统文化的氛围里，却不懂文化为何物。尤其宋元明清以来，文化变异的增加，对人性束缚的增加，积蓄了反弹的力量。因此，当鸦片战争后到二十世纪初的八十年时间，中国屡战屡败，当此时，留学生鲁迅、胡适、陈独秀等等号召偏激的运动，否定中国历史文化。此时虽有辜鸿铭这些学贯中西的大家反对，但在大众不明就里的前提下，反对的声音被淹没了……孔孟没有遇到这样的情况，历代的圣贤没有遇到这样的情况。春秋战国的时候，虽然混乱，但是文化并没有断，不过是政治上的乱而已，文化上是百家争鸣的。但是到了新文化运动，中国历史文化被否定了。

看到这个前所未有的历史文化巨大危机，老师明白，亡国还可以复国，但民族文化亡掉了，中华民族就万劫不复了。因此，他二十六岁在峨眉山请普贤菩萨作证，发宏誓愿，重续中国文化断层。然后他跳到历史的洪流里面，去做中流砥柱。他为了历史文化的接续、重整与人才培养，七十年来筚路蓝缕，却苦心孤诣，矢志不渝，为此不惜牺牲了全部的时间与精力，家庭也为此做出了巨大的牺牲。他数十年如一日地精进努力，不休不歇，自奉甚简，自律甚严，如苦行僧。而这一切，都围绕着他当初所发的宏愿，围绕着这件历史文化的大事因缘。他在台湾的时候，曾经不惜举债来弘扬传统文化，推动东西精华文化融合，甚至供养穷学生们生活，让这些出家在家的穷学生们专心用功。试问，谁有这样的气概与担当？谁又能理解他的苦心呢？

处在这个文化断根的时代，老师可以说是力挽狂澜。到了台湾之后，他讲学不辍，摄受三教九流各界各阶层。蒋介石听了他的演讲之后，决定成立文化复兴推动委员会，团结了大批中国文化的学者，包括钱穆等人，一起努力把中国文化做了保留。

八十年代后期，老师的书进入内地，有力地推动了内地三教九流各界各阶层对传统文化的学习兴趣。没有任何人可以像他的书那样，引起大家对传统文化的共鸣和学习兴趣。他对中国文化的阐述，确实又开启另外一个前无古人的局面——使大众对中国文化有了认识，这是古代没有的。古代民众活在中国文化的氛围中，但并不知道文化究竟是什么，只有知识分子知道，但是知识分子是少数，跟群众脱节的。而且大部分知识分子困在学术教条上，与实际脱节。孔子说，“道不远人，人之为道而远人，不可以为道。”老师的课与著述贯穿着生命与生活的真知灼见，贯穿着“道”力与人格力量，并且表述深入浅出，透着亲和力，因而容易沟通读者的心，可以摄受三教九流，任何人都能接受一部分，能够知道了解一部分，虽然不能全面地掌握，但是心向往之。由此使得中国传统文化的种子，遍洒华人世界，在华人各界各阶层人们的心地中，逐渐生根、发芽、开花，乃至结果。因此说，老师不仅接续了大时代巨变造成的五千年未有之历史文化断层，而且接续了几千年来殿堂学术与普罗大众之间的隔离断层，使学问重新回到“道不远人”的境界。中国传统文化，由此具备了很广泛的人群基础，而且未来的华人也一定会传承下去的，并会融入西方文化中的精华，为未来人类的福祉做出贡献。

老师从在峨眉山发宏誓愿，到今年中秋，首尾七十年，艰辛备尝，却矢志不渝，行人之所难行，忍人之所难忍，不折不扣实践着诺言，也终于完成了他的历史使命，功德圆满如今年中秋之月。

老师是一个点灯的人，他来这个世上，是希望能够点亮越来越多人的心灯。他从来没有休假，他现在请了一个长假，接下来就靠大家去点亮自己这盏心灯。把自己这一盏灯点亮了，自然会照亮周围。这是对老师精神的最好怀念和传承。

与南师友朋共勉歌

宗性法师
（中国佛学院副院长、教务长，成都文殊院方丈）

勿成迷，勿着相，来来去去了旧账，
秋风拂面太湖水，碧波后浪涌前浪。

何用悲，何来伤，南师自己有主张，
辛勤耕耘春复秋，无生灭处是故乡。

莫私语，莫喧闹，心灯相续最重要，
金粟轩里青青秀，同愿同行菩萨道。

不可言，不思议，月圆天心在秋季。
今朝撒下菩提种，他日龙华共相遇。

宗性　拙

壬辰中秋日

身归何处

刘雨虹

讲到老师最终的种种事，引起很多朋友们发表高见，或由情而说，或由理而言，有的观点在细微处，有的观点在广阔处，立场各不同，见解有高下，或片面，或全面，虽稍见争端，终不失君子之风，令人受益良多。难怪孔圣人说："三人行必有吾师焉"，高人之后有更高的人。

这不免使我想起老师常说的一句话：学佛是要学解脱。大概做人也要知道解脱，不要被自己的见解困住，变成我执。记得九十年代之初，为了老师的书在大陆印行简体字版，我常去北京。有一天，我与北京佛教文化研究所的李家振先生一同前往潭柘寺（古话说：先有潭柘寺，后有北京城）。

由于佛研所租了潭柘寺一处院落，老师得知后，嘱我也在该寺租一个地方。

当时老师在香港，未来行止未定，大概是以备日后之需，所以想租寺中一处地方。也因为听说清朝的康熙和雍正二帝，常到那里小住修行，所以那个古寺颇不寻常。

岂知老师又说："最好全部租下来。"我大吃一惊，立刻对老师说："这个潭柘寺太大了，租下来怎么办？"于是老师说了一番话，意思是，潭柘寺背后山峦之处有不少山洞，将来他要住进去，死的时候就自己死，病痛喊叫也好，反正无人听到，就这样不知所终……

老师的一番话，令人忽然明白一点，什么叫解脱，什么是潇洒。老师的愿望是不麻烦任何人，死后也不留下任何身体遗迹，以免造成后人是非口舌之争，遗物舍利之争，更免除建塔建纪念馆之耗费，顺便也减少人们贪心争夺的恶业。

反正"不知所终"就不会有什么争夺了。所以，"老子西去不知所终"的历史，说明老子真的了不起。大概那时老子的"粉丝"不多，伟哉！老子。写到这里，又想到大约三十年前有一次，老师与几个同学正在闲话，说到弥勒菩萨未来龙华会的事。当即有个山东同学王征士（《怀师》一书中有他的报告）说："老师，将来我们在龙华会上再见。"但老师的回答却语惊四座，他说："我跟你们不会在龙华会上相见……"同学们听得正目瞪口呆之际，又听老师接着说："因为我早已发愿，生生世世要来度众生。"话刚说完，只见一个同学已经流下了眼泪。老师要生生世世来这个世界，帮助我们这些愚痴的众生，这是多么宏伟无涯的大愿啊！多么气吞山河……

老师到底是何等的人？真觉得自己太痴太愚了，常常纠结在鸡毛蒜皮的争论中，连小事都不能解脱。怪不得古德说，这是"螺蛳壳里做道场"，目光如豆，心念计较的事，只在豆子那么大的范围之中，说话的口气倒象是个领导……

在老师最后三个月的过程中，我未尽任何照顾之力，对于日夜随侍老师左右的同学们的辛劳和内心的煎熬，我的感受极深。此刻，我要对他们的谦恭和忍辱，致上最高的敬意和无尽的谢忱！

念·忆

袁淑平

南师兄
你若愿回来
早点把眼开
你如对尘世厌烦
那就去极乐世界
修身养性
乘愿再来
不要再犹豫
不要再徘徊
不要听那些熙熙攘攘的言词
使你乱心怀
兄是大丈夫顶天立地男子汉
决不优柔寡断有主裁
不管在任何时任何地
我将看到你灿烂笑颜

弟：淑平写于壬辰中秋前日

忆　一

我年十九便逢君
玉树临风二五春
异性兄妹隔天涯

落地便是骨肉亲
七十年离多相见少
会面总是谈诗文
天南海北也谈论
口舌生花举座惊
无须记录长相记
心情愉悦系天伦

忆 二

兄妹情，海洋深
师兄仗义认亲人
守望相助互慰勉
伊然至亲骨肉情

忆 三

师兄恩，泰山尊
葬父筑塔情又深
欲报师门法乳恩
特遣子媳拜塔灵

注：师兄认我儿子为义子，关怀备至，教育备至；

又注：在盐亭凤灵寺埋父亲骨灰，并修七尺灵塔耗资七十万。

弟：袁淑平拜于

二〇一二年九月二十九日

南岳赋

雷泽渔父

吁……斯人逝!

登高岗以瞻望兮不见南岳，临沧海以远眺兮烟波渺茫。秋风萧索兮黄叶零落，烟霞恋岫兮白露催霜。山泽咽噎兮万籁俱寂，星摇月坠兮天地玄黄。闲云隐谷，倦鸟归林。长亭古道，松柏森森。时值中秋，岁在壬辰。是时也，大士圆寂。太湖烟水愁千绪，碧落银盘亘古今。龙象归去遗敝履，人天眼目自此亡。逝者安然于大寂，随者痛绝丧考妣。长歌当哭，天地同悲。羊肠歧路，迷子失途。嗟乎！秦失三号兮安时处顺，庄子鼓盆兮生寄死归。一期事毕兮功德圆满，乘愿再来兮更待慈航。

大士出世，譬如水月空花，经纶三教，出入百家。游刃乎翰海，孜耕乎杏坛。素怀出世，迹履维摩。炼石补天以拯文明之败落，播火传灯以挽佛道之凋零。尼山再现，弟子云栖。丛林复振，缁素同归。厚德堪载万物，师范可表人天。慈云法雨，含灵均沾。解惑传道，开悟童蒙。巍巍功德，日月昆仑。慨乎末世洪流，共业滔滔。礼崩乐坏，遍地蓬蒿。大士出世，独领风骚。中流砥柱，谤随名高。超然一笑，迥出尘劳。去留无意，何滞秋毫。

已矣乎！白云鹤影，淡入三清。满天花雨，遍地落英。仰望北斗，星月潜形。寥廓空寂，万籁无声。吟哦唏嘘，诗韵俱成：

南岳归踪何处寻？疏桐朗月照双林。
虚空碧海大圆镜，王舍鹭池未了心。
画案依稀当日貌，讲堂无复旧时音。
太湖烟水微风岸，惆怅芦花没雪深。

壬辰季秋　雷泽渔父

【白鹭池】

位于王舍城竹林园中。佛陀宣说大般若波罗蜜多经六百卷，共历四处十六会，其中，五九三卷至六百卷即说于此处，亦即十六会中之第十六会。大般若波罗蜜多经卷五九三（大七・一〇六五下）：‘如是我闻：一时，薄伽梵住王舍城竹林园中白鹭池侧，与大苾刍众千二百五十人俱。’以此之故，般若经又称白鹭池经。

大哉南师

孟庆福

中秋之夜，惊闻南师已于日前驾鹤西归，直如五雷轰顶，半晌不能回神。直问余鄙俗之极，果真无缘面瞻尊荣、伏踵得先生摩顶也？世人愚笨，先生果真不胜其烦、不胜其累也？仙人亦有逝也？亦或成佛也？得道也？

久不自释，略以书伴泪记之。

一代宗师，魂归天外。呆坐半晌，久不释怀。若失若遗，不胜其哀。暮云春树，想望丰仪。南师此生，可谓大哉。

恪守传统，涵养纯粹。冠道履仁，良玉精金。经纶三教，集其大成。出入百家，纵横驰骋。怀素抱朴，怀瑾握瑜。先生之道，可谓大哉。

身修行洁，学问深宏。真儒抱道，事功彪炳。瑾言笃行，纤毫不尘。大德之人，必得其位。必得其名，必得其寿。先生之德，可谓大哉。

幼年习武，壮年参禅。峨眉闭关，文武双全。台湾香港，归根湖边。足踏三地，联通两岸。先生之行，可谓大哉。

上下五千，纵横十万。五凤楼手，七步奇才。出使东洋，即席口开。众皆叹服，扬名在外。先生之才，可谓大哉。

载道以文，化成天下。洋洋洒洒，著作等身。姜桂之性，愈老愈辣。文望尊隆，泰山北斗。先生之文，可谓大哉。

不囿考据，诙谐直白。超越世俗，累年登台。鼓箧担囊，不辞曲士。兰桂滕芳，桃李花开。夜寐夙兴，明镜不疲。文化断层，妙手补裁。继往绝学，孔子当代。起凤腾蛟，太平开来。先生之教，可谓大哉。

道兮超群，德兮迈众。享乎上寿，做乎古人。寿终正寝，诞登道岸。令名攸着，瑞世琼瑶。南极星辉，光耀全球。北斗以南，一人而已。先生此生，可谓大哉。

雁过留声，人过留名。余于偶值，得闻先生。大学微言，爱不释手。遂购全集，一一瞻览。老子他说，论语别裁。如沾时雨，如沐春风。先生有着，必先读拜。扬切瞻韩，慕蔺久怀。恨无慧根，深感无奈。无法登堂，不能入宅。仍行强志，蠡测慧海。徜徉其中，奢免枯败。

先生得名，怀瑾握瑜。瑾安在哉，瑜安在哉。于今唯余，痛哉惜哉。先生有灵，可闻余哀。黄鹤杳杳，白云悠悠。大师此去，后继者谁。夜半于斯，涕下沾台。

梵心如故，宏愿如初

若 林

煮酒江湖 放眼过处 舍身求法天涯路
山野露宿英雄穷途蜀道初登一饭无

昔日峨眉金顶路 万山冰雪难阻
三年大坪闭关处 阅藏十二部

沏茶倒水真功夫 粗茶淡饭总知足
四相五蕴皆不住 尽是妙性湛湛
真心如如

知君两件关心事 天下苍生架上书
……
廿年灯下经史足 心中义理早精通
初遇金经顿开悟 空却色相了执着
虚云盐亭幸依怙 南禅七日引归途
身在关中忧天 下一片丹心 何辜
……
一生漂泊 几度 沧桑过尽驻太湖
心境空明无所惑 广释群疑不厌足
……
可叹众生业障多 来去定数皆因果
一支殊华耀净土 渡世宏愿 如初
梵心如故

想念恩师 南怀瑾

大道济天下 厚德载万物

弘 宗

敦经阅史以忧患，谋身谋国为苍生。

继往圣绝学以承千秋大业，守一脉儒风而成文化津梁。

躬蹈仁义，行之不息。

林泉之下犹诲人不倦，孜孜以求。

师之高行大德，以道济天下而功倍万物；

师之恩惠如雨露甘霖，泽及四方，终教草木青青遍天下，桃李灼灼耀神州。

高山仰止，景行行止！

道与心运，圆通自在，任沧海桑田几度浮沉。

德与行合，贯彻天地，看浮生造化百世情长。

南师唱酬小集

孙恒志

2001年年底，余在香港，经老友承思引见，得访半山南师居所。其时老师留饭，坐流水席，品茅台酒，听老师说事论人，毫无生疏之感。未久老师移居沪上，又得席间面聆指教。及至太湖大学堂成，前往拜见，已是2007年夏。老师亲自领余参观学堂内外，对其设计要旨一一说明，并留余住宿。归后，余将此行所得印象及感想写成小诗两首，踌躇再三方请宏达兄转呈老师。顷之接宏达信，称老师对拙作颇有赞词，不禁喜出望外。从兹以往，每有新作，辄寄宏达转请老师过目。老师或加以评议，或有所赠遗，令余如获至宝，感激不已。现将拙作及老师赐作编一小集，以供奉老师百日之祭。

恒志记于二〇一四年一月四日

访南师怀瑾太湖大学堂

其 一

神龙岂难遇，大泽有希声。筑舍通津渡，开筵论死生。

机锋方倏忽，胸次渐澄明。自叹仙俦远，身如一芥轻。

其 二

白云芳草地，黉宇独轩然。禅意充楹栋，书香透棂栅。

堤边沙木拱，圃上蜜桃繁。万古文章事，传承在此园。

二〇〇七年七月

南师赐诗

孙子恒志老弟：

世人竞作新段子，唯君长写古诗篇。

每将老眼从头洗，读后百感心茫然。

博取一慨

丁亥冬日（二〇〇七年十二月廿八日）于庙港　南怀瑾

和南师

云拥震泽菩提境，雪照峨眉金粟篇。
何幸小诗经法眼，当胸一点是茫然。
上国文苑歌舞劲，至今未见传世篇。
唯有段子能载道，手机收发愈奋然。
次首近乎打油，见笑。

丁亥十一月（新历十二月廿九日）恒志

南师复信

近二十年来，不喜舞文弄墨，顷得孙恒志老弟欧游诸诗，殊多孤臣感喟之言，随手走笔成律，示之承思、宏达二人，转致恒志孙老弟一笑。

伉俪鸿飞踏雪痕，欧游那得不销魂。
孤臣感旧悲人我，吊古难消今昔论。
陈迹已随风物化，新猷谁识转仇恩。
谪仙谪宦多珍重，杯酒红颜一笑温。

戊子中秋前夕
二〇〇八，九，十四，
老拙南怀瑾

悼南师

——调寄满江红

别矣吾师，秋月望，太湖之侧。踽行远，青袍皂帽，精眸一瞥。神贯古今信拈典，慧通儒道化归释。自难忘，《中论》课深宵，醍醐彻。

九十载，悠悠灭。天下势，滔滔决。问几人守住，神州气节？年少抗倭提劲旅，岁残兴学续文脉。最黯然，今后小诗成，谁批阅！

二〇一二年十月六日

今失一世缘 何时能相见

——张宏程悼南公

南公辞世，惊闻泣下，心中万语，难发一言，如压高山，如失拄杖。

中华少一大师，世人难觅真知；菩萨暂居极乐，祈请乘愿再来。

南公著作，透解人生，真知灼见，洞彻心扉。虽未谋面，心尊为师。今失一世之缘，不知何时能见！痛哉！哀哉！

公之毕生心愿，弘扬国学，发展教育，强国强民，乃悲悯世人之菩萨情怀。

吾辈愿乘南公之愿力，修身修心，破除昏蒙。虽力小见微，但勤学不辍。

今公仙去，千古流芳。此无地之素王，悯世之菩萨，愿正法常驻，世人共仰！思师已逝，涕泪沾巾！

一代大师，三教百家皆通；悲心悯世，谈天说地济人；

愿心广大，弘法传道教理；厚德敏行，著书立说共闻；

大师辞世，祈请乘愿再来；九州岛俱哀，天地人神同护。

壬辰年八月十七日

南无阿弥陀佛

跪谢怀师

梦幻空花

吾之变，得益于怀师，回首世事，沧桑感怀，略表心志！

一、梦幻空花

空谷无人花自芬，清风有意难留春。
塘草逐境生细浪，池莲因蔓染香尘。
千声为秋摧嫩色，万影随月转晴云。
柳絮缘风轻似梦，寒潭渡雁了无痕。

二、空花感怀

众缘和合造化功，同气相求同声应。
乾坤一指万物马，纷纭变换一念中。
山河大地妙心生，吹万千奇皆一风。
全波即水水即波，不二法门无西东。
留意于静动未除，执着有无尚未通，
不除妄想不求性，烦恼菩提本自同。
事现事没心不动，物来物去境还空。
雁渡寒潭不留影，风过竹面不留声。
破书万卷无一字，行路万里无迹踪。
言语道断行灭处，回首世事南柯梦。

三、孤飞红尘

枉入娑婆若许年，多少奇才可补天？
醉吟青史几番梦，愁看红尘雨寒烟。
平生悲欢无寄处，百年眼底千绪篇。
每欲孤飞徒虑牵，相对山花却无言。

四、青峰独步

青峰独步四面河山，悠悠碧水蓝天！
苍茫大地，曾经多少故事？
万家忧乐都付云烟！
红尘依恋，几陷因缘？
寰宇十年一剑，冷月秋风无眠！
何处日暮乡关？欲诉万语千言，
山花相对却默默，金樽酒干！

五、空花梦忆

一颦一笑一春风，烟云忆绕愈分明。
当时只是寻常事，过后思量倍有情。
浊醉方觉壶觞浓，历经雨风现彩虹。
白云秋夜高遮月，碧水寒映一山青。

念念思南师

王小珉

年初从朋友处得知，南师闭关，心中一直挂念。如同以往，五月前后，我盼能再度拜见老师，然则未果。六月，我将自己一年来的学修体会，“身印、佛光、心缘——行走坐卧皆修行”，呈南师并获悉师听同修读了一个多小时后言：“明白了，明白了！”往日南师对我的心得、汇报等信笺亦多有批复。只是这次他老人家身体违和，依然耐心审阅，金口玉言，多有点拨，更是让我感言不尽，永怀在心。

9 月 20 日上午我接何兄电话，知师入定得道，诸位同修纷纷赶往大学堂探望。然而我闻与我知，性命交关又无法得究竟，更坐不安席。往事历历，不断浮现。我自师学南师以来，即得大利益。每有疑难，多有教益。倘师此次驾鹤西游，无复久住，长路漫漫，我等何怙？大星将垂，暗夜失照，错乱疑迷，辗转反侧，实是不想想，不敢想，也不能想。情急智生，我走进工作室，跪拜佛前，虔心祈祷。此时此刻让我心心念念淡定平静的只有佛，只有观自在菩萨，所做的就是念念思怀师——我心中的大菩萨。

我闭门一遍遍地诵经，心里想的、念的都是怀师。因条件有限，平时我在家一般不上香，这次供了三次九炷香，且专一颂经，结手印，随后不可思议的事发生了，香气犹如一缕缕青丝凝结成线，直奔四米高堂，时见上冲一半后呈螺旋式上升，时见散状呈云中白鹤，时见冲高处后散开呈一朵朵祥云，真是妙不可言。多年来我不知上过多少香，然而此种情形却是从未有过的。彼时彼刻，房间里神圣庄严，释祖坐镇，伴着从南师处请来的“行禅中的佛”，我又仿佛见到南师的仙风道骨，威仪雅步，坦坦来去。他的声音乐貌，更加令我念念思绪，念念随师，念念向佛。这奇异景象不能让人不动心而心动，可等我取来手机拍摄时却已毫无踪影。我接着诵经结印，香云再起，巳午时间，我趁机抓拍了几张。或许以往从未留意过，但这般奇异景象却让我心灵倍感震撼及抚慰，似知南师暂没舍我们而去，只是灵魂出窍，神游太虚，老师的光芒始终照耀着我的心。我也仿佛就在师旁，念念相续，无有间断，一心想的也是大德南师圆满种种波罗蜜门，功德无量，究竟涅槃。我亦虔心祷告，遥祝一切吉兆祥安，毋弗愿意。

生命无常亦有常，同体一如，我辈只能用此方式了却心事。古德有云：生亦何欢，死亦何苦。无始生死以来，光阴流转。师世寿耄耋，无疾而逝，寿终正寝得考终命，福德深厚。我辈受师教诲，熏习道法，应深会师意，做梦幻泡影观，善摄心念，勿致悲哀，做儿女态。

南师一生通宗通教，博学多闻，满腹经纶，著作等身，教化十方，饶益众生，可谓立德、立言、立行。我自九十年代初读师书，从此爱不释手，遂与南师结成大缘分，知师者我也，当然不成气，未成学也我。与其说师持大德大才，不如说其首先是大教育家。南师自幼熟谙四书五经，读书万卷，年方十三即登台授课，从此马不停蹄，怀着满腔热忱投身于教育事业。他治学严谨，不厌其详，明辨公正，彰善瘅严，宽猛相济，恩威并用，以心传心，育人养人。尝有人以为其资禀傲人，得天独厚，殊不知天才来自一生的刻苦勤奋、好学不倦。即至暮年，仍壮心不已，直至生命最后一息，这让所有了解他的人都五体投地。又南师终其一生，为弘扬中华传统文化呕心沥血、夙夜匪懈，那种始终不渝的精神境界世人皆有知，无人堪比，可谓功勋至伟，称师大德在身，实是毫不夸张。更复南师虽心怀大愿，器局宽宏，但于行事却不折不扣，凡事必躬亲，从不告劳，如精卫填海，矢志不渝，终得即生获此极大成就。回想南师一生，天纵奇才，智慧超群，积极勇迈，行事做人的风格大为与众不同，可谓明见万里，风华绝代，人所景仰，诚是我辈后世学人之楷模，他的风采示范将永远激励着人们不断进取。我念怀师最好方式唯更加勤学精进，奋奋向上，将其事业弘扬光大。我亦坚信，南师英灵依在，道范长存，教泽永怀，必将乘愿再来，普济群萌。

谨以此文，追思念之。

上联：南极星沉英灵不泯念念思师音容宛在

下联：高山仰止德业常昭心心承传道范长存

横批：师表千古

王小珉敬挽

二〇一二年九月二十六日于京

您一直站在那里

欧阳雨晖

中秋的前夜，我去沩仰向灵佑祖师寻您，他笑而不答。
我知道您就在站立在山顶，看清风、看烟雨、看红尘，
亿万年的站立，把自己站成孤悬的明月普照大地。
老师，我见到了您。在中秋密印寺的晨钟里 ......
深秋的长沙，泪水落成莲花，
我纵声哭喊，楼宇间回荡的都是您的字迹，
莲花、月轮坐垫上，光明涌成祥云，您缓缓地舒展着拳臂，化成浑圆的太极，
老师，我见到了您，在我早课深入的观想里……
纵横千秋十万里，
青山巍巍道不尽，
清风起处静听心，
一轮孤月照普明。
粗茶里，淡水中，岁月从不停凝，
老师，我知道您就站在那里，在山的宁静，在月的光明，
您一直站在那里，
高高山顶立，深深海底行……

您的学生　欧阳雨晖　敬挽

七律 忆南先生入峨眉山闭关

周 聪

仲秋入寺化无为，空寂深山远是非。
禅坐多年求法印，闭关三载得心归。
仙泉素食充甘膳，池水莲花当彩衣。
月下疏钟翻大藏，太虚淡定见霏微。

回忆南先生1943年秋，入峨眉山闭关修持之事，故拟一诗为其缅怀。

七律—怀念南老师

朱荣徽

其　一

游戏娑婆不计年，
悲心似海动人天。
威音隐隐传薪火，
法雨纷纷洒大千。
出入百家皆自在，
贯通三教亦悠闲。
顽童九五登仙去，
斯世再无慧日悬！

其　二

天马行空旷世才，
五湖四海挟风雷。
人民公社客常满，
环宇菩提花遍开。
流水不争轻毁誉，
神龙无相费疑猜。
苍生泪洒月圆日，
尽祷南公乘愿来。

追忆南师诗八首

罗永强

岁在壬辰，己酉之月，甲午日月圆之时，南师尘缘了却，安然西去，当是时，草木含泪，山河同悲。吾心底泣血，乃强忍伤痛，含泪落笔。数首诗成，以悼怀师。唯愿吾师往生极乐，继续庇佑浊世芸芸苦难众生。亦望大学堂数百学子发愤精进，学成之日报效社会国家，以告慰南师在天之灵，届时，南师当含笑九天也！

其　一

学堂幼子读书时，日沉西海人不知。
太湖月圆秋风起，河山同悲送怀师。

其　二

中秋月明夜难眠，追忆南老涕泪连。
唯愿清光长接引，怀师归去了无牵。

其　三

呕心沥血意如何？我叹南师如佛陀。
今夜满怀心酸泪，洒入太湖不为多。

其　四

笔端千重意，今成一字难。
南老音容貌，思之如昨天。
素心欲泣血，泪眼已望穿。
吾师驾鹤去，归期是何年？

其　五

十五年来读南书，一章一句如采珠。
纸上得来不觉浅，历久自知境界殊。

其　六

由来世事两难全，太湖之滨月正圆。

窗前抚书忆名句，小径漫步思无边。
《论语别裁》有真义，《老子他说》超先贤。
南师教诲当谨记，人生得失岂由天。

其　七

南师遐龄办学堂，太湖之滨育才忙。
晨起读经神乃定，晚来习武体更康。
稚童当为他日种，先生不惧今时劳。
法身西去精神在，中华文化万世昌。

其　八

勤读南书十五年，大义微言字里参　知行合一殊不易欲成大道何太难。
吾虽凡夫仍精进　更送稚子入学来　莫惧浊世多乱象　怀师精神代代传。

送子太湖求学一年有余，无限期待，不辞劳苦，奈何人心变幻，无力回天，真是不堪回首。谨以数首小诗，一抒心怀并悼南师。

携子离别太湖　其一

吴江风雪催行舟，太湖烟波乱离愁。
菩提树下诚三拜，象法堂前涕泪流。
眼前分明习武影，梦里依稀读书声。
草就数行伤怀句，无尽往事上心头。

携子离别太湖　其二

忍拭稚童满眶泪，携子踏舟返故园。
太湖无限离别意，尽在沥血诗一篇。

携子离别太湖　其三

欲效南师慕先贤，送子求学太湖边。
深知问道多艰险，谁怜梦魂万里牵？

吴江秋色今胜昔，怎奈人心不如前。
缘尽抽身无须恋，岭南归去别有天。

且问自从去，何时再归来

妙 普

天上圆月时，夫子驾鹤去。一生为绝学，耕耘众心田。
不问俗世争，只把宝来传。夫子常教诲，出门莫丢脸。
云在青天里，水在禅净瓶，胸怀天与地，常持上善水。
此中有真意，夫子细细言。莫嫌丑类坏，坏了更要教。
有教便无类，公道在黎民。真心印真心，千江照月明。
且问自从去，何时再归来。吾等殷勤盼，长使泪满衫。

深深的珍念与怀念

小 孙

慈眉善目智慧现，潜潜默默化众生。曾经一梦梦中吼，蓝布衣襟潇洒行。
中间曲折未曾忘，原是大愿穷无尽。一眸一笑牵亿情，法语甘露朴实润。
日新一日何时新，日日怀念何挂怀。遥想仙履步金莲，天地悬隔一念心。
一举一动深般若，出世入世妙随顺。帝王将相虽威威，不若大人心自在。
五千年中华史记，相比无穷似尘埃。人生有求多是欲，慧灯延续破无明。
怀念不若真珍念，珍念莫若依师行。法语恒存莫放逸，犹若导师在眼前。
今生有幸闻南师，慈缘化作降服丹。提起心力策体行，真面睹师在法源。
期愿恩师乘愿来，乘愿来！
恩师一生之行迹，常人难解难思议！恩师一生之精进，千万譬喻不足拟！
恩师一生之大愿，日常行思是模范！恩师一生之慈悲，蓝布衣襟系千万！

南怀瑾先生功德赞

陈全林

南先生是中国当代最伟大的国学导师，打破了宗教的局限而发扬中华文化的精神，因为南先生的出现，绵延了中华圣贤文化及其道脉。2012 年 9 月 29 日，先生入寂，海内震惊，中国最后一位有修有证、得大成就的国学大师离开了我们。我们向南先生致敬吧。千年之后，也会有人缅怀他，他的生命已融合到了中华文化的命脉里，他的著作已经融化到世界文化的洪流里，和天地生生不息。我这一生把南怀瑾先生视为心仪的导师，先生的著作滋润着我的灵魂，长养着我的心智，在孤独的岁月里，是先生的著作伴随我走过艰难困苦，先生的大愿是我的大愿，先生的精神是我的精神，先生的著作，则是我和亿万国学爱好者的明灯指南。我发心在社会上弘扬中华文化，与读南先生的书有关。曾经，有好友愿意引荐，领我去拜见这位心仪二十余年的大师，可是我不忍心去打扰一个九旬老人，未能成行。如今，先生入寂，虽然未曾谋面，且何曾远离我心。先生本自未生，如今何曾有灭？南先生对中华民族的功德，永垂不朽。后学做赞云：

以一身而肩挑儒释道密之法脉，以真心而博通古今中外之文化，留千古之名，计天下之利。中华文脉不绝，圣贤道统有本。少年立志，青年成名，岂非大德再来？心有正见，学有本源，堪称当世圣贤。论武术，得南北大侠之真传；说医道，契岐黄杏林之妙用。虚云与袁公印心，贡嘎并光厚传法。曾统兵戍边，亦参禅学仙。西湖求道，阅百函之仙籍；峨眉闭关，读三年之佛藏。遇世外之高人，化人间之政客。远行西域，访求密教之正法；隐居美洲，传播中华之文化。创办实业，金温铁路惠民报国；出版书籍，老古公司济世振民。

六十年如一日，九五岁在一时。传释迦之心法，讲孔孟之心传，会老庄之真义，解禅密之真髓，博通谁能如夫子？论修仙之大典，谈岐黄之大经，说修身之理法，传养生之窍诀，实修堪比古人。建太湖学堂，续宋明书院之命脉；倡儿童读经，补中华文化之断层。桃李遍天下而影响久远，著作等身高而智慧高隆。

呜呼，五百年罕遇之大师，破宗教藩篱而独得真机；九十岁弘法之真人，通经史妙用而自成一家。上下五千年不为久远，卓识来自豁达；纵横三大教难以拘束，会心只在一笑。经世致用，书生意气；修身进德，英雄本色。和光同尘，大隐于市，谈笑风生，平易近人。极高明而道中庸，幽默之语道尽圣贤心法；致广大而尽精微，深刻之见通晓诸子底蕴。

有王者气象，具宗师做略。任诋任毁，见世间之情；有容有量，诚长者之度。化心化性，实佛子之怀；劝善劝学，端仁人之风。行菩萨道以救世，体圣贤心而育人。十方书院，道传十方；一轮明月，光照四海。道成人间，乾坤不息；德范后世，法界周流。执寿者相者，难论真谛；见本性光者，可谈实相。南公虽寂，法身永存法界；怀瑾未生，大愿早结尘缘。文字难道宗风，文章不尽德范。平生一部虚空藏，此心三界光明经。教我如何说功德？四句偈语了无生。

“下士闻道，大笑之，不笑不足以为道。”世间笑道者多而明道者少，修法者众而见性者稀。老释性命之学，久不闻矣；孔孟安民之道，岂过时哉。今赖南怀瑾先生以一大事因缘而出世弘道，正本清源，究元决疑，乃苍生之大福，实法界之因缘。宵小之辈，岂能窥见。诽谤之人，还造业因。虚空不坏，法身长存。著作不朽，慧命岂灭？

十方世界任出没，寂然不动法王座。本是维摩老居士，病床示现妙法说。

世间毁誉本幻生，游戏三昧大光明。乘愿再来慈悲心，法界圆通如如行。

兴南子 2012 年 9 月 30 日

上海恒南书院纪念南师百日忌辰！

（2013年1月7日）

刘雨虹

一百天了，老师走后一百天了。

这一百天里，我们在做什么？想什么？是不停的悲伤思念吗？是惶惶不可终日吗？是急于营私谋利吗？还是忙着干损人利己的勾当呢？反省了没有？觉悟了没有？……

一个真正的基督徒，每晚都要祈祷反省；孔子的大弟子曾子，也是“吾日三省吾身”，一天要反省多次，检查自己的心行。

昨天，元月六日，老师西归百日，老同学李慈雄发起，请宏忍师和永会师二位，在上海浦东恒南路的恒南书院，带领大家一同拜八十八佛，共修忏法，前来参加的有从新加坡、香港、北京、山东、厦门、台湾各地友朋同学，大约二百人之多。

古圣先贤都曾说过：“思过迁善”，要时时刻刻检查自己的过错，才能够改过而向善；因为我们是人，是人就会在人海中浮沉，怕的是“近墨则黑”。黑不是外表，是内心，因为堕落是渐渐的，是在不知不觉中被染污，变成了“去善存恶”。

人生百年，太坎坷，太复杂，如果再有一个崇高的目标去追求去达到，只能舍弃一切，忍受折磨。

老师一生忙碌，为命如悬丝的传统文化努力不懈……现在老师走了，真的走了，经典上不是说一切都是虚妄不实的吗？为什么老师一去不回却是如此的真实？

太湖大学堂师生纪念南师百日忌辰活动

南师教化　传承永续

2013年1月6日下午2点，太湖大学堂全体师生和来宾齐聚一堂，用我们自己的方式，表达对南师的真挚感恩之情。

2013.1.6

南爷爷最爱喝茶讲课

蔡俊老师为南师泡茶，夏有容同学及任学聃同学为南爷爷敬茶和敬烟。

古琴弹奏　　　　　　　　　　　　　　　　　　　　《鸥鹭忘机》

散音、按音、泛音是古琴三种基本音色。散音代表地，按音代表人，泛音代表天，象征“天地人和”。晋代嵇康作《琴赋》曰：“众器之中，琴德最优。”也就是认为在各种乐器中，古琴具有最优异的品德，最适宜作为君子的修养工具。蔡俊老师为南师献上古琴曲《鸥鹭忘机》。

歌曲演唱

《清流》

门前一道清流，夹岸两行垂柳，
风景年年依旧，只有那流水总是一去不回头，
流水啊，请您莫把光阴带走。
啊～啦啦啦啊～啦啦啦

《花非花》

花非花雾非雾，夜半来天明去。
来如春梦不多时，去似朝云无觅处。

《半梦半醒》

就在半梦半醒之间，我们越过时空相见，
每一分钟换成一年，究竟能有多少思念，
就在半梦半醒之间，我们忘了还有明天，
忘了保留一点时间，好让这种感觉就在永远。
迷迷糊糊睁开双眼，醒来您已了无踪影，
再回到梦里，梦已不相连，哦～，想您。
似梦似真，转眼改变，梦亦常相随。

《半梦半醒》是南师旅居香港时最喜欢的一首歌。他常常笑自己五音不全，但却经常让大家教他唱这首歌。今天我们和他老人家一起唱。

《奇异恩典》Amazing grace

Amazing grace，how sweet the sound that saved a wretch like me.
神奇的恩典，如天籁般美妙，如我般无知之人也得获救。
I once was lost，but now I’m found，was blind，but now I’see.
我曾一度迷失，但终寻得正途；我曾无视真理，但总可得见光明。
T’was grace that taught my heart to fear and grace my fear relieved.
这天赐恩宠，使我无比敬畏，使我心得安慰。

How precious did that grace appear the hour I first believed.

恩赐示现，何等的珍贵；初信之时，何等的荣耀。

南爷爷很喜欢的《奇异恩典》，这神奇的恩赐眷顾着我们，引领我们直到永远。系以诗曰：

一、羊亡几度泣多歧，错认梅花被雪迷。
疑假疑真都不是，残蕉有鹿梦成痴。
一枕沉酣杜德机，尘埃野马乱相吹。
壶中偶放偷天日，照破乾坤无是非。
二、华发无知又上颠，几回揽镜奈何天。
离离莫羡春风草，落尽还生年复年。
生死无端别恨深，浪花流到去来今。
白头雾里观河见，犹是童年过后心。

吟诵诗词《楞严大义今释》

南老师著作等身，他的文章引领着我们悟道的人生和修行的方向。这其中《楞严大义今释》和《楞伽大义今释》是老师为数不多亲自书写的著作。今天特选择《楞严大义今释》的偈子，由邹德刚老师为我们吟诵，感念他老人家给予我们人生的勇气与智慧的指引。

林林总总众生，困扰于客尘烦恼者，多如恒河沙数。由来已久，迷人逐物，疑假疑真，虽有夫子之木铎，其奈聋聩者何！系以诗曰：

三、碎却菩提明镜台，春光秋色两无猜，
年来不用观花眼，一任繁华眼里栽。
不汝还兮更是谁，儿时门巷总依稀。
寻巢犹是重来燕，故傍空梁自在飞。
四、鱼龙鹏鹦互相催，瞬息千秋自往来。
小生闲窗观万化，乾坤一马走云雷。
万物由来自不齐，南山高过北山低。
空明虚室时生白，子夜慢慢啼木鸡。

尘色本不迷人，人自迷于尘色。故吾佛指出，“诸可还者，自然非汝，不汝还者，非汝而谁？”要当人自见自肯，直达心性不动之道场。

武艺结合经典的朗诵

南爷爷一向希望我们文武双全，艺德双修，弦乐不断，经典融入生活。接下来请欣赏：

《诗经大明》

明明在下，赫赫在上。天难忱斯，不易维王。
天位殷适，使不挟四方。挚仲氏任，自彼殷商。
来嫁于周，曰嫔于京。乃及王季，维德之行。
大任有身，生此文王。维此文王，小心翼翼。
昭事上帝，聿怀多福。厥德不回，以受方国。
天监在下，有命既集。文王初载，天作之合。
在洽之阳，在渭之涘。文王嘉止，大邦有子。
大邦有子，伣天之妹。文定厥祥，亲迎于渭。
造舟为梁，不显其光。有命自天，命此文王。
于周于京，缵女维莘。长子维行，笃生武王。

保右命尔，燮伐大商。殷商之旅，其会如林。
矢于牧野，维予侯兴。上帝临女，无贰尔心。
牧野洋洋，檀车煌煌。驷騵彭彭，维师尚父。
时维鹰扬，凉彼武王。肆伐大商，会朝清明。

歌曲演唱《在天边》

《在天边》是英国著名音乐剧大师安德鲁·劳埃德·韦伯为纪念父亲去世所做的安魂曲。今天我们把这首歌献给我们的老师——南老师，代表我们的思念。

歌曲演唱、古筝伴奏

《聚散》
南师 作词
桌面团团，人也团圆，
也无聚散，也无常。
若心常相印，何处不周旋。
但愿此情长久，哪里分地北天南。

向南老师行礼致敬（赵强整理）

南师诞辰纪念日植树活动

赵强

2013.3.16

太湖大学堂，是南师晚年为了弘扬中华文化、播种文化种子，而开辟的一块“教育实验田”。

三月的江南，来自两岸三地的文化、教育、科技、宗教、政府和家长等社会各界来宾六百多人，齐聚一堂，参加纪念南师诞辰九十五周年活动。

三月十六日上午九点，太湖大学堂礼堂座无虚席。活动开始前，全体来宾起立，给南师行三鞠躬礼，然后观看学堂制作的南师纪录片，重温南师和同学们在一起的点滴往事，感受南师的精神、理念和期盼。主持人宋军深情地讲述这些年在南师的影响下改变的人生轨迹，他回忆着过去和南老师在一起的难忘往事。在宋军的主持下，各界老同学代表开始发言，他们中间许多人都追随南师长达二三十年以上。润泰集团总裁尹衍梁代表台湾企业家同学发言，海航董事长陈峰代表大陆企业家同学发言，中国科学院院士朱清时代表科学界同学发言，周瑞金代表大陆学术界同学及太湖大学堂发言，台湾著名学者吴琼恩代表台湾学术界同学发言，著名书法家杜忠诰代表台湾艺术界同学发言，北京一得阁墨董事长孟繁韶代表北京文艺界同学献上书法作品，首愚法师和慧明法师代表海峡两岸佛教界同学发言，学校家长代表也分别跟大家分享了自己这些年受到老师的影响并改变自己的奇妙故事。同时，各界代表也表达了对太湖大学堂深切的关心及支持。

在老同学们畅谈之后，轮到孩子们向太老师汇报自己的学习成绩了。四年级孩子们朗读了他们的作文《当死亡来临时》及《庄子齐物论的读后感》，文章立意高远，字字句句中渗透着空灵，老同学们为之充满欣喜；孩子们集体唱诵《千字文》及《易经》，体现文武双修，气氛洪朴，在场来宾无不为之动容。孩子们将在学堂里生活学习的点滴，真实地向大家汇报，除了文的，还有武艺，来自武当和少林的同学们也在大学堂内跟孩子们共同切磋技艺。

大家一起来到南师荼毗的地方。当初南师嘱咐在这个位置种一颗菩提树，给大家读书乘凉用，谁也没有料到，南师荼毗的位置正好就在这里。在集体背诵《心经》之后，植树纪念活动开始了。孩子们为家长包了一包包泥土，用来洒在那颗新植的菩提树下。关于菩提树还有一段故事，郭校长站在菩提树下讲到，早年就在她到台湾老古事业出版社工作不久，就发现在出版社门前的石缝里长出了一颗菩提树，这样的情况令植物学家也大跌眼镜，蔚为奇观。如今，依照南师原来的吩咐，就在南师荼毗火化的位置，种植了一颗菩提树。睹物思人，此情此景，令人感动。

下午是海峡两岸的书画家和小朋友们交流，来自海峡两岸的书画家们走进了小学课堂。台湾著名书法家杜忠诰先生挥毫写下“四海之内皆兄弟”，海航董事长陈峰曾向南师求艺书法，此次写下了“德在人前，利居人后”八个大字，两位都长期追随南师，字里凝聚着对太湖大学堂的期望。

禅宗有云：初发心即成正觉。南师由此在办小学中就用了一绝招，就是让来访大学堂的那些各行各业有所成就的名家、大师们，都能够放下身段走入小学课堂，跟孩子们进行交流。这次众多书法家和小朋友在一起交流，相信又是孩子们到老都能回味的一课。“敬师如师在”！南师的弟子们秉承南师的思想精神，都在身体力行。

来学堂交流的少林寺少年武僧们集体表演了《慧光禅师的故事》，他们精彩的表演和慧光禅师感人的故事深深地吸引着孩子们。南师殷切期盼大家允文允武。因此，让武艺进入课堂，让经典融入生活，继而通晓医理，拥有济世救人的本领和胸怀，从而培养出文武医合一的人才，这亦是南师“教育实验”的目的之一。

南师认为生日是母难日，因此自己从不庆贺，但学生们都会在此刻自发地聚到老师身边，为老师祝寿。自南师定居太湖大学堂后，每年的生日都会有来自五湖四海的朋友和学生前来此地祝寿，今年也不例外。参加此次纪念南师诞辰活动的还有周恩来总理的侄儿和侄女（原北大校长周尔鎏、周秉德、周秉宜及其夫婿任长安）、中国佛学院教务长（四川佛教协会副会长）宗性法师、上海交通大学副校长闫良瑜、复旦大学副校长许征博士、中国青基会主任陈越光、辅仁大学教授刘忠民、武当山道长杜伯鸿、少林寺少年武僧团领队刘小涛、中育教育集团总裁王伟博士等各界代表和来宾六百多人，以及大学堂师生共近千人。

参加活动的各级主要领导有：江苏省台办主任王荣平、苏州市副市长、吴江区委书记徐明、苏州市台办主任韩卫、吴江区区长梁一波、常务副区长沈金明、副区长吴琦、区台办主任吴晓平、七都镇书记查旭东，以及原吴江市委书记汝留根、老领导于孟达、朱士声、徐静柏、张钰良等。

虽然时间只有短短的一天，但参加本次活动的各界来宾都通过各种方式表达了一个共同的愿望和目的，那就是：“纪念南师！感恩南师！南师教化，传承永续！”

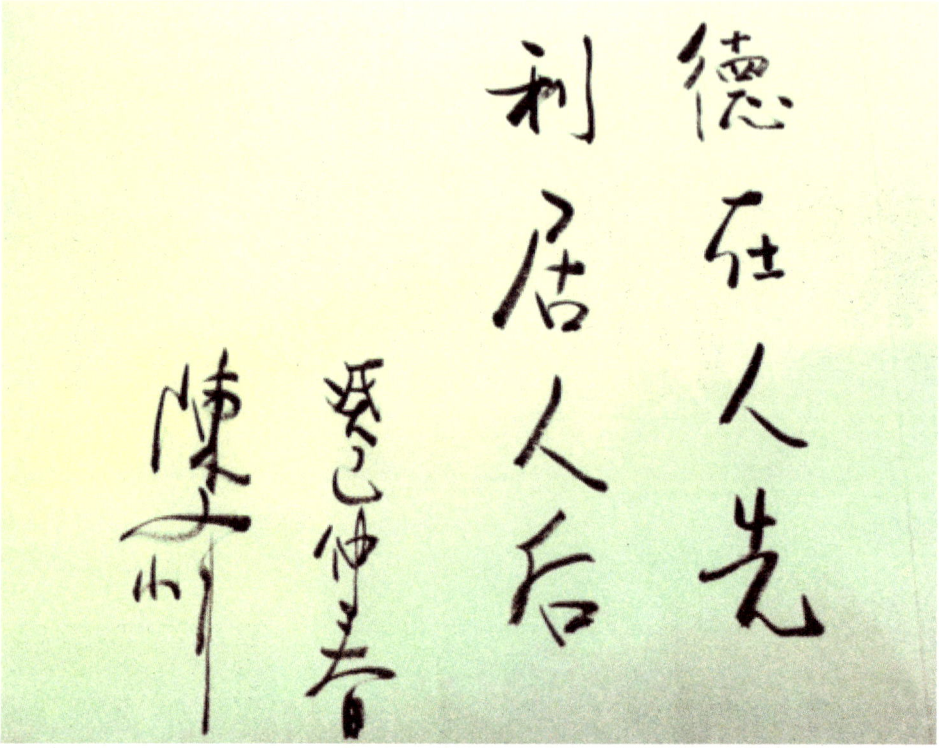

向南老师行礼致敬！

南师辞世周年纪念活动

刘雨虹

2013.09.30

一年容易又秋风，去年9月，南师辞世而去，转眼一年过去了，举办纪念活动的有好几处地方。

首先是在太湖大学堂内的国际实验学校，依照农历老师圆寂日，于九月十八日举办纪念活动，同时也举行象法堂落成典礼。

这个象法堂，是老师生前就催促谢福枝老总加紧建造的，目的是把老师多年来收藏供奉的佛像、圣像等妥善安奉一处。

参加典礼的首愚法师、法程尼师、亲证尼师等，都是在十方书院时老师的学生，此次并有数十名僧众和信众，随同前来，共襄盛举。

9月27和28日，七都地方政府主办的是“首届太湖国学讲坛及南怀瑾先生逝世周年纪念”，内容丰富。27日的活动由古国治讲“大度看世界，从容过生活——如何爱我们的孩子”，28日上午在老太庙举行纪念活动，表彰七都孝贤，及南公堤揭牌仪式，下午在不夜城大酒店会议室举办国学讲坛，共有四位讲演。

第一位是七都党委书记查旭东，所讲内容涉及南怀瑾先生在太湖畔讲学以及儒林的文化续脉等。

第二位是北京大学教授吴飞，所讲题目是《江南士林与国学的现代传承》。

第三位是南京师范大学教授郦波，所讲题目是《孔子的眼泪与知识分子精神》。

第四位是政法大学教授吴琼恩，所讲题目是“从中国传统文化看现代文明重建”。

容纳两百人的大厅，座无虚席，有人只好站着听。由台湾、香港以及美国前来的南师的学生们数十人，以及各地和温州前来的南师子孙亲友等数十人，齐聚一堂。

更有胜者，沿太湖，从丁家港至庙港大桥6807米长、6米宽之堤坝，已正式命名为南公堤，今后在使用地名时，有规范管理了。而登琨艳所办的时习堂就是南公堤的一号。

关于老太庙，本非佛教寺庙，而是为纪念千年来太湖流域民间都信仰的义行邱老太父子，故称之为老太庙。一年多前，重修老太庙时，南师捐稿费100万元人民币及十八亩地，支持重建为老太庙文化广场，将吴国祖先吴泰伯，以及商圣范蠡等的文化精神，都包涵其中，在新时代有继承优良传统文化的标志性意义。

当时大学堂除老师外，还有很多人捐资支持，共捐了350多万元。

另外9月29日上午，在绍兴的华林园，也在会稽山龙华寺讲堂举办了“南师怀瑾先生示寂周年追思会”，许多老师的学生及南氏子弟，皆由各地前往参加，法国戴思博教授，特别由法国前来参加，并发表纪念性讲话。

用南师韵，忿南师情，送南师行

释宗性

锦水逐踪过长空，翠竹千竿万笋茸。
相送无心留无计，影落峨眉第一峰。

月挂中峰分外明，清音流水自多情。
生生无息菩提路，何日来看万年青。

七十年来事宛然，犹忆当年在西川，
青城山色秋水白，轻舟早历百城烟。
身侧转，眸自全，比肩驻足一线天，
昨日还说蝴蝶梦，今夕忍泪望南滇。

灵岩今日凋零，触景心事几多，残垣堆里，千寻万听，唯闻秋虫歌。千圣心灯永续照，扬眉瞬目南柯，门外三车并驾，昔年共仰维摩，云影舞婆娑。

宗性　拙

2012年9月30日

附1 东西精华协会宗旨简介

（一九七〇年三月廿三日，召开东西精华协会成立大会）

南怀瑾

我们要担起挽救狂澜的工作

今天的世界，普遍陷在迷惘中，是非缺乏标准，善恶没有界限。它的远因近果，实由于物质文明高度发达的反应，人们但知追求物欲而忽略了精神上的修养，于是变得没有理想，没有目标，浑浑噩噩，茫然而无所措、无所从。人心如此，国际如此，整个世界人类何尝不如此，危机重重，人类再不回头，终将走入没顶的深渊。

东西精华协会（East-West Essence Society）便是在这种情况下诞生的，实在说，这个协会的诞生，乃是基于现代的需要。中、美两国有心之士，发起这个组织的宗旨，正如本协会的名称所揭示的，要从东方文化和西方文化中摘“精”取“华”，身体力行之，发扬光大之，挽救思想文化之狂澜于将倾，导引人类走向“老有所终，壮有所用，幼有所长”的和平安乐的大同境界。

也许有人以为本协会的陈义过高，可能流于口号，但以下所叙述的本会成立经过及今后的做法，可以说明我们深切了解“行远自迩，登高自卑”的道理，愿我们脚踏实地的努力，能得到大家的共鸣和支持。

东西精华协会发起的动机实是始于我国，而国际总会却最早成立于美国。发起这个组织的都是对东西文化有深切认识之士，而且普及于社会各阶层。公元1969年8月，总会在美国加利福尼亚州（California）成立时，会员只有十几人，可是不旋踵间，便得到社会各方的热烈反应，赞成的人数增加得很快。目前世界各地都有成立分会之议，中华总（分）会可说开其先驱。总（分）会的宗旨不营利，不分国界、种族、宗教，不牵涉政治，与国际总会的宗旨相同，而其着力点则在于发扬东方文化——亦即中华文化——之所长，以济西方科学文明之不足，而为社会人类谋福祉。此点可说与中华文化复兴运动的宗旨殊途同归，百虑一致。

东西精华协会的做法将是实际的，譬如中华总会目前所致力的重点工作，便是辅导青少年问题的社会青年教育，及筹建可供养老的“安颐别业”，同时并将分别设立儒学中心 Confucian Center、禅学中心 Ch，an（Zen）Center、道学中心 Tao Center、西洋哲学中心 Western Philosophies Center、医学中心 Medical Center，渐次开办有关中华文化的各种进修班和研究班，借以振兴中国文化，进一步谋求东西文化之交流、融合。

东西精华协会中华总会的所有活动，都将采取绝对超然的立场予以贯彻，并且都将聘请受人敬仰的专家学者主持其事。献身于这项工作的人，都出之以热忱，但求心之所安，对于名利和毁誉是丝毫不计的。

我们要特别声明，这个协会的目的既不是复古，也不愿被人加上“创新”之名，我们只是平实地为人类寻找可行及可努力的道路，免得大家再迷失了本性，迷失了方向。

在中华总会成立的过程中，有许多人自愿加重本身的负担，出钱、出力参加工作，也有许多善心人士，毫无条件地捐地捐钱，其中特别值得首先一提的是赖宏基父子，他们捐献的大笔土地，大有助于本会今后的发展，我们在此要特别表示谢意。但是由于本会初期的工作方向为文化、出版等事业，无法兼顾土地、建设其他工程，因而又将原地奉还。

现在，本会一切尚在初创时期，要求开花结果，还须有识、有心之士共同来灌溉，切盼大家能认清时势所趋，和本会携手来努力以发扬东西文化精华的工作。

东西精华协会六问

一、东西精华协会的性质如何？

本会不分国籍、种族、宗教，不以营利，不牵涉政治为宗旨。以致力于东西文化的融会贯通为己任，同时并从事社会教育及福利事业。

二、何人发起此一组织？成立于何时何地？

本会系由对东西文化有深刻认识和研究的中美两国人士所发起，成立于 1969 年 8 月，在美国加州。

三、中华总会成立于何时何地？组织如何？

中华总会成立于 1970 年 3 月，在台北市。本会以会员大会为最高权力机构。会员大会闭会期间，由理事会代行其职权，而以会长负实际推动会务之责任。

四、中华总会做些什么事？

在融会东西文化的大前提下，中华总会将举办各种进修班，如禅学班、西洋哲学班、国画班、国乐班、国医班、语文班等，均欢迎有志进修人士报名参加。

本会并将举办各种社会福利事业，如为养老而筹设的安颐别业，为导引问题青少年回归正路而筹办的青少年辅导院等。

本会并将设立出版事业委员会，编译事业委员会，出版编译各种有助于融会东西文化之书籍。

五、怎样可以加入为会员？

本会对会员的审查要求极端慎重，凡合于本会章程规定，获准加入为本会会员者，其在社会上的声誉，即应当获得极大的保证。

六、会员有哪些权利和义务？

本会章程虽规定会员有若干权利和义务，但希望大家能了解，本会是个服务社会教育及社会慈善福利团体，这是一项施舍的工作。

我们要做什么

今日的世界，由于西方文化的贡献，促进了物质文明的发达，如交通的便利，建筑的富丽，生活的舒适，这在表面上来看，可以说是历史上最幸福的时代。但是人们为了生存的竞争而忙碌，为了战争的毁灭而惶恐，为了欲海的难填而烦恼，这在精神上来看，也可说是历史上最痛苦的时代。在这物质文明发达和精神生活贫乏的尖锐对比下，人类正面临着一个新的危机。

这种危机正同患了癌症一样，外部显得很健康，而内部却溃烂不堪。今天我们过分迷信科学的万能，以为自己可以超迈古人，而任意推翻传统，杜塞了几千年来，无数圣哲们替我们开发出来的教化源泉。譬如中国，由尧、舜、禹、汤、文、武、周公、孔子等所揭发的诚意、正心、修身、齐家、治国、平天下的思想；印度由七佛、释迦牟尼（Sā kyamuni）、龙树（Nā gā rjuna）、马鸣（Asv ā ghosa）、无着（Asanga）、天亲（Vasubandhu）等所开展的救世救人的大乘；西方由苏格拉底(Socrates)、柏拉图(Plato)、亚里斯多德（Aristotle）、奥古斯丁（Augustine）、马丁路德（Martin Luther）、康德（Kant）

等所发挥的人文和宗教的求真求善精神。在这三大文化系统内所蕴积的无尽宝藏，我们都没有好好开拓、整理，发挥它们的精华，来充实我们的精神生命。西方文化在科学方面，虽然登陆月球，迈入了太空，而在人文文化方面，却等于留级而退学。此危机之形成，皆由于东西双方文化，不从根本处针砭，只求表面的妥协，非但不能达成人类世界的永久和平，反而徒增紊乱。

生在“前不见古人，后不见来者”的今天，我们将何以自处？我们虽失望，但不能绝望，因为要靠我们这一代，才能使古人长存，使来者继起。为了想挑起这承先启后的大梁，我们一方面要复兴东西方固有文化的精华，互相截长补短，作为今天的精神食粮；一方面更应谋东西方文化的交流与融会，以期消弭迫在眉睫的人类文化大劫。

当然，这是一个安定人类社会的大事，不是三言两语所能尽意，在这里，我们只是向大家表达这点感受和苦心，希望能引起共鸣，促使天下有心人士，为了这一目标，来共同努力。

东西精华协会中华总会的任务

近一二百年间，人类历史的进展，由于交通工具的发展，在空间领域上，融天下为一家；由于电信知识的传播，在种族观念上，使四海之内皆兄弟。虽然如此，但肝胆楚越，世界各国的战火未已；兄弟阋（xì）墙，人类社会的动乱频仍。无论东方或西方，都有数千年文化的蕴积，都极尽宗教、哲学、科学、教育之能事。但仍然不能消弭战火，安定社会，使人类得到梦寐以求的和平与幸福，实为有识人士所扼腕而长叹不已。

回顾人类的历史，因果相仍，循环不已。在中世以前，东西方社会，都能顺时听天，安居乡土。自中世以后，知识随科学的发明而开展，欲望也随海洋的交通而澎湃。工业革命制造了代替人力的机械，也促进了物质的文明。但物欲驱心，军国主义的侵略火把，燃起了漫天的战火。科学与物质文明贡献于人类生活的利便，反成为人类文化的障碍，世界浩劫的助力。直到今天，领空观念，随太空科学而扩张，人类是否能为了对另一世界的征服与追求，而放弃了在地球上的争夺，这当然还有待于天心运会，人事因缘的互变，未便言之过早。

虽然，鉴古可以证今，观今可以知来。欲知明日的天下，先须认清今日之世界。今天人与人间的仇杀，国与国间的争夺，暂且不谈。就拿现代人自诩为经济、政治、教育的高度文化来说，也没有一样不是百孔千疮，问题严重。以雄踞世界首席，自命执西方文明牛耳的美国来论，内不足以安已，外不足以和协万邦，束手旁徨，举棋不定。而以东方古国的中、印来说，又复局促于自然科学的落后，和物质文明的穷困，虽有救世的苦心，救时的良药，但巧妇难为无米之炊，奈何心有余而力不足了。

然而长夜漫漫，鸡鸣不已，举世皆醉，岂无独醒之人。今由中、美双方有识人士的倡导，首先在美国创立了国际性的东西精华协会，以不营利，不牵涉任何地区的政治，谋求东西文化的交流为宗旨；发扬东方文化的所长，补救西方科学文明的不足为原则；而达成为人类社会求幸福的极致目的。由于这一意义的重大，世界各地，都纷纷设立分会，而我中华总（分）会，正是首先创立的先驱。这也是为了响应中华文化的复兴运动，为救国教世，利己利人的工作而努力。

东西精华协会，首先在中国设立总会，其主要精神有三：

一、唤醒近世东方各国，使他们恢复自信，不再舍弃固有文化的宝藏，而一味盲目地全盘西化。

二、重新振兴中国人文思想的精神，以纠正西方物质文明的偏差。

三、沟通东西文化，以谋人类的和平与幸福。

本会基于这种理想，首先为社会福利及教育两大目标，展开最基本的工作如下：

社会福利方面：本着孔子所谓“老者安之，少者怀之”的大同理想，筹建安颐别业。

筹建安颐别业的愿望

中国传统文化，在社会而言，始终讲究“养生送死而无憾”。所以《礼运·大同篇》特别强调：“使老有所终，壮有所用，幼有所长，矜（通“鳏”）、寡、孤、独、废、疾者，皆有所养。”

孔子集上古文化的大成，以孝为一切德行的根本。他的学生曾子，在《大学》上，便以修身、齐家，为内圣外王的枢纽。他的孙子子思，也把明诚之教，归本于孝悌之行。从此拓展出了中国以孝义治天下的特殊文化。

这种文化正像一个十字架，以自己为中心，上孝父母而及于天，下爱子女以垂万世；两旁以兄弟、姊妹、夫妇而及于朋友；这个十字架不是宗教的，而是伦理的，它是中国社会的缩影，是中国文化的象征。

西方文化却不然，虽然他们秉承希腊文化的传统，主张自由，固有其特殊的贡献。但他们完全以个人自由为出发点，对上既不能孝父母，直通天道，两旁又忽视兄弟姊妹的手足之情，而朋友之交更是唯利相接。至于对子女，虽然认为是自己天赋的责任，却尽量逃避。所以西方的文化，正如自毁十字架的精神，实无伦理关系可言。

中国文化自十九世纪以来，受西方文化的冲击，使固有完美的十字架，也被冲得东倒西歪。随着工业社会的发展，小家庭制度的普遍，孝悌之道也就逐渐地被人所淡忘。老年人的孤露飘零，淹留一息于凄凉的晚景，成为时代的必然趋势。

本会有鉴于此，为了发扬中国文化以孝义立国的传统道德，本着“老吾老以及人之老”的“大孝于天下”的精神，而筹建“安颐别业”。

（一）安颐别业的基本原则

1. 不限国籍与种族（但合于本会安颐规章……）。

2. 不拘宗教信仰。

3. 不限男女同居或男女各别分居，乃至不限制老年男女之结婚。

（二）安颐别业之理想

1. 设立各大宗教的教堂与专修之所。

2. 设立适合于老年正当娱乐等场所。

3. 设立适合于老年轻便工业或手工业场所。

4. 设立宝智学术研究所（老乃国之宝，须要薪传他的经验与智慧启迪后人，故设立宝智研究所为传习学问之所。）。

5. 设立医院与老人医疗所，及养生、保健等中心。

6. 设立归息乐园。

贰、社会教育方面：本着孔子所谓“志于道，据于德，依于仁，游于艺”的旨趣，筹建青少年辅导院，以辅助政教的不足。

筹建青少年辅导院的主旨

人性是善是恶，这是几千年来，宗教，哲学上争论不决的问题，我们暂且不谈。

就以教育的立场来说，人自有生命开始，由婴儿、孩提、幼年、少年，以至于成年，随时随地，都需要教育的培养，所以有胎教、家庭教育、学校教育、社会教育等一系列的教育。而在这一系列的教育中，每个国家，由于他们历史文化背景的不同，因此在教育思想及方法上，都各有其特殊的精神。

西方的文化，在18世纪以前，由于宗教教育的时时提醒，尚能非常平稳地发展。可是在工业革命之后，由于科学的创制，带来了高度的物质文明，使人心竞逐于物欲，理性迷醉于现实。固有的宗教、哲学，已收拾不住这一将倒的狂澜。举世疯狂，有谁独醒？十九世纪中叶，曾有丹麦医生契尔伽德（Kierkegard）研究神学及哲学，认为要从机械文明所造成的举世疯狂的病态中，解救人类，而提倡存在主义（Existentialism）。本想医世医人，岂料他自己也无法自医，未及中年，便死于忧郁之症。可是这种尚未成熟的存在主义，却因时代之刺激，普遍于欧陆，风行于美国。附会曲解，乃至于饮鸩止渴；如妄用治疗精神病的药品，来麻醉人心；或剽窃中国道教的糟粕，传会佛家小乘的顽空思想，形成类似印度上古时代的裸形、涂灰等外道来迷惑人心。使无知的青年，以蓬头垢面为适性，以残杀盗淫为自由，而邪风鼓煽，不胫而走传遍全世界。这也足见今日宗教的式微，哲学的没落，和教育的破产。在这时代传染病的侵蚀下，最先遭受毒害的是欠缺抵抗力的青年；而青年的中毒，也等于扼杀了下一代的生机。因此今天我们要解救这一危机，应从青少年的德艺教育，作为励志的辅导，希望能本着“幼吾幼以及人之幼”的古训，使迷惘的这一代不再迷惘，而能走上光明的坦途。

创办国际文哲学院之目的

文化学术，关系世界人类的命运，国家社会的兴衰，至深且巨。在历史上，无论东方或西方，任何一个国家社会的演变，以及战争的原因，常被视为是政治、经济的动乱。其实，这个动乱的根本，还是在于文化学术。

自十五世纪以来，欧洲文艺复兴运动，促成了科学的发展，为西方社会带来了物质的文明。接着而有工业革命，使西方的文化、学术、思想迈入了一个新的里程。直到十九世纪，东方国家如中国、日本，开始接触西方文化。由于震惊声光电化之奇，船坚炮利之威，而动摇了对固有文化的信念，于是急起直追，由盲目学习西方的科学，遂有全盘西化的趋势。

正在东方国家犹忙于急起直追的当时，西方社会却因物质文明的发展，孵育成唯物思想的暗流，侵蚀了人心，腐化了社会。就拿代表现代西方文化的美国来说，如宗教信仰的贬值，人文哲学的衰落，教育思想的舍本逐末，与国际领导的举措不定，在在都使得智者虑，仁者忧。至于青年人的不满现实，陷于旁徨和盲动，老年人的无家可归，流于绝望之境，这些都给予科学文明以严重的讽刺。这不仅是西方推崇物质文明的自食苦果，而且也波及了东方各国，使人类数千年来所祈求的世界和平与幸福，濒于幻灭。

照理说，东方国家谈不上物质文明，应该不致于陷入这块泥沼，其实不然。一方面固然由于生存在现实的世界，弱肉强食，没有经济实力的国家，只有任人摆布；一方面也由于贪图物质上的享受，抛弃自家宝藏，迷途忘返，其可哀可虑，更有甚于西方国家。

鉴于此，美国有许多先见之士，都认为今后世界局势，能补救西方文化在科学文明发展上的缺点，并作为西方宗教、哲学振衰起弊之良药的，只有东方文化的复兴。国际性的东西精华协会便应乎这一要求而成立。

东方文化的结晶是儒、道、佛三家的思想。近年来，西方人研究东方思想，常归于禅学；最近，追索东方的科学精神，又趋向于儒、道两家同源的《易经》。事实上，佛家明心见性的智慧，道家有全生保真的修养，与儒家立己立人，敦品励行，以及世界大同的理想，如能与西方文化交流融会，必能补救科学思想的不足，拯救物质文明的所失。因此东西精华协会，特别在中国的台湾设立总（分）会以外，同时筹建国际文哲学院，创办禅学中心 Ch’an（Zen）Center、道学中心 Tao Center、儒学中心 Confucian Center、西洋哲学中心 Western Philosophies Center，及医学中心 Medical Center。并与美国及世界各国的大学学术研究机构合作，接受各国学生来华留学，研究东方文化；培养师资人才，待有相当成绩，再派遣分赴世界各地，阐扬东方文化，为东西文化交流而努力；并将陆续举办人文科学与自然科学等综合性的研究机构，以开风气之先，作为沟通东西文化交流的总站。

有鉴于时代教育的各种流弊，我们拟定了各种进修方案。值此创业维艰的初期，当然，这只是理想的蓝图。但是我们盼望有一天理想能成为事实，不论出自我们缓慢的脚步，或者其他有识之士的力行。所谓“成功不必在我”，让我们共同为理想的实现，默默祈祷，默默耕耘。

创设禅学进修班之愿望

禅乃佛法之心要，佛教之精华，不仅是中国文化之精粹，亦为东方文化人生修养之中心。

近年以来，禅风广被欧美，被誉为“东来之光明”。但因西方人士并未了解禅宗乃东方文化之精蕴，而至于徒托空言，毫无实义，或专拾牙慧，流于疏狂，甚至与嬉皮为伊，参杂今日西方文化之邪见。

本会有鉴于此，特于国际文哲学院筹建禅学中心，并先行试办禅学进修班，借以造就禅学师资，俾能专心力学，真参实证，而探其玄阃。由此而敦正人心，改善人类社会之风规，达成自利利他之目的，尤所厚望焉。

开办西洋哲学进修班的因由

西方文化，向来以哲学 Philosophy 思想为主流，其宗教信仰也以哲学为依据，而科学研究更以哲学为其起站。即使宇宙本体之探索，形而上本身之认识，知以来源之确定，人生价值之建立，无一不以哲学为其归趣。

然西方人文文化，即以宗教为泉源，哲学为主流，故无论其为个人之人生，或社会之群治，皆循哲学思想为本位。尤其有关国家世运之兴衰成败，皆以哲学思想为主因。

自文艺复兴运动而至于现代，战争与和平之枢机，无不以哲学思想为其关键。时至今日，西方哲学虽渐呈衰象，而欧洲各国学校，尤其如德、法等国，在中学时代，哲学已列为必修之课程，其重视有如此者。故欲知西方文化，必须对其宗教信仰及哲学思想作深入之研究，方可窥其堂奥而撷其精华。

吾国自十九世纪末期而至今日，虽知哲学思潮之重要，高级学府亦有哲学科系之设立，而并未真知灼见而严加重视。至于目前，徒有其表而乏实义，在一般社会而言，有误认哲学为疯人之学之嫌。在一般学府而言，所有哲学内容，大多成为学院哲学形式。上焉者，停留在研究十八世纪之思潮；下焉者，徒事逻辑思辨之技巧而已。至于今日世界实在缺乏哲学之中心思想，而人文思想之进退失据，乃至唯心、唯物、非心非物，毕竟如何？皆不知所云，茫无准则，处处显见对哲学思想认识之贫乏。由此观之，冀求东西方思想之沟通，完成世界人类和平之福祉，戛戛乎难矣哉！

本会有鉴于此，特创办西方哲学进修班，以期有助于东西方文化之交流，为世界人类和平幸福之思想，作进一步之努力。

开办美术进修班的动机

生活与美术，不可或分。风清月白，云蒸霞蔚，山川展其视野，江海舒其壮阔，此为大自然之美术。楼台栉比，村舍纵横，花鸟虫鱼，点缀风尘，建筑刻画，饰其庭宇，此为人间世之美术。衣裳尽裁剪之能事，视听极怡悦之安排，此为身心享受之美术。育而乐之，一饮一啄之间，授以文教而化之，无一不与美术攸关。西方文化，如古之希腊、罗马，近世之法、意等国，视美术为澡雪精神之阆苑，充沛生命之营卫，良有以也。今者，时易世变，美术之境界，亦随世运而异。云月如故，而意境之今昔各别。抽象与影像交罗，粗犷与文明并杂，是非未定，情智亦随之而杂陈。

唯我中华美术，于世界文化中，早在千余年前，吸收印度文化精神而一变，交融禅与道之意境而别树一帜，经历久远，自成风格。但每有过重神似而失其真情，挥洒自如而失于透视与比例，古不如新，适为识者所讥。然精心杰作，超神入化而美不胜收者，无论从东西各方上同文化之角度而观，咸有猗欤盛哉之感。

然美术境界，毕竟为精神生命之结晶，当此人竞物欲，生活困于现实之时代，凡昔日独乐徜徉于晓风残月之意趣，行将随机械文明湮没于轮旋而无遗。况际此东西之情调异趣，欲求交互融浑之创作，而图复兴一代民族文化之美术精神，进为人类社会建立新型文化美术之贡献，若不众志一心，承先启后，精心悉力以赴，恐将随时代之轮堕，而愧对于后世。本会有鉴于此，特开办美术进修班，期以有助复兴中华文化之愿望，达成生活与美术之福祉，以符育乐之效果。

创办国乐进修班之目的

中国文化，自古以来，首重礼、乐。但自春秋以后，礼失于时宜，乐亡于通俗。仲尼删订，长悬日月之心。秦、汉更张，犹存古制之意。唐、宋、明、清以还，迭遭世变而时有兴衰，虽非传统，允有可观也矣。及至今世，礼、乐文化之衰颓，莫此为甚。

今秉“礼失而求诸野”之义，创建国乐师资之进修，实为响应中华文化复兴运动之用心，以期礼乐教化之兴复，从此有期于成也。

开办语文进修班的希望

文字语言，为表达人类意志与感情之唯一工具，大至万象杂陈，小至无形可觅，无不赖语言文字之功。穷文字技巧之极而入于艺术之境，可通神明之德而类万物之情，透过语意之表而得意忘象，即可不落言诠而超于天地形骸之外。故曰“文以载道”，“语可通神”。

今日世界，交通发达，沟通各国文字语言不同之民族感情，使其文化交流，不再隔膜，必须先求语文之了解，实为当务之急。然习语文者每皆视其为沟通国际人士交往之工具，偏于技巧而忽于文化精华之交互传播，良有憾也。

本会试办语文班之目的，实欲借此语文之阶梯，进而祈求东西文化之交流，俾使世界文化各大系，交互融会而成为新时代之新型文化思想，为全人类社会谋得真正和平之福祉，诚所望也。

试办国医进修班的主旨

近世科学促进了机械工业的发达，为人类带来了高度的物质文明，可是维护人类生存安全与生活幸福的技能与学术，却未能随科学的进步而并驾齐驱。如救世救人的医学发展，远不如科学武器残害人类的快速与急烈。尤其在中国，自20世纪开始，受欧风美雨的袭击，本来造福东方人类社会达三千年之久的中国医学，因国人由心理的自卑而失去其自信，对它产生了怀疑，因此使其内蕴的精华，为西方医学所掩夺，至于一蹶不振。

其实东西方医学，各有长短，只是中国医学缺乏科学精神和科学方法的整理，抱残守缺，师心自用，以致形成家传祖秘的绝学，而无法宏扬为公开而普遍的济世学术，未能促使随时革新的医学。

在今天，无论哪一种学术知识，都须破除门户之见，而互集众长，才能对人类的幸福有崭新的贡献。就拿中西医学来说，由于文化背景的不同，也各互有短长，如：

（一）中医的理论基础，以中国哲学为出发点，强调精神胜过物质，偏于唯心的路线。

西医的理论基础，以科学实验为出发点，认为物质胜过精神，偏于唯物的路线。

（二）中医注重养生，如饮食的摄生，寒、温、暑、湿的保养。

西医注重卫生，如注重环境的卫生，预防传染病的流行。

（三）中医自二千年前，即有生理的解剖，但以活的人物为对象，只是没有如现代具备科学观念与科学工具的辅助，因此不能精益求精。

西医虽然重视生理的解剖，但以死的人体或一般生物为对象，而人非一般生物，生机更非死理可比，借此类推证明，确有不少弊漏。所以西医解剖的结论，还须再求进步，有重新研究、精益求精的必要。

（四）中医特重气脉与气机的原理，以生命的活动功能为重心，一切药物治疗和养生的观念，都由此而发。例如一砭、二针、三灸、四汤药的步骤，即由此而来，这种特色，西医尚有缺欠之处。

西医特重躯体腑脏的组织与保护，所以对血液营养的调整，维他命与荷尔蒙的补充，则有独到的贡献。

（五）中药以取于天然为主，所用药物治疗，直接营养，便以服食生物为主。间接营养，是以摄受萃物为主。虽然自有充分的理由，但终嫌过于原始，不合于现代的科学方法。

西药以流注人体以后，与生理的组织调配为主，因此无论直接和间接的治疗，多半注重矿物及生物的化学性药物，但终嫌视人如物，且有许多副作用，反而有碍人体生命的真元。

由以上各点大致看来，中西医学，彼此各有长短，不可偏于本位之见。本会有鉴于此，为了发扬中国医学的优点，融会东西方医学的专长，拟先试办国医进修班，希望能由此而促进中、西医学的交流，对于人类生存的幸福有更新的贡献。

（选自《东西精华协会纪要》）

附 2 东西精华协会《会员信守》

（一）

一、立身不求无患，身无患则贪欲易生；

二、处世不求无难，世无难则骄奢必起；

三、究心不求无障，心无障则所学躐等；

四、行道不求无魔，道无魔则誓愿不坚；

五、谋事不求易成，事易成则志存轻慢；

六、交情不求益吾，交益吾则亏损道义；

七、于人不求顺适，人顺适则心必自矜；

八、施德不求望报，德望报则意有所图；

九、见利不求沾分，利沾分则疑心亦动；

十、被抑不求急明，抑急明则怨恨滋生。

（二）

圣人设化，以病苦为良药；以患难为逍遥；以遮障为解脱；以群魔为法侣；以留难为成就；以敝交为资粮；以拂逆为园林；以利名为弃屣；以淡泊为富贵；以屈抑为行门。如是居碍反通，求通反碍。而今时世俗，为学之人，每不先居于碍，则障碍至时，不能排遣。使无上大道，由兹迷失，可不惜哉！

是故，处世以立德为事业；行持以观心为稳当；精进以律己为第一；疾病以减食为汤药；烦恼以忍辱为菩提；是非以不辩为解脱；孝养以竭力为真情；执事以尽心为有功；言语以减少为直截；长幼以慈和为进德；学问以勤习为入门；因果以明白为无过；老死以无常为警策；治事以精严为切实；待人以至诚为供养；长老以耆旧为庄严；凡事以预立为不劳；居众以谦恭为有理；遇险以不乱为定力；济物以慈悲为根本。

附3 临别赠言

2012年6月21日

南师：大家请坐，诸位同学，诸位老师们，诸位来宾，这是讲客套话。

今天晚上我先要申明，为什么晚上来讲话？先告诉诸位小朋友、同学们，我年纪大了，这个一生一辈子啊！一生就是一辈子，有半辈子的生活都在夜里过生活，读书、做事、研究东西都靠夜里。因为白天很多的事，到了晚上十一二点钟以后剩我的时间了。夜里更能清净，很快速地做很多的事，读很多的书，搞习惯了，现在老了还是这样。所以上午没有精神，现在九十多岁了，也只有晚上给大家毕业同学们讲毕业大会啦，明天上午我会睡觉起不来，没有时间，因此晚上来讲，这是给小朋友们讲家常话。第二点，这一次你们毕业的同学只有几十个吧，不到六十个，四十几个啊，是不是啊？

回答：二十九个。

南师：哦，只有这样，是给你们小同学们，第一个节目讲"临别赠言"，四个字啊，要不帮忙写一下——"临别赠言"，给你们毕业以后，临行的时候讲的话。

你们很难得有这个机会到这里读这么一个学校，在我的个人观念叫太湖大学堂附属的吴江国际实验小学。诸位小朋友们，尤其毕业的同学们，要注意哦，这个学校叫国际实验小学。所谓国际性，现在是时髦的话，只要同外国有关联的就牵涉到国际上。但是国际性怎么样？下面还有两个字"实验"，实验国际什么教育啊？没有吧。这些都是好听的名字，现在中国人对文化乱用名字，改得都很好听，仔细研究都没有内容，但是我们有内容。这个国际实验个什么？国际是个名称，就是用外国的文化，西方的文化，以英文、日文等等做主体，把国际的文化精华吸收过来。"实验"实验什么？诸位同学也许知道，尤其年轻同学们，我们大人们，大概也都知道。实验什么？我们的目标，办这个学校的目标"实验"，是反对这一百多年来的教育方法，所有从小学到大学的教育方法我都不同意。因为以我的年龄，我今年九十五了，几十年看到现在，中国文化、世界文化出了问题，文化教育出了问题，尤其教育的方法与教育的内容出了问题，我心里非常反感，可是我们改变不了，因此大胆地办了这个学校。实验什么呢？实验我们自己的理想。也可以说，把我个人老头子的经验分享给你们，以弥补现代教育方法之不足，我也同你们一样，五六岁开始读书，到现在八九十年了。我把自己做文化的读书的方法，研究学问的读书的方法通通教给你们。我十九岁就出来做事了，二十一岁就带兵参与对日抗战了，抗战之中，我一边是带兵，一边在学习，这个经历让我明白了，国家的人才的培养，为了国家的需要，文化的教育要文的武的合一，要新的旧的合一。可是就现在一百几十年来，采用西方文化的分科教育的方法，由小学到中学到大学一直读到博士都错误了，浪费了人们的精力，尤其浪费青年人的精力与时间。所以一个时代不安定，一个国家的变乱，真正基本的错误是文化教育，什么政治啊，经济啊其他还是后面的事。因此办这个学校，我想把文武合一，古今文化集中在一起。由幼儿园办到中学，办到高中，办到大学，办到研究所，想一路做下去，这是我们的理念。为什么到这里先办这个小学，等一下再跟同学们报告。你们年轻要记住，记住今天的“临别赠言”，是要你们二三十个第一期毕业出去的同学们记住，长大了你们也许会超过我们，不要忘了今天我们怎么去实验，将来你们也要有这个改变的勇气。一个星期后，你们六年级的同学就要离开学校了，算是毕业了，其实你们大概学习了不到三年吧。

回答：四年。

南师：四年，你们来的第一期的同学，开始来的身份是带艺投师的。以古文来讲，怎么样叫带艺投师啊？你们到这里以前，在别的学校都读过的。不管你读私立还是公立的小学，都读过的，已经学过了，所以带艺来投师到这里，受我们的教育，实验的教育。你们应该记得，四年来这里教了你们什么？当然很多的科目你们应该还记得，重点是中文的经典，以及外文的经典，包括英文的、日文的等等，还有普通一般学校也教授的知识。可是我知道，听说你们家里家长们都很担心。接受这个教育，没有跟随外面学校的教育模式读书，每天写功课，是不是到外面考学校会考不上，功课一般啊？到今天为止，据我所知，你们出去大部分都考了很好的学校。这是事实吗？小朋友们，是吗？

回答：是。

南师：是的，为什么你们会考上呢？一般学校的教育方式，白天在校读书，晚上回家要做功课。同样的一个东西，要抄十遍几十遍，然后准备考试，人人都担心得不得了。我们以前读书没有这样啊，都在玩呐。晚上回家我都在玩，要么看小说，哎，轻松得很！没有白天读的课程晚上还要这样补习的，那是笨蛋嘛，不笨的人一听了课就已经知道了，记住了。因为你们在我们实验学校没有受这个折磨，所以出去考试啊一点儿也不怕，因此你很轻松就考上了，这是第一点。这实验下来的第一点，使大家读书心理没有压力，可是真受了教育。这一点看起来很简单，做起来可非常难！等一下讲到困难的时候再给你们小同学们讲。你们年轻要记得，也许你们长大了也有人会办教育，会教育国人，所以你要学这个经验。第二点，你们四年来在这里基本上学了一些什么呢？没有什么，这里蛮轻松的，也蛮紧张的也蛮轻松的。是不是这样啊？诸位同学，是不是这样啊？

同学们：是！

南师：也很紧张也很轻松，同公办学校两样。但是有一点，你们学的重点就是你生活的教育，其他都是空的。什么是生活教育啊？你们都是贵族子弟，现在家里都生一个嘛！都很娇贵的。男孩子都是太子、公子、少爷，女孩子都是公主、千金一个，娇养惯了，给家庭社会的风气害了，每一个人都当自己了不起！尤其是父母的观念错误，要想孩子们考好学校，将来出人头地，自己没有发财的希望孩子将来都能发财，名学校一出来就发财；自己没有做官的希望自己小孩们由名的学校出来就做官，怎么样出人头地最好，这是大大的错误了！其实社会上对于这一代教育观念的错误，是时代，社会的错误，以及家长们共同的错误，换一句话就是家长们把自己一辈子做不到的愿望，交给孩子身上去负担，害了孩子们，这是我最反对的！我的父母可是没有这样教我，让我非常自由。反观你们到这里以后呢，不同喽，学会了在一起生活，这就是生活教育。怎么样吃饭，怎么样拿碗、拿筷子，怎么样吃菜，怎么样睡觉，怎么样自己洗衣服，怎么晾好衣服，怎么样铺被子，怎么盖被子，怎么与人相处，怎么处理事，你们是不是在学这些基本的教育啊？是不是啊？

同学们：是！

南师：你们的这些生活习惯的教育，一般教育里没有！听说很晚了还有老师在旁边陪你们睡，指导你们，这个就是生活的教育，也是教育的基本。你只学会作诗，会写字，你功课怎么好，我都不在乎，因为那些很容易啊，但生活的教育难！这是第一点，可是你们做到了。听说你们这次到台湾，台湾的大人们对你们印象非常好，大家很敬佩：这些大陆来的孩子怎么这么出色？大家都晓得你们是薇阁系统来的，薇阁在台湾做教育非常成功，也是这个学校的母校。是生活教育塑造了这样的你们，生活教育、基本教育你们不要忘了。第二个教育呢，现在你们诸位都是独生子，家里都只生一个，如果家庭教育里都宠惯了，上面有爷爷、奶奶、父亲、母亲专宠着你，没有兄弟姐妹，再加上外公外婆等，一大堆长辈，完了，娇惯了。不像我们过去有兄弟姐妹，不过我也是个独子，但我可没有受过娇惯。而你们现在在这里，在实验学校里头，大的照顾小的，大家爱同学、爱团体。我虽然没有亲自来做你们生活老师，可是你们诸位的生活，中间的好与坏，一点一滴我每天都知道，因为我很注意生活老师的教育，这里我们特别感谢生活老师方面管理得好，不是管理，是影响。教育是影响，不是靠管理。你们现在毕业了，虽然叫六年级，几岁啊最高的？

回答：十二岁。

南师：你们把这四年受教育的精神带出去，带到初中、高中、大学、社会，你就成功了！就是这点就成功了，你们就可以做大事业了。你不要以为拿什么大学的文凭，有个博士学位的就多了不起，那并不能算成功。你要晓得，教育的目的是成功做一个人！你把这四年的基本生活教育的精神带到社会上，我可以断定，你们将来是顶天立地的人，与众不同。千万要记住我今天的话！你们不单是吴江国际学校毕业这一个资格了不起，你还有一个资格很难得，你给人说起我当年还只有十一二岁，六年级毕业，那个南老头子九十五岁亲自给我讲话过，这个资格可是别人买不到的，只有你们有，记住不要给老头子丢人哦！要知道，我这样讲不在于你们将来读哪个学校，什么名学校烂学校毕业都没有关系。做人的根本在于生活教育。你要知道人生，什么叫人生？小朋友们，人生两个字就是“生存”，写一下黑板。父母生下我们，我们活在这个世界上，笼统的名词叫人生。人生包括生存，安然地活在这个世界上，活在这个社会上。具体来说就是体现在衣、食、住、行诸方面：怎么样穿衣服，怎么样吃饭，怎么样睡觉，怎么样吃进去，怎么样小便，怎么样大便……处处要规矩礼貌，这生活里啊都是教育！生活的教育学好了，你的人生基础才稳定，可以影响家庭、父母，乃至出去读别的学校，照样影响别的同学、朋友，到社会上造就社会人，你就成功了。不是一张文凭，一个学位才意味着成功，这一点我希望大家千万要记得！

同学们！你们这六年当中所接受的生活的教育，只说哪个程度好一点，哪个会作诗、写字，那其实只是生活的技术，不是生活的本质。生活的本质在于一句话：做人！你们这样出去做人，一定可以影响社会。甚至于自己将来，做官的也好，做生意做大了当老板也好，做什么也好，乃至管人也好，都会影响人，这一点希望大家记得。

第二点，我要告诉你们，我们国际实验学校今天的教育，我想包括我们学校的老师们，包括诸位同学们在内，其来源如何，大家都未必知道，只有我知道！这就是宁波人讲的一句老话，寒天吃冰水，滴滴在心头，我很清楚。这个学校能够做成这样，第一个是我们董事长李传洪先生办薇阁的影响。他在台湾宣布，文字宣布，一切是照我的理念办薇阁学校，不错，薇阁办得很有声望。那么我们国际实验学校的郭校长，是李传洪的外甥女，郭校长的母亲是李传洪的姐姐。郭校长十一岁半跟我到美国的，同你们现在一样小。那时她才小学几年级，功课在台湾没有完成，到外国马上读外国小学，ABCD都还搞不清楚的。而且在美国读小学，很受欺负的，我们是黄种人，亚洲人，白人都欺负她，很受气的，而且英文也不好啊。可是她坚强地挺过来了，磨炼惯了。她小学在美国读，中学也在外国学校，香港国际学校，高中也是。大学呢，读纽约大学，学商的，毕业以后在银行做事，一个月十几万二十万的待遇啊。她用不着很辛苦放弃了这些待遇来办这个学校。把这个经过告诉你们，不是讲她的功劳，而是拿她来做一个教育的榜样。美国的纽约大学商学院毕业以后，她又再读哥伦比亚的教育硕士，然后回转来读复旦大学的博士。她虽然一路接受外国文化而来，但她从十几岁起跟在我们旁边，接触的是中国文化，读的是中国书。所以她毛笔也会，什么都会。她的本身的实验，是个中西文化的综合。当她在银行做事的时候，晚上回来告诉我，“太老师啊，我不得了了，我夜里睡觉都睡不好，都是钱，一天挣收多少亿，替人家赚钱，我的旁边都是钞票。”我说你快要疯了，这不得了，赶快给我辞掉。她也说到她的感想：“我从银行每天出来经过街上，看到一个老太婆每天在街上编个篮子，竹子编的篮子；我每天在公司银行里头为银行赚钱，赚钱、赚钱、赚钱，都是钱；我下班以后看到她在街上编篮筐、编篮筐、编篮筐，永远在编一个篮筐。”这个经历开始让她思考，人生到底为了什么。为了钱吗？所以我说你赶快辞掉。所以她来到这里，因受他的舅舅薇阁的董事长影响，编中国文化诵读的教材。同她妈妈一起，跟着我到大陆推广读经，推广儿童读经。陕北也去过，天津也去过，云南也去过，贵州也去过，广东也去过，都是边区。这二三十年，中国的儿童读经被她们母女两个非常了不起推广出来，可是她又发现了问题，读经读的都是中文书籍，对于外文却一窍不通，知识系统有缺陷，有问题，因此她又编了英文教材。办这个学校，她以她自己的经验跟你们分享，可谓难能可贵。现在学校办了四年，她为了你们同学的教育，掉了很多次眼泪。有时候，半夜了跟你们的事情结束了，她回头找我：“太老师啊！办不办下去啊？我知道你讲得对啊，教育无用论。”以她自己受的教育的经验，要把一个孩子教成成功的一个人，将来做个了不起的人，好难好难，不晓得该怎么教才好。所以她随时想办法在改变教育的方法，编教育的课本。她的心声，老实讲句真话，老师们不完全懂得她，你们同学们更是不懂。她多少次给我哭，她并不是怕办学校，她怕对不起你们。办学校干什么？只有我知道！哎呀，我说：“你不要难过了，你办得很好了。再说，你真受不了，明天就不办。我们又没有欠谁的，赔精神赔钱，也不想办教育赚钱，欠了谁啊！不办就不办，你一样去做银行，找个工作，赚几十万一个月多好啊！”

我把这些告诉大家，是想告诉大家，有时候你感觉到课程常常在变，内容也在变，是因为她一直在关注课程的后续发展，不对的马上就要拉回来。这样做她也很烦很辛苦。所以我鼓励她，你把这五六年的教育的经验写出来，在中国现代教育史上，将是一本很珍贵的经验教育的书，人家都没有的。一般人现在办学校，我说他是在开“学店”做生意，没有真正教育人生存。所以我刚才把郭校长他们一家人，同她妈妈同她舅舅办教育的经过，告诉你们毕业的同学。听到了没有这个故事？都听清楚啦！

我今天对你们“临别赠言”，讲了我们实验学校的教育，你把这个印象记住了到社会上，将来是不是名校毕业，是不是拿到博士（硕士不要考虑了啊，那很容易），那些都是虚假的。怎么做一个完整的了不起的人？怎么做一件事情？同你们在这个学校的郭校长一样，做一番事业，对人家有所贡献，就是你们的目标。千万要记住，这四年的生活教育！

同时，我也很感谢在这里负责的这几位生活教育的老师！我都不另外点出名字来。很多科目课程现在还在研究，还在求进步，在改变。

诸位同学，你们六年级也要毕业了，今天晚上对你们讲了一点感想的话，叫“临别赠言”！不多讲了，希望你们出去前途无量。你们拿到毕业证书以外，还记住一条，我当时听这个老头子讲过话的！很好了。谢谢大家！

同学们：谢谢南爷爷！

（南怀瑾先生以往不愿接触媒体。2012 年 6 月 21 日晚，在太湖大学堂吴江太湖国际实验学校举行的首届毕业典礼上，南师却出人意料地邀请了多家媒体。

在这次毕业典礼上，南师作了近一个小时“临别赠言”的演讲，这是南师生前最后一次演讲，对“教育实验”作了一个很好的总结！）

后记

怀念南师　感恩南师

赵　强

怀念老师，怀念南师；感恩南师，薪火相传。中华复兴，同梦相连；拙笔编撰，以为纪念。

光阴似箭，日月如梭，转眼间南师辞世已经三年有余。可是，南师仍然还在我们心中，正像南师写的《聚散》:“桌面团团，人也团圆，也无聚散，也无常。若心常相印，何处不周旋。但愿此情长久，哪里分地北天南。”

记得在“南师百日忌辰”座谈会上，宗性法师曾说，对于传承南老师的精神和事业，我们应该思考三个问题：第一个，为什么要传承？第二个，传承什么？第三个，怎么传承？

（一）

在金温铁路通车之时，南师当即作了一首诗：“铁路已铺成，心忧意未平。世间须大道，何只羡车行。”二〇〇六年初夏，在太湖大学堂启动的第一天，南师郑重地宣布：“现在这个地方，我想继续修一条‘人道之路’开始的基地，再启动一下。”这是南师晚年做的大事之一，开辟太湖大学堂“教育实验基地”。

南师说：“因为以我的年龄，我今年九十五了，从九十五看到现在，中国文化世界文化出问题，文化教育的问题，尤其教育的方法与教育的内容出了问题。”“今日的世界，由于西方文化的贡献，促进了物质文明的发达；如交通的便利，建筑的富丽，生活的舒适，这在表面上来看，可以说是历史上最幸福的时代；但是人们为了生存的竞争而忙碌，为了战争的毁灭而惶恐，为了欲海的难填而烦恼，这在精神上来看，也可以说是历史上最痛苦的时代。在这物质文明发达和精神生活贫乏的尖锐对比下，人类正面临着一个新的危机。”这是一九七〇年，南师在东西精华协会成立大会上讲的一段话。

无独有偶，十八年后，一九八八年一月，第一届诺贝尔奖得主国际会议在法国巴黎召开，主题是“面向二十一世纪”。会议最后得出这样的结论“诺贝尔奖获得者建议，人类要生存下去，就必须回到2500年前去吸取孔子的智慧。”(1988年1月24日《堪培拉时报》)。

“文化是人类民族的灵魂，尤其是一个国家民族，切不可自毁灵魂、但取躯壳地糟蹋文明，更不可自毁千秋的文化大业，而偏取后世的一家之言，便当作金科玉律。那是必有自忏孟浪，后悔莫及的遗憾啊！”南师对中华传统文化儒、释、道等各家经典的解读，融会贯通，正本清源。这对当今中国和世界的意义非常重大。

（二）

南师一生力行教化，弘扬博大精深的中华文化，并吸收西方文化之精华。可谓是“上下五千年，纵横十万里；经纶三大教，出入百家言。”“海纳百川，龙奋风雷开宇宙；天容万象，鹏飞窅冥启东西。”

可以说，南师一生都在为弘扬中华传统文化思想的教化和传承上，身教言教，以其人其行给人们效法，演化着所传之道。但求有益于国家大众，不求有利于家庭和个人。他以青衫而非锦袍，布衣而非缁衣，将入世出世之道，用自己的一生真实完整地做了验证解说。

“‘天道远，人道迩’，天道太远，人道很近，回转来由人道告诉你天道。”。让人们知“人道”、行“人道”是当今社会的要务。

南师非常重视教育，并寄希望通过教育播撒种子，接续和传承中华文化。南师曾说，“搞教育的，自己都弄不清楚中国文化是个什么东西，那不只是大笑话，更是大悲哀！”。南师在为中华文化的传承而忧，为民族的教育而忧，为当今世界而忧。

关于教育实验问题，南师在“临别赠言”中讲道：“可是就现在一百几十年来，采用西方文化的分科的教育的方法。由小学到中学到大学一直读到博士都错误了，浪费了人们的精力，青年人的精力与时间。所以一个时代不安定，一个国家的变乱真正基本的错误是文化教育。什么政治啊，经济啊，其他还是后面的事。因此办这个学校，想把文武合一，古今文化集中在一起。由幼儿园办到中学，办到高中，办到大学，办到研究所，想一路做，这是一个理念。”正如马宏达先生所说：“老师说盖这片地方（太湖大学堂），办这两个学校，与过去办其他文化教育机构一样，也都是暂时一用飞鸿踏雪的方便花样而已，重点不在于这些机构本身，而在于推动国家与社会对文化教育事业的反省与重建、继往与开来”。

南师曾引用两首古诗来谈教育与个人的成长：

“雨后山中蔓草荣，沿溪漫谷可怜生。
寻常岂藉栽培力，自得天机自长成。

自少齐埋于小草，而今渐却出蓬蒿。
时人不识凌云干，直待凌云始道高。”

南师在他的著作中曾多次讲过这两首诗，我们大都理解南师在讲教育与个人成长的关系。一天夜里，当我整理文稿又读到这首诗的时候，突然眼泪不由夺眶而出，我似乎感受到了南师那慈悲期盼的眼神，也似乎体会到了他老人家经常引用这两首诗的深意和良苦用心。

“子曰：学而时习之，不亦说乎？有朋自远方来，不亦乐乎？人不知而不愠，不亦君子乎？”。南师对这句话的解读与古人的解释有所不同。“一个人在为天下国家，千秋后代思想着眼的时候，正是他寂寞凄凉的时候，有一个知己来了，那是非常高兴的事情。‘有朋自远方来，不亦乐乎？’孔子的学问，是五百年以后，到汉武帝的时候才兴起来，才大大的抬头。董仲舒弘扬孔学，司马迁撰《史记》，非常赞扬孔子，这个时间隔得有多远！这五百年来是非常寂寞的，这样就懂得‘有朋自远方来，不亦乐乎’了。谁来了解你？‘人不知而不愠，不亦君子乎’，就是说做学问的人，乃至一辈子没有人了解，也‘不愠’”。

（三）

南师毕生宏愿，以弘扬中国传统文化为己任，为接续中华民族文脉而奋斗，七十年献身其中。他一生传奇，毕生讲学无数，著作等身，济世教化，门生弟子遍天下，堪称一代宗师。

我有幸曾在太湖大学堂工作，得遇南师感应教化，深切地感受到了南师给世人明示的“人道之路”这个主题。在纪念南师诞辰98周年之际，为了让更多人了解南师理念，学习南师精神，我们把“人道之路”这个主题特别呈现出来，编辑了《人道之路》南怀瑾纪念文集一书，以此来表达我们对南师的怀念感恩之情。

《人道之路》南怀瑾纪念文集一书围绕“人道之路”这个主题，以“修行初步”、“南师诗选"、"东西精华协会宗旨简介"和南师最后的"临别赠言"的中心思想为主脉，从"济世宏愿，现身实证；家国情怀，根植于心"、"菩提悲心，春风化雨；感念师恩，点亮心灯"、"人间挽歌，心交感通；人道之路，薪火相传"等三个方面颉取了部分南师的学生弟子、以及社会各界人士记述、回忆和追思南师的文章。据此成书，以感知南师的心愿和寄望，并为人们更好地学习和了解南师的精神理念和贡献提供参考。

由于时间有限，难免挂一漏万，也一定会有很多不妥之处，还望前辈、学长和同仁们不吝赐教指正。

西元二〇一六年三月（丙申年初春）于羊城